ATLAS DAS CIDADES

ATLAS DAS CIDADES

ORGANIZAÇÃO **PAUL KNOX**

TRADUÇÃO: ANDRÉ BOTELHO

EDITORA SENAC SÃO PAULO – SÃO PAULO – 2016

DEDICATÓRIA
Este livro é dedicado
à memória de
Guido Martinotti

Sumário

8
PREFÁCIO
Richard Florida

10
INTRODUÇÃO
Paul Knox

16
CIDADE FUNDACIONAL
Lila Leontidou
Guido Martinotti

Cidades principais
Atenas e Roma

Cidades secundárias
*Cnossos, Santorini, Esparta, Pela,
Siracusa, Marselha, Alexandria,
Constantinopla, Babilônia*

34
CIDADE EM REDE
Raf Verbruggen
Michael Hoyler
Peter Taylor

Cidades principais
*Augsburgo, Londres, Veneza, Florença,
Innsbruck, Lübeck, Bruges, Paris, Ghent*

52
CIDADE IMPERIAL
Asli Ceylan Oner

Cidade principal
Istambul

Cidades secundárias
*Roma, São Petersburgo, Viena, Londres,
Pequim, Cidade do México, Moscou*

70
CIDADE INDUSTRIAL
Jane Clossick

Cidade principal
Manchester

Cidades secundárias
*Berlim, Chicago, Detroit, Düsseldorf,
Glasgow, Sheffield*

88
CIDADE RACIONAL
Andrew Herod

Cidade principal
Paris

Cidades secundárias
*Viena, Nova York, Londres,
Budapeste, Washington*

106
CIDADE GLOBAL
Ben Derudder
Peter Taylor
Michael Hoyler
Frank Witlox

Cidades principais
Londres e Nova York

Cidades secundárias
*Frankfurt, São Francisco,
Genebra, Mumbai, Nairóbi*

124
CIDADE DAS CELEBRIDADES
Elizabeth Currid-Halkett

Cidade principal
Los Angeles

Cidades secundárias
*Nova York, Londres, Milão,
Mumbai, Las Vegas*

140
MEGALÓPOLE

Jan Nijman
Michael Shin

Cidade principal
Mumbai

Cidades secundárias
Cairo, Cidade do México, Jacarta, Karachi, Xangai, São Paulo, Nova York

158
CIDADE INSTANTÂNEA

Lucia Cony-Cidade

Cidade principal
Brasília

Cidades secundárias
Abuja, Chandigarh, Camberra

176
CIDADE TRANSNACIONAL

Jan Nijman
Michael Shin

Cidade principal
Miami

Cidades secundárias
Vancouver, Hong Kong, Dubai, Cingapura, Dublin, Los Angeles

194
CIDADE CRIATIVA

Paul Knox

Cidade principal
Milão

Cidades secundárias
Paris, Nova York, Londres, Portland, Los Angeles

210
CIDADE VERDE

Heike Mayer

Cidade principal
Freiburg

Cidades secundárias
Estocolmo, Portland, Curitiba, Masdar, Güssing, Wildpoldsried

226
CIDADE INTELIGENTE

Kevin C. Desouza

Cidade principal
Londres

Cidades secundárias
Amsterdã, Tóquio, Nova York, Cingapura, Seul, São Francisco, Chicago, Sydney, Viena

ANEXOS

Glossário 244

Fontes 246

Sobre os autores 250

Índice remissivo 252

Agradecimentos 256

Prefácio
RICHARD FLORIDA

Vivemos em um mundo de cidades. Já se tornou lugar-comum dizer que mais da metade da população mundial vive atualmente em cidades, mas isso não diminui a afirmação. Ainda mais importante é o fato de que outros milhões de pessoas irão para as cidades durante as duas próximas gerações, e muitos trilhões de dólares serão gastos reconstruindo cidades antigas e construindo novas no mundo todo.

Também já é lugar-comum afirmar que as cidades são a maior invenção da humanidade – mas elas são. Desde os primórdios de nossa história, o desenvolvimento cultural e tecnológico está relacionado ao aumento da população. A congregação e conurbação de pessoas em cidades cada vez maiores e mais complexas é o que fomentou a ascensão das ferramentas, da agricultura, das artes e da religião na Pré-História. Grandes pensadores, artistas e empreendedores (os Leonardos da Vinci, os Williams Shakespeare, os Benjamins Franklin, os Alberts Einstein e os Steves Jobs do mundo todo) quase sempre cresceram nas cidades. Isso é ainda mais verdadeiro hoje em dia, quando as cidades se tornaram as unidades sociais e organizacionais mais básicas da nova economia criativa alimentada pelo conhecimento. O *homo creativus* também é o *homo urbanus*.

A ideia de que o mundo é plano está ultrapassada. As cidades moldam e criam um planeta cada vez mais interconectado e polarizado: sua riqueza está concentrada nas grandes cidades, que reúnem talentos e empreendedores, estimulam a inovação e definem o comércio nacional e internacional. Servindo de conectores densos e interativos, as cidades são máquinas de organização socioeconômica que unem pessoas e ideias e servem de palco para que estas se associem infinitas vezes e de infinitas maneiras. As cidades movem o progresso econômico e alimentam o crescimento artístico, tecnológico e econômico de forma concomitante.

Elas também são a origem da democracia e da liberdade desde a Antiguidade, em Atenas e Roma. A Comuna de Paris de 1871, a Revolução de Outubro de 1917 em

São Petersburgo, a Convenção de Chicago em 1968, os protestos da Praça da Paz Celestial em 1989, os protestos da Praça Tahrir, no Cairo, em 2011 – todos foram eventos urbanos. As cidades são o lugar onde as pessoas sempre se reuniram em busca de um mundo melhor.

As cidades são enormes palimpsestos – em constante mudança, os resquícios do passado florescem como veios nas áreas construídas, nos costumes e nas instituições políticas. Passeando em uma cidade europeia, é possível discernir o sistema romano reticular de ruas dentre as cicatrizes deixadas pela Segunda Guerra Mundial e nas áreas abandonadas da era pós-industrial – a arquitetura futurista emerge lado a lado com as igrejas milenares.

Este atlas nos leva em uma viagem às grandes cidades da Antiguidade e da contemporaneidade ao redor do mundo, desde as antigas Atenas, Roma e Alexandria até Veneza, Bruges e outros centros medievais de comércio, passando por grandes capitais imperiais, como Constantinopla, e capitais industriais, como Manchester, Düsseldorf e Detroit; desde as gigantes da atualidade, como Nova York e Londres, até Mumbai, Cairo, Jacarta e outras megalópoles dos países emergentes; explorando também cidades verdes e inteligentes, como Freiburg e Tóquio, e centros criativos, como Milão, Paris, Portland e Los Angeles. Este livro apresenta ensaios, mapas, gráficos e ilustrações, revelando as semelhanças construtivas e culturais que unem as mais variadas cidades e as incríveis diferenças que as separam.

Richard Florida é diretor do Martin Prosperity Institute, na Escola Rotman de Administração da Universidade de Toronto, Canadá, e professor de pesquisa global na Universidade de Nova York. É editor sênior do Atlantic *e cofundador e colaborador do* Atlantic Cities.

Introdução

1: Capacidade decisória
Como as cidades são o ponto de encontro das estruturas decisórias de instituições públicas e privadas, elas constituem os núcleos do poder político e econômico.

As cidades sempre foram essenciais para o desenvolvimento das sociedades e para o crescimento de suas economias. Pequenas ou grandes, em todos os períodos históricos e em todos os contextos geográficos, elas sempre funcionaram como motores da inovação econômica e como centros de expansão cultural e de transformação social e política.

Tudo isso permanece verdadeiro, mesmo considerando que as cidades no mundo todo herdaram contextos urbanos muito diversos e se adaptaram a diferentes funções e especializações em um sistema global cada vez mais integrado. Embora frequentemente gerem problemas socioambientais, pequenas e grandes cidades são elementos fundamentais na organização econômica e social. Nesse contexto, é possível identificar quatro funções fundamentais da dinâmica das cidades:

4: Função generativa
A concentração de pessoas nas cidades propicia mais interações e competitividade, o que promove a inovação e facilita a geração e a troca de conhecimento e informações.

As quatro funções fundamentais das cidades
Os quatro temas comuns que permeiam este livro se relacionam às quatro funções fundamentais do papel das cidades, cujo desenvolvimento pode ser traçado historicamente e demonstrado em cidades no mundo todo. Cada tipo de cidade neste livro ilustra diferentes ênfases e combinações de tais funções, bem como diferentes formas de criação e manutenção da infraestrutura e dos contextos sociais que as sustentam.

Em outras palavras, as cidades não consistem apenas em aglomerados populacionais. No entanto, os números impressionam: elas são atualmente o lar de mais da metade da população mundial. Entre 1980 e 2010, o número de moradores urbanos em todo o mundo cresceu em 1,7 bilhão de pessoas. Grande parte do mundo desenvolvido se tornou completamente urbanizada, e nas regiões menos desenvolvidas a velocidade atual da urbanização é a maior já registrada. As regiões metropolitanas da Cidade do México e de São Paulo, por exemplo, ganham 500 mil habitantes a cada ano: cerca de 10 mil pessoas por semana, já considerando as perdas com mortes e migração de moradores. Levou 190 anos para que a população de Londres fosse de 500 mil habitantes para 10 milhões. Nova York levou 140 anos. Entretanto, Buenos Aires, Calcutá, Cidade do México, Mumbai, Rio de Janeiro, São Paulo e Seul precisaram de menos de 75 anos para ir de 500 mil a 10 milhões de habitantes. A urbanização em tão grande escala é um fenômeno geográfico extraordinário – um dos mais importantes processos que estão moldando as paisagens globais.

Muitas das grandes cidades do mundo são o resultado de longos períodos de desenvolvimento: "anos dourados" de geração de riquezas ou de criatividade, ou, ainda mais frequentemente, em decorrência de sucessivas ondas e ciclos de desenvolvimento ou renovação demográfica, social, cultural, política e administrativa. Cada capítulo na história de uma cidade deixa suas marcas – boas ou ruins – no traçado de suas ruas, em seu tecido urbano, na natureza de suas instituições e na herança cultural de seus moradores. As sobreposições dessas camadas e desses traços são, claro, irregulares. Alguns elementos são mais duradouros que outros, alguns são mais estimados, e outros são apenas ignorados ou permanecem intocados. Este livro mapeia a diversidade das cidades no mundo todo e aborda os diversos tipos de cidades produzidos por padrões e processos de urbanização – atuais e passados.

Origens

Por razões diversas, as origens das cidades contemporâneas remontam aos Impérios Grego e Romano. Suas heranças são descritas no capítulo "Cidade fundacional". Os gregos da Antiguidade desenvolveram diversas cidades-estado fortificadas ao longo da costa mediterrânea, e em 550 a.C. já existiam cerca de 250 colônias desse tipo. Algumas delas, inclusive, cresceram posteriormente e se tornaram cidades fervilhantes, centros de pesquisa e lar de mentes abertas. A República Romana foi estabelecida em 509 a.C., e já em 14 d.C. os romanos haviam conquistado grande parte da Europa. A maioria das grandes cidades europeias da atualidade tem suas origens em colônias romanas que trouxeram inovações à sociedade civil, bem como à administração urbana e à infraestrutura. Em muitas dessas cidades ainda é possível encontrar resquícios do traçado das ruas romanas, muros, ruas pavimentadas, aquedutos, sistemas de esgoto, banhos públicos e outros edifícios.

Os traços e ecos do urbanismo greco-romano sobrevivem em muitas das cidades de hoje, mas seu apogeu foi sucedido na Europa pela Idade das Trevas: decididamente rural, introvertida e nada orientada ao contexto urbano. A partir do século XI, entretanto, o sistema feudal da Idade das Trevas começou a esmorecer e se desintegrou frente às sucessivas crises demográficas, econômicas e políticas. Tais crises surgiram devido às quantidades limitadas de terra cultivável, que já não davam conta sequer do crescimento populacional, ainda que modesto, considerando a ausência de avanços tecnológicos significativos. Para aumentar a renda e criar exércitos para atacar uns aos outros, a nobreza feudal começou a cobrar impostos cada vez mais altos. Consequentemente, os camponeses eram obrigados a vender uma parte maior da sua

2: Capacidade transformativa
Tamanho, densidade e variedade das populações das cidades tendem a ter um efeito libertador nas pessoas, permitindo que elas escapem da rigidez da sociedade rural tradicional para adotar os mais diversos estilos de vida e comportamentos.

3: Função mobilizadora
Os contextos urbanos, com sua infraestrutura física e suas enormes e diversificadas populações, são onde tudo realmente acontece. Seja qual for o sistema econômico e político local, as cidades fornecem ambientes eficientes e eficazes para a organização de mão de obra, capital e matérias-primas e distribuição dos produtos acabados.

produção por dinheiro nos mercados locais. Uma economia monetária mais desenvolvida foi surgindo, com os primórdios de um padrão de comércio para os produtos agrícolas e artesanais. Até mesmo alguns tipos de comércio de longa distância surgiram para bens de luxo, como especiarias, peles, seda, frutas e vinho.

Essas especializações regionais e redes de comércio constituíram o alicerce da nova fase da urbanização com base no capitalismo mercantilista. Uma dessas redes é mapeada no capítulo "Cidade em rede": a Liga Hanseática, uma federação de cidades-estado na região do mar do Norte e na costa báltica. O comércio entre as cidades se tornou o motor do crescimento, e as cidades se converteram em locais de encontro cultural e centros de poder político. Entre tais heranças do urbanismo medieval tardio estão as corporações de ofício, a codificação da governança urbana e o processo democrático, bem como a criação das instituições públicas essenciais. Em alguns casos, o coração de uma cidade antiga permanece como um belíssimo exemplo de urbanismo medieval europeu, atraindo turistas e apresentando algumas questões muito interessantes associadas à preservação histórica.

No extremo oposto das cidades com o comércio como principal motivação estão aquelas cuja razão de existir é a administração do poder imperial. Em diferentes épocas e em diferentes regiões do mundo, cidades como Atenas, Pequim, Budapeste, Constantinopla, Quioto, Londres, Moscou, Cidade do México, Roma e Viena se tornaram a expressão do poder e da grandeza imperial consolidada com tijolos e pedras. Como ilustrado no capítulo "Cidade imperial", o traçado, os principais edifícios e os bairros de tais cidades refletem o poder centralizado do Império. A cidade imperial exemplifica algumas das funções generativas das cidades em termos de troca de conhecimento e ideias, enquanto sua forma construída expressa afirmativamente as relações entre arte, poder e cidade.

Industrialização

A industrialização redesenhou as paisagens de muitas cidades e trouxe o início de um tipo de cidade completamente inédito: a industrial. Sua principal razão de existir não estava mais em cumprir funções militares, administrativas, eclesiásticas ou de comércio, mas em receber as matérias-primas para fabricar, montar e distribuir produtos manufaturados. As economias industriais só poderiam ser organizadas com o suporte fornecido por massas trabalhadoras, redes de transporte, infraestrutura física, armazéns, lojas, escritórios e mercados consumidores encontrados nas cidades. Além de sua nova infraestrutura e das novas atividades econômicas, as cidades industriais tiveram enormes impactos sociais,

Crescimento urbano no mundo

A urbanização é um fenômeno global, mas a forma como as cidades se desenvolvem, a experiência da vida urbana e as perspectivas de futuro variam enormemente conforme a região. Grande parte do mundo desenvolvido se tornou quase totalmente urbanizada, e o ritmo atual de urbanização na África e na Ásia não tem precedentes. A América do Norte é o continente mais urbanizado do mundo, com mais de 80% de sua população vivendo em áreas urbanas. Por outro lado, a África tem menos de 40% de população urbana. Contemporizando tais números, apenas 30% da população mundial era urbana em 1955. Atualmente, cerca de 200 mil pessoas são adicionadas diariamente à população urbana global. Até 2030, seis em cada dez pessoas no mundo viverão em cidades, e até 2050 essa proporção crescerá para sete em cada dez pessoas.

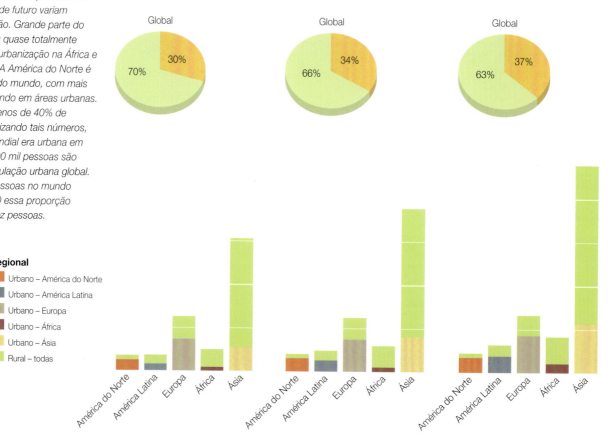

culturais e ambientais: novas estruturas de classe, desigualdade e pobreza urbana, poluição, segregação socioeconômica, filantropia e reforma liberal. Manchester, destaque do capítulo "Cidade industrial", foi a cidade típica da industrialização do século XIX: era uma pequena cidade com 15 mil habitantes em 1750, chegou a 70 mil em 1801, tornou-se uma metrópole com 500 mil habitantes em 1861 e, finalmente, uma cidade de nível internacional com 2,3 milhões em 1911. As cidades industriais da atualidade incluem São Paulo e Guangzhou, na China. Entretanto, diversas cidades industriais que surgiram na Europa e na América do Norte no século XIX e no início do XX passaram pela desindustrialização, como resultado da globalização da economia e da migração dos empregos para outros países.

As consequências indesejadas da industrialização, com as possibilidades progressivas das novas tecnologias, viram o surgimento do planejamento urbano. Ao mesmo tempo, a educação e a comunicação nas cidades testemunharam a razão, a racionalidade e a ciência prevalecerem sobre a tradição, os mitos, as superstições e os absolutismos religiosos. Como apresentado no capítulo "Cidade racional", as cidades no mundo todo começaram a se modernizar, mas Paris foi reconhecida como a capital da modernidade em termos de expressão física e cultural. A Paris do século XIX ganhou bulevares largos, novas pontes, um novo sistema de abastecimento de água, um amplo sistema de esgoto e iluminação pública, edifícios públicos e uma quantidade enorme de melhorias nos parques urbanos que os transformaram em locais de lazer. Dentro desse novo contexto, a indústria moderna floresceu, com novos movimentos artísticos e culturais significativos, entretenimento de massa e novos espaços de consumo. Dentro desse revolucionário turbilhão de ideias, Paris atraiu e desenvolveu uma cena artística e cultural inigualável.

Globalização

Até meados do século XX, a globalização econômica resultou na criação de um sistema urbano internacional no qual determinadas cidades passaram a ter um papel fundamental em áreas como organizações corporativas multinacionais, serviços bancários e financeiros internacionais, governos supranacionais e o trabalho das agências internacionais. As cidades globais, assunto do capítulo que tem como destaques Londres e Nova York, são os centros de controle para os fluxos de informação, produtos culturais e finanças que, coletivamente, sustentam a globalização econômica e cultural. Essas cidades constituem uma interface entre o global e o local: elas contêm o aparato econômico, cultural e institucional que canaliza os recursos locais e nacionais para a economia global e que transmite os impulsos da globalização de volta para os grandes centros locais e nacionais.

A ascensão das sociedades consumidoras globalizadas significava, enquanto isso, que as cidades eram cada vez mais o cenário de megaeventos e espetáculos, para a promoção da cultura das celebridades, para obras arquitetônicas inovadoras e ousadas, para as novidades da moda, do teatro, do cinema, da música e da arte, para a rejeição das convenções tradicionais em favor do novo, do desafiador, do *trashy*. Nesse contexto, o capítulo seguinte, "Cidade das celebridades", apresenta Los Angeles, amplamente considerada a cidade do paradigma do automóvel e precursora da cidade pós-moderna, onde espetáculo e consumo se tornaram características predominantes da vida urbana. Ao mesmo tempo e pelas mesmas razões, ela é vista como exemplo de urbanismo distópico.

Cidades em regiões menos desenvolvidas são o extremo oposto disso tudo. Enquanto a urbanização nos países desenvolvidos teve como fator propulsor o crescimento econômico, a urbanização das regiões menos desenvolvidas foi uma consequência do crescimento demográfico que antecedeu o desenvolvimento econômico. Grandes aumentos populacionais muito anteriores a níveis consideráveis de industrialização ou de

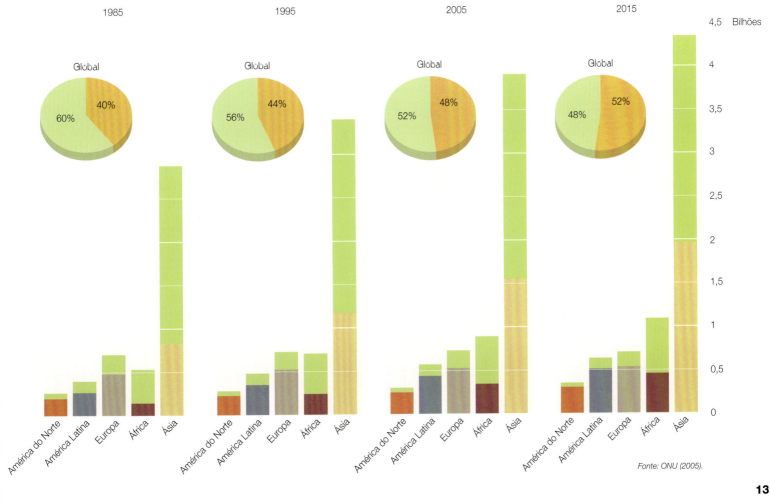

Fonte: ONU (2005).

Introdução

desenvolvimento econômico rural resultaram em uma "urbanização fora de controle" ou uma "superurbanização". Para as populações rurais em crescimento rápido, as limitações do desenvolvimento agrícola costumam resultar em um futuro aparentemente sem esperanças e com perspectivas de sofrimento e pobreza. A emigração não é mais uma válvula de segurança demográfica, dado que os países mais ricos criaram grandes barreiras imigratórias. A única opção para as quantidades crescentes de residentes rurais empobrecidos é se mudar para cidades maiores, onde há, ao menos, a esperança de emprego e a perspectiva de acesso a escolas, hospitais, água encanada e outros tipos de serviços e órgãos públicos geralmente não encontrados nas áreas rurais. As cidades também seduzem pela modernização e pelos bens de consumo – graças à TV via satélite, as áreas rurais agora também são expostas a tais atrações.

Megalópoles

Uma consequência dramática desse processo é a megalópole, descrita no capítulo que tem como destaque a cidade indiana de Mumbai. Com mais de 10 milhões de habitantes, as megalópoles conectam economias locais e regionais e também a economia global, sendo um ponto de contato entre o tradicional e o moderno, e entre setores formais e informais da economia. Favelas e invasões nas megalópoles são muitas vezes associadas a graves problemas de desorganização social e de degradação ambiental. Entretanto, muitos bairros conseguem desenvolver redes e organizações de autoajuda que constituem a base das comunidades superpopulosas e em condições extremamente pobres.

Em alguns países, governos e órgãos de planejamento buscaram evitar os problemas associados à urbanização criando ocupações

Treze tipos de cidades

Cada capítulo explora um tipo diferente de cidade, com um estudo de caso principal e exemplos secundários que demonstram os padrões de produção, consumo, geração e decadência das formas definidoras do século XXI.

planejadas em áreas de preservação. Na França e no Reino Unido, novas cidades foram criadas na segunda metade do século XX para acomodar a população "excedente" das favelas das grandes cidades e criar novos polos de desenvolvimento urbano em regiões economicamente desfavorecidas. As cidades instantâneas também foram criadas como capitais ou centros administrativos em alguns países, a fim de evitar rivalidades políticas regionais ou buscar vantagens com a eficiência resultante da proximidade dos órgãos governamentais em novos prédios projetados especialmente para isso. O capítulo "Cidade instantânea" discorre sobre Brasília, a capital brasileira inaugurada em 1960 e construída em uma área que foi aberta na Amazônia, criada como símbolo de uma nova era na história do Brasil. A cidade é repleta de mensagens que visam transformar a sociedade brasileira por meio de novas formas radicais de arquitetura planejadas como símbolos da modernização, carregados de alegria e empolgação. Como cidade instantânea, Brasília tem em si abordagens inovadoras para a infraestrutura e a organização espacial; entretanto, ela também exemplifica algumas das consequências indesejadas do "plantar" uma nova cidade do zero.

Os padrões e processos contemporâneos de urbanização são influenciados pela globalização econômica e cultural que vem ganhando força desde a década de 1980. Algumas cidades, como Hong Kong, Miami e Vancouver, tornaram-se pontos de encontro regional e adquiriram um caráter distintamente transnacional. Assim, temos o capítulo que mostra como Miami se tornou uma capital financeira e cultural, bem como um importante centro para diversas atividades ilegais em uma região transnacional que se estende do sudeste dos Estados Unidos até o Caribe e inclui também as Américas do Sul e Central. Como resultado, a cidade desenvolveu uma mistura cultural em muitas formas similar às cidades da costa mediterrânea europeia ou a partes da América Latina em características. Esse aspecto cosmopolita se reflete no entretenimento e na gastronomia: discotecas colombianas, clubes europeus, bares tradicionais dos Estados Unidos e cafés cubanos. Restaurantes especializados em cozinha da "Eurásia", do "Novo Mundo" e "Nuevo Latino" tomaram o lugar das lojinhas de produtos *kosher* e das barraquinhas de frutos do mar.

O capítulo "Cidade criativa" detalha um outro aspecto da globalização econômica e cultural: a importância crescente do *design*. Cidades de países desenvolvidos originalmente resultantes da era da manufatura se reinventaram completamente à imagem da sociedade consumidora. A competição de gastos entre lares ricos aumentou a importância do estilo e do *design* em todos os níveis, e as profissões dentro do *design* aumentaram em quantidade e em importância, alocando-se de forma desproporcional em cidades mais intimamente conectadas aos sistemas globais de serviços empresariais essenciais. Milão tem uma longa história de especialização em determinados aspectos do *design*, mas foi apenas em resposta à desindustrialização da década de 1970 que adotou a clara estratégia de se reinventar e se reconstruir como a cidade do *design*. Fato já evidente por seu contexto arquitetônico, sua política, suas instituições educacionais, seus bairros de *design* e suas semanas de moda, a cidade modernizou sua estrutura durante as preparações para a Exposição Universal de 2015.

Sustentabilidade

Enquanto isso, o reconhecimento mundial dos efeitos colaterais indesejados e não intencionais da urbanização chamou a atenção para a possibilidade de desenvolvimento urbano sustentável. As cidades do mundo consomem 80% da energia global e produzem 75% das emissões globais de CO_2. A urbanização sustentável requer um desenvolvimento compacto e voltado ao transporte público, à reutilização adaptativa, aos contextos favoráveis para o pedestre e para as bicicletas, à coabitação, aos cuidados com a paisagem que preservem e destaquem zonas alagadiças e habitats naturais e à inclusão de objetivos e critérios ecológicos nas políticas e na governança. Conforme mostrado no capítulo "Cidade verde", um bom exemplo dessa abordagem é Freiburg, na Alemanha, onde dois distritos da cidade (Vauban e Rieselfeld) constituem exemplos avançados de comprometimento com o urbanismo sustentável. Outras cidades, apresentadas no último capítulo deste livro, escolheram uma abordagem diferente para os efeitos colaterais da urbanização, investindo em tecnologias inteligentes. As tecnologias digitais estão começando a mudar a forma como as cidades e seus edifícios operam, além da forma de viver de seus moradores. A internet e as redes sociais vêm modificando a organização comercial e sociocultural das cidades. Edifícios, veículos, sistemas de trânsito, fornecimento de água e de eletricidade inteligentes têm o potencial de conferir maior eficiência às cidades e de torná-las mais resilientes.

Obviamente, há uma grande diversidade e uma variação geográfica nas cidades do mundo. Algumas de suas características são únicas: as grandes mudanças sempre envolvem algum grau de modificação conforme são implementadas nos diferentes ambientes. Cada cidade tem seu próprio caráter, sua própria história, mas, ainda assim, muitas generalizações importantes podem ser feitas para diferentes tipos de cidades, com heranças similares, desafios semelhantes e abordagens análogas para soluções. Os ensaios e infográficos neste livro revelam não apenas a diversidade fascinante das cidades como também descrevem as semelhanças de seus papéis no desenvolvimento econômico, social e cultural e as formas como as mudanças tecnológicas, demográficas e políticas se refletem em seus edifícios e em sua infraestrutura.

Freiburg

Istambul

Mumbai

Milão

CIDADE FUNDACIONAL

LILA LEONTIDOU
GUIDO MARTINOTTI

Cidades principais
ATENAS _____
ROMA _____

Cidades secundárias
CNOSSOS _____
SANTORINI _____
ESPARTA _____
PELA _____
SIRACUSA _____
MARSELHA _____
ALEXANDRIA _____
CONSTANTINOPLA _____
BABILÔNIA _____

À esquerda: Atenas, Grécia.

Cidade fundacional: Introdução

"A cidade-estado grega clássica e a civilização urbana romana representam dois ciclos distintos de urbanização na Antiguidade – embora similares e com algumas sobreposições."

Atenas e as colônias gregas
Os gregos criaram colônias prósperas, chamadas de apoikies ou paroikies. A urbanização helênica seguiu para o oriente criando cidades jônicas nas costas mediterrâneas da Ásia Menor e nas ilhas gregas do arquipélago egeu, e para o ocidente no sul da Itália e na Sicília (Magna Grécia). As colônias eram parte da cidade-estado.

Cidade-estado ateniense e colônias gregas

Em uma época na qual quase tudo o que atualmente é comum na vida cotidiana não era conhecido, quando a Terra era um disco plano no centro do universo e não havia fronteiras entre estados, mas apenas territórios tribais, a cidade emerge como uma ideia e uma realidade material. A pólis era a cidade-estado na Grécia antiga, da qual deriva a palavra "política". Atenas merece o título de "cidade fundacional" por ter criado tais conceitos, por ter estabelecido os fundamentos da democracia (*democratia*) e por sua contribuição intelectual de forma geral. Roma merece o mesmo *status* por seu caráter cosmopolita e pela inovação administrativa em um território tão vasto que a tornava uma cidade global.

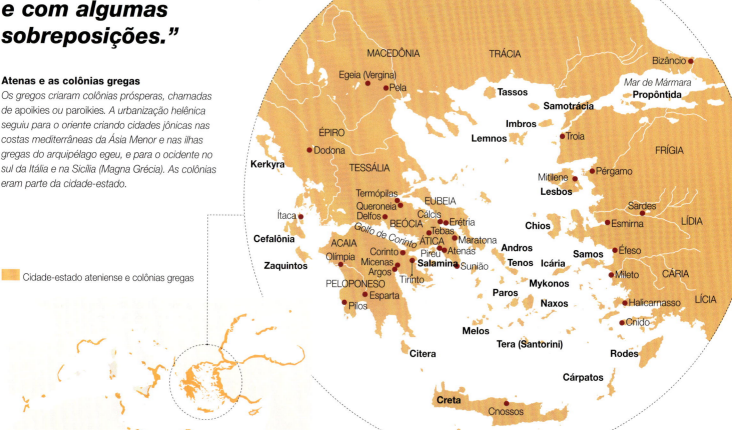

Fonte: Toynbee (1967), Dimitrakos & Karolides (década de 1950).

A cidade-estado grega clássica e a civilização urbana romana representam dois ciclos distintos de urbanização na Antiguidade – embora similares e com algumas sobreposições. Uma comparação entre Atenas e Roma revela suas semelhanças como cidades eternas, cidades-destino que estabeleceram os mais importantes princípios da civilização europeia e seu papel como cidades coloniais. Entretanto, há grandes diferenças: nas palavras do sociólogo Henri Lefebvre, "a unificação grega de forma, função e estrutura [...], a cidade-estado [...] identificava o mental com o social [...] e o pensamento com a ação, de forma que tinha tudo para degenerar [...]. Em comparação, a diversidade romana, governada por um princípio delimitador exterior em vez de uma unidade interna, continha a semente do crescimento futuro? Parece ser razoável afirmar que sim" (Lefebvre, 1991).

Na realidade, as linhas do tempo notadamente diferentes dessas duas cidades fundacionais já foram atribuídas a diversas diferenças entre elas. O auge da Atenas clássica durou apenas um século, embora a cidade já existisse ao menos desde o quarto milênio a.C. e tenha sobrevivido ainda muito sob o Império Romano e depois Otomano, enquanto Roma prevaleceu ao longo de cinco séculos. A resiliência romana pode ser atribuída à sua abertura para um império multicultural, um sistema administrativo descentralizado e inteligente que integrava as cidades secundárias em termos de defesa e governança, fragmentando o gigantesco império em numerosas células semiautônomas com um exército multicultural para lhes defender. Ou seja, Roma respeitava as culturas locais cultivando o princípio do *inclusive*, que será explicado a seguir. Por outro lado, a vulnerabilidade do Estado ateniense se devia em grande parte à sua exclusão dos não cidadãos e "bárbaros". Atenas, como todas as outras *poleis*, baseava-se no *jus soli* e tinha uma população considerável de não cidadãos (*metics*), que representavam a principal fragilidade da democracia ateniense e a diferença entre ela e os Impérios Romano e Macedônico. Roma não fazia esse tipo de distinção, embora houvesse uma importante divisão entre os *plebs* e os *patritiae*. A exclusão dos "outros" do exército ateniense criou uma vulnerabilidade, origem do desastre nas Guerras do Peloponeso.

Além disso, é importante comparar a contribuição ateniense para o pensamento, o conhecimento, as artes, a cultura política, bem como a expansão mítica e mercantil, com a inovação romana em termos militares, comerciais, políticos e administrativos. Os espetáculos coletivos em cada uma dessas cidades ilustram o formidável contraste: procissões, rituais e teatro em Atenas, onde havia numerosos templos e teatros ao ar livre utilizados ainda hoje, *versus* os concursos romanos, as *thermae* e os esportes sangrentos nas arenas, das quais o Coliseu permanece sendo um ponto turístico dos mais impressionantes. As *thermae* e as *arenae* de Roma provavelmente eram os primeiros exemplos de cultura de massa.

Também havia grandes diferenças no chamado modo de produção escravista, compartilhado por ambas as sociedades. O processo decisório nas *poleis* da Grécia antiga se baseava no voto individual, excluídos os *metics*, mulheres, escravos e não adultos. Em Roma, a democracia política e todo o contexto institucional tinha como base as unidades coletivas, as tribos e as *centuriae*, e o voto era coletivo – uma poderosa ferramenta para criar consenso e reduzir conflitos. Tudo isso, aliado à aplicação da lei romana e ao caráter inclusivo do sistema romano, permitiu que o Império absorvesse as mais variadas culturas. Atenas, por outro lado, criou o voto individual das democracias contemporâneas e trouxe a teoria, a prática e a palavra *democratia*, que deriva de *demos/demoi* – as comunidades locais próximas à cidade-estado.

Atenas e Roma tinham uma peculiar relação de "primas e estrangeiras" (*Cousins and Strangers*, título de um livro sobre relações modernas entre o Reino Unido e os Estados Unidos). Mas eram mais estrangeiras do que primas entre si, por conta das línguas distintas e também por outras diferenças. A helenização cultural de Roma, mesmo após a derrota de Atenas, remete às marcas culturais europeias deixadas nos Estados Unidos durante sua expansão. Atenas e Roma compartilhavam os mesmos deuses, importados da Grécia e renomeados em Roma, embora a atitude frente à religião fosse diferente. Ainda que os dois Impérios estivessem em guerra e competindo pelas esferas de influência em determinados momentos, sobretudo no sul da Itália, os confrontos diretos entre eles nunca eram tão devastadores e brutais quanto os confrontos entre gregos e persas ou romanos e fenícios. Quando Roma conquistou Atenas em 41 a.C. e a transformou em uma província romana, mas devolvendo sua independência, o que seguiu foi uma grande integração.

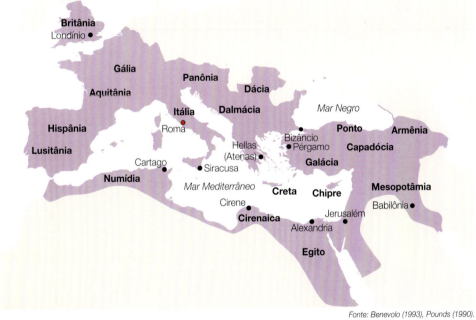

Fonte: Benevolo (1993), Pounds (1990).

Extensão do Império Romano em 117 d.C.

Império Romano
Entre as civilizações grega e romana, uma transição muito importante ocorreu: das cidades-estado na Antiguidade clássica para as capitais no período macedônico; e o Império Romano, com suas importantes capitais regionais no curso de sua expansão para o ocidente e o oriente. O caráter inclusivo da administração romana, que garantia um certo grau de autonomia dentro da lei romana universal, significava efetivamente que o Império conseguia exercer influência em uma vasta área, embora permitindo variações regionais.

Cidade fundacional

Atenas: Pólis, *demos*, colônias e a ascensão da tirania para a democracia direta

Atenas mora no imaginário global como uma cidade fundacional no meio do caminho entre o Ocidente e o Oriente; cidade-estado hegemônica da Antiguidade clássica que inspira a memória coletiva. Ainda assim, embora sua história fragmentada se estenda por seis milênios, seu apogeu durou apenas um século, o século V a.C. Os primeiros vestígios de vida em Atenas datam do quarto milênio a.C., o final do Período Neolítico, quando quatro ocupações surgiram, e a maior delas ficava ao redor da grande rocha da Acrópole. Após o século VI a.C., depois do primeiro auge da civilização grega nas cidades jônicas da Ásia Menor, a Atenas clássica renasceu de um mar de tirania, primeiro derrotando os assírios, depois expulsando seu tirano, Hípias, em 510 a.C. A civilização democrática então continuou até a Guerra do Peloponeso. Atenas se entregou aos espartanos em 404 a.C., e a democracia foi massacrada pelo regime Tirania dos Trinta.

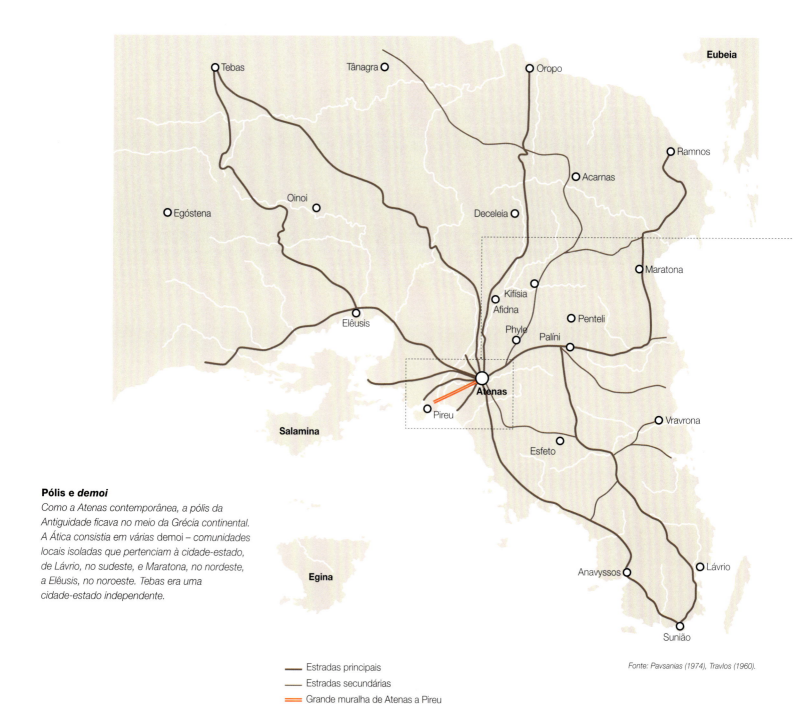

Pólis e *demoi*
Como a Atenas contemporânea, a pólis da Antiguidade ficava no meio da Grécia continental. A Ática consistia em várias demoi – comunidades locais isoladas que pertenciam à cidade-estado, de Lávrio, no sudeste, e Maratona, no nordeste, a Elêusis, no noroeste. Tebas era uma cidade-estado independente.

— Estradas principais
— Estradas secundárias
═ Grande muralha de Atenas a Pireu

Fonte: Pavsanias (1974), Travlos (1960).

Cidade fundacional

O nascimento da civilização europeia é atribuído a essa cidade-estado de vida muito curta. Pensamento intelectual, ciência, filosofia, teatro, artes e arquitetura atenienses ficaram além dos de qualquer outra civilização até o século XIV e foram adotados como influência principal de cidades romanas e macedônicas. Atenas foi a cidade de Sócrates, da Academia de Platão (criada em 387 a.C.), da escola peripatética de Aristóteles, o Liceu (criado em 335 a.C.); das tragédias de Eurípides e Sófocles, das comédias de Aristófanes, de filósofos e cientistas cujo intelecto iluminava o mundo antigo, redescoberto na Renascença. Também houve atividades hoje já perdidas, como a música e o misticismo praticados em Atenas e suas ocupações vizinhas – Elêusis é uma delas.

Em sua célebre introdução para sua obra *Política*, Aristóteles designa o Estado como o mais alto nível da comunidade, que engloba, por sua vez, o indivíduo, a família e a vila. Dentro dessas hierarquias, *kratos*, o Estado (a cidade-estado à época), era definido por Aristóteles como "uma criação da natureza". A pólis era não apenas uma cidade, mas uma rede de *demoi*, e elas, por sua vez, constituíam a extensão natural da família e coincidiam com o Estado, de acordo com Aristóteles. Portanto, a cidade, ou pólis, era uma sociedade, uma comunidade, um ajuntamento de *demoi* e *apoikies* (isto é, colônias), e um Estado, o Reino dos cidadãos (*politis*), a pessoa que participa na vida pública, distinta dos *idiotis*, a pessoa em si (e a etimologia para idiota, como em Marx na "idiotice da vida rural"). Os atenienses eram *polites* em vários âmbitos espaciais – local, urbano, nacional (Estado), como no âmbito europeu, atualmente –, a despeito da etimologia baseada em cidade. A cidadania e a participação em uma cidade real e natural eram consideradas pré-requisitos da civilização e a essência da democracia – com a tirania ou autocracia no extremo oposto.

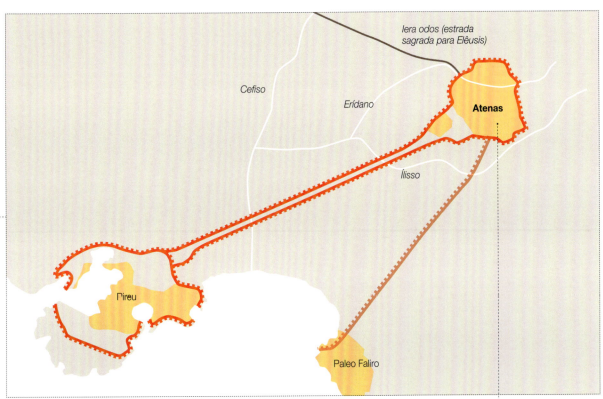

Fonte: Travlos (1960), Biris (1966).

Deusa Atena

Acrópole de Atenas

Porta de entrada para o mar
Pireu funcionava como o porto de Atenas e era a mais importante demos, *localizada no sudoeste. Era conectada a Atenas por meio das Longas Muralhas, que foram construídas no período clássico como proteção contra inundações e para comunicações em tempos de guerra entre a cidade e o porto. Também foram encontrados vestígios de uma muralha até Paleo Faliro. As muralhas foram demolidas após a Guerra do Peloponeso.*

Cidade fundacional

Acrópole, ágora, arquitetura, infraestrutura

Para Atenas, o mais importante dos mitos dos doze deuses do Olimpo, que eram personificações animadas da natureza, consistia na competição para escolher o padroeiro da cidade entre Atena (deusa da sabedoria) e Poseidon (deus do mar). Atena ganhou tal privilégio oferecendo uma oliveira sagrada como presente à cidade, a qual recebeu seu nome como homenagem. A competição está representada em diversas esculturas e desenhos, notadamente no frontão oeste do Partenon. Esse templo foi construído sobre a rocha sagrada da Acrópole por Ictinos e Calícrates e inaugurado por Péricles em 432 a.C. Era dedicado a Atena e continha uma enorme estátua da deusa, bem como representações evocando os mitos e procissões em sua homenagem nos frisos de mármore. As esculturas da Acrópole atualmente se encontram espalhadas nos mais variados museus europeus, especialmente no Museu Britânico, em Londres, e há um movimento crescente de reunificação dessas peças no novo Museu da Acrópole, em Atenas. A presença impressionante do Partenon como ícone da civilização europeia e do republicanismo norte-americano foi exemplificada na Europa pela Renascença, nos Estados Unidos pelos edifícios de Thomas Jefferson e também no movimento da arquitetura neoclássica europeia, que floresceu a partir do século XVIII e foi reimportado para Atenas depois de 1834, quando esta foi declarada capital da Grécia.

Fonte: Travlos (1960), Biris (1966).

A cidade-estado da Antiguidade estava centrada na ágora, que combinava a natureza com todos os tipos de economia pública, política e atividades culturais. Ágora significa literalmente "mercado", uma vez que o comércio ficava centrado nela, mas, na realidade, era um espaço complexo de uso misto e intensa interação social – um espaço multifuncional ou híbrido, onde a cidadania acontecia, um verdadeiro local público aberto para participação política (Leontidou, 2009). Era um espaço entre o público e o privado, onde a sociedade civil surgiu, e isso continuou no fórum romano.

O espaço público urbano era o local onde a democracia e a cidadania se concretizavam, e não era apenas o espaço físico (*urbs*). Na ágora, ideias e políticas eram debatidas na assembleia dos cidadãos sem qualquer censura. Era o fórum da democracia direta – o que significava que, em Atenas, as decisões eram tomadas por todos os "cidadãos" qualificados, não pelos seus representantes. Os líderes eram eleitos apenas para executar a vontade do povo: Péricles não era um governante, mas apenas o líder dos cidadãos, eleito anualmente. As decisões eram tomadas após debates na ágora, onde todos os homens participavam, independentemente de sua renda, propriedade ou posição. Entretanto, Atenas era uma democracia frágil em vários sentidos. A cidadania era delimitada por territorialidade, gênero e exclusão social – de escravos, mulheres e uma considerável população de residentes não cidadãos (*metics*). As mulheres permaneciam nos espaços domésticos e trabalhavam, em uma sociedade na qual o trabalho não era valorizado como aconteceu mais tarde na Europa, enquanto os homens circulavam nos ambientes públicos e tinham o privilégio de frequentar a ágora, votar e viajar. Entretanto, é importante reconhecer que, comparado aos regimes despóticos anteriores e, posteriormente, a Roma, os escravos representavam uma pequena população em Atenas e Esparta: havia um escravo para cada dois cidadãos. Em relação às mulheres, elas mobilizavam o imaginário coletivo nas artes, no teatro e na mitologia como deusas e heroínas. As obras escritas por homens frequentemente traziam mulheres como suas protagonistas.

Cidade fundacional

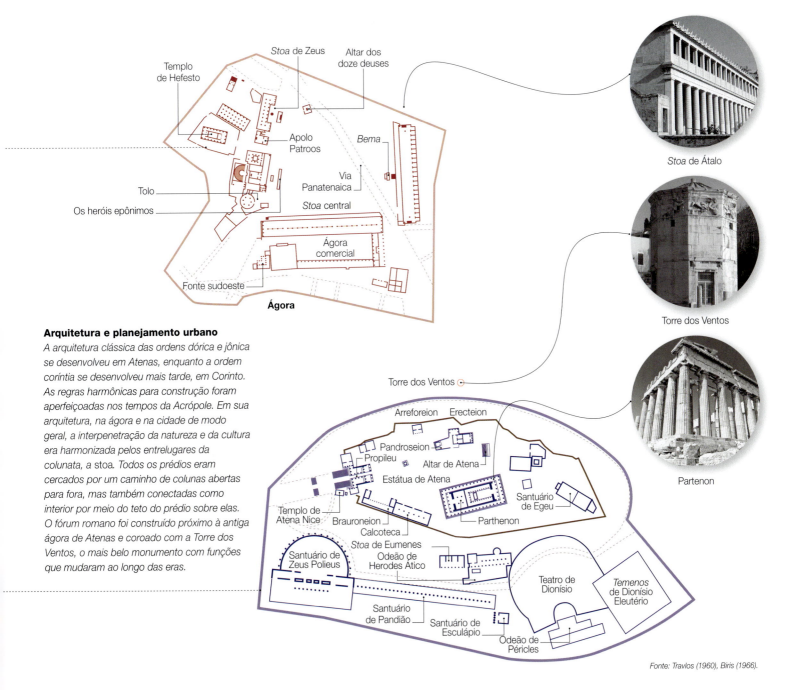

Arquitetura e planejamento urbano

A arquitetura clássica das ordens dórica e jônica se desenvolveu em Atenas, enquanto a ordem coríntia se desenvolveu mais tarde, em Corinto. As regras harmônicas para construção foram aperfeiçoadas nos tempos da Acrópole. Em sua arquitetura, na ágora e na cidade de modo geral, a interpenetração da natureza e da cultura era harmonizada pelos entrelugares da colunata, a stoa. Todos os prédios eram cercados por um caminho de colunas abertas para fora, mas também conectadas como interior por meio do teto do prédio sobre elas. O fórum romano foi construído próximo à antiga ágora de Atenas e coroado com a Torre dos Ventos, o mais belo monumento com funções que mudaram ao longo das eras.

Fonte: Travlos (1960), Biris (1966).

Cidade fundacional

Heranças europeias e a transição da Atenas antiga para a Atenas moderna

O imaginário global conecta a Atenas clássica à Atenas moderna por meio de suas paisagens culturais de simbolismo evocado. Há muito tempo a capital grega encanta pessoas célebres, desde imperadores romanos, como Adriano, a intelectuais modernos, como Gustav Flaubert, Sigmund Freud, Le Corbusier e Jacques Derrida.

A Europa "construiu" o helenismo com reinterpretações seletivas da Atenas clássica. Ela "emprestou" o seu aparato conceitual e sua arquitetura durante a definição da identidade helênica como imaginada pela Europa. Dada a descontinuidade da história urbana de Atenas, uma abordagem por recortes permite "visitar" cinco períodos importantes desde o século XIX, quando Atenas se tornou o protótipo da geografia urbana:

1. Após quatro séculos de domínio otomano, Atenas foi declarada a capital do novo Reino Grego em 1834 e reconstruída a partir de um projeto urbano moderno e com uma arquitetura monumental custeada, sobretudo, pelos gregos no exterior, celebrando um classicismo reimportado para Atenas via neoclassicismo europeu. Esse projeto buscava criar uma identidade grega moderna como imaginada pelos europeus, em um dos experimentos de maior sucesso para a criação de uma capital artificial (Bastea, 2000; Loukaki, 2008; Leontidou, 2013).

2. O protótipo entreguerras de urbanização rápida mediterrânea: a Atenas entreguerras cresceu rapidamente durante as décadas de 1920 e 1930, de forma espontânea, após a chegada dos refugiados da Ásia Menor, em 1922 (Leontidou, 1990/2006).

3. A aglomeração do pós-guerra que definitivamente não se expandiu para fora da antiga cidade-estado: Atenas cresceu por

A expansão de Atenas

O plano de redesenvolvimento de Atenas do início do século XIX foi sobrepujado pelo desenvolvimento urbano espontâneo do início do século XX. Isso fica evidente na expansão urbana fragmentada, no uso misto das áreas e na segregação social tanto vertical quanto horizontal, criando uma paisagem que é a antítese da paisagem anglo-americana, já que a população pobre e trabalhadora vive na periferia urbana. A popularização do subúrbio e as semi-invasões resolveram problemas de falta de moradia e desemprego, ainda que temporariamente, durante boa parte do século XX.

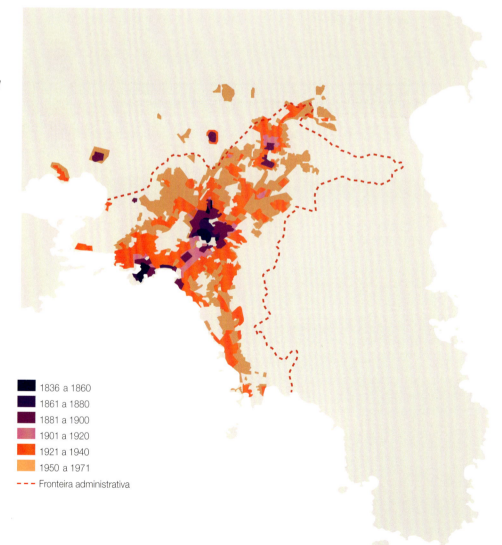

- 1836 a 1860
- 1861 a 1880
- 1881 a 1900
- 1901 a 1920
- 1921 a 1940
- 1950 a 1971
- --- Fronteira administrativa

Fonte: Leontidou-Emmanuel (1981).

Área residencial urbana de Atenas

24

construção e demolição de seu patrimônio neoclássico e de muitas camadas de história, ganhando uma colagem pós-moderna em sua paisagem de urbanização espontânea e informalidade (Leontidou, 1990/2006).

4. A cidade empreendedora pós-olímpica do novo milênio: Atenas entrou na competição global do neoliberalismo urbano tentando atrair megaeventos e reestruturando sua imagem com uma combinação de *design* urbano inovador, pós-modernidade e valorização do patrimônio das eras passadas. Também adotou de forma meio desajeitada o *marketing* de cidade empreendedora em busca de megaeventos por quase duas décadas, começando na década de 1990 (com a candidatura fracassada das "Olimpíadas de Ouro" de 1996 para "voltar para casa") e culminando com as Olimpíadas de 2004 (Couch *et al*., 2007; Leontidou, 2013).

5. A crise da dívida: o quarto período terminou abruptamente e Atenas caiu no abismo da crise da dívida e da decadência urbana, que persiste até os dias de hoje com a queda populacional. Movimentos de fuga para as cidades menores e a "fuga de cérebros" para o exterior causaram desurbanização e um grave declínio do centro urbano, que sofre com decadência, empobrecimento e revoltas políticas. Tudo isso veio à tona nos espaços públicos de Atenas durante o "movimento das piazzas" da década de 2010, que reacendeu a espontaneidade e a democracia direta da ágora grega da Antiguidade (Leontidou, 2012).

No imaginário europeu – e mesmo no imaginário global –, Atenas permanece como a essência da civilização no sentido abstrato, mas apenas por sua idade. Não se considera que a cidade dos dias atuais atinja os padrões europeus de modernidade, e ela se tornou vítima de um orientalismo peculiar que emerge no norte da Europa. No imaginário neoliberal, Atenas não é mais uma cidade fundacional.

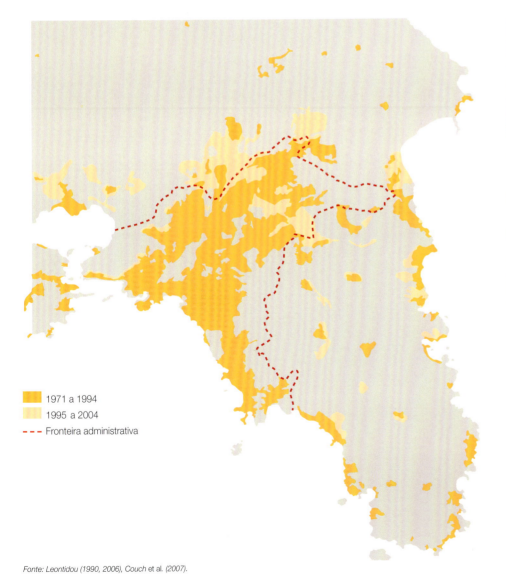

- 1971 a 1994
- 1995 a 2004
- --- Fronteira administrativa

Fonte: Leontidou (1990, 2006), Couch et al. (2007).

Estádio olímpico projetado por Santiago Calatrava

Estudantes protestam contra medidas de austeridade do lado de fora da Universidade de Atenas em 2013

Uma cidade em decadência?

Uma grande transição no desenvolvimento de Atenas ocorreu com as Olimpíadas de 2004. Até 2001, a Grande Atenas atraiu 3.187.734 habitantes (29% da população grega), a maior parte de migrantes domésticos. Após essa época, a cidade parou de crescer. A população em 2011 havia caído para 3.122.540 habitantes, e tal redução foi concentrada no centro urbano, que representava um terço da população desde a entrada na União Europeia (885.737 habitantes em 1981) e ficou em 467.108 habitantes em 2011. A crise financeira freou a urbanização e a bolha do mercado imobiliário, mas o avanço da mancha urbana continuou.

Cidade fundacional

Roma: de cabanas a novas cidades

Um fator mobilizador crucial para a sociedade romana estava em seu caráter inclusivo, de uma sociedade com pessoas das mais variadas etnias. Os reis de Roma provinham das regiões vizinhas – os três últimos foram etruscos –, e Roma era um aglomerado de povoados. O princípio híbrido inclusivo constituía um dos pontos fortes da sociedade romana, uma *mutatis mutandis*, assim como a sociedade dos Estados Unidos, e foi o responsável pela extraordinária capacidade transformadora da civilização romana ao longo de sua extensa história desde 759 a.C., na fundação de Roma, até 476 d.C., com a queda do Império Romano do Ocidente.

Roma surgiu de pequenos povoados de proscritos nos pântanos ao redor do rio Tibre e se tornou a opulenta capital global de um dos maiores impérios da história da humanidade, com uma habilidade extrema para arquitetura e planejamento dos espaços públicos. O acúmulo de materiais de construção em Roma (e também em outras cidades) era tão grande que alimentou a construção e a reconstrução urbana durante séculos. Os romanos eram construtores e organizadores com habilidades efetivas de mobilização, incluindo a capacidade de subjugar populações inteiras, exterminar oponentes, mas também de estabelecer um complexo sistema de relações com aliados (*socii*), lidando com os diversos graus de integração nas *civitas* romanas

Planejamento da cidade
A sociedade romana tinha um perfil empreendedor. A planta baixa do planejamento urbano de Roma consistia em um grid – ou grade – baseado nas ruas principais norte-sul e leste-oeste (cardo e decúmano) vindas do castro, o acampamento militar muitas vezes construído pelos próprios militares.

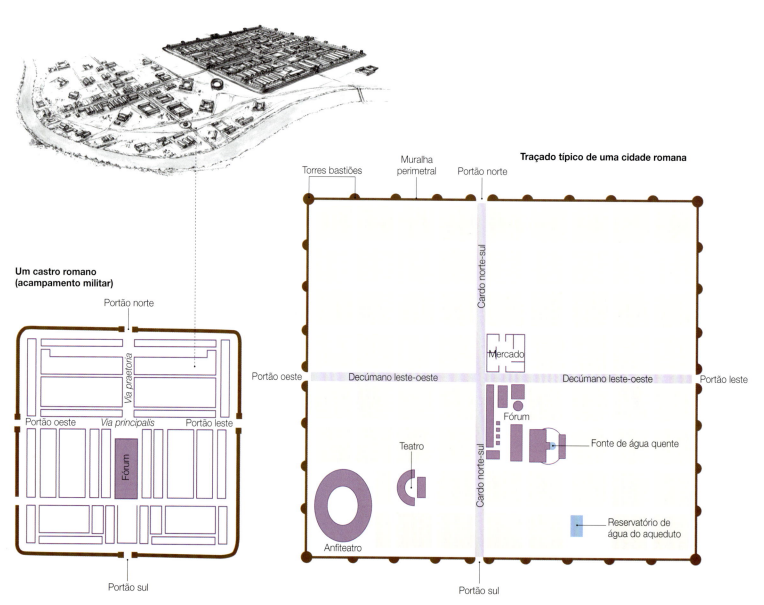

Um castro romano (acampamento militar)

Traçado típico de uma cidade romana

26

com enorme sofisticação. Tal capacidade de mobilização se refletia na sustentabilidade da economia romana, nas grandes obras de infraestrutura, como estradas, pontes, aquedutos; mas também no enorme poder de comunicação e letramento difuso do mundo romano. Também se traduzia na importância generalizada do Estado de direito romano, na monumentalidade dos espaços públicos e na organização militar que garantia o suporte material para a transformação de Roma de poder local a cidade global (*caput mundi*).

As concentrações de poder e riqueza consequentes da expansão imperial trouxeram riquezas, mas também tensões. Além de escravos, a economia doméstica necessitava de um número crescente das classes de serviços, como artesãos, mercadores, fornecedores, intermediários e transportadores, o que também resultava em uma população animal considerável – que precisava ser alimentada e cuidada. Tais fatores colocavam muita pressão nas partes mais pobres da cidade, as *insulae*, com edifícios relativamente altos, densos e insalubres. À medida que a riqueza aumentou e Roma se tornou densa e barulhenta, suja e perigosa, as classes mais altas se mudaram para as cidades do interior, como Pompeia, ou para casas de campo nas áreas próximas, incluindo ilhas razoavelmente distantes como Ventotene, onde Augusto possuía uma residência imperial (Martinotti, 2009, 2012).

A sociedade romana acreditava que deveria deixar sua marca em todos os lugares onde isso fosse possível. O conceito de *potestas romana* também se aplicou à padronização arquitetônica e monumental de uma vasta área de ocupações urbanas. É estranho que uma civilização tão implacável em suprimir revoltas e tão firme ao aplicar um modelo comum fosse flexível a ponto de deixar que os moradores locais governassem a si mesmos. Isso fazia parte de seu pragmatismo inclusivo, que deu aos romanos ainda mais poder e resiliência.

Mapa de Augusta Treverorum (Tréveris)

Porta Nigra

Tréveris romana (Augusta Treverorum)
Este grid de cidade romana ainda pode ser visto como base do semis urbain de muitos locais na Europa: Nápoles, Pompeia, Siracusa, Mediolano, Augusta Taurinorum (Turim) e Augusta Praetoria (Aosta) na Itália, Sagunto, Augusta Treverorum (Tréveris), Lutécia, Marselha, Aix-en-Provence, Bath, Alba Iulia na Romênia, e mais centenas de locais (algumas vezes mais difíceis de identificar devido às mudanças de nome) como Apameia ou Palmira, na Síria.

Cidade fundacional

Cidade fundacional

Organização do ambiente construído

A capacidade generativa da civilização romana é evidente em sua organização do ambiente construído. Um dos bastiões do poder romano era sua extrema habilidade para obras públicas. As sociedades da Antiguidade não eram atrasadas do ponto de vista tecnológico. Os aquedutos romanos são uma grande realização de planejamento e construção, e o sistema de estradas imperiais ainda é a espinha dorsal do transporte contemporâneo muito além da península Itálica. Algumas das pontes romanas resistiram a milênios de uso. Não é nenhuma surpresa que a mais alta autoridade religiosa, o Pontífice (*Pontifex*), fosse literalmente um "construtor de pontes", provavelmente mais no sentido literal do que no figurado. A capacidade construtiva compartilhava sinergias com o poderio militar, e a força militar participava ativamente das obras civis públicas.

Os templos romanos eram monumentos em todas as cidades, e eles ainda constituem as fundações sobre as quais o cristianismo construiu suas igrejas e basílicas. A Catedral de Ortígia (Siracusa) é apenas um dos muitos exemplos nos quais o templo original dedicado a Atena evoluiu para uma catedral católica e, então, para uma mesquita árabe.

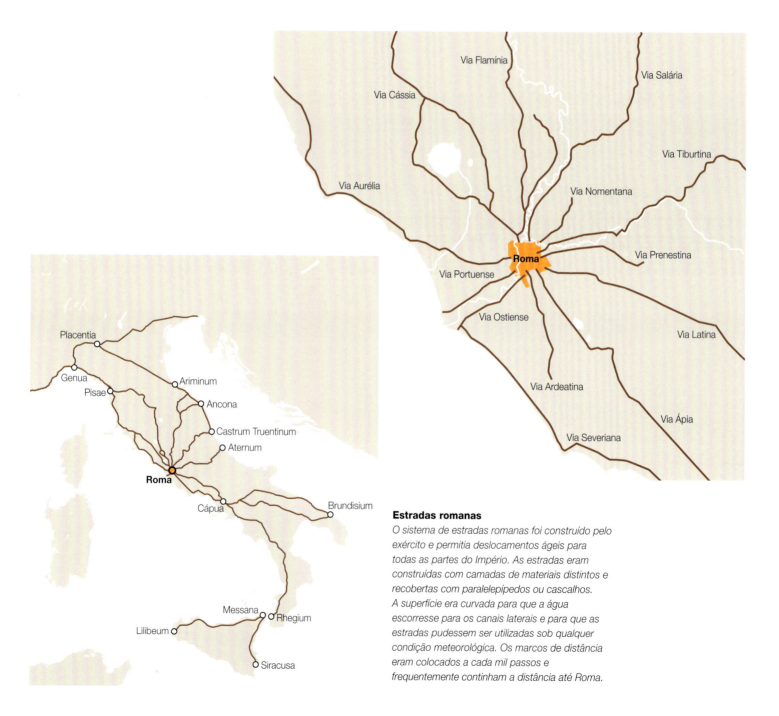

Estradas romanas
O sistema de estradas romanas foi construído pelo exército e permitia deslocamentos ágeis para todas as partes do Império. As estradas eram construídas com camadas de materiais distintos e recobertas com paralelepípedos ou cascalhos. A superfície era curvada para que a água escorresse para os canais laterais e para que as estradas pudessem ser utilizadas sob qualquer condição meteorológica. Os marcos de distância eram colocados a cada mil passos e frequentemente continham a distância até Roma.

Antropólogos já destacaram a importância dos ritos para a coesão social. Os romanos não eram um povo austero: *otium*, o lazer reflexivo da classe alta, e *thermae*, o sistema de banhos aberto a todos, eram componentes básicos da vida urbana. O circo ou arena era o principal monumento coletivo de todas as cidades romanas, como o teatro nas cidades gregas. A alimentação era muito valorizada. A plebe tinha pão – e talvez mais nada além disso, embora o vinho estivesse sempre presente em uma terra chamada Enotria, a terra do vinho. A classe alta tinha os banquetes, semelhantes aos *symposium* na Grécia, mas muito mais opulentos. A relação entre a frugalidade original de uma sociedade pastoral (pão, queijo e cebolas) que caracterizou os primeiros séculos e a importância cada vez maior do luxo associado ao lazer foi assunto de grandes debates, provavelmente em grande parte ideológicos, entre os *laudatores tempores actis* (isto é, defensores dos tempos passados) e aqueles que adotaram os novos hábitos de opulência. Tal debate público foi acompanhado de transformações na paisagem urbana com monumentos e fóruns cada vez mais esplêndidos, e templos e serviços, como as *thermae*, eram entregues para uso privado, mas também público, parcamente regulados em seu uso por diferentes sexos. A diversão das massas na forma de circenses, ou performances nas arenas, tornou-se parte do bem-estar social necessário para manter o povo feliz e combater as tensões sociais. Os aquedutos romanos em toda a Europa, da Grã-Bretanha à Grécia, são a prova da tecnologia sofisticada do Império Romano. Havia uma grande quantidade de termas nas cidades – as escavadas recentemente em Pompeia por Luciana Jacobelli são um excelente exemplo da expansão dessas atividades lúdicas.

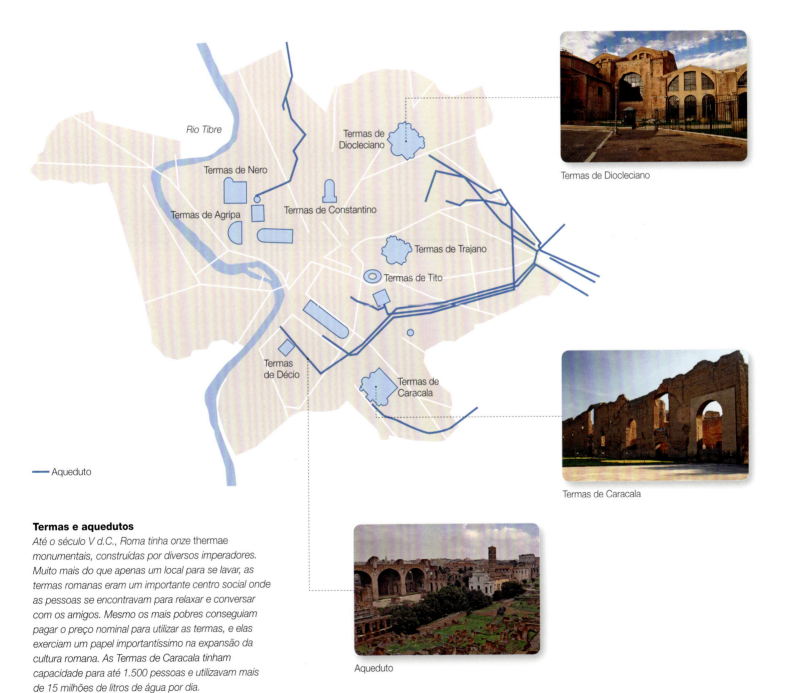

Termas e aquedutos
Até o século V d.C., Roma tinha onze thermae monumentais, construídas por diversos imperadores. Muito mais do que apenas um local para se lavar, as termas romanas eram um importante centro social onde as pessoas se encontravam para relaxar e conversar com os amigos. Mesmo os mais pobres conseguiam pagar o preço nominal para utilizar as termas, e elas exerciam um papel importantíssimo na expansão da cultura romana. As Termas de Caracala tinham capacidade para até 1.500 pessoas e utilizavam mais de 15 milhões de litros de água por dia.

Cidade fundacional

Roma caput mundi: a primeira cidade global

Muralha de Adriano, Inglaterra

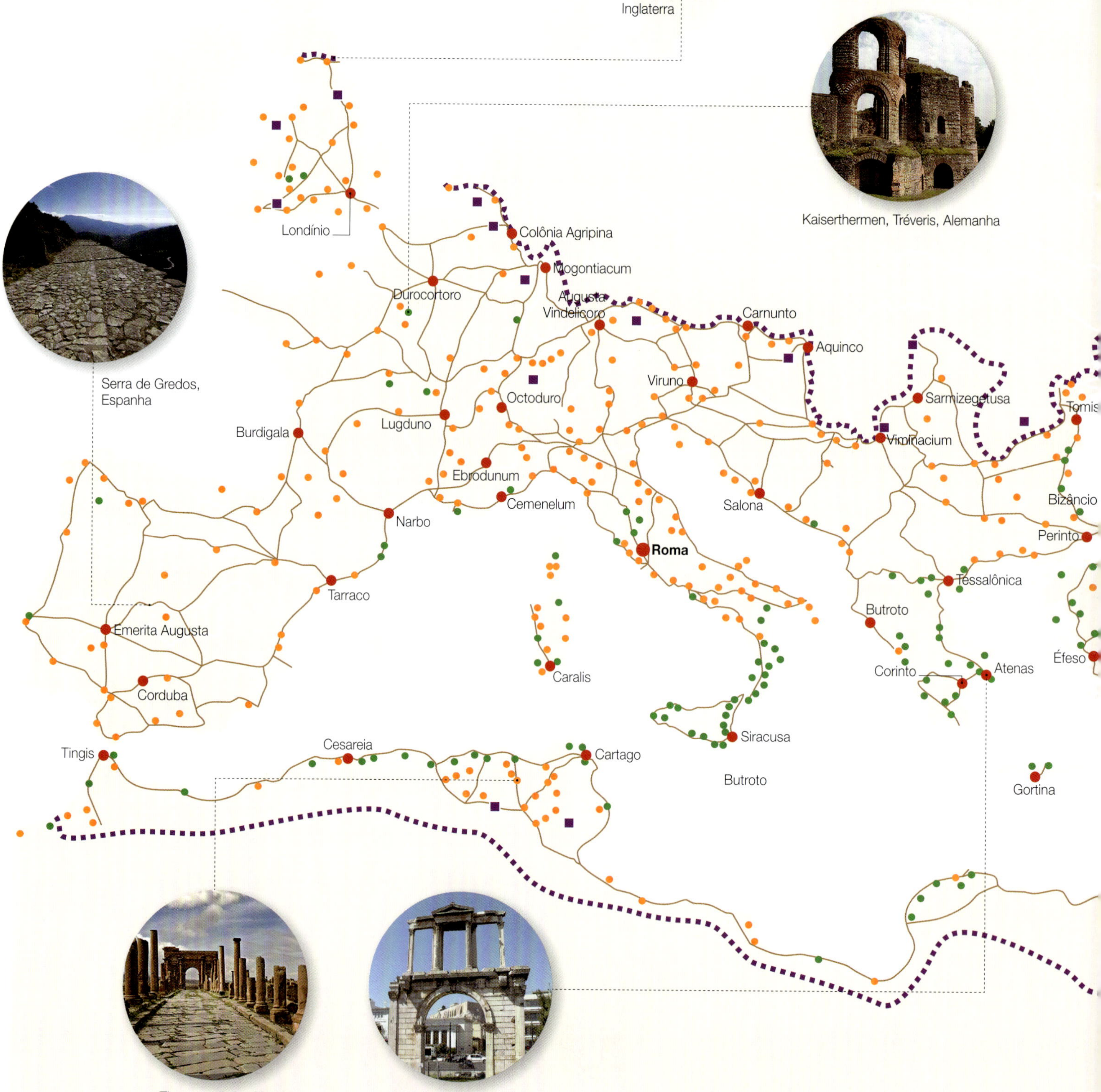

Kaiserthermen, Tréveris, Alemanha

Serra de Gredos, Espanha

Londínio

Colônia Agripina

Mogontiacum

Durocortoro

Augusta Vindelicoro

Carnunto

Aquinco

Octoduro

Viruno

Sarmizegetusa

Tomis

Lugduno

Viminacium

Bizâncio

Burdigala

Ebrodunum

Perinto

Cemenelum

Salona

Narbo

Roma

Tarraco

Téssalônica

Emerita Augusta

Butroto

Corduba

Corinto

Atenas

Caralis

Éfeso

Tingis

Cesareia

Cartago

Siracusa

Butroto

Gortina

Thamugadi, Argélia

Arco de Adriano, Atenas

Cidade fundacional

Pode soar absurdo comparar a globalização da atualidade com o Império Romano centrado no *Mare nostrum* mediterrâneo. Entretanto, o megassistema romano de dominação se baseava não só no poder material como também nas proezas imateriais ou organizacionais que criavam a governabilidade necessária. A dominação romana se espalhou por meio da rede de centros romanos em seu ápice, por seus fluxos de comunicação e transporte, pela localização dos centros especializados e sua importância estratégica, pela localização dos principais recursos rurais (agrícolas, mineração e outros) e, acima de tudo, por seu eficiente sistema de normas e práticas que fornecia tanto os meios para controlar os conflitos sociais internos quanto os acordos institucionais de longa duração para os processos decisórios. Considerando as diferenças de magnitude e escala, isso não é tão diferente dos aspectos da globalização contemporânea (Martinotti, 1993).

Comunicações e suporte logístico eram fornecidos pela rede de estradas que acompanhava a expansão do poderio romano, e a velocidade da transferência das tropas era regulada pelo ritmo marcial romano. Comunicações eram essenciais para a organização e a cultura romanas, não somente entre os cidadãos, mas também entre a capital e cada cidade menor do complexo sistema de centros que compunha o sistema romano. Utilizavam-se as estradas para enviar mensagens, mas outros tipos de comunicação também eram conhecidos, como um engenhoso sistema de transmissores ópticos. As mensagens escritas circulavam entre a aristocracia, mas os escravos domésticos responsáveis pela administração também sabiam ler e escrever, e as mulheres detinham formalmente a tarefa de educar os jovens. As tabuletas de argila constituíam uma tecnologia essencial à época.

Com o desenvolvimento de um poder imperial centralizado, iniciado por Augusto, a organização burocrática de Roma se tornou cada vez mais importante, e o número de normas e regras promulgadas pelo imperador e seus escritórios aumentou muito. Elas se tornaram um grande *corpus* que precisava ser reorganizado sistematicamente com o *corpus juris romani* em geral. O sistema legal escrito de normas fornecia uma descrição sistemática e detalhada das interações sociais dos mais variados tipos e era a forma de entendimento de seus significados sociológicos. Tal sistema legal precisava ser sustentado por um aparato consistente de juízes, advogados, agentes da lei, burocratas, e a profissão única e importante dos *jureconsulti*, especialistas particulares que aconselhavam sobre assuntos legais e davam suporte aos magistrados eleitos e, posteriormente, aos *princeps*. O sistema legal, com sua elaborada sociologia, fornece um importante conhecimento organizacional coletivo que era transmitido de geração para geração e era, em si, uma parte importante do caráter de letramento, característico da cultura romana, e que deu enorme força para suas organizações econômicas e administrativas. Os espaços públicos onde tais atividades aconteciam eram parte da monumentalidade da cidade romana.

Uma superpotência da Antiguidade
O Império Romano desenvolveu uma formidável rede de cidades com hierarquias de maiores centros, capitais regionais e outras cidades. Tal sistema era mantido graças a avançados sistemas de transporte e comunicações. Os monumentos em toda a Europa e Ásia Ocidental são uma prova da expansão da civilização romana.

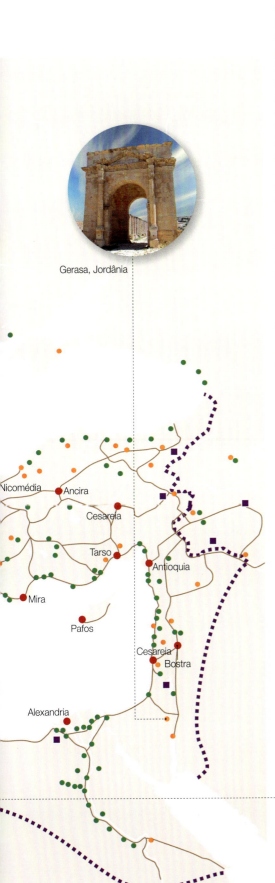

Gerasa, Jordânia

Afrodísias, Turquia

- ● Capital imperial
- ● Capital provincial
- ● Cidades fundadas pelos romanos
- ■ Grande acampamento de legionários
- ● Cidades pré-românicas
- — Estrada
- ···· Fronteiras imperiais

Fonte: Wikimedia (Andrei Nacu), Benevolo (1993), Pounds (1990/2007).

Cidade fundacional

Berços do urbanismo: colônias e capitais

As civilizações da Antiguidade estavam associadas ao urbanismo e ao mar. Elas haviam se tornado especialmente urbanas desde o período Pré-Clássico, e muitos dos conceitos, ideias e padrões de vida europeus eram concebidos dentro de suas muralhas. Atenas e Roma se desenvolveram em uma área com civilizações urbanas substanciais já existentes, desde os micênicos no Peloponeso até os fenícios em Cartago, dos jônicos no Egeu, na Magna Grécia e no sul da Itália até os etruscos no centro-norte da Itália. O caráter cosmopolita e os conhecimentos criaram uma rica cultura em diversas cidades que não eram nada "secundárias" – talvez apenas em nossa perspectiva contemporânea. Elas eram importantes e desafiavam Atenas e Roma em diferentes aspectos.

O mito de Europa, a princesa fenícia raptada por Zeus na forma de um touro, que alimentou o imaginário popular por milênios na Grécia e no Império Romano, reconhece que a civilização chegou à Grécia vinda do Oriente, da Fenícia e de outros lugares mais remotos e se desenvolveu primeiramente em Creta, nas cidades minoicas. Era a Idade do Bronze no continente europeu, a qual começou cerca de 5 mil anos atrás e tinha como base o centro cívico de Cnossos, um palácio-cidade sem muralhas, pois era naturalmente fortificado.

Civilizações mediterrâneas da Antiguidade
Havia alguns núcleos civilizatórios na região mediterrânea além de Roma e Atenas, alguns deles supostamente bastante consideráveis em termos de legado para o urbanismo moderno. As cidades exibidas aqui floresceram antes do século VII a.C., exceto Alexandria (a partir de 331 a.C) e Constantinopla (entre 395 e 1453 d.C, anteriormente chamada de Bizâncio).

Civilizações urbanas e áreas de influência entre 1800 a.C. e 600 a.C.

- Minoicos – aprox. séculos XXVII a.C. a XV a.C.
- Micênicos – aprox. séculos XVI a.C. a X a.C.
- Cidades da Magna Grécia – século VIII a.C.
- Cidades jônicas e ilhas do Egeu – séculos VII a.C a VI a.C.
- Colônias gregas no Mediterrâneo ocidental – século VI a.C.
- Macedônia – século IV a.C.

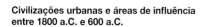

Minoicos — Palácio de Cnossos em Creta

Micenas — Portal do Leão

Cidades jônicas e ilhas do Egeu — Templo de Apolo, Dídima (atual Turquia)

Tais palácios-cidades minoicos imbatíveis foram, em determinado momento, conquistados pelos micênicos, que, em 1450 a.C., já controlavam o arquipélago Egeu até Troia. Eles tinham como base importantes cidades do Peloponeso, como Argos, Micenas, Epidauro e Corinto, e floresceram até 1200 a.C. Depois, desmoronaram com as civilizações egeias, provavelmente em decorrência de um desastre natural, como uma erupção vulcânica, ou devido a guerras.

O período entre os séculos XIII a.C. e IX a.C. ficou perdido em uma era de trevas entre a decadência da civilização na região do arquipélago Egeu e o início do período clássico. Durante o século VIII a.C., uma primeira revolução científica aconteceu em numerosas cidades jônicas extremamente sofisticadas, as cidades portuárias nas costas da Ásia Menor e as ilhas do Egeu que ficavam próximas, onde os gregos haviam criado suas colônias: Melito, Éfeso, Alikarnassos, Amaseia e cidades das ilhas do Egeu, como Samos, Lesbos, Kos e Rodes. Na Grécia continental, havia Atenas, mas também Esparta, o outro polo de desenvolvimento urbano, baseado no poderio militar.

As colônias gregas também foram criadas como cidades da Magna Grécia no sul da Itália e na Sicília (Siracusa, Agrigento e Messina), e muito mais longe, no sul da França (Marselha) e na região do leste da Espanha até Gibraltar. Mas as cidades verdadeiramente glamorosas ficavam no Mediterrâneo oriental: Babilônia, a célebre cidade mesopotâmia e Alexandria, criada no Egito em 331 a.C. como uma das diversas novas cidades de mesmo nome por Alexandre, o Grande; ofuscando as capitais macedônicas de Egeia (atual Vergina), Pela, e Dion como o mais importante polo de conhecimento, além de Constantinopla, anteriormente Bizâncio, recriada em 395 d.C. como a capital do Império Romano do Oriente, e chamada apenas de Polis, ou seja, A Cidade (seu nome turco posterior, Istambul, deriva foneticamente do nome grego "is tan Polin", isto é, "para a cidade").

Cidade fundacional

Magna Grécia
Templo da Concórdia, Agrigento

Babilônia
Porta de Ishtar

Alexandria
Estátua da esfinge na colina

Constantinopla
Portão Dourado

Fonte: Leontidou (2011), Demand (1990), Dimitrakos & Karolides (década de 1950).

CIDADE EM REDE

RAF VERBRUGGEN
MICHAEL HOYLER
PETER TAYLOR

Cidades principais
AUGSBURGO
LONDRES
VENEZA
FLORENÇA
INNSBRUCK
LÜBECK
BRUGES
PARIS
GHENT

À esquerda: Bruges, Bélgica.

Cidade em rede: Introdução

Após a queda do Império Romano, no século V, o crescimento urbano ficou estagnado na maior parte da Europa ocidental. A nova fase de urbanização começou apenas no século XI. Embora os aprimoramentos na agricultura tivessem um papel de destaque nessa renovação urbana, foi sobretudo o renascimento do comércio – especialmente com as economias mais desenvolvidas e urbanizadas do Oriente Próximo no início das Cruzadas – que fez as cidades florescerem novamente em diversas partes da Europa.

O desenvolvimento de laços comerciais sólidos entre essas localidades na Europa cristã latina (que foram intensificados como consequência da revolução comercial do século XIII) gerou uma expressão específica para descrever a cidade europeia do final da Idade Média e do século XVI: a cidade em rede.

As cidades da Europa ao final da Idade Média obviamente não eram as únicas que poderiam ser classificadas como cidades em rede. Na história do urbanismo, há infindáveis exemplos de cidades fortemente interconectadas. Na realidade, as

Os principais circuitos de comércio no Velho Mundo em 1300

Durante o final da Idade Média, a Europa cristã ocidental não estava isolada do resto do mundo. Diversas mercadorias (como especiarias, seda e metais preciosos) eram frequentemente negociadas entre Ásia, Europa e África e, desde aproximadamente 1500, também com as Américas. Entretanto, até a descoberta das rotas marítimas diretas para a Ásia (e para as Américas) no fim do século XV, os mercadores do final da Idade Média raramente faziam todo o trajeto entre a China e a Europa (embora houvesse exceções, como Marco Polo). Até então, a rede de comércio do Velho Mundo consistia em diversos circuitos comerciais menores sobrepostos que eram dominados por grupos específicos de mercadores (entre eles, mercadores chineses, mongóis, indianos, persas, árabes e europeus). O circuito mais oriental de todos eles, que não constituía a parte mais urbanizada ou economicamente avançada da rede do Velho Mundo, era controlado por diversos grupos de mercadores cristãos latinos.

- Circuito europeu ocidental
- Circuito transmediterrâneo
- Circuito das caravanas da Ásia Central
- Circuito do golfo Pérsico
- Circuito do mar Vermelho
- Circuito do oceano Índico ocidental
- Circuito do oceano Índico central
- Circuito do oceano Índico oriental

Fonte: Abu-Lughod (1989).

> "A partir do século XI as cidades da Europa latina cristã progressivamente se conectaram em uma rede de comércio que cobria todo o continente."

primeiras conhecidas parecem ter sido conectadas por meio de redes dinâmicas de comércio. O geógrafo Ed Soja descreveu uma das antigas redes entre cidades no Oriente Próximo na Antiguidade que se estendia por uma região em forma de T seguindo da Anatólia ocidental até a região mais ao norte do Tigre e para o sul no Levante entre os anos de 9000 a.C. e 5000 a.C., incluindo localidades como Jericó, Çatal Hüyük e Abu Hureyra. Um outro exemplo é a Rota da Seda, com suas diversas estradas interconectadas ligando leste, sul e oeste asiático com a Europa mediterrânea e o norte e o leste da África desde o século III a.C. até aproximadamente 1400 d.C., quando o crescimento do comércio marítimo ofuscou sua importância.

Esses exemplos não são incomuns, e há quem diga que todas as cidades do passado e do presente estão interligadas em rede de uma forma ou de outra. Na realidade, estar conectada com o mundo exterior é uma característica genérica das cidades, e isso ocorre por meio de dois processos urbanos distintos – ainda que relacionados. O primeiro deles define como as ocupações urbanas são conectadas localmente com o interior, para o qual fornecem bens e serviços. As cidades medievais da Europa, por exemplo, funcionavam como centros comerciais, administrativos, religiosos e educacionais não apenas para seus habitantes, mas também para pessoas vindas de vilarejos e cidades menores da região e do interior. Muitas cidades tinham feiras semanais onde diversos produtos locais poderiam ser comprados. Algumas delas eram a sede das Cortes episcopais ou de principados. Algumas poucas grandes cidades europeias (como Florença, Veneza ou Milão) criaram até mesmo formas de controle político sobre o interior e se tornaram cidades-estado independentes. As relações entre tais locais centrais e suas áreas de serviços são verticais por natureza, e normalmente geram hierarquias de ocupação. Tal processo é conhecido pela expressão em inglês *town-ness*.

O segundo processo determina como as cidades estão interligadas, além de suas zonas rurais, por meio de uma troca mútua de produtos, capital, informação, etc., criando relações interurbanas horizontais, e não verticais. O resultado desse processo, chamado de *city-ness*, não compreende uma hierarquia urbana, mas uma rede de cidades. Assim, a partir do século XI as cidades da Europa latina cristã progressivamente se conectaram em uma rede de comércio que cobria todo o continente por diversos trajetos de longa distância que envolviam viajantes, bens para troca, moeda, cartas, etc. Essa rede das cidades, inicial e incipiente, era originalmente estruturada ao redor de duas zonas principais: os centros comerciais e bancários do centro-norte da Itália e as cidades fornecedoras de produtos têxteis no sul dos Países Baixos, que se conectavam nas grandes feiras de comércio de Champagne, no nordeste francês. Tais conexões indiretas através da França evoluíram e se tornaram conexões diretas com a abertura da rota marítima entre a Itália e Bruges e uma rota mais oriental através das cidades alemãs, o que resultou no declínio das feiras de Champagne por volta de 1300. Uma outra grande mudança aconteceu no século XVI, quando o centro de gravidade da rede europeia de cidades se deslocou para o noroeste da Europa. É possível concluir que, diferentemente do processo de *town-ness* (estável e estático), o processo de *city-ness* é extremamente dinâmico e propenso à mudança.

Embora o processo de *city-ness* seja o foco deste capítulo, não se deve esquecer que *city-ness* e *town-ness* não são mutuamente excludentes e podem ocorrer no mesmo local ao mesmo tempo: praticamente todos os centros da rede de cidades europeias medievais eram também o centro de uma área rural. Entretanto, o processo de *city-ness* é mais relevante para entender a dinâmica econômica da Europa do fim da Idade Média e do século XVI.

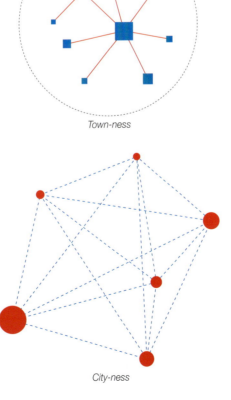

Town-ness e city-ness
As cidades se conectam ao mundo exterior por meio de dois processos gerais: town-ness e city-ness, que podem ocorrer simultaneamente no mesmo local. O town-ness *produz relações hierárquicas, locais e mais estáticas entre o centro e a área rural, tradicionalmente descritas pela teoria das localidades centrais. O processo de* city-ness*, por outro lado, gera relações dinâmicas interurbanas, não locais, em rede, que se tornaram o centro das atenções na pesquisa contemporânea das cidades globais.*

Cidade em rede

A revolução comercial do século XIII

Ao longo do século XIII, uma nova forma de organização do comércio de longa distância se desenvolveu simultaneamente nas cidades em rede italianas e bálticas e se espalhou para o restante da Europa latina cristã nos séculos seguintes. Antes dessa revolução comercial, os mercadores europeus geralmente eram viajantes que transitavam entre os diversos mercados para comercializar mercadorias. Entretanto, durante o século XIII, os mercadores italianos e bálticos se tornaram cada vez mais sedentários, trocando mercadorias por meio de seus representantes estabelecidos em diversas outras cidades europeias, trazendo tais cidades para a rede com suas práticas comerciais.

Embora as viagens continuassem sendo importantes, a revolução comercial resultou em dois tipos de organizações comerciais medievais, que dominaram o comércio europeu do final do século XIII até o final do século XVI. De um lado, as cidades continentais da Itália e do sul da Alemanha desenvolveram um tipo de companhia hierárquica que, em alguns casos, se tornou muito grande para os padrões medievais, como os Bardi, os Peruzzi e os Médici, em Florença, e os Fugger e os Welser, em Augsburgo, todos com mais de sessenta empregados. Tais empresas

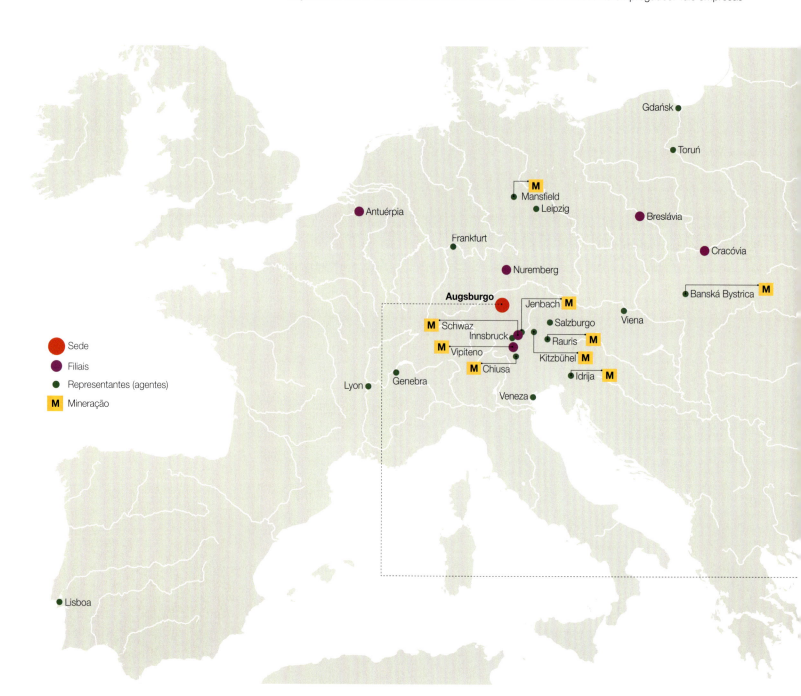

hierárquicas criaram filiais ou representantes no exterior, que eram contratados e enviados pela sede.

Do outro lado, estavam os portos marítimos do Mediterrâneo, do Atlântico, do mar do Norte e do Báltico, infindáveis organizações comerciais menores, flexíveis e mais interligadas em rede, coesas graças à confiança entre seus membros. Algumas dessas redes consistiam em parcerias familiares mais informais, que contavam com diferentes membros de uma família morando em diferentes cidades. Outras eram formadas por empresas, firmas ou mercadores individuais que utilizavam correspondentes estrangeiros trabalhando por comissão. E, claro, muitas formas híbridas intermediárias também existiram.

Uma das razões da transição do mercador viajante para o mercador sedentário foi seu poder político crescente em suas cidades de origem, que precisavam de sua presença para cuidar da política local das cidades. No entanto, isso resultou em uma organização mais eficiente do comércio de longa distância na Europa e um fortalecimento gradual e expansão da rede europeia de cidades. Por mais de três séculos, o comércio europeu foi organizado conforme os fundamentos criados na revolução comercial do século XIII. Apenas no fim do século XVI surgiram as Companhias Inglesa e Holandesa das Índias Orientais, sociedades anônimas que, mais uma vez, mudaram a natureza do comércio europeu de longa distância.

Cidade em rede

A empresa de Matthias Manlich, de Augsburgo

Matthias Manlich (1499-1559) foi um dos mais importantes mercadores da Augsburgo do século XVI. Sua empresa comercializava principalmente cobre e outros metais e estava envolvida com a mineração de cobre graças a privilégios obtidos (especialmente no Tirol) em troca de empréstimos à família Habsburgo. Além da sede em Augsburgo, havia escritórios e armazéns da empresa nos centros de maior importância para os negócios familiares (provavelmente havia filiais em Antuérpia, em Nuremberg, na Cracóvia, na Breslávia, nas cidades mineradoras de Schwaz e Vipiteno, no Tirol e talvez também em outras localidades). Em diversos outros locais, os interesses dos Manlich eram representados por agentes que também trabalhavam para outras empresas por conta própria. Em 1581, a empresa de Matthias Manlich foi dissolvida por seus herdeiros.

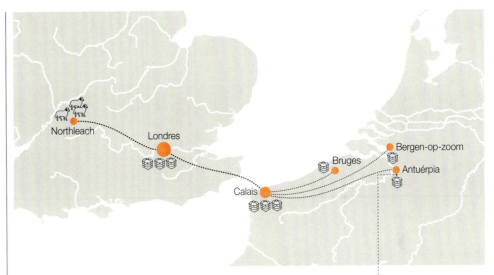

A rede comercial da família Cely, de Londres

A família Cely era formada por mercadores londrinos que exportavam principalmente lã da região britânica dos Cotswolds, via Londres e Calais, para os mercados de lã nos Países Baixos durante os últimos 25 anos do século XV. O negócio era organizado como uma empresa familiar entre os irmãos Richard, que vivia e trabalhava em Londres, e George, que representava a família em Calais.

Augsburgo

Mercado de Antuérpia

Cidade em rede

Transportes na Europa ao final da Idade Média

Sem uma mínima estrutura de transportes, o funcionamento das cidades em rede é impossível. O transporte é a espinha dorsal da rede, na medida em que possibilita o trânsito de pessoas e produtos entre cidades e através delas. Nossas cidades globais da atualidade apresentam uma grande dependência do transporte aéreo para a manutenção de suas interconexões regulares. Na Europa do final da Idade Média, isso não era muito diferente. Cocas, galeras e diversos outros tipos de embarcações navegavam entre os portos europeus, enquanto o transporte nas vias aquáticas, estradas e passagens de montanhas continentais acontecia com balsas, carroças e animais de carga. Sem esses indispensáveis meios de transporte, as cidades europeias estariam muito mais isoladas entre si.

Para os padrões atuais, a qualidade das estradas medievais podia ser considerada ruim. Além disso, a insegurança nas estradas e a proliferação dos pedágios e taxas aduaneiras eram obstáculos consideráveis para o transporte terrestre. Ainda assim, sobretudo durante a chamada revolução das estradas do século XIII, obras de melhoria foram feitas em muitas pontes e estradas, resultando em um grande desenvolvimento do transporte terrestre. Durante esse mesmo período, esse tipo de transporte foi

Principais cidades medievais europeias
Este mapa mostra as cidades europeias com população igual ou maior a 20 mil habitantes em 1400. Como se pode notar, a maioria das grandes cidades da Europa no início do século XV ficava localizada nas costas ou às margens de rios navegáveis (como o Reno, o Sena ou o Ródano). Muitas outras ficavam localizadas sobre uma ou mais importantes rotas terrestres. Boas conexões de transportes eram vitais para o desenvolvimento urbano na Europa do final da Idade Média.

Réplica de uma coca hanseática de 1380

facilitado pela expansão dos serviços de transporte regional. Eles eram organizados pelas corporações ou guildas locais de carregadores e marinheiros, que muitas vezes conseguiam o monopólio do serviço em determinado trecho de uma via aquática ou terrestre – por exemplo, de sua própria cidade até o porto mais próximo ou até a próxima cidade. Entretanto, transportadoras ou carregadores especializados no transporte de mercadorias em longa distância surgiram apenas ao final do século XV. Um exemplo especialmente notável eram os carroceiros do Hesse, na Alemanha, que transportavam mercadorias no trajeto completo entre Antuérpia e o sul da Alemanha nas suas carroças de quatro rodas.

Apesar de tantos avanços, o transporte terrestre continuava mais caro que o transporte marítimo. Consequentemente, o transporte por embarcações era o preferido na Europa do final da Idade Média, especialmente no século XIV e no início do XV, durante a Guerra dos Cem Anos entre França e Inglaterra, e durante as guerras da península Itálica, quando os transportes terrestres se tornaram extremamente perigosos. Entretanto, ao final do século XV, o transporte terrestre já havia se recuperado, e o marítimo (especialmente no Mediterrâneo) se tornava cada vez menos seguro devido aos ataques piratas – sobretudo entre muçulmanos e cristãos e com as conquistas otomanas no Mediterrâneo oriental. A pirataria era uma ameaça considerável para o transporte marítimo. Para garantir algum tipo de proteção, era frequente as embarcações navegarem em comboios, especialmente em viagens longas e com cargas valiosas. A organização de tais comboios era algumas vezes controlada pelo Estado, como no caso das frotas de galeras das cidades-estado de Veneza e Florença.

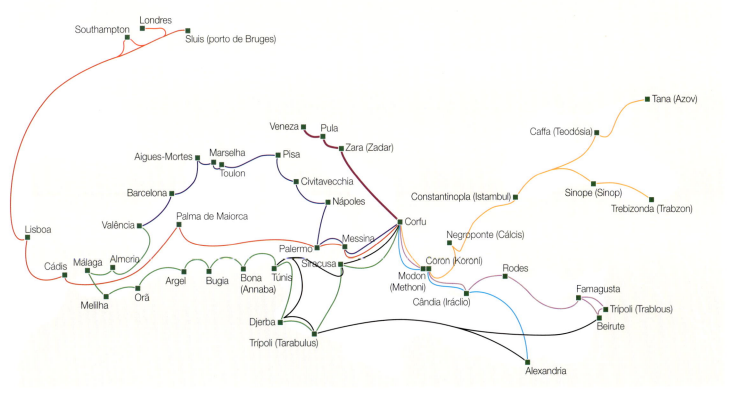

Frotas mercantes venezianas no século XV
Este mapa, baseado em um mapa de Frederic Lane, mostra o tamanho das frotas de galeras venezianas no século XV. O sistema de galere da mercato surgiu ao final do século XIII. Originalmente, era organizado principalmente pelos mercadores particulares, mas, a partir da década de 1330, passou a ter controle rígido do senado de Veneza, que escolhia o itinerário das galeras. A responsabilidade pela navegação e pelo transporte das galeras era leiloada anualmente pelo Estado veneziano para os empreendedores privados.

Fonte: Lane (1973).

— Galeras de Flandres
— Galeras de Aigues-Mortes
— Galeras da Berbéria
— Galeras da Romênia
— Galeras de Beirute
— Galeras de Alexandria
— Galeras *al trafego*
— Galeras principais de Veneza

Cidade em rede

Tecnologias de comunicação do final da Idade Média

A globalização da atualidade seria impensável sem a existência das modernas tecnologias de comunicação. Da mesma forma, as cidades da Europa ao final da Idade Média dependiam de uma infraestrutura de comunicações que possibilitasse obter informações sobre o que estava acontecendo em outros lugares dentro da rede da cidade. Governantes e empresários dependiam desses fluxos de informações para tomar decisões.

As comunicações de longa distância entre as cidades em rede europeias do final da Idade Média dependiam inicialmente de interações presenciais, que necessitavam de viagens – geralmente uma tarefa complicada e perigosa. Uma alternativa muito útil foi a adoção de correspondência postal. Os arquivos preservados de diversas empresas são um testemunho vivo do papel fundamental da correspondência na sociedade do final da Idade Média. Os arquivos comerciais de Simon Ruiz, por exemplo, mercador do século XVI estabelecido na cidade castelhana de Medina del Campo, possui cerca de 50 mil cartas. Os registros ainda existentes do mercador toscano Francesco Datini (c. 1335-1410) contêm nada menos que 120 mil cartas.

Velocidades postais na Europa do fim da Idade Média

As correspondências não viajavam com a mesma velocidade em todas as partes da Europa. Esta tabela mostra os tempos de viagem em dias de mais de 200 mil cartas que foram enviadas entre os vinte mais importantes centros comerciais europeus do final da Idade Média. As cartas iam mais rapidamente da Itália para o Mediterrâneo oriental do que para a Europa ocidental. Isso pode ser explicado pelas diferenças geográficas (as únicas formas de ir da Itália para a Europa ocidental eram através dos Alpes ou contornando de navio toda a península Ibérica, e era possível chegar às cidades do Oriente com rotas marítimas diretas). Por outro lado, isso também sugere que as infraestruturas de comunicações entre a Itália e o Mediterrâneo oriental eram mais desenvolvidas que as rotas com o Ocidente.

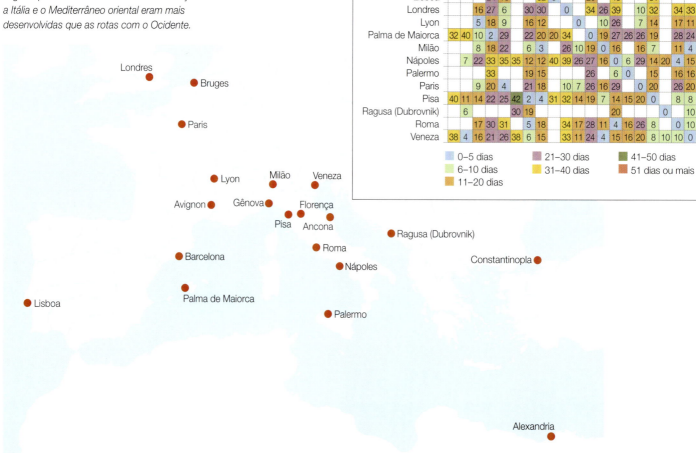

Não eram apenas informações que podiam ser transferidas por correio, também era possível fazer pagamentos por correspondência. Instrumentos de crédito, como letras de câmbio, podiam ser trocados entre os centros financeiros europeus juntamente com as cartas simples.

O envio terrestre de cartas era organizado pelos serviços postais. A partir da década de 1260, há evidências de que existiam serviços regulares de correio – os chamados *scarselle*, palavra que significa bolsa em italiano – entre a Toscana e os campos de Champagne. Tais serviços postais entre as diferentes cidades eram organizados por comunidades de mercadores (ou por uma empresa, individualmente), cidades, instituições religiosas (como a Ordem Teutônica), universidades ou Estados. Os serviços postais organizados pelos Estados se desenvolveram relativamente mais tarde em comparação às iniciativas privadas, e seu surgimento está fortemente relacionado à criação dos embaixadores estrangeiros no século XV. Uma das maiores redes postais do início da Era Moderna da Europa foi criada pela família milanesa Tassis para o imperador Maximiliano I de Habsburgo.

Em uma época em que os jornais não existiam, as cartas enviadas pelos diplomatas ou empresários tinham um altíssimo valor, pois continham muitas informações sobre a situação política ou dos mercados estrangeiros. Com o desenvolvimento dos primeiros noticiosos manuscritos no século XVI, como os *avvisi* venezianos, as informações sobre o exterior aumentaram imensamente. Da mesma forma, o sistema de correspondências da empresa Fugger, de Augsburgo, se tornou o *Fuggerzeitungen* na segunda metade do século XVI, que fornecia notícias regulares sobre assuntos políticos e econômicos para uma enorme base de leitores. Tal infraestrutura de comunicação era essencial para o funcionamento das cidades em rede da Europa ao final da Idade Média.

Cidade em rede

Selo postal alemão mostrando a agência postal Tassis, em Augsburgo

— Rotas principais
— Rotas secundárias

Fonte: Laveau (1978).

A rede postal dos Tassis

O sistema postal dos imperadores de Habsburgo foi criado pela família Tassis (ou Taxis) de Bérgamo, ao final do século XV. Janetto de Tassis desenvolveu o sistema em Innsbruck para o imperador alemão Maximiliano I, conectando, inicialmente, a Corte de Habsburgo com os territórios borgonheses da família Habsburgo. Aproximadamente em 1500, o centro da rede postal dos Habsburgo foi transferido para Bruxelas por Franz von Taxis, chefe-geral dos Correios de Filipe, o Belo, que também estendeu a rede postal para a Espanha e a Itália – grandes partes desses territórios estavam sob comando dos Habsburgo. Diferentemente de outros sistemas de correio, seus serviços eram caracterizados pela criação de estações fixas na rede, onde cavalos e viajantes poderiam ser trocados – outros mensageiros geralmente faziam o trajeto completo desde a origem até o destino, frequentemente a pé, em vez de utilizar cavalos.

Nações mercantes

Cidade em rede

As cidades em rede da Europa ao final da Idade Média abrigavam um número considerável de estrangeiros: miseráveis, estudantes, freis mendicantes e outros homens do clero, artesãos viajantes, mercadores, diplomatas, soldados, etc. Alguns deles eram recebidos afetuosamente pela população local, enquanto outros recebiam olhares de desconfiança. Dentre tais estrangeiros, os mercadores eram os mais numerosos e influentes. Na maioria das cidades, mercadores originários das mesmas cidades ou regiões se organizavam em comunidades ou nações de mercadores.

As nações consistiam em extensões estrangeiras das corporações ou guildas de mercadores locais que existiam em diversas cidades e vilarejos da Europa. Tais associações mercantis foram criadas para promover e proteger os privilégios comerciais locais concedidos aos membros da corporação e para restringir a competição externa. De forma análoga, os mercadores de uma mesma cidade ou região específica que estavam em um mesmo centro comercial estrangeiro começaram a se organizar em comunidades ou guildas de mercadores estrangeiros. Elas eram compostas por mercadores independentes e suas famílias, feitores e aprendizes – não apenas por aqueles que residiam no exterior permanentemente como também pelos residentes temporários e mesmo por visitantes a curto prazo. Na Europa medieval, tais guildas mercantis eram extremamente comuns no século XI e podem ter se formado já no século VIII. Elas desapareceram da maior parte da Europa apenas no final do século XVIII.

Muitas vezes, as comunidades estrangeiras de mercadores eram associações pouco sólidas, resumindo-se a reuniões informais. Outras vezes, elas existiam sob a forma de fraternidades religiosas, nas quais os membros se reuniam no convento de uma ordem mendicante, por exemplo. Entretanto, era comum que as comunidades mercantis estrangeiras se estruturassem, tornando-se organizações mais

A Hansa Teutônica

A Hansa Teutônica surgiu em aproximadamente 1160 como uma associação alemã de mercadores que viajavam regularmente para as ilhas da Gotlândia, no mar Báltico. Era originalmente composta de mercadores de Lübeck e de diversas outras cidades da Vestefália e Saxônia, mas gradualmente recebeu mercadores das novas cidades alemãs, estabelecidos nos territórios eslavos da costa báltica. Não se sabe ao certo quais cidades faziam parte da Hansa, mas há cerca de duzentas cidades cujos cidadãos utilizavam os privilégios mercantis hanseáticos no exterior. Por um século e meio, desde a metade do século XIV, as cidades da Hansa tiveram o monopólio virtual do comércio leste-oeste entre a região báltica e o Noroeste europeu, sobretudo para o comércio de peles, âmbar e cera da Rússia, pescados da Noruega e Islândia, lã e tecidos de Flandres e da Inglaterra e metais, cerveja, sal, grãos e madeiras da Prússia. As comunidades mercantis hanseáticas podiam ser encontradas desde Portugal até a Rússia, com quatro grandes parceiras comerciais da Hansa, as Kontore: Londres, Bruges, Bergen e Novgorod. A Hansa entrou em declínio nos séculos XVI e XVII, por conta do aumento da concorrência com os mercadores do sul da Alemanha e da Holanda.

- ■ Sede da Hansa
- ● Principais cidades hanseáticas
- ● Principais sedes de comércio exterior da Hansa (*Kontore*)

Algodão da Inglaterra | Pescados da Noruega e Islândia | Grãos da Prússia | Peles da Rússia

44

formais, com regras próprias, chefiadas por cônsules ou vereadores com poderes judiciais sobre os membros da comunidade. Os cônsules eram os representantes oficiais da nação e se correspondiam regularmente com seu governo de origem. Algumas nações mercantes estrangeiras, como a de Veneza, ficavam sob controle restrito da cidade de origem, enquanto outras (por exemplo, as colônias genovesas) gozavam de relativa independência.

Em termos econômicos, a organização em nações mercantes apresentava diversas vantagens. As nações obtinham privilégios mercantis e solidariedade garantida entre seus membros, reduzindo os custos das transações e aumentando o poder de mercado. Mas as nações também exercem importantes funções sociais, políticas, culturais, religiosas e beneficentes. Os mercadores de uma mesma nação faziam juntos seus cultos religiosos em capelas dedicadas aos santos padroeiros de sua cidade ou do país de origem (como São Marcos para os venezianos, Volto Santo para os luqueses e Thomas Becket para os ingleses) e participavam em grupo de procissões e outras cerimônias. Além disso, os mercadores conseguiam recriar um sentimento de pertencimento enquanto viviam no exterior se organizando em comunidades de indivíduos que falavam a mesma língua e tinham as mesmas origens culturais.

Embora as comunidades mercantis estrangeiras fossem de tempos em tempos submetidas a violências por parte da população ou dos governos locais, muitas delas eram consideradas parte integrante da cidade, participando regularmente dos rituais urbanos, como procissões, festivais religiosos e visitas reais, por exemplo. Em muitos casos, até mesmo se tornaram parte da política urbana em sua nova cidade.

Em toda a história, as cidades de sucesso eram cosmopolitas, e na Europa medieval uma cidade era mais ou menos cosmopolita de acordo com a quantidade e o tamanho das nações organizadas dentro dela. As nações refletiam diretamente a intensidade das relações exteriores de uma cidade – ou seja, sua *citiy-ness*.

A rede mercantil da nação catalã
Embora o comércio mediterrâneo ao final da Idade Média fosse dominado pelos mercadores italianos, a importância do comércio catalão – sobretudo de Barcelona – não pode ser ignorada. Desde o final do século XII, a principal rota de comércio que saía da Catalunha seguia para o Mediterrâneo oriental, de onde principalmente especiarias eram importadas em troca de produtos têxteis produzidos no Reino de Aragão e em outras partes da Europa ocidental. Outras conexões, por exemplo, com Flandres, com o norte da África ou com o Mediterrâneo oriental, podem ser consideradas rotas secundárias. Enquanto o comércio com o Mediterrâneo oriental esteve em seu auge, o comércio catalão também atingiu seu ápice (sobretudo entre 1350 e 1435); da mesma forma, a decadência da rota para o Oriente no século XV determinou o declínio do comércio catalão.

Cidade em rede

Raio: aproximadamente 1.300 quilômetros

○ Principal centro comercial catalão   ● Outros importantes centros comerciais catalães   • Principais destinos do comércio exterior catalão

45

Cidade em rede

Paisagem urbana da cidade em rede

Integrar uma rede exerce grande impacto sobre a paisagem de uma cidade. Os horizontes de nossas cidades globalizadas contemporâneas são a melhor testemunha disso, com seus arranha-céus que abrigam as sedes e filiais de empresas multinacionais. As paisagens das cidades em rede da Europa do final da Idade Média podiam ser igualmente impressionantes, e até hoje a beleza dos centros históricos de lugares como Veneza, Florença, Bruges ou Lübeck seduz nossa imaginação.

A concentração de comércio e serviços bancários internacionais nas cidades em rede medievais gerava crescimento econômico e criava empregos. Muitas pessoas eram atraídas por tais oportunidades, resultando em populações urbanas cada vez maiores, especialmente entre os séculos XI e XIII. Novos bairros residenciais (geralmente para abrigar migrantes pobres) cresciam nos limites das cidades, e novos trechos das muralhas da cidade precisavam ser construídos. Entretanto, esse crescimento urbano poderia ter interrupções repentinas causadas por guerra, pragas, crises econômicas – e tudo isso ocorreu frequentemente durante os séculos XIV e XV.

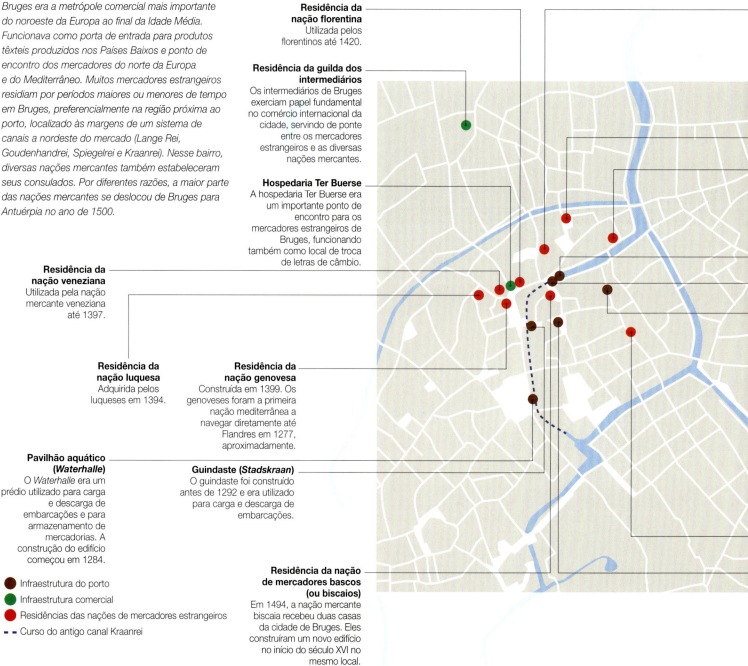

As sedes mercantis de Bruges ao final da Idade Média

Bruges era a metrópole comercial mais importante do noroeste da Europa ao final da Idade Média. Funcionava como porta de entrada para produtos têxteis produzidos nos Países Baixos e ponto de encontro dos mercadores do norte da Europa e do Mediterrâneo. Muitos mercadores estrangeiros residiam por períodos maiores ou menores de tempo em Bruges, preferencialmente na região próxima ao porto, localizado às margens de um sistema de canais a nordeste do mercado (Lange Rei, Goudenhandrei, Spiegelrei e Kraanrei). Nesse bairro, diversas nações mercantes também estabeleceram seus consulados. Por diferentes razões, a maior parte das nações mercantes se deslocou de Bruges para Antuérpia no ano de 1500.

Residência da nação florentina
Utilizada pelos florentinos até 1420.

Residência da guilda dos intermediários
Os intermediários de Bruges exerciam papel fundamental no comércio internacional da cidade, servindo de ponte entre os mercadores estrangeiros e as diversas nações mercantes.

Hospedaria Ter Buerse
A hospedaria Ter Buerse era um importante ponto de encontro para os mercadores estrangeiros de Bruges, funcionando também como local de troca de letras de câmbio.

Residência da nação veneziana
Utilizada pela nação mercante veneziana até 1397.

Residência da nação luquesa
Adquirida pelos luqueses em 1394.

Residência da nação genovesa
Construída em 1399. Os genoveses foram a primeira nação mediterrânea a navegar diretamente até Flandres em 1277, aproximadamente.

Pavilhão aquático (Waterhalle)
O *Waterhalle* era um prédio utilizado para carga e descarga de embarcações e para armazenamento de mercadorias. A construção do edifício começou em 1284.

Guindaste (Stadskraan)
O guindaste foi construído antes de 1292 e era utilizado para carga e descarga de embarcações.

Residência da nação de mercadores bascos (ou biscaios)
Em 1494, a nação mercante biscaia recebeu duas casas da cidade de Bruges. Eles construíram um novo edifício no início do século XVI no mesmo local.

- ● Infraestrutura do porto
- ● Infraestrutura comercial
- ● Residências das nações de mercadores estrangeiros
- -- Curso do antigo canal Kraanrei

Tais crises no final da Idade Média tiveram efeitos sobre as populações urbanas, sentidos sobretudo pelas cidades que, por razões diversas, perderam sua posição de centralidade na rede à qual pertenciam.

A paisagem urbana típica de uma cidade em rede do final da Idade Média incluía estruturas públicas de uso específico, como mercados e pavilhões, e infraestrutura portuária, como canais, cais e armazéns, aduana, casa da moeda, casas de pesagem, etc. Muitas vezes, eram construções impressionantes, com a finalidade de demonstrar a riqueza da cidade e de sua elite mercantil. Entre as construções mais imponentes estavam as prefeituras, de onde as elites do comércio governavam a cidade. Igualmente imponentes eram as igrejas e catedrais góticas, frequentemente financiadas pelos mercadores. Beleza similar podia ser encontrada nas residências particulares de mercadores, algumas das quais foram as primeiras feitas de pedra das cidades do final da Idade Média.

A presença de comunidades mercantis estrangeiras também deixou sua marca na paisagem urbana. Mercadores estrangeiros de uma mesma nação mercante geralmente viviam no mesmo bairro, em residências particulares ou hospedarias. Eles se reuniam em uma das igrejas ou capelas localizadas no mesmo bairro para as funções religiosas do padroeiro de sua cidade de origem. Após algum tempo, as nações mercantes começaram a construir ou obter suas próprias residências ou consulados. Em algumas cidades, as regiões onde os mercadores estrangeiros residiam formavam bairros isolados (chamados de *funduk* nos portos islâmicos do Mediterrâneo, *fondaco* em italiano e *Kontor* em alemão), algumas vezes apartados do resto da cidade por uma muralha. Nesses bairros, eles construíam seus próprios escritórios, armazéns, cais, residências e igrejas.

Cidade em rede

Residência da nação castelhana
Os castelhanos tinham uma residência neste local em 1483, provavelmente no lado oeste da rua. Em 1494, eles receberam uma nova casa no lado leste. Até 1705, esta casa mantinha sua função de consulado castelhano: eles permaneceram em Bruges por muito mais tempo que as outras nações mercantes estrangeiras.

Residência da nação de mercadores ingleses
Embora os mercadores ingleses tenham negociado com Bruges durante a Idade Média, ainda não se sabe ao certo se eles mantiveram residência nessa cidade antes do final do século XVI.

Casa inglesa de pesagem (Engels Weeghuis)
Citada pela primeira vez em 1315. A rua na qual a *Engels Weeghuis* ficava localizada ainda se chama Engelsestraat (isto é, rua Inglaterra).

Casa de pesagem (Stadswaag)
Na *Stadswaag*, as mercadorias eram pesadas sob supervisão pública para promover a honestidade nas transações.

Casa de pesagem espanhola (Spaanse Waag)
Utilizada especialmente pelos mercadores biscaios, foi destruída em 1556 ou 1557.

Residência da nação mercante da Hansa Teutônica (Oosterlingenhuis)
A *Oosterlingenhuis* foi utilizada pela Hansa Teutônica a partir de 1457. A casa foi um presente da cidade de Bruges.

Casa do pedágio (Tolhuis)
Na *Tolhuis* eram cobradas as tarifas sobre mercadorias inter-regionais e internacionais.

Residência da nação portuguesa
Esta residência foi doada pela cidade de Bruges aos portugueses em 1494. Logo após essa data, os portugueses trocaram Bruges por Antuérpia.

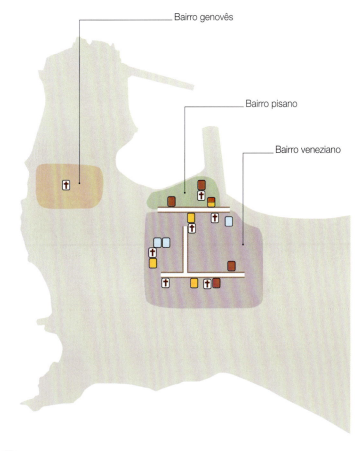

- Bairro genovês
- Bairro pisano
- Bairro veneziano

† Igreja
■ Alojamentos, armazéns e comércio dos mercadores
■ Forno público
□ Termas

Os bairros veneziano, genovês e pisano em Tiro no século XIII
Tiro (atualmente no Líbano) era um dos principais centros comerciais e culturais do Reino Cruzado de Jerusalém. A história das comunidades italianas em Tiro começou com a conquista da cidade pelos cruzados em 1124. Nesse ano, os venezianos receberam um terço do território da cidade, além de diversos privilégios legais e comerciais, em troca de seu apoio naval durante a conquista. Os pisanos e genoveses, que obtiveram territórios autônomos na cidade apenas mais tarde, receberam muito menos privilégios. Cada um dos bairros italianos possuía uma residência da nação, uma ou mais igrejas, residências particulares, alojamentos para mercadores, armazéns, mercados, fornos públicos, lojas e termas. Os três bairros foram perdidos em 1291, após a queda dos Estados cruzados.

47

Cidade em rede

Centros de produção e consumo

A natureza interconectada das cidades da Europa do final da Idade Média teve sua mais clara expressão com o comércio e os serviços bancários. Algumas cidades se tornaram verdadeiros impérios comerciais, sobretudo Gênova e Veneza, com suas numerosas colônias mercantis mediterrâneas. Entretanto, não era possível ter um comércio florescente sem a produção de um lado e o consumo de outro. Consequentemente, não é surpresa que muitas das principais cidades interconectadas do final da Idade Média fossem, ao mesmo tempo, importantes centros produtores e consumidores.

Muitas das capitais comerciais e financeiras da Europa estavam entre os principais centros produtores. Florença, por exemplo, era uma considerável produtora de artigos têxteis de lã e seda, enquanto Veneza produzia não apenas artigos têxteis como também embarcações, vidro, espelhos e diversos outros artigos de luxo. Entretanto, diferentemente de Florença ou Veneza, muitos centros produtores não possuíam um setor comercial fortemente direcionado para o mercado internacional. Em vez disso, suas mercadorias eram exportadas através de uma cidade que funcionava como porta de saída, criando o elo entre a região produtora e a rede mercantil como um todo. Os produtos têxteis das cidades e vilarejos industriais de Flandres (por exemplo,

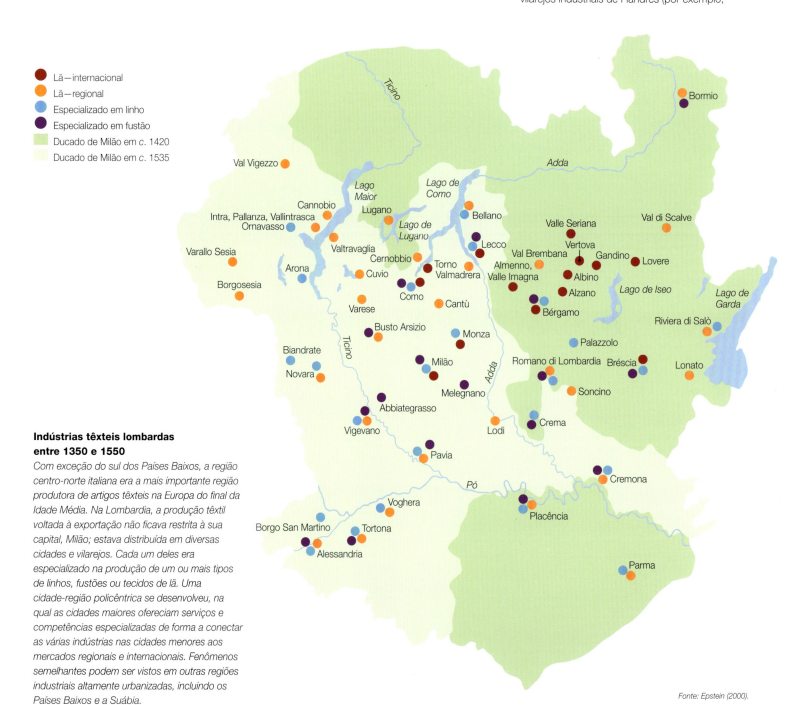

Indústrias têxteis lombardas entre 1350 e 1550

Com exceção do sul dos Países Baixos, a região centro-norte italiana era a mais importante região produtora de artigos têxteis na Europa do final da Idade Média. Na Lombardia, a produção têxtil voltada à exportação não ficava restrita à sua capital, Milão; estava distribuída em diversas cidades e vilarejos. Cada um deles era especializado na produção de um ou mais tipos de linhos, fustões ou tecidos de lã. Uma cidade-região policêntrica se desenvolveu, na qual as cidades maiores ofereciam serviços e competências especializadas de forma a conectar as várias indústrias nas cidades menores aos mercados regionais e internacionais. Fenômenos semelhantes podem ser vistos em outras regiões industriais altamente urbanizadas, incluindo os Países Baixos e a Suábia.

Fonte: Epstein (2000).

Ghent, Ypres e Courtrai) eram exportados através de Bruges, enquanto os produtos das cidades mineradoras de prata e cobre da Europa central (Banská Bystrica, Schwaz e Kutná Hora) saíam por cidades como Nuremberg e Augsburgo. Além disso, a produção não estava limitada às grandes cidades: o desenvolvimento de protoindústrias em localidades rurais e pequenas cidades era uma característica importante da economia da Europa do final da Idade Média.

Os principais centros consumidores da Europa do final da Idade Média eram as capitais, onde as Cortes dos reis e príncipes consumiam grandes quantidades de artigos de luxo de todos os tipos. Além disso, as capitais atraíam servos, administradores, nobres, artistas, artesãos, mercadores, banqueiros e diversas outras pessoas que residiam ou trabalhavam na Corte. Como resultado, as capitais (como Paris, Londres, Veneza, Nápoles e Praga) estavam entre as maiores cidades da Europa do final da Idade Média, e tais concentrações populacionais geravam níveis de consumo especialmente altos.

Portanto, as cidades em rede da Europa do final da Idade Média reuniam diversas funções: produção, consumo, comércio, educação, administração, etc. Algumas vezes, tais funções ficavam concentradas em uma só metrópole. Outras vezes, estavam pulverizadas em diversas cidades da mesma região, cada uma com sua especialização. Tais regiões consistiam em uma ou mais cidades industriais, portas de saída para produtos e centros consumidores em vários formatos, com diferentes cidades realizando funções diferentes, porém complementares, e podem ser caracterizadas como cidades-regiões policêntricas. Como as metrópoles policêntricas da atualidade, tais regiões com diversos núcleos eram redes dinâmicas por si sós, conectadas em um nível mais alto à rede de cidades mais ampla.

Cidade em rede

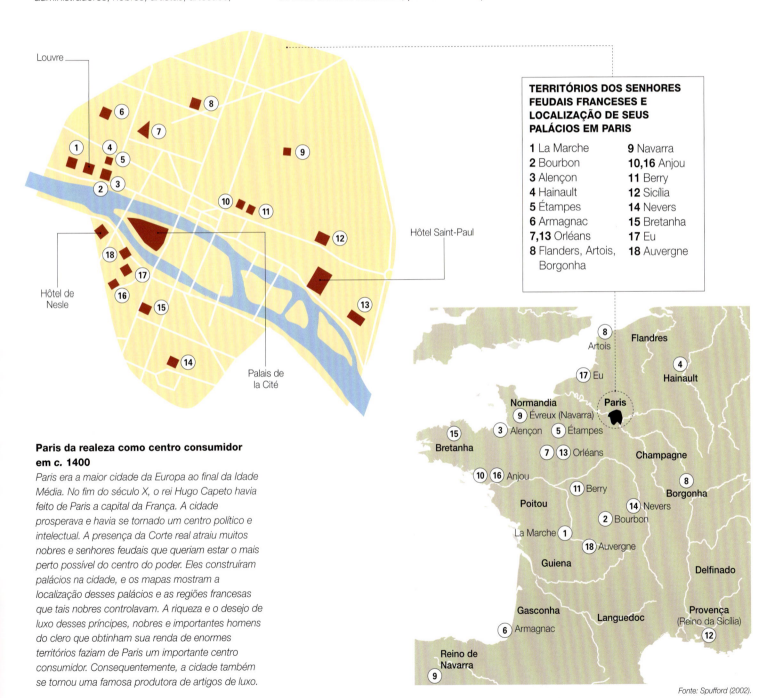

Paris da realeza como centro consumidor em c. 1400

Paris era a maior cidade da Europa ao final da Idade Média. No fim do século X, o rei Hugo Capeto havia feito de Paris a capital da França. A cidade prosperava e havia se tornado um centro político e intelectual. A presença da Corte real atraiu muitos nobres e senhores feudais que queriam estar o mais perto possível do centro do poder. Eles construíram palácios na cidade, e os mapas mostram a localização desses palácios e as regiões francesas que tais nobres controlavam. A riqueza e o desejo de luxo desses príncipes, nobres e importantes homens do clero que obtinham sua renda de enormes territórios faziam de Paris um importante centro consumidor. Consequentemente, a cidade também se tornou uma famosa produtora de artigos de luxo.

TERRITÓRIOS DOS SENHORES FEUDAIS FRANCESES E LOCALIZAÇÃO DE SEUS PALÁCIOS EM PARIS

1 La Marche
2 Bourbon
3 Alençon
4 Hainault
5 Étampes
6 Armagnac
7,13 Orléans
8 Flanders, Artois, Borgonha
9 Navarra
10,16 Anjou
11 Berry
12 Sicília
14 Nevers
15 Bretanha
17 Eu
18 Auvergne

Fonte: Spufford (2002).

Cidade em rede

Disseminação das inovações

A existência de uma rede com infraestrutura de transporte e comunicações relativamente bem desenvolvida permitiu a movimentação de pessoas, produtos, dinheiro e informações entre cidades europeias no final da Idade Média. Contudo, um trágico indicador da existência dessa rede densa foi a expansão da peste negra, acelerada pelas trocas entre as cidades: em meados do século XIV, a devastadora epidemia reapareceu na Europa por meio de uma embarcação italiana vinda de Caffa, na Crimeia, e se espalhou a partir do Mediterrâneo, afetando, por meio dessa rede, quase todo o continente europeu.

Um efeito mais benéfico da existência de inter-relações sólidas entre as cidades na Europa do final da Idade Média era a disseminação da inovação. As novidades tecnológicas e as habilidades na manufatura, por exemplo, se espalhavam pela migração constante de artesãos de um centro para outro, ou dentro das próprias localidades por meio da circulação dos aprendizes, que tinham grande mobilidade.
A principal fonte de inovações na Europa do final da Idade Média era a Itália, e diversas delas se propagaram na Europa por meio da migração de especialistas técnicos italianos. Exemplos são a difusão de relógios da Itália para o restante da Europa entre 1370 e 1500 ou a transferência da tecelagem de fustão do norte da Itália para o norte da Alemanha na segunda metade do século XIV.

A disseminação da praga

Após o seu desaparecimento no século VIII, a praga ou peste negra permaneceu ausente da Europa por seiscentos anos. A doença reapareceu com toda a força em meados do século XIV, em 1346, entre as tropas de um príncipe mongol que fazia cerco à colônia mercante genovesa de Caffa, no mar Negro. A epidemia se espalhou pela cidade e, de lá, foi transferida para Gênova por navio em 1347. Em junho de 1348, a maior parte do Mediterrâneo já havia sido afetada, e em 1350 a doença também já tinha se espalhado para o norte e o ocidente europeus. Com uma mortalidade estimada de mais de 30% na Europa entre 1346 e 1348, os efeitos da peste negra na população europeia foram devastadores. Entretanto, nem todas as partes do continente foram afetadas igualmente.

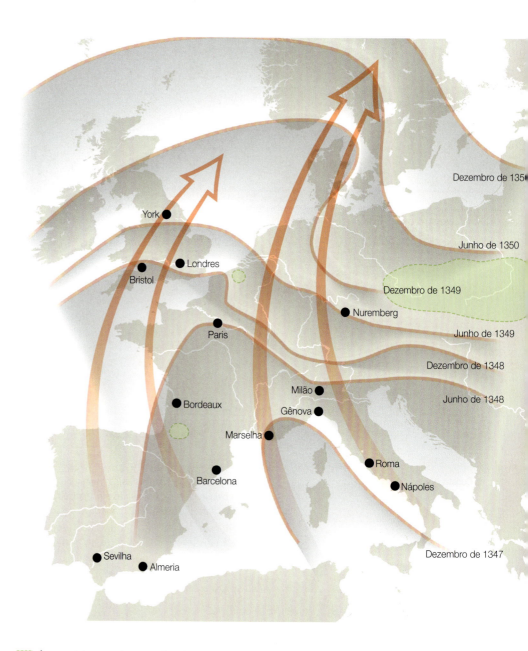

Área parcial ou completamente livre da peste negra

O recrutamento de especialistas técnicos estrangeiros era um mecanismo comum para a transferência de tecnologia e ocorria por meio das fronteiras linguísticas e territoriais. Algumas vezes, a migração era forçada, como no caso da diáspora dos artesãos têxteis especializados do sul dos Países Baixos para as áreas protestantes da Europa durante as guerras religiosas na segunda metade do século XVI.

O conhecimento técnico e as habilidades, muitas vezes tácitos e difíceis de serem identificados, também eram transferidos por meio da movimentação dos aprendizes. No final da Idade Média e início da Era Moderna, os aprendizes europeus tinham grande mobilidade. Muitos deles perambulavam para adquirir valiosos conhecimentos técnicos antes de retornar para suas cidades de origem e abrir seus próprios negócios. Durante as viagens, trabalhavam em uma ou mais oficinas, cooperavam com outros artesãos e aprendiam sobre as diferenças regionais em termos de tecnologia e organização. Especialmente nos ofícios mais restritos e especializados, como encadernação, fabricação de cintos, martelagem de ouro e fabricação de arreios, era comum que os aprendizes percorressem enormes distâncias. Nesses setores da economia, uma cidade específica poderia ganhar uma boa reputação por seu capital tecnológico e se tornar um polo de atração de aprendizes em viagem.

De acordo com Jane Jacobs, é graças a tal disseminação de inovações através das redes de cidades que a expansão econômica ocorre. Por meio de um mecanismo de substituição de importações, a produção local substitui os produtos importados de outras cidades, resultando na expansão da vida econômica urbana com base em uma divisão do trabalho mais variada. Consequentemente, as redes de cidades eram – e ainda são – vitais para o crescimento econômico.

Cidade em rede

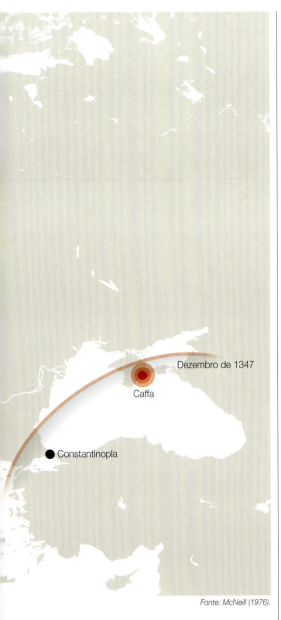

Fonte: McNeill (1976).

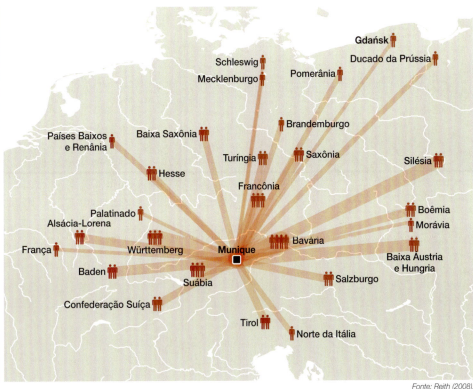

Fonte: Reith (2008).

Mobilidade dos aprendizes

Os aprendizes do final da Idade Média apresentavam uma enorme mobilidade. Este mapa mostra o local de origem de 376 aprendizes estrangeiros que trabalhavam em cinquenta ofícios diferentes em Munique no ano de 1600, aproximadamente. A maior parte desses aprendizes viajantes vinha de regiões como a Bavária, a Francônia ou a Suábia, mas também havia outros da Itália, da França, dos Países Baixos, da Polônia e da Hungria. Os padrões de viagem variavam enormemente entre os ofícios. O de peles, por exemplo, era dominado por migrantes de longa distância, enquanto os chapeleiros aprendizes vinham da região próxima dos Alpes austríacos. Graças a tal mobilidade, os conhecimentos e as habilidades técnicas circulavam livremente na rede europeia de cidades.

Número de aprendizes

1 a 5
6 a 25
26 a 50
51 ou mais

CIDADE IMPERIAL

ASLI CEYLAN ONER

Cidade principal
ISTAMBUL

Cidades secundárias
ROMA
SÃO PETERSBURGO
VIENA
LONDRES
PEQUIM
CIDADE DO MÉXICO
MOSCOU

À esquerda: Istambul, Turquia.

Cidade imperial: Introdução

"Com base em sua relevância histórica, as cidades imperiais permanecem importantes até o presente."

As cidades imperiais eram o centro do poder político, cultural, econômico e militar dos respectivos impérios, e cada uma teve seus anos dourados de acordo com seu prestígio dentro desse sistema. Tais cidades foram o cenário da celebração de vitórias, das grandes obras de arte, da arquitetura monumental, bem como de revoltas, lutas políticas internas e guerras. A intensa atividade econômica e cultural nas cidades imperiais levou à inovação e à troca de informações e ideias, confirmando a função generativa das cidades. Com base em sua relevância histórica, as cidades imperiais permanecem importantes até o presente. Algumas delas, como Londres, Roma, Amsterdã, Tóquio, Pequim, Madri, Cidade do México, Moscou e Istambul, são até os dias atuais cidades com relevância mundial, atuando como pontos de comando e controle da economia global. Algumas cidades que foram imperiais no passado capitalizaram seu patrimônio para se tornarem importantes polos culturais, como São Petersburgo, Cracóvia, Salzburgo e Quioto.

As cidades imperiais geralmente possuem uma localização estratégica, para garantir acesso ou proteger importantes rotas comerciais. Em alguns casos, essa posição privilegiada gerava desafios estruturais em nome da vantagem estratégica. Por exemplo, no caso de Roma, embora a localização oferecesse proteção terrestre e acesso ao mar via rio Tibre, ela também acarretava problemas relacionados ao fornecimento de água, às inundações e à poluição do rio. A localização da Cidade do México, próxima a uma bacia de drenagem e cercada de montanhas no lago de Texcoco, sempre causou problemas com alagamentos. Em Amsterdã, um proeminente porto comercial com uma população em franco crescimento após o século XVII, foi necessário desenvolver tecnologias avançadas de gestão da água e técnicas de construção para criar uma cidade sobre um sistema de canais.

Em geral, o acesso à água e às rotas comerciais e a proteção são os mais importantes fatores que determinam a localização das cidades imperiais. Salzburgo, Budapeste e Viena ficam situadas em grandes rios que favorecem o tráfego comercial. O *status* da cidade imperial de Pequim era aprimorado ainda mais por sua proximidade do mar. Amsterdã e São Petersburgo são importantes cidades portuárias, e sua posição de cidade imperial veio disso.

De maneira geral, o processo de evolução de uma pequena ocupação para um grande centro imperial demandava um enorme grau de planejamento. Alguns exemplos de planejamento em larga escala com o objetivo de criar infraestrutura e garantir o senso de espaço nas cidades imperiais incluem o Ringstrasse da Viena do século XIX, que contornou prédios históricos, espaços abertos e monumentos; o plano de Haussmann na metade do século XIX para Paris, os já citados canais de Amsterdã e a primeira ponte permanente sobre o Danúbio, conectando Buda e Peste.

Conectados a esses projetos grandiosos, a arquitetura e os edifícios monumentais (sobretudo os religiosos e os palácios) tiveram função de destaque na demonstração do poder das cidades imperiais – planejamento e organização frequentemente acontecem em função de tais estruturas. Os espaços e jardins abertos constituem importantes elementos que refletem os ideais das cidades imperiais. Por

Cidade imperial

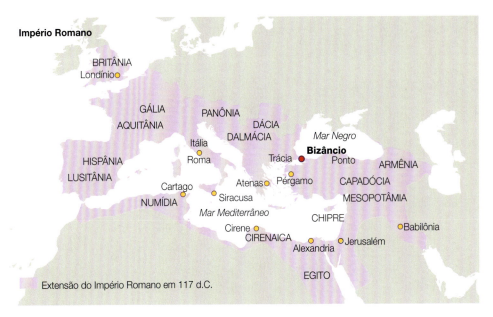

Império Romano

Extensão do Império Romano em 117 d.C.

exemplo, os jardins barrocos de Viena e Salzburgo são tão imponentes quanto seus palácios reais e suas salas de espetáculos.

As cidades imperiais eram o foco de conflitos políticos e militares. Por conta da localização estratégica e por serem o centro do poder, sua conquista geralmente acarretava a queda do Império. Essas cidades tinham também populações cosmopolitas de diferentes origens étnicas e religiosas. Os diversos grupos religiosos mantinham suas próprias tradições, mas, algumas vezes, tal diversidade gerava lutas e conflitos internos. As antigas cidades imperiais se tornaram cidades com relevância mundial e populações cosmopolitas na atualidade; sua densidade e a população numerosa exercem grande impacto transformador em suas culturas nacionais e regionais. Essas localidades ainda trazem os traços históricos em seus ambientes físicos, econômicos, sociais e culturais.

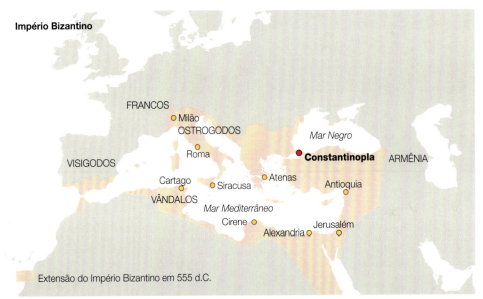

Império Bizantino

Extensão do Império Bizantino em 555 d.C.

No controle de três impérios

Como antigo centro imperial, Istambul é um interessante estudo de caso: a cidade é um centro global há quase dois milênios. Foi a capital imperial dos Impérios Romano, Bizantino e Otomano por mais de 1700 anos, e atualmente é a capital econômica da República da Turquia. Istambul foi inicialmente projetada por Constantino, o Grande, para ser um centro mundial. Nos dias atuais, com uma população de cerca de 11 milhões de habitantes, é a maior metrópole da Turquia e a única cidade que funciona como ponte entre a Europa e a Ásia. Istambul está reconstruindo sua glória como cidade global, e seu passado imperial ainda tem um importante impacto em seu desenvolvimento urbano.

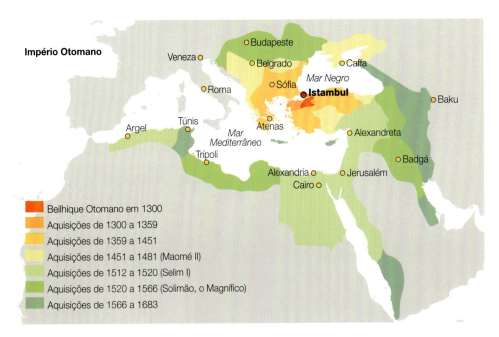

Império Otomano

- Beilhique Otomano em 1300
- Aquisições de 1300 a 1359
- Aquisições de 1359 a 1451
- Aquisições de 1451 a 1481 (Maomé II)
- Aquisições de 1512 a 1520 (Selim I)
- Aquisições de 1520 a 1566 (Solimão, o Magnífico)
- Aquisições de 1566 a 1683

Bizâncio: Origens de uma cidade imperial

Um dos elementos comuns às cidades imperiais é a relevância de sua localização. Fatores como facilidade de acesso, proteção e controle de importantes rotas comerciais definiram as localizações das cidades imperiais ao longo da história. Londres, Amsterdã e Roma estão todas estrategicamente posicionadas seguindo tais ideais, e Istambul não é uma exceção: foi fundada como a cidade de Bizâncio no cabo do Serralho pela colônia grega de Mégara Dórica no século VII a.C. A colônia consultou o Oráculo de Delfos para saber onde deveria fundar sua nova cidade. Àquela época, também havia uma cidade no lado oposto do mar de Mármara chamada Calcedônia (atual Kadiköy). Ela era conhecida como "a cidade dos cegos", pois eles não notaram a valiosíssima localização do cabo do Serralho.

O nome da cidade deriva do líder da colônia, Bizas. A cidade grega de Bizâncio, na Antiguidade, tinha as características típicas de uma cidade grega. A acrópole, localizada no átrio do atual Palácio de Topkapi, continha o palácio

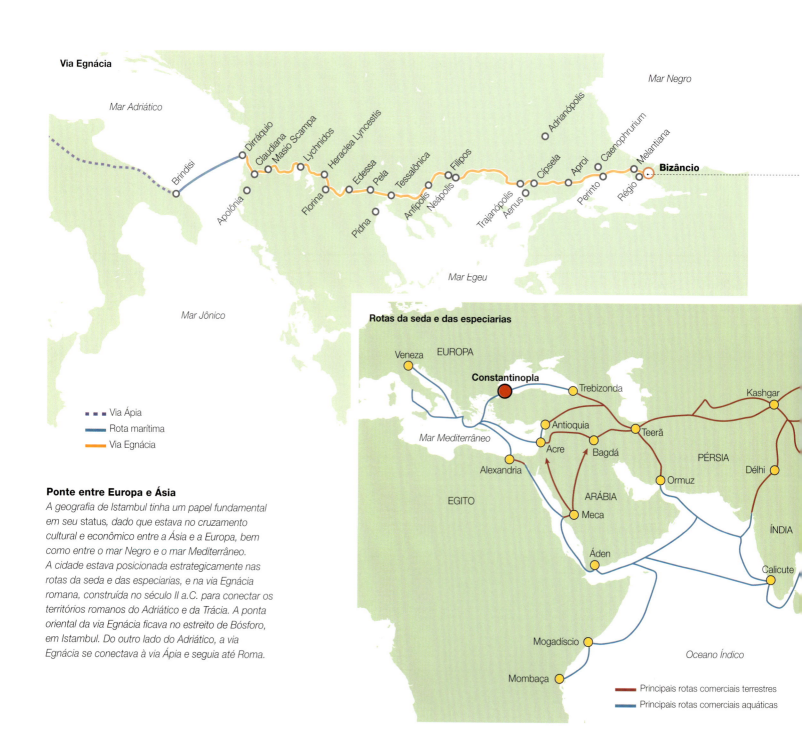

Ponte entre Europa e Ásia

A geografia de Istambul tinha um papel fundamental em seu status, dado que estava no cruzamento cultural e econômico entre a Ásia e a Europa, bem como entre o mar Negro e o mar Mediterrâneo. A cidade estava posicionada estrategicamente nas rotas da seda e das especiarias, e na via Egnácia romana, construída no século II a.C. para conectar os territórios romanos do Adriático e da Trácia. A ponta oriental da via Egnácia ficava no estreito de Bósforo, em Istambul. Do outro lado do Adriático, a via Egnácia se conectava à via Ápia e seguia até Roma.

real e os templos dedicados a vários deuses. A ágora ficava na atual praça da Hagia Sophia, e o anfiteatro, o Kneigon, estava posicionado em uma área com vista para o Bósforo. A cidade estava bem protegida pelo mar de Mármara e pelo estreito de Bósforo, mas era necessária uma muralha no lado ocidental. As muralhas, aliás, sempre foram um dos mais importantes aspectos da cidade. Além de exercerem papel importantíssimo na defesa, eram exemplos da boa engenharia militar.

Diversos invasores tentaram tomar esse importante local. No século V a.C., após a invasão persa, Bizâncio e Calcedônia se uniram sob a liderança das cidades-estado gregas aliadas contra os persas. Em 489 a.C., o comandante espartano Pausânias tomou Bizâncio dos persas e governou a cidade até 477 a.C. Depois disso, a cidade se tornou membro da Liga de Delos, liderada por Atenas. Quando a Liga foi dissolvida, Bizâncio se tornou independente, mas, após a Guerra do Peloponeso, foi novamente governada pelos espartanos até 390 a.C.

Ao longo de todo o período helênico, Bizâncio permaneceu independente. A cidade estava no cruzamento das rotas comerciais entre o mar Negro e o Mediterrâneo, e também entre a Ásia Menor e os Bálcãs. Ao final do período helênico, Bizâncio tinha uma aliança formal com Roma – embora estivesse sob a proteção romana, permanecia uma cidade livre. Ela estava conectada a Roma pela via Egnácia, estrada que ia da costa adriática até a Trácia. Os romanos até construíram um aqueduto levando água para a cidade durante o período do imperador Adriano.

Cidade imperial

Cabo do Serralho
É a intersecção do mar de Mármara e do estreito de Bósforo, sendo o único acesso ao mar Negro. Também é um porto natural, chamado de Chifre de Ouro, com oportunidades valiosíssimas em termos de comércio marítimo e defesa.

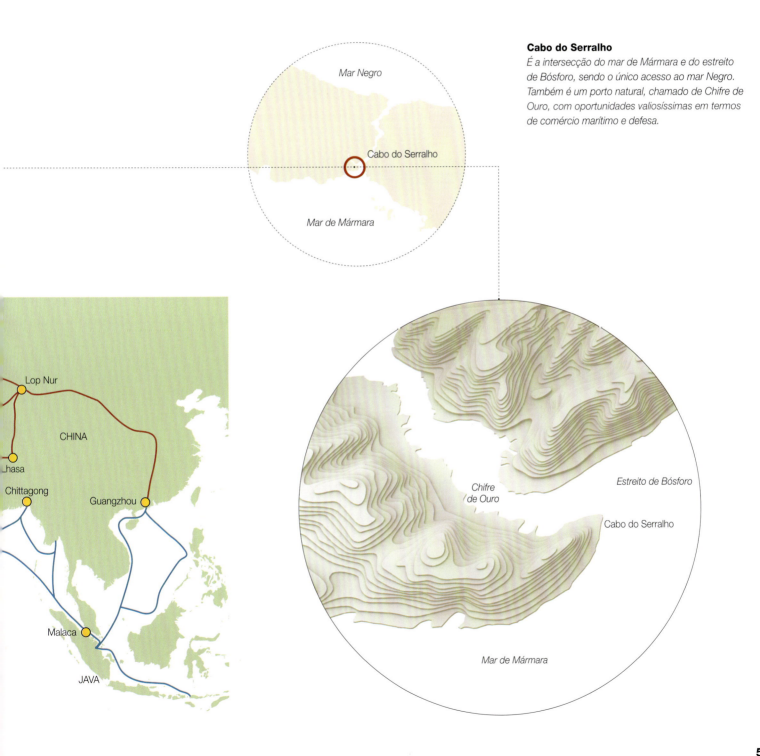

Cidade imperial

De Bizâncio a Constantinopla: planejamento para a grandiosidade

Planejamentos grandiosos eram utilizados nas cidades imperiais para demonstrar poder e prestígio. Por exemplo, a área da cidade imperial em Pequim é isolada por muralhas com jardins, templos e a Cidade Proibida em seu centro. Inicialmente, São Petersburgo se desenvolveu conforme o plano que moldou a cidade com um *grid* retangular de canais. Em Moscou, especialmente após 1300, o Kremlin era um complexo fortificado que simbolizava o poder imperial com seus palácios, catedrais e torres. Em Viena, o Ringstrasse foi criado ao redor do centro como um sofisticado bulevar. O processo de Istambul é único, do alto de seus 1700 anos como cidade imperial.

Quase ao final do século II, Bizâncio foi tomada pelo imperador romano Septímio Severo após seu apoio a Pescênio Níger, o rival de Septímio para o trono imperial. A cidade ficou seriamente destruída com a guerra, e o filho de Septímio, Caracala, convenceu seu pai a reconstruí-la, dada sua importância geoestratégica. Septímio reergueu as muralhas defensivas, protegendo uma área com o dobro do tamanho da cidade original.
A construção do Hipódromo em frente à atual Mesquita Azul e de enormes termas públicas também ocorreu nesse período. Uma colunata foi

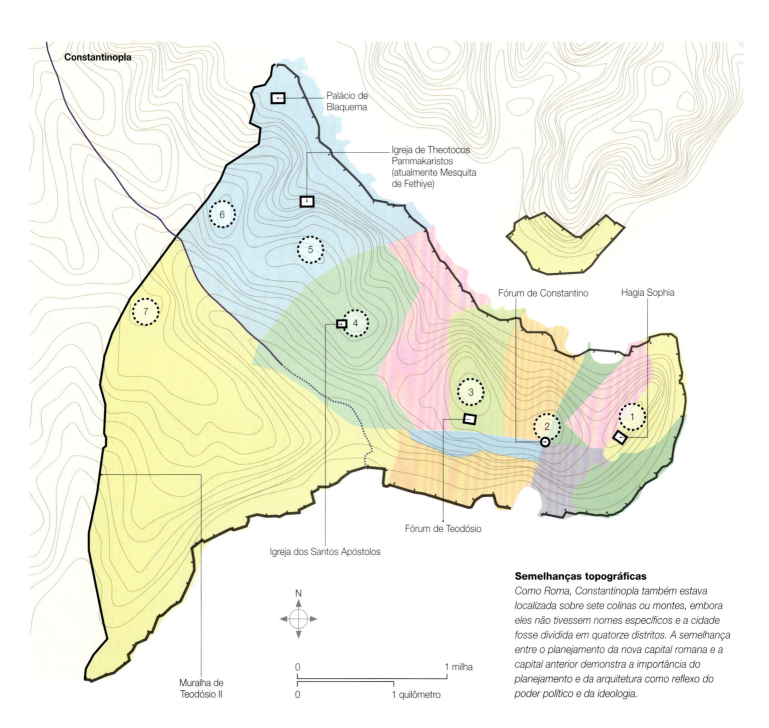

Semelhanças topográficas
Como Roma, Constantinopla também estava localizada sobre sete colinas ou montes, embora eles não tivessem nomes específicos e a cidade fosse dividida em quatorze distritos. A semelhança entre o planejamento da nova capital romana e a capital anterior demonstra a importância do planejamento e da arquitetura como reflexo do poder político e da ideologia.

erigida ao redor da principal avenida, conhecida como Mese.

Em 324, Constantino I se tornou o imperador de Roma. Ele fez de Bizâncio a capital do Império Romano, com o nome de Constantinopla ou Nova Roma Constantinopolitana (Nova Roma, a Cidade de Constantino). Ele passou a aceitar o cristianismo no Império e ofereceu seu apadrinhamento à fé cristã. Consequentemente, diversas igrejas foram construídas, incluindo a primeira Hagia Sophia e a Igreja dos Santos Apóstolos, embora a religião pagã e seus templos persistissem. Obras de arte e estátuas foram trazidas para a nova capital de diferentes partes do Império. Constantino construiu novas muralhas para proteger uma área ainda maior e também ergueu o Grande Palácio dos Imperadores Bizantinos. O fórum de Constantinopla abrigava o senado e outros edifícios cerimoniais e religiosos importantes. A Mese, que conectava importantes edifícios e fóruns, continuava sendo a principal rua, e novas ruas cobertas de pórticos foram adicionadas. Constantino, o Grande, tornou a cidade de Bizâncio uma das maiores cidades do mundo cristão, comparável a Jerusalém.

Após a morte de Constantino, em 337, a história de Constantinopla e do Império Romano ficou marcada por conflitos religiosos, bem como disputas e guerras políticas, especialmente com os persas. A cidade ainda era a capital imperial do Império Romano, e as marcas desse poderio podiam ser vistas nos laços econômicos do comércio, nos portos cheios, na população numerosa e nos edifícios e monumentos grandiosos. Em 395, quando o imperador Teodósio, o Grande, morreu, a população havia chegado a 300 mil habitantes. Sua morte marcou a divisão permanente entre o Império Romano do Ocidente e do Oriente. A capital do Império Romano do Oriente permaneceu em Constantinopla, e Ravena se tornou a capital do Império Romano do Ocidente.

Cidade imperial

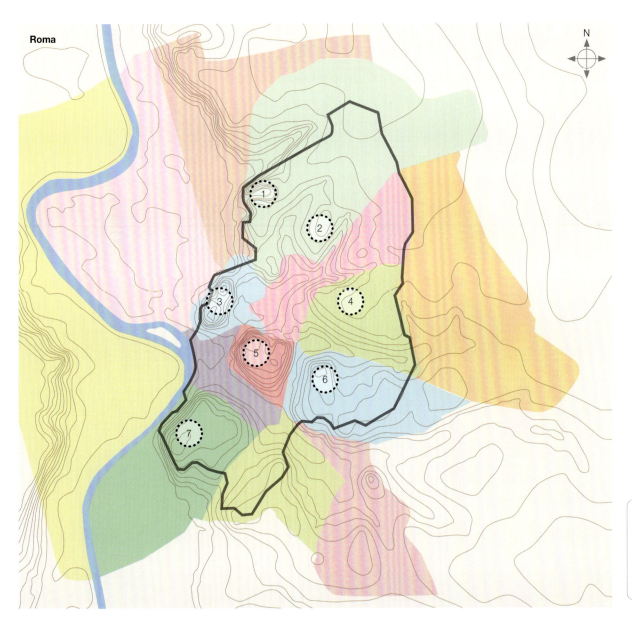

1 Monte Quirinal
2 Monte Viminal
3 Monte Capitolino
4 Monte Esquilino
5 Monte Palatino
6 Monte Célio
7 Monte Aventino

Cidade imperial

Foco de poder e controle

Símbolos ostensivos de poder político e imperial, as cidades imperiais precisavam estar preparadas para ameaças internas e externas. As muralhas eram um símbolo de grandeza, mas também tinham uma óbvia função militar. Na Europa, elas foram utilizadas como proteção contra ataques e artilharia nas cidades desde a Idade Média. As de Viena foram o fator mais determinante para impedir que os otomanos avançassem na Europa no século XVII. As ameaças internas podem ser exemplificadas pelas revoltas em Paris que deram início à Revolução Francesa e pelo Domingo Sangrento de São Petersburgo, em 1905, que ameaçou o regime czarista. Como capital do Império Bizantino, Constantinopla foi palco de inúmeras lutas por supremacia política.

O período entre 527 e 565, do imperador Justiniano, é reconhecido como o ápice do Império Bizantino – durante esse período, a população chegou a mais de 500 mil habitantes. Seu Império se estendia da Ásia Menor às fronteiras persas, incluindo os Bálcãs, a Itália e o norte da África. Entretanto, também foram épocas de muitas lutas. A maior crise interna foi a Revolta

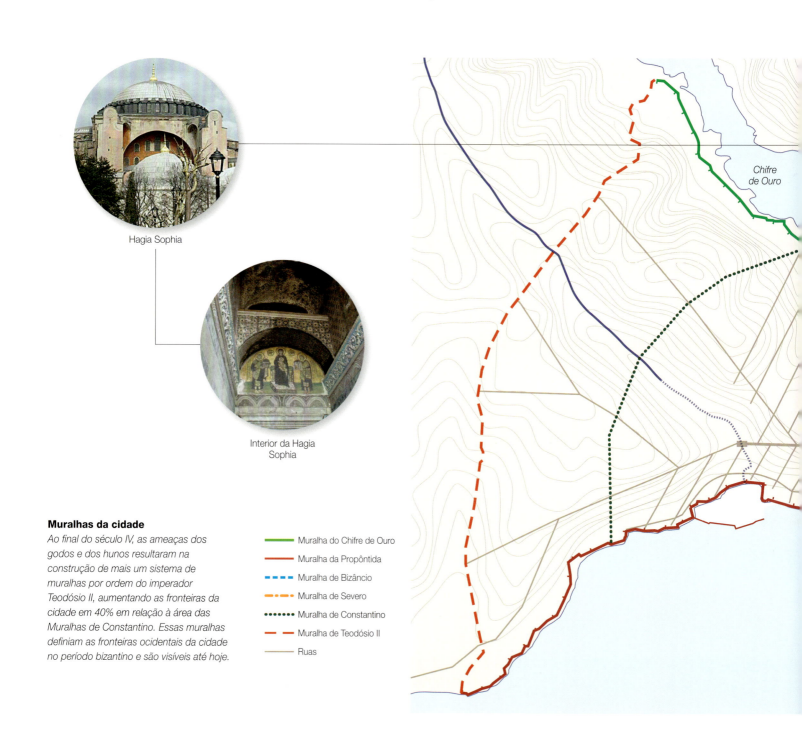

Hagia Sophia

Interior da Hagia Sophia

Muralhas da cidade
Ao final do século IV, as ameaças dos godos e dos hunos resultaram na construção de mais um sistema de muralhas por ordem do imperador Teodósio II, aumentando as fronteiras da cidade em 40% em relação à área das Muralhas de Constantino. Essas muralhas definiam as fronteiras ocidentais da cidade no período bizantino e são visíveis até hoje.

— Muralha do Chifre de Ouro
— Muralha da Propôntida
- - - Muralha de Bizâncio
-·-·- Muralha de Severo
······ Muralha de Constantino
– – – Muralha de Teodósio II
— Ruas

Chifre de Ouro

de Nika, que demoliu muitos dos locais imperiais históricos, incluindo a primeira Hagia Sophia. O Palácio de Justiniano ficou virtualmente sitiado por uma semana até que ele conseguisse suprimir a revolta. A reconstrução da cidade incluiu a grande Hagia Sophia, como conhecemos atualmente, concluída no ano de 537 e dedicada à Sabedoria Divina.

O Império Bizantino se caracterizou pelas violentas revoltas políticas. Entre 330 e 1204, cerca de setenta imperadores reinaram em Constantinopla, e mais da metade foi deposta por revoltas violentas. Desde o século VII, os árabes e os persas sassânidas se tornaram uma ameaça para a cidade. Com tais ameaças, Constantinopla teve seu tamanho reduzido – embora, após o ano de 750, o Império tenha começado a se recuperar. Em 1050, a população de Constantinopla era de cerca de 375 mil habitantes.

A Quarta Cruzada saqueou Constantinopla em 1204 durante o ápice da longa rivalidade religiosa e política entre o Sacro Império Romano e o Império Bizantino. Incêndios e saques destruíram muitos dos edifícios históricos, e importantes igrejas gregas ortodoxas, como a Hagia Sophia, foram convertidas ao catolicismo romano. A cruzada resultou no devastador reinado latino na cidade até que, em 1261, os gregos retomaram o controle e restauraram o Império Bizantino. Entretanto, Constantinopla estava fatalmente enfraquecida pela ocupação latina, e a população da cidade em 1453, quando foi tomada pelos otomanos, era de 25 mil a 50 mil habitantes.

Cidade imperial

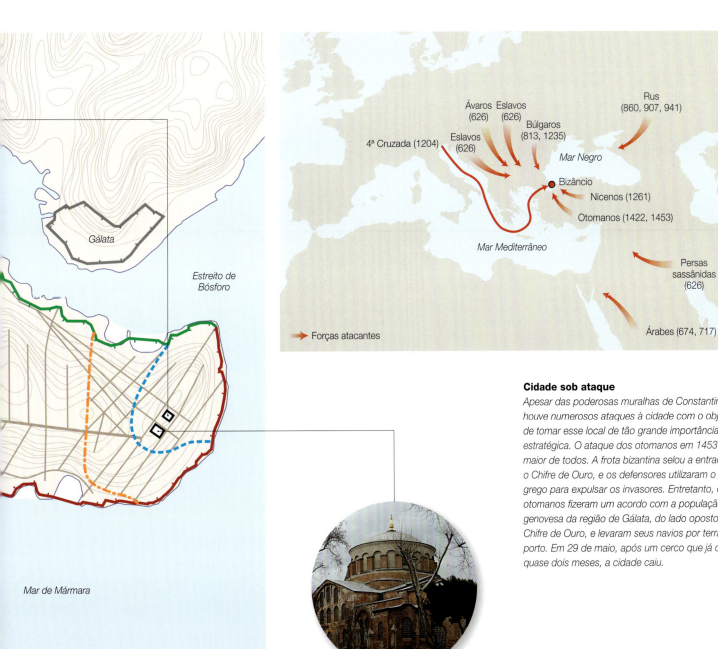

Hagia Irene

Cidade sob ataque

Apesar das poderosas muralhas de Constantinopla, houve numerosos ataques à cidade com o objetivo de tomar esse local de tão grande importância estratégica. O ataque dos otomanos em 1453 foi o maior de todos. A frota bizantina selou a entrada para o Chifre de Ouro, e os defensores utilizaram o fogo grego para expulsar os invasores. Entretanto, os otomanos fizeram um acordo com a população genovesa da região de Gálata, do lado oposto do Chifre de Ouro, e levaram seus navios por terra até o porto. Em 29 de maio, após um cerco que já durava quase dois meses, a cidade caiu.

Esplendor arquitetônico

GRAND RUE DE PÉRA

Desde o século XV, o bairro de Péra é o coração da diplomacia e do comércio exterior, com suas diversas embaixadas e moradores europeus. Durante o século XIX, era a parte mais ocidentalizada de Istambul. A Grand Rue de Péra (atual avenida Istiklal) permanece como a mais importante do bairro, com embaixadas, cultura cosmopolita, moda de alto padrão e prédios de estilos arquitetônicos únicos.

A arquitetura sempre foi um importante indicador do poder político nas cidades imperiais. À medida que o poder mudava de mãos, os edifícios importantes eram simbolicamente convertidos ou totalmente demolidos. Por exemplo, quando os mouros foram expulsos de Madri, em 1085, o novo rei ordenou que a principal mesquita fosse convertida em uma igreja católica. O Templo Mayor, um dos principais da civilização asteca, foi destruído em 1521 quando os espanhóis passaram a governar a Cidade do México.

Durante a ocupação nazista na Polônia, diversos monumentos e sinagogas judaicas em Cracóvia foram destruídos ou abandonados. Na época de Stalin, muitos edifícios históricos – sobretudo religiosos – foram demolidos para dar lugar às grandes avenidas em Moscou. Após a conquista de Constantinopla em 1453 por Maomé II, o Conquistador, teve início a construção de mais uma capital imperial, e a arquitetura se tornou o centro das atenções. Desde essa época, embora a cidade ainda fosse chamada de

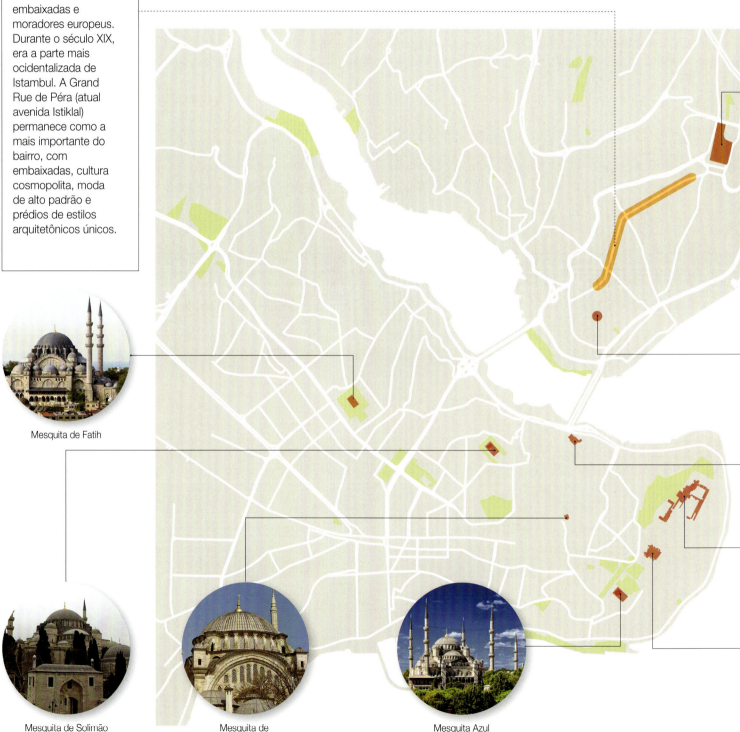

Mesquita de Fatih

Mesquita de Solimão

Mesquita de Nuruosmaniye

Mesquita Azul

Cidade imperial

Constantinopla no Ocidente, ela era conhecida no Oriente como Kostantiniyye e, cada vez mais, como Istambul.

As muralhas da cidade foram restauradas, e a Hagia Sophia, transformada em mesquita. O sultão decidiu ampliar a mistura étnica da cidade. Turcos, judeus, gregos e armênios foram trazidos de diferentes partes do Império Otomano. Os antigos habitantes gregos da cidade foram incentivados a retornar. Cada grupo étnico tinha seu próprio bairro, líder religioso, local de adoração – embora muitas igrejas tenham sido transformadas em mesquitas. Dez anos após a conquista, o Conquistador ordenou a construção de um enorme complexo religioso com seu nome no local da Igreja dos Santos Apóstolos. O complexo, ou *külliye*, compreendia a Mesquita de Fatih, uma escola religiosa (*medrese*), uma cozinha pública, um hospital, uma biblioteca, termas públicas, um mercado público, tumbas, um asilo e uma *caravanserai* (hospedaria para viajantes). A ideia do *külliye* como complexo religioso se tornou um importante padrão no planejamento urbano otomano. Os *külliye* e as mesquitas formavam os centros de diversos bairros. O Palácio de Topkapi, palácio imperial dos sultões otomanos até 1856, e o Grande Bazar, o maior bazar coberto do mundo, também foram construídos na época do Conquistador.

Entre 1453 e 1923, trinta imperadores otomanos reinaram em Istambul. O reinado mais longo foi o de Solimão, o Magnífico, que permaneceu no poder por 46 anos, entre 1520 e 1566. Durante esse período, o Império atingiu sua maior extensão territorial e Istambul se tornou uma capital imperial que refletia o poderio político otomano. O principal arquiteto do sultão Solimão era Sinan, que projetou mesquitas verdadeiramente monumentais e outros edifícios que ainda aparecem com destaque no horizonte da cidade. Os mais importantes de seus edifícios são as mesquitas de Sehzade e de Solimão (esta última, dedicada ao próprio Solimão, o Magnífico). Ambas as mesquitas fazem parte de complexos *külliye* maiores. Após Solimão, o Império Otomano entrou em um período de estagnação seguido do declínio. Entretanto, a glória de Istambul como capital imperial nunca se perdeu.

Na década de 1850, o movimento de reformas Tanzimat, fortemente influenciado pelos ideais europeus de urbanização, empreendeu grandes esforços para transformar Istambul em uma metrópole europeia moderna, com a introdução de novos serviços públicos, como polícia, bombeiros e transporte, bem como com a construção de praças, ruas e passeios. O estabelecimento do Município de Istambul e do Conselho de Planejamento Urbano também aconteceu durante o movimento. Na década de 1860, um novo palácio para os sultões otomanos (o Palácio Dolmabahçe) foi construído às margens do Bósforo. Após a Primeira Guerra Mundial, o Império Otomano teve fim, e Ancara foi escolhida como a capital da nova República da Turquia, embora Istambul tenha permanecido como a capital econômica do país.

Praça Taksim

Palácio Dolmabahçe

Torre de Gálata

Mesquita Yeni

Palácio de Topkapi

Hagia Sophia

Monumentos otomanos
Os otomanos construíram diversos complexos religiosos e políticos de destaque na cidade A Mesquita de Fatih, a Mesquita de Solimão, a Mesquita de Nuruosmaniye, a Mesquita Yeni e a Mesquita Azul estão entre os mais importantes complexos religiosos. Os grandiosos projetos arquitetônicos dos palácios imperiais de Topkapi e Dolmabahçe constituíam uma demonstração concreta do poder imperial.

Cidade imperial

Caráter cosmopolita

Cidades imperiais se caracterizam por uma ampla mistura étnica e cultural, resultado dos eventos históricos e da extensão geográfica do Império. A população de Londres ainda reflete o passado colonial do Império Britânico. Em Viena, o censo de 1890 apontava que 65,5% da população havia nascido fora da cidade, com uma mistura étnica que incluía muçulmanos balcânicos, judeus e ciganos húngaros. Assim, a diversidade constitui um dos principais elementos das cidades imperiais.

A Constantinopla grega e a Istambul otomana eram consideradas não apenas cidades imperiais, mas também cidades sagradas. Antes de Constantino, o Grande, o paganismo era predominante em Constantinopla. À medida que o cristianismo ganhou importância dentro do Império Romano, Constantinopla se tornou uma das maiores cidades cristãs do seu tempo. Juntamente de Roma, Alexandria, Antioquia e Jerusalém, ela era uma das cinco cidades nas quais os bispos recebiam o título de patriarca. Desde tempos remotos, os bizantinos se consideravam os guardiões e mantenedores da fé cristã correta, como se pode notar pela palavra "ortodoxa", que deriva do grego *orthos* ("correta") e *doxa* ("fé").

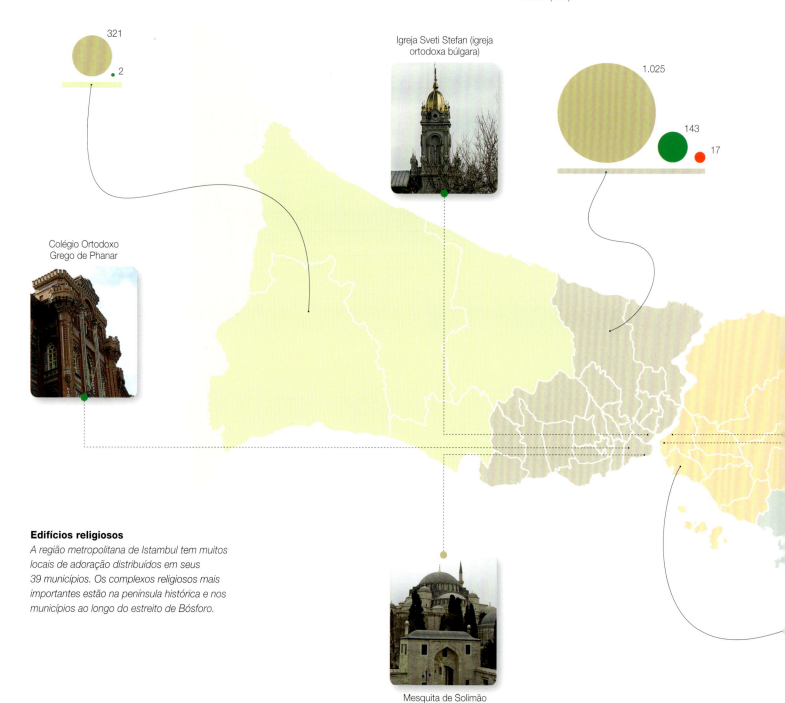

Edifícios religiosos
A região metropolitana de Istambul tem muitos locais de adoração distribuídos em seus 39 municípios. Os complexos religiosos mais importantes estão na península histórica e nos municípios ao longo do estreito de Bósforo.

Cidade imperial

Quando os otomanos conquistaram a cidade, em 1453, realizaram um dos principais desejos do mundo islâmico, manifestado desde o tempo do profeta Maomé. Após essa conquista, os turcos otomanos passaram a ser vistos como líderes no Islã. A população não islâmica da cidade era dividida em nações (*millets*), e cada *millet* tinha seu próprio líder religioso.

Pessoas das mais diversas crenças convivem em Istambul há muitos séculos, e cada um desses grupos mantém seus próprios costumes e tradições, fazendo da cidade um caldeirão cultural com múltiplas religiões. As duas minorias religiosas mais destacadas são os cristãos e os judeus, mas há também os cristãos armênios, os gregos ortodoxos e os católicos levantinos. Os armênios são a principal minoria religiosa étnica, com cerca de 60 mil pessoas. O Patriarcado Armênio fica na região de Kumkapi, que também é uma das regiões historicamente ocupadas pela comunidade armênia. A comunidade grega ortodoxa historicamente representa um elemento importante em Istambul, embora ela tenha diminuído de cerca de 70 mil pessoas na década de 1950 para 2 mil pessoas atualmente. Entretanto, como sede do Patriarcado Ortodoxo, Istambul ainda é considerada um importantíssimo centro do cristianismo ortodoxo. O Patriarcado Ortodoxo fica na Igreja de São Jorge, no bairro de Fener, desde o século XVII. A população grega se distribui em diferentes partes de Istambul, como Nisantasi, Sisli e Kadikoy. Os católicos romanos levantinos são, em sua maioria, de origem italiana ou francesa, e estão principalmente na região de Gálata. A maioria da população judaica de Istambul é composta por judeus sefarditas, e sua história em Istambul remonta a 1492, quando os judeus escaparam da Inquisição espanhola e foram para o Império Otomano. Atualmente, há cerca de 20 mil judeus em Istambul, e a cidade possui 22 sinagogas em atividade.

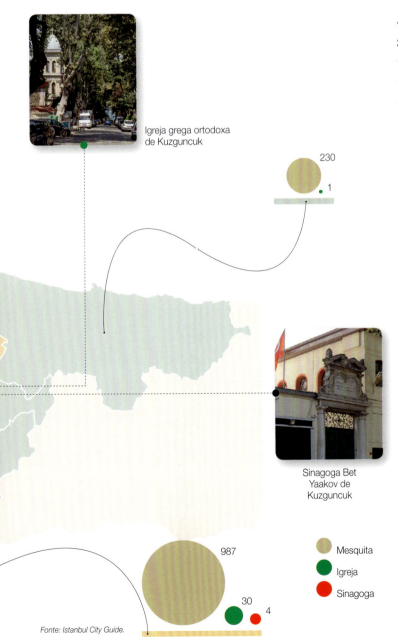

Igreja grega ortodoxa de Kuzguncuk

Sinagoga Bet Yaakov de Kuzguncuk

230
1

987
30
4

- Mesquita
- Igreja
- Sinagoga

Fonte: Istanbul City Guide.

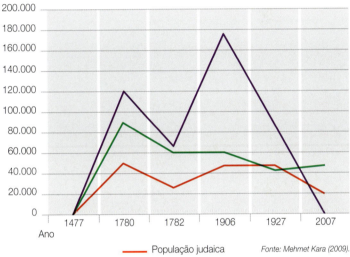

Tamanho populacional das minorias étnicas em Istambul

- População judaica
- População armênia
- População grega

Fonte: Mehmet Kara (2009).

Demografia religiosa

Na era de Solimão, o Magnífico, a população de Istambul chegou a 500 mil habitantes, como na era de Justiniano. Em 1535, foi relatado que havia 80 mil lares na cidade (incluindo o distrito de Gálata), dos quais 58% eram muçulmanos; 32%, cristãos; e 10%, judeus. No século XVII, a população de Istambul voltou a 700 mil habitantes, e judeus e cristãos representavam 40% do total, com os gregos sendo a minoria mais numerosa e os judeus representando 5% da população.

De cidade imperial a cidade global

Antigas cidades imperiais, como Londres, Paris, Tóquio, Roma, Pequim, Cidade do México, Moscou e São Petersburgo, são vistas atualmente como importantes cidades globais, com funções de comando e controle na economia globalizada. São localidades de grande atração de fluxo de capital e de migrantes. A relevância histórica dessas cidades imperiais tem uma grande participação em seu *status* atual de cidade global.

No início do século XX, Istambul estava em declínio econômico e político após a transição da era imperial otomana para a era republicana. Ancara era a capital da República da Turquia, embora Istambul mantivesse sua importância como centro industrial e econômico do país. Consequentemente, desde 1950, Istambul é um grande destino migratório para pessoas saídas das áreas rurais, resultando em ocupações não planejadas e crescimento urbano desordenado. Na década de 1980, a globalização obrigou a cidade e os governos a buscarem novas formas de revitalizar o *status* de cidade global de Istambul. Grandes esforços de *marketing* e projetos de revitalização urbana promoveram a imagem da cidade, e desde a década de 1990 Istambul vem se desenvolvendo como cidade global e centro financeiro do Oriente Médio. Com a entrada da Turquia em uma fase mais liberal de sua economia na década de 1980, mais e mais empresas instalaram seus escritórios na cidade.

Uma nova cidade

Os projetos de transformação têm por objetivo atualizar o contexto urbano de Istambul. Entretanto, há questões relativas ao impacto para as pessoas e para os negócios locais que serão deslocados como resultado de tais projetos, bem como preocupações com a preservação do patrimônio histórico e com a escalada dos preços dos imóveis.

Basaksehir
Projeto residencial em conformidade com os novos padrões de resistência a terremotos.

Eyup
Proposta de uma nova universidade.

Esenler
Programa de moradia de interesse social no qual os moradores atuais se mudam para novas residências. O valor de suas antigas casas é considerado como entrada, e o restante é financiado.

Esenyurt
Proposta para criar um bairro que seja a recriação do bairro otomano.

Gungoren
Projeto para criar melhores moradias de interesse social para a população cigana.

Kucukcekmece
Favelas substituídas por projetos de moradia de interesse social.

Zeytinburnu
Construções de uso misto que se relacionam com o tecido urbano existente no bairro.

Beyoglu
A área de Tarlabasi em Beyoglu será transformada em um espaço urbano como os Champs Élysées, em Paris. Já foram inspecionadas 278 edificações, e os projetos de restauração estão em desenvolvimento.

Fonte: Vatan (2010).

Cidade imperial

Na retomada do título de cidade global, Istambul também sofreu com problemas relacionados a poluição, trânsito, transportes, habitação e recursos naturais. No ritmo atual, a população deve chegar a 22 milhões em 2025. A exemplo de Londres, Barcelona, Tóquio, Xangai e Paris, o planejamento não só para o futuro como também para o presente é de extrema importância para que a cidade amenize os impactos da globalização.

Cerca de 60% da população trabalhadora atua no setor de serviços, e existe a previsão de que esse setor venha a absorver 70% da mão de obra até 2023. A administração de Istambul vem concentrando seus esforços no crescimento policêntrico e em projetos de transformação que incluem remoção de favelas, atualização de edifícios para atender às normas relativas a terremotos, e urbanização em larga escala, como a implantação de bairros comerciais com construções icônicas, *shopping centers*, áreas residenciais e projetos na orla.

Os esforços de desenvolvimento urbano ganharam força adicional com a escolha de Istambul como Capital Europeia da Cultura de 2010. Antes disso, em 2004, a prefeitura criou uma unidade de planejamento independente que se reporta diretamente ao prefeito e reúne arquitetos, urbanistas e engenheiros. Quando criada, essa unidade independente contava com 550 funcionários, constituindo-se no maior escritório de planejamento da Europa. O trabalho tem como foco a descentralização do bairro comercial que existe atualmente para propiciar um desenvolvimento mais equilibrado, criando "subcentros" específicos com mais áreas de escritórios de alto padrão para o setor de serviços. Os acontecimentos recentes nessa antiga cidade imperial indicam Istambul como uma importante cidade global da atualidade.

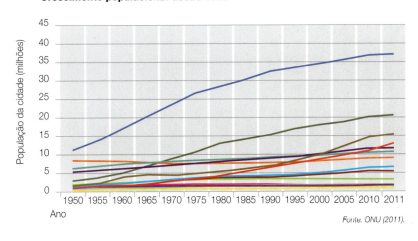

Gaziosmanpasa
Remoção de favelas e construção de moradias para famílias de baixa e média renda.

Atasehir
Construção de 3 mil unidades residenciais.

Kartal
Edifícios comerciais e residenciais de alto padrão, centro cultural, ópera, parques, hotéis, restaurantes e uma marina.

Fatih
A região de Sulukule, habitada por ciganos, será transformada com unidades residenciais, um hotel e um centro cultural. O estilo arquitetônico consistirá em uma mistura eclética dos estilos turco e otomano.

Crescimento populacional desde 1950

Fonte: ONU (2011).

Tóquio, Cidade do México, Pequim, Istambul, Moscou, Paris, Londres, Madri, Barcelona, Roma, Viena, Quioto, Budapeste, Varsóvia, Amsterdã, Cracóvia

Crescimento populacional das cidades imperiais

De acordo com a Revisão de 2011 do Relatório de Perspectivas da Urbanização Mundial das Nações Unidas, Istambul é a terceira mais populosa dentre as antigas cidades imperiais. Ela está prestes a se tornar a cidade mais populosa da Europa, e seu ritmo de crescimento anual é maior do que o de qualquer outra cidade ocidental.

Cidade imperial

Redescobrindo as camadas da cidade imperial

O passado das cidades imperiais, marcado por mudanças políticas e econômicas, transformações sociais, obras arquitetônicas e ideias de planejamento monumentais, tem importância fundamental na definição da urbanização atual. As diversas eras deixaram suas marcas no ambiente urbano, e muitas ainda são visíveis e se tornaram parte da cultura da cidade, embora escondidas sob a camada atual de desenvolvimento. Em Istambul, 9 mil anos de história deixaram inúmeras camadas ainda a serem exploradas.

Desde a era bizantina, a água de Istambul era armazenada em cisternas subterrâneas. A maior delas é a Cisterna da Basílica ou Yerebatan Sarayi (isto é, Palácio Submerso), construída no século VI pelo imperador Justiniano. Quando os turcos otomanos chegaram à cidade, em 1453, ninguém mostrou a eles tais cisternas. A Cisterna da Basílica ficou esquecida até a década de 1540, quando as pessoas começaram a pescar nos porões de suas casas. Essa câmara secreta era mais uma das camadas ocultas relacionadas ao paganismo. Algumas das 336 colunas que suportam a cisterna possuem estátuas pagãs, como a de Medusa.

Descobertas arqueológicas
Milhares de artefatos arqueológicos foram descobertos durante a execução do Projeto Marmaray. As escavações arqueológicas tiveram início em 2004 e duraram sete anos. Nesse período, o projeto ficou paralisado.

Yenikapi
O Porto Teodosiano Bizantino, construído no século IV e utilizado até o século XIII, foi descoberto contendo 36 navios de madeira. Possivelmente, é a maior coleção de navios afundados do mundo. Abaixo havia uma ocupação neolítica de 8.500 anos com fundações de residências, tumbas, cerca de 2 mil pegadas, utensílios e cerâmica. Tais descobertas estão em exposição em um parque arqueológico especial na área da estação.

Túnel Marmaray
Navio-guindaste trabalhando na construção do túnel Marmaray. O projeto inclui um túnel tubular submerso com quase 1,5 quilômetro de extensão e profundidade de até 56 metros. O Marmaray faz parte de um projeto ferroviário com cerca de 73 quilômetros de extensão conectando quarenta estações nos lados europeu e asiático do estreito de Bósforo. O túnel começou a operar em 29 de outubro de 2013.

Sirkeci
Vestígios arquitetônicos das eras bizantina e otomana foram encontrados aqui: vidro das eras romana, bizantina e otomana, e cerâmicas e outros vestígios da era pré-românica.

Cidade imperial

Essa foi a forma que Justiniano encontrou para mostrar que o paganismo havia sido superado na cidade – jogando-o para baixo do tapete. Outra grande descoberta aconteceu em 1912, quando um incêndio destruiu a praça Sultanahmet, revelando muralhas e mosaicos do Grande Palácio do século IV dos imperadores bizantinos. Atualmente, o que restou dos mosaicos e do Grande Palácio está em exibição, e provavelmente ainda há muito mais a ser descoberto.

Recentemente, novas descobertas ocorreram como resultado do megaprojeto de transporte visto como uma solução a longo prazo para os monumentais problemas de trânsito de Istambul.

O transporte sempre foi um grande desafio na cidade, especialmente entre os lados europeu e asiático. Em 2004, o ministro dos Transportes turco lançou o Projeto Marmaray, de 2,5 bilhões de dólares, financiado pelo Governo Federal, pelo Banco Europeu de Investimento (BEI) e pelo Banco do Japão para Cooperação Internacional. O Marmaray foi lançado com uma capacidade projetada de 75 mil passageiros por hora em cada sentido. A previsão de entrega era em 2009, entretanto, quando os vestígios da cidade imperial de diferentes eras começaram a aparecer, o projeto foi adiado. A inauguração aconteceu em 2013.

Desde que as escavações tiveram início, em 2004, aproximadamente 40 mil artefatos foram encontrados em diversos locais, como Yenikapi, Sirkeci, Fikirtepe e Pendik. As escavações revelaram a história de Istambul desde os tempos do Neolítico, e a descoberta mais importante veio de Yenikapi, o antigo Porto Teodosiano da era do Império Bizantino no século IV: foram encontrados 36 navios de diversas épocas. Outra descoberta surpreendente veio do bairro de Pendik, onde arqueólogos descobriram uma ocupação neolítica de 8.500 anos com fundações de residências, túmulos, pegadas e diversas ferramentas. Tais descobertas arqueológicas devem trazer muito mais profundidade para a história de Istambul e para a história da urbanização da Europa.

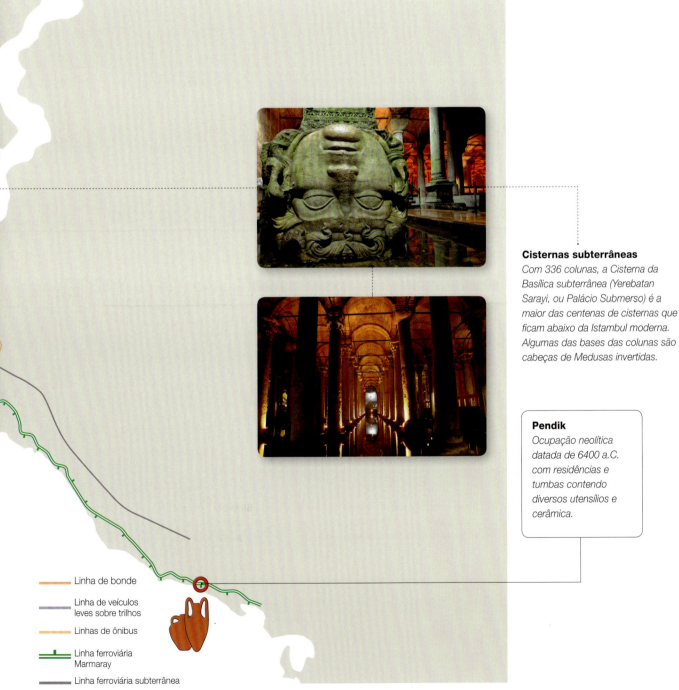

Cisternas subterrâneas
Com 336 colunas, a Cisterna da Basílica subterrânea (Yerebatan Sarayi, ou Palácio Submerso) é a maior das centenas de cisternas que ficam abaixo da Istambul moderna. Algumas das bases das colunas são cabeças de Medusas invertidas.

Pendik
Ocupação neolítica datada de 6400 a.C. com residências e tumbas contendo diversos utensílios e cerâmica.

- Linha de bonde
- Linha de veículos leves sobre trilhos
- Linhas de ônibus
- Linha ferroviária Marmaray
- Linha ferroviária subterrânea

CIDADE INDUSTRIAL

JANE CLOSSICK

Cidade principal
MANCHESTER _____

Cidades secundárias
BERLIM _____
CHICAGO _____
DETROIT _____
DÜSSELDORF _____
GLASGOW _____
SHEFFIELD _____

À esquerda: Manchester, Inglaterra.

Cidade industrial: Introdução

"A forma urbana de Manchester se alterou tão rápido, no período de trinta anos, que a cidade se transformou completamente. Uma revolução urbana em tão grande escala não havia acontecido até então na história da humanidade."

A Revolução Industrial trouxe quase meio século de imensas mudanças socioeconômicas no mundo todo. Isso se expressa em termos urbanísticos com a evolução de um novo tipo de cidade: a industrial. A razão de existir das cidades até então era cumprir funções militares, políticas, eclesiásticas ou comerciais. A cidade industrial deveria reunir as matérias-primas e fabricar, montar e distribuir bens manufaturados. Esse foi o ápice do movimento que havia ganhado força no século XVIII e começo do século XIX, inicialmente na Grã-Bretanha (em Manchester, Glasgow, Sheffield e Birmingham) e, algumas décadas depois, na Europa ocidental (em Berlim e Düsseldorf, por exemplo) e nos Estados Unidos (sobretudo em Chicago e Detroit).

Os aprimoramentos na energia hidráulica, na engenharia química e na metalurgia garantiram a produção de ferramentas mecanizadas que, por sua vez, iniciaram o processo de mecanização da manufatura e da agricultura. A necessidade de mão de obra rural e para o processamento manual de produtos foi drasticamente reduzida, deixando uma gigantesca massa trabalhadora desempregada, que foi forçada a emigrar para encontrar trabalho. Em um ciclo retroalimentado, eles migraram para a cidade industrial, que precisava de pessoas para trabalhar nas fábricas, nos armazéns, nas estações férreas e nos portos. Quanto mais pessoas chegavam, mais a cidade, com sua capacidade produtiva, enterrava as antigas formas de trabalho. A vida cotidiana para as populações rurais e também urbanas havia mudado muito, e a cidade industrial crescia mais rapidamente do que qualquer outra cidade tinha crescido anteriormente.

Fundição de ferro

Perda populacional nas principais cidades industriais de 1951 a 2013
Após a explosão demográfica associada à industrialização, diversas cidades industriais no mundo ocidental encolheram dramaticamente – algumas diminuíram pela metade. Em seu lugar, crescem as novas cidades industriais no mundo em desenvolvimento.

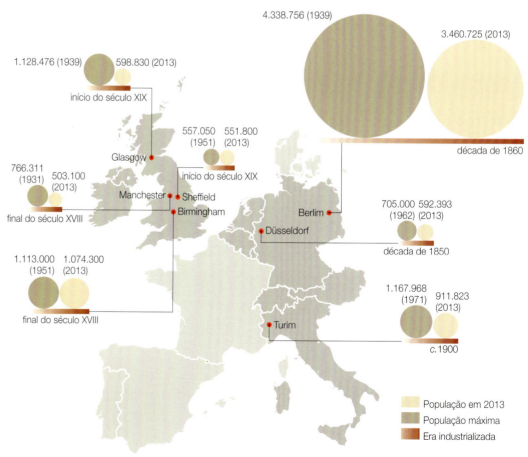

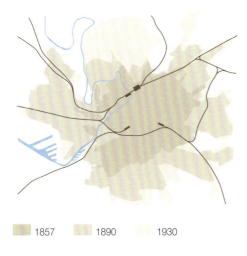

A primeira cidade industrial: a urbanização de Manchester de 1857 a 1930

A imensa expansão populacional foi seguida pela rápida urbanização das áreas do entorno, engolindo rapidamente as vilas e cidades vizinhas.

1857   1890   1930

3.620.962 (1950)
2.714.856 (2013)
década de 1870

1.849.568 (1950)
701.475 (2013)
c. 1900

Chicago   Detroit

Trabalhadoras em produção de algodão

As cidades industriais também eram centros financeiros, comerciais e logísticos, já que a indústria tendia a estar localizada em centros comerciais preexistentes e com fácil acesso às redes de distribuição. Por exemplo, Düsseldorf já existia e funcionava a todo o vapor antes da industrialização – está próxima ao rio Reno e é o ponto de convergência dos mercados e culturas regionais desde o século XIV, quando seu mercado público foi construído. Nos Estados Unidos, Detroit se industrializou com sucesso por motivos semelhantes. Sua localização na região dos Grandes Lagos a tornou um centro de comércio global e o local perfeito para Henry Ford criar sua fábrica de automóveis no início do século XX, aproveitando as metalúrgicas e indústrias de maquinário industrial e de carrocerias que já existiam na área. A Revolução Industrial também trouxe consigo avanços no transporte. Como aconteceu com a migração, a construção de novas redes de transporte caracterizou e reforçou o crescimento das cidades industriais, que logo se tornaram centros ferroviários locais, interurbanos e nacionais.

Uma nova sociedade eminentemente urbana estava surgindo. A cidade industrial há muito tempo é associada a condições precárias para as classes trabalhadoras, mas também produziu um grupo socioeconômico completamente novo: a classe média. Esse grupo era formado por industriais e novos profissionais que vinham atender à imensa demanda por administradores no sistema econômico emergente (por exemplo, gerentes, assistentes, executivos, estatísticos e membros do administração pública). Embora o poder tradicionalmente tivesse permanecido nas mãos da aristocracia rural, as reformas parlamentares estenderam os privilégios e levaram o poder para os governos locais no século XIX, redistribuindo-o para as mãos da classe média, com profundos efeitos na formação da cidade e das construções nela encontradas.

A "suburbanização" da riqueza mudou a cara das cidades como um todo, e o consumismo e a busca pelo lazer, bem como a indústria, deram a forma das principais edificações. Um excelente exemplo disso pode ser encontrado em Glasgow, onde foram construídos edifícios públicos em pedra financiados com o dinheiro dos industriais e representando o seu poder, como a prefeitura.

Agora começamos a desconstruir o que aconteceu na Revolução Industrial e consideramos suas relações com a forma urbana. Embora a discussão analise as qualidades comuns entre as cidades industriais, vale lembrar que nenhum tipo de cidade existe de modo apartado de seu contexto nacional, global, político, social e cultural. As cidades são palimpsestos de estruturas sobrepostas (física e socialmente) com profundidade e especificidades que impedem a escolha de apenas uma tipologia. Por essa razão, Manchester, a primeira cidade industrial – e seu arquétipo –, é o assunto deste capítulo, que trata também de exemplos relevantes em outras cidades para ilustrar ideias específicas. Manchester era um centro de tecelagem desde o século XVI, e as forças da indústria convergiram e a transformaram na "Algodonópolis", a capital mundial da produção de algodão. As cidades em geral evoluem de maneira lenta, e as grandes mudanças podem ser vistas apenas ao longo da vida de um indivíduo – porém, a forma urbana de Manchester se alterou tão rápido, no período de trinta anos, que a cidade se transformou completamente. Uma revolução urbana em tão grande escala não havia acontecido até então na história da humanidade, e ela introduziu a ideia da cidade como algo que poderia e deveria ser transformado pela ação humana. Não é fácil de definir cidades como metamórficas, que provocam alterações e são alteradas pela sociedade. Ao longo dos séculos XIX e XX, pouquíssimos locais da Terra ficaram imunes aos efeitos da industrialização, e as cidades industriais estão por toda parte dando forma às vidas e aos meios de sustento dos indivíduos que andam em suas ruas.

Mecanização da produção

Cidade industrial

A tecnologia que está associada à existência da cidade industrial surgiu nos séculos XVIII e XIX, alterando completamente a paisagem da Grã-Bretanha e, posteriormente, do mundo todo. Ferro forjado, energia a vapor e maquinário para manufatura foram todos inventados durante esse período crucial e tiveram amplos efeitos sociais, econômicos e físicos. A "revolução agrícola", fenômeno interdependente de todas essas invenções, aumentou a produtividade da terra e reduziu o número de pessoas necessárias no campo. Isso significava que havia um excesso de mão de obra e uma capacidade de alimentar cidades industriais em crescimento, como Manchester, Sheffield, Birmingham e Glasgow.

Primeiro surgiram as indústrias caseiras, à medida que trabalhadores desempregados e pequenos agricultores que haviam perdido suas terras para as novas Leis de Cercamentos de Terras precisavam de um ganha-pão. Em Lancashire, as famílias de fiadores e tecelões trabalhavam em casa e eram proprietárias e também operadoras do meio de produção. As máquinas de fiar hidráulicas *spinning jenny*, *water-frame* e, posteriormente, *spinning mule* mudaram completamente esse cenário. Quando um barbeiro da cidade de Bolton chamado Richard Arkwright abriu sua fábrica no bairro de Shudehill,

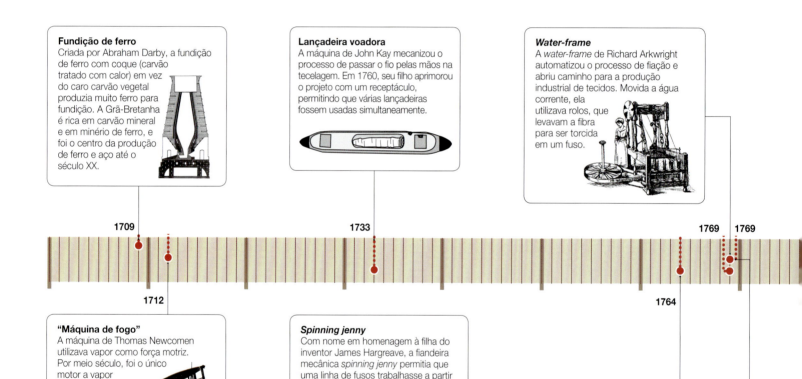

Fundição de ferro
Criada por Abraham Darby, a fundição de ferro com coque (carvão tratado com calor) em vez do caro carvão vegetal produzia muito ferro para fundição. A Grã-Bretanha é rica em carvão mineral e em minério de ferro, e foi o centro da produção de ferro e aço até o século XX.

Lançadeira voadora
A máquina de John Kay mecanizou o processo de passar o fio pelas mãos na tecelagem. Em 1760, seu filho aprimorou o projeto com um receptáculo, permitindo que várias lançadeiras fossem usadas simultaneamente.

Water-frame
A *water-frame* de Richard Arkwright automatizou o processo de fiação e abriu caminho para a produção industrial de tecidos. Movida a água corrente, ela utilizava rolos, que levavam a fibra para ser torcida em um fuso.

1709 — 1733 — 1769 — 1769

1712 — 1764

"Máquina de fogo"
A máquina de Thomas Newcomen utilizava vapor como força motriz. Por meio século, foi o único motor a vapor disponível, utilizado para mineração e para bombear água do fornecimento residencial de Londres e Paris.

Spinning jenny
Com nome em homenagem à filha do inventor James Hargreave, a fiandeira mecânica *spinning jenny* permitia que uma linha de fusos trabalhasse a partir de uma única roca. Ela aumentou muito a produtividade, e em 1778 havia 20 mil *jennies* sendo utilizadas em toda a Grã-Bretanha.

Motor a vapor de Watt
A "máquina de fogo" era bastante ineficiente, utilizando água fria para fazer vapor. O motor a vapor de James Watt introduziu um condensador independente para manter a temperatura da água e utilizava tanto o movimento de descida quanto o de subida do pistão, dobrando sua eficiência.

Linha do tempo da mecanização
Desde a mais antiga "máquina de fogo" a metalurgia esteve no coração da indústria, possibilitando a fabricação de ferramentas e o desenvolvimento de tecnologias. A evolução da construção civil e a eletricidade foram elementos cruciais para a cidade industrial, pois viabilizaram a existência de fábricas que operavam mesmo após o anoitecer, maximizando a produção. Pessoas, máquinas e espaço urbano: esses foram os componentes essenciais da Revolução Industrial.

em Manchester, foi a primeira vez que um prédio havia sido construído especificamente para abrigar o maquinário de produção, em vez de apenas trabalhadores. O ferro estava disponível em grandes quantidades e com baixo preço, e era utilizado para a construção estruturada de fábricas e armazéns "à prova de fogo", que não necessitavam de paredes de apoio, de forma que enormes espaços interiores poderiam ser preenchidos com maquinário ou utilizados para armazenamento. As metrópoles industriais do norte da Inglaterra foram inundadas por esse novo tipo de edificação, inovadora e tecnologicamente avançada.

Até o início do século XX, o sistema de linha de montagem havia transformado as cidades industriais dos Estados Unidos (como Detroit) da mesma forma. Agora, mesmo máquinas complexas como carros poderiam ser fabricadas em massa, e um novo modelo econômico passara a vigorar. Nos seus primeiros tempos, os trabalhadores não eram vistos como potenciais consumidores, mas apenas como uma fonte de mão de obra empobrecida e facilmente disponível. Os princípios "fordistas" fizeram os trabalhadores ganharem melhores salários (o "dia de 5 dólares"), de forma que se tornaram também consumidores potenciais dos bens que eles mesmos produziam. Como em Manchester, a escala de produção e a necessidade de acesso às redes de distribuição significavam que a cidade industrial era o único local onde a manufatura mecanizada com competitividade poderia acontecer. A indústria havia basicamente conectado o capitalismo aos espaços urbanos com uma nova linha do horizonte que devia sua existência à mecanização da produção.

Cidade industrial

Iluminação a gás
Inventada por William Murdoch, em Londres, permitiu que fábricas e lojas funcionassem após o anoitecer.

Vidro plano
Os Chance Brothers desenvolveram o vidro plano, que permitiu a construção de edifícios industriais em grande escala e baixo custo. Seu ápice foi a construção do Palácio de Cristal, em Londres, para a Exposição Universal de 1851.

1812   **1832**

1779   1784

Pudlagem e laminagem do ferro
Henry Cort criou esses processos, gerando um material maleável com maior pureza e mais fácil de trabalhar que o ferro gusa.

Spinning mule
A *spinning mule*, inventada por Samuel Crompton, consistia em uma combinação da *jenny* e da *water-frame* e produzia filamentos e até fios fortes o suficiente para criar tecidos que, pela primeira vez, poderiam competir com os importados da Índia.

Rápido crescimento das fiações de algodão
Em 1782, havia apenas duas fiações de algodão em Manchester, ambas movidas a água. Em 1792, havia 52 fiações a vapor, e em 1830 esse número chegou a 100.

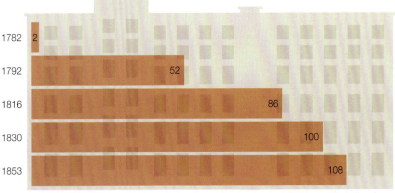

Ano	Fiações
1782	2
1792	52
1816	86
1830	100
1853	108

Fonte: www.spinningtheweb.org.

Cidade industrial

Inovações no transporte

Cidades grandes são famintas, e no início do século XIX as cidades industriais estavam consumindo quantidades cada vez maiores de carvão. As inúmeras faixas de residências de tijolos onde morava a massa trabalhadora tinham lareiras a carvão, e uma fábrica de dez cavalos-força utilizava uma tonelada de carvão por dia. Embora a concentração de indústrias no norte da Inglaterra nessa época estivesse relacionada à presença das ricas jazidas de carvão, ele era caro e nada prático para ser transportado por estradas – muito embora as rotas pedagiadas estivessem em melhores condições para veículos de rodas largas. Como resultado, proprietários de fiações e mineradoras investiram na construção de canais para movimentação do carvão pela metade do preço. Importação barata de materiais de construção, pedra calcária e cal permitiram a construção rápida de armazéns e fábricas, e, à medida que a população crescia, embarcações velozes eram utilizadas para transportar produtos perecíveis e passageiros até o interior.

A manufatura constituía a essência das primeiras cidades industriais – embora as redes de transporte tivessem igual importância, pois

Lancashire

1750

1755

Mapa de estradas pedagiadas de Lancashire
As estradas pedagiadas foram introduzidas gradualmente na Grã-Bretanha no século XVIII, e a renda do pedágio era destinada à sua manutenção. Isso, aliado ao uso do sistema McAdam para construção de estradas (no qual uma base sólida é recoberta por cascalho), significou que as rotas recebiam manutenção confiável, e os deslocamentos entre as cidades em veículos sobre rodas, que antes levavam dias, agora podiam ser feitos em questão de horas. Isso facilitou a comunicação, a movimentação de pessoas, bens e alimentos, e foi um fator determinante para dar início à Revolução Industrial.

1800

1836

Fonte: Lancashire County Council.

levavam combustível para alimentar os motores a vapor, matérias-primas para alimentar as fábricas e comida para alimentar as pessoas. Logo após os principais canais, as ferrovias chegaram a Manchester, em 1830, atravessando sem nenhum cuidado os bairros da classe trabalhadora, destruindo lares e comunidades. Em 1844, havia seis linhas conectando Manchester a Londres, Liverpool, Birmingham, Leeds, Sheffield e Bolton, e os tempos de viagem haviam sido reduzidos drasticamente, tornando a Inglaterra um lugar muito menor. Em 1851, as ferrovias carregavam enormes quantidades de passageiros, e a Exposição Universal no Palácio de Cristal, em Londres, teve seis milhões de visitantes do país inteiro, muitos deles chegando de trem.

O transporte também foi fundamental para a Revolução Industrial nos Estados Unidos. Com origens modestas, Chicago havia se tornado uma metrópole em explosão na década de 1830, após a construção de um canal de longa distância conectando a cidade à bacia dos rios Ohio e Mississippi. A partir da década de 1850, a ferrovia a conectou à Costa Leste, e em 1854 era o maior porto de grãos do mundo. As ferrovias garantiam a centralização do comércio e da produção e permitiram a subsequente dispersão para cidades vizinhas, como Denver, Minneapolis e Omaha, quando os preços do comércio em Chicago se tornaram proibitivos. Os canais também continuaram a ser úteis durante todo o século XIX. O Sanitary and Ship Canal revertia o fluxo do rio Chicago levando os resíduos industriais para fora da cidade – na Inglaterra, o Manchester Ship Canal levava as embarcações marítimas para a cidade. Essa é a assinatura da cidade industrial: ela é um "plexo geográfico" no coração de um complexo de cidades-satélites e de uma rede de comércio muito maior com abrangência nacional e internacional.

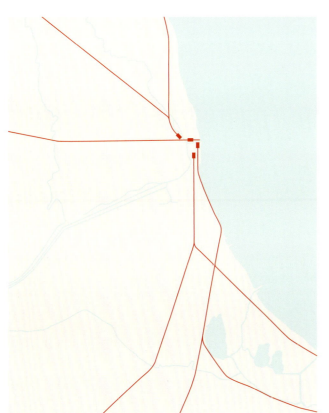

Rede de ferrovias a vapor de Chicago em 1855

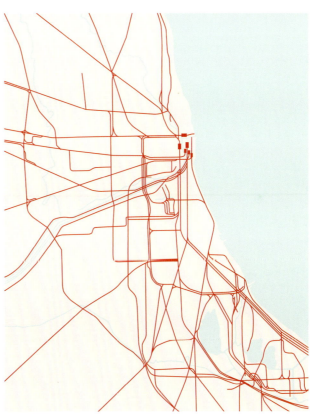

Rede de ferrovias a vapor de Chicago em 1900

Fonte: Coleções especiais da Lake Forest College Library.

Rede de transporte urbano de Chicago

Em 1900, a população de Chicago era de 1,7 milhão de habitantes, fazendo dela a 5ª ou a 6ª maior cidade no mundo, e o transporte era um grande problema. Na década de 1890, o primeiro sistema de ferrovias elevadas surgiu na cidade e, ao final da década, linhas interurbanas conectavam as ferrovias a vapor aos subúrbios. A tração elétrica permitiu que bondes substituíssem a tração animal e por cabo. As conexões ferroviárias urbanas estimularam a "suburbanização", fazendo os mais ricos se mudarem para locais cada vez mais distantes do coração industrial da cidade.

Bondes elétricos nas ruas de Chicago em 1893

Sistema ferroviário elevado de Chicago em 1900

Cidade industrial

Migração e sofrimento humano

O crescimento populacional nas cidades industriais era explosivo. A população de Manchester cresceu dez vezes entre 1811 e 1911 – e o mesmo ocorreu em Birmingham. Nos Estados Unidos, a população de Chicago foi de 4 mil habitantes em 1837 para 110 mil em 1860. Mas a melhor condição de vida que as pessoas estavam buscando era difícil de encontrar nas cidades em crescimento explosivo – a expansão havia ocorrido de forma descontrolada e desregulada. Os salários eram parcamente suficientes para a sobrevivência e havia excesso de mão de obra, de forma que a maioria da força de trabalho era temporária, não tinha poder e valia pouco. As jornadas e as condições de trabalho eram degradantes, e o maquinário ensurdecedor regularmente mutilava e matava trabalhadores. A jornada semanal média em Manchester em 1830 era de 69 horas para homens, mulheres e crianças.

As condições de vida não eram nem um pouco melhores. Nas cidades inglesas, como Liverpool, construíam-se casas baratas, com materiais de baixa qualidade, em becos estreitos e sem qualquer infraestrutura sanitária. A superpopulação havia se tornado endêmica, e

Condições de superpopulação

Rio Irk

Água limpa
Em 1831, menos da metade da população de Manchester tinha acesso à água limpa. A cólera, que se espalha pelo contato das fezes com a água potável, matou 32 mil pessoas na Grã-Bretanha em 1832 e 62 mil em 1848. No Soho, em Londres, John Snow notou a concentração dos casos de cólera próximos a bombas d'água infectadas e foi a primeira pessoa a identificar que a doença era transmitida pela água e estava associada a determinadas bombas que estavam contaminadas.

Banheiros privativos
Havia um número insuficiente de banheiros privativos – por exemplo, um único vaso sanitário era compartilhado entre 250 pessoas. Elas despejavam os dejetos em esgotos a céu aberto. Logo acima da ponte Ducie, sobre o rio Irk, Engels descreve que "Em um desses becos, há já em sua entrada, ao final da passagem coberta, um banheiro privativo sem porta tão imundo que os habitantes apenas conseguiam entrar e sair do beco passando por poças de excrementos e urina em decomposição".

Condições de vida nas novas cidades industriais
Pior tipo de habitação, as back-to-backs *preenchiam o interior dos quarteirões e eram escondidas pelos comércios virados para a rua. Os becos estreitos, sem drenagem ou ventilação, fervilhavam com superpopulação, doenças e sofrimento.*

78

as piores condições eram encontradas nas áreas ocupadas pelos imigrantes irlandeses. Nessas regiões, onde morava o filão mais empobrecido e desesperado da população, era comum mais de uma família habitar um mesmo cômodo. Por conta das péssimas condições e da pobreza extrema, frequentemente havia epidemias de cólera, tifo, influenza e febre tifoide. Em 1841, a expectativa de vida da classe trabalhadora na Inglaterra era de apenas 26,6 anos, e 57% das crianças morriam antes do quinto ano de vida. Os legumes eram muito caros, e a população subsistia apenas com pão, batata e, ocasionalmente, carne. As condições foram registradas com horror pelos observadores da época – o mais conhecido deles, Friedrich Engels, em *A situação da classe trabalhadora na Inglaterra*, de 1844: "350 mil operários de Manchester e arredores vivem quase todos em habitações miseráveis, úmidas e sujas... A maioria das ruas pelas quais têm de passar se encontra em um estado deplorável; extremamente sujas, essas vias foram abertas sem qualquer cuidado com a ventilação, sendo a única preocupação o máximo lucro para o construtor".

Alguns migrantes vinham do interior, expulsos pelas inovações tecnológicas, como o uso de fertilizantes (frequentemente subprodutos de processos industriais) e a invenção de novas ferramentas agrícolas feitas de ferro. Os artesãos não eram mais páreo para as poderosas e eficientes novas fábricas, que produziam os mesmos produtos por uma fração do valor. Outros eram estrangeiros, como os irlandeses chegando à Grã-Bretanha e aos Estados Unidos fugindo dos sucessivos anos da Grande Fome da Irlanda entre 1845 e 1852, bem como imigrantes judeus vindos da Europa central e oriental. Embora houvesse resistência à industrialização em alguns bairros (como os manifestantes ludistas, que destruíram máquinas e protestaram contra as mudanças na Inglaterra), ela era inútil. As cidades industriais precisavam de trabalhadores, exatamente aqueles que haviam perdido seus empregos por conta da industrialização.

Cidade industrial

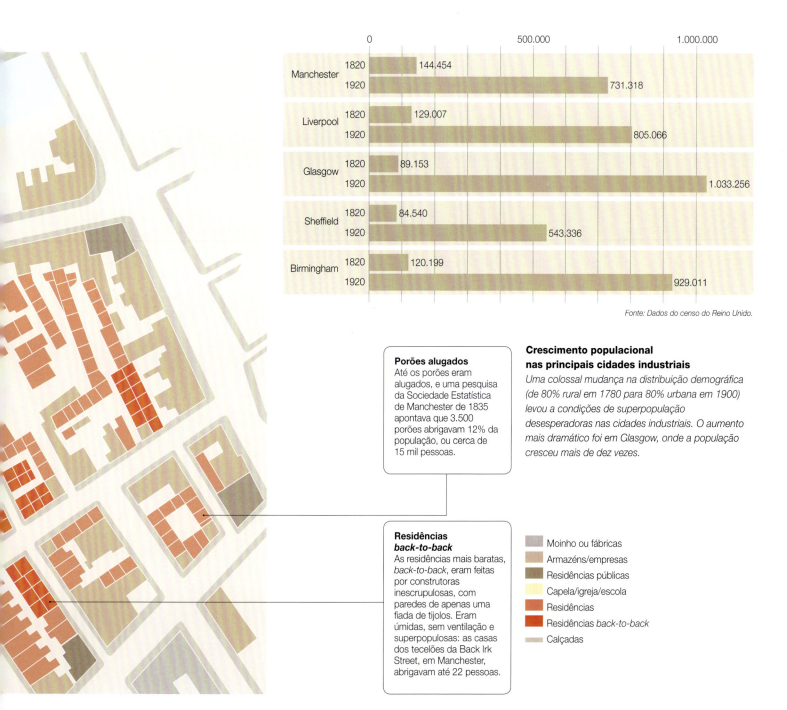

Porões alugados
Até os porões eram alugados, e uma pesquisa da Sociedade Estatística de Manchester de 1835 apontava que 3.500 porões abrigavam 12% da população, ou cerca de 15 mil pessoas.

Residências *back-to-back*
As residências mais baratas, *back-to-back*, eram feitas por construtoras inescrupulosas, com paredes de apenas uma fiada de tijolos. Eram úmidas, sem ventilação e superpopulosas: as casas dos tecelões da Back Irk Street, em Manchester, abrigavam até 22 pessoas.

Crescimento populacional nas principais cidades industriais
Uma colossal mudança na distribuição demográfica (de 80% rural em 1780 para 80% urbana em 1900) levou a condições de superpopulação desesperadoras nas cidades industriais. O aumento mais dramático foi em Glasgow, onde a população cresceu mais de dez vezes.

Fonte: Dados do censo do Reino Unido.

- Moinho ou fábricas
- Armazéns/empresas
- Residências públicas
- Capela/igreja/escola
- Residências
- Residências *back-to-back*
- Calçadas

79

Cidade industrial

Governança e reforma social

Não havia governança local nas cidades industriais em seus primeiros momentos, e elas cresciam desordenadamente. Cidades como Manchester eram administradas por uma oligarquia de mercadores, para quem a proliferação da miséria e o sofrimento da população não eram motivos de preocupação. No início do século XIX, havia cinco órgãos locais independentes que administravam Manchester, resultando em competição e confusão. Leis da década de 1830 instituíram a administração municipal, e Manchester foi pioneira com a criação da Corporação de Manchester e a eleição de seu primeiro prefeito. As prefeituras foram uma resposta ao crescimento urbano e à necessidade de uma organização na provisão de serviços, mas também constituíam uma reafirmação do "novo corporativismo" da era vitoriana, no qual a cidade com autodeterminação era vista como a origem e o pré-requisito da criatividade local em um regime de governo central marcado por utilitarismo e *laissez-faire*.

No início, o governo central da Grã-Bretanha se mostrava despreparado para lidar com a

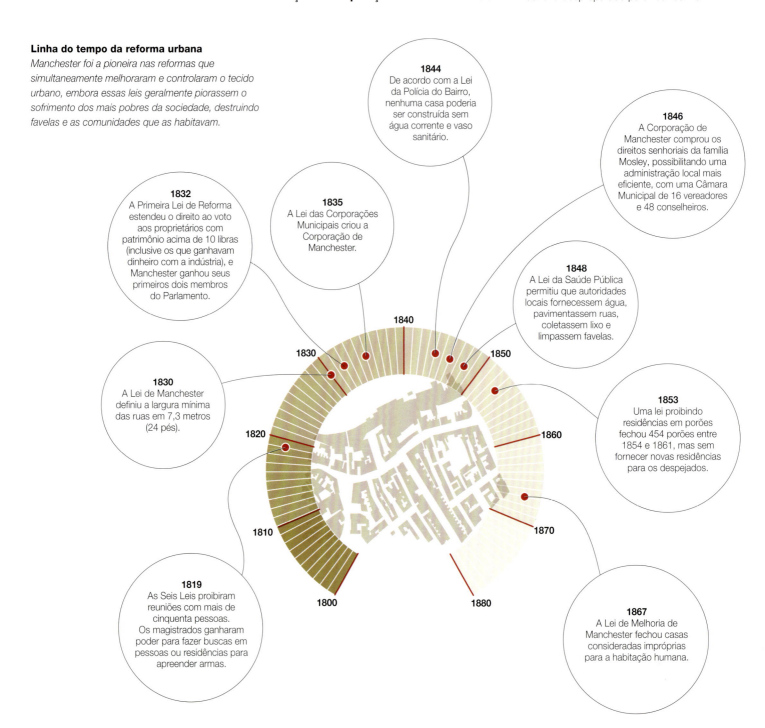

Linha do tempo da reforma urbana
Manchester foi a pioneira nas reformas que simultaneamente melhoraram e controlaram o tecido urbano, embora essas leis geralmente piorassem o sofrimento dos mais pobres da sociedade, destruindo favelas e as comunidades que as habitavam.

1844
De acordo com a Lei da Polícia do Bairro, nenhuma casa poderia ser construída sem água corrente e vaso sanitário.

1846
A Corporação de Manchester comprou os direitos senhoriais da família Mosley, possibilitando uma administração local mais eficiente, com uma Câmara Municipal de 16 vereadores e 48 conselheiros.

1832
A Primeira Lei de Reforma estendeu o direito ao voto aos proprietários com patrimônio acima de 10 libras (inclusive os que ganhavam dinheiro com a indústria), e Manchester ganhou seus primeiros dois membros do Parlamento.

1835
A Lei das Corporações Municipais criou a Corporação de Manchester.

1848
A Lei da Saúde Pública permitiu que autoridades locais fornecessem água, pavimentassem ruas, coletassem lixo e limpassem favelas.

1830
A Lei de Manchester definiu a largura mínima das ruas em 7,3 metros (24 pés).

1853
Uma lei proibindo residências em porões fechou 454 porões entre 1854 e 1861, mas sem fornecer novas residências para os despejados.

1819
As Seis Leis proibiram reuniões com mais de cinquenta pessoas. Os magistrados ganharam poder para fazer buscas em pessoas ou residências para apreender armas.

1867
A Lei de Melhoria de Manchester fechou casas consideradas impróprias para a habitação humana.

revolução urbana, e até a década de 1830 muitas das novas metrópoles industriais ainda não possuíam representação na Câmara dos Comuns. Foi um período de repressão política, pois o governo percebeu o poder crescente das populações urbanas e passou a temer uma revolução. Houve tentativas para conter dissidências e prevenir a liberdade de expressão, mas o novo espaço urbano antagonizava o controle. As redes se formavam facilmente, e os radicais subversivos também conseguiam fazer reuniões com facilidade. A concentração de pessoas nas cidades industriais as tornava turbilhões de descontentamento político, onde as pessoas poderiam formar grupos para combater seu enfraquecimento frente ao capitalismo industrial. Manchester também se tornou o berço do movimento sindical, dado que os descontentamentos social e político estavam ligados às sucessivas crises econômicas de aumento e retração da Revolução Industrial.

A reforma industrial urbana trouxe novas abordagens para o estudo e a compreensão da sociedade urbana. Em resposta às epidemias virulentas, surgiu a nova ciência da epidemiologia. Os "pais da sociologia" observaram as relações sociais nas cidades industriais antes de criar seus novos paradigmas do pensamento: Marx em Manchester, Weber em Berlim, e Durkheim em Berlim e Bordeaux. A Sociedade Estatística de Manchester foi criada em 1833 e se tornou a primeira organização a estudar e documentar sistematicamente problemas sociais, como o trabalho infantil e a superpopulação. Posteriormente, os teóricos da Escola de Chicago do início do século XX enxergaram a cidade como um organismo vivo, com metabolismo próprio. Pela primeira vez, a cidade era uma entidade que poderia ser estudada e compreendida, e uma série de reformas liberais foram introduzidas durante a segunda metade do século XIX para amenizar os piores excessos do capitalismo industrial.

Protestos urbanos – "Peterloo"

A repressão por parte do governo teve seu auge em um protesto em 16 de agosto de 1819 no St. Peter's Field, em Manchester, um espaço urbano aberto. A nova cultura urbana permitiu que 60 mil pessoas se reunissem para protestar contra a falta de eleições no norte da Inglaterra e em favor da reforma parlamentar. Onze pessoas foram mortas e quatrocentas foram feridas quando soldados e cavalaria atacaram a multidão. Esse massacre ficou conhecido como "Peterloo", lembrando a Batalha de Waterloo, ocorrida em 1815.

Massacre de Peterloo

Cidade industrial

Arquitetura Industrial

As cidades industriais abrigavam o maquinário industrial para a produção, mas também eram centros bancários, comerciais e logísticos. Novos tipos de edificações dominavam o horizonte, utilizando tecnologias como o ferro forjado e o vidro plano. Armazéns e fábricas com altas chaminés cuspiam fumaça, e a funcionalidade dominava a estética. Manchester, embora símbolo da manufatura, na realidade era ocupada sobretudo por armazéns, e apenas 18% dos trabalhadores atuavam em indústrias na primeira metade do século XIX. Havia edificações de ferro forjado construídas por arquitetos-engenheiros: gigantescos prédios cívicos, de transporte e comércio, bem como viadutos e pontes. Ainda assim, foi uma época de incertezas, e o estilo neoclássico dos prédios cívicos conferia peso histórico e autoridade para a governança da nova população urbana. Essa referência à história clássica na arquitetura foi adotada pela grande maioria das edificações de Manchester. As organizações filantrópicas e liberais reformistas construíram bibliotecas e residências para trabalhadores; a corporação construiu os prédios públicos e a prefeitura. As corporações privadas concretizavam sua autoridade com prédios feitos de pedra com enormes colunas e pórticos.

Arquitetura da nova cidade
O crescimento da cidade de Manchester está relacionado às inovações e à construção da rede de transportes, a qual permitiu que a cidade se expandisse, pois as pessoas poderiam morar em locais mais afastados e se locomover de trem ou diligência para o trabalho. Posteriormente, essas conexões de transporte incluíram uma vasta rede de ônibus e bondes elétricos. Como o transporte era caro, o resultado foi a já citada "suburbanização" da burguesia.

1. *St. Ann's Square*
2. *Canal de Bridgewater*
3. *Armazéns do canal até Deansgate*
4. *Primeira indústria a vapor de Arkwright*
5. *Canal Bolton & Bury de Manchester*
6. *Canal Rochdale*
7. *Biblioteca Pórtico*
8. *Bolsa Real*
9. *Murray Mills em Ancoats*
10. *Primeira prefeitura*
11. *Armazém dos Mercadores, Castlefield*
12. *Ferrovia Liverpool e Manchester*
13. *Brunswick Mill*
14. *Teatro Real*
15. *Nova prefeitura neogótica*

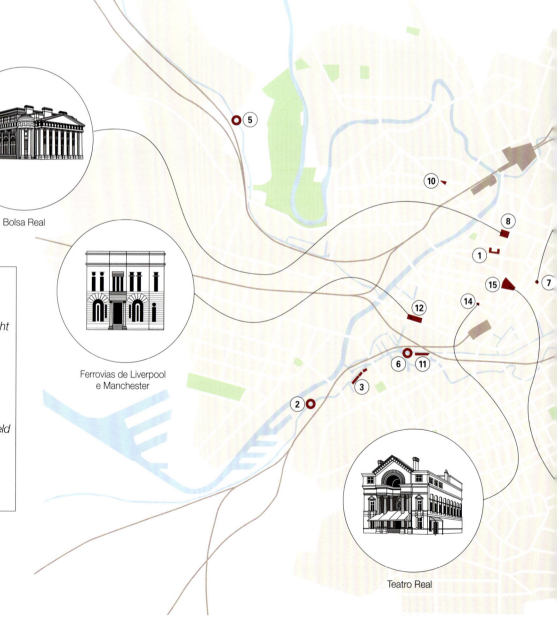

Bolsa Real

Ferrovias de Liverpool e Manchester

Teatro Real

As cidades industriais representavam um novo sistema econômico, um capitalismo industrial urbano que produzia e consumia local e globalmente. O tamanho da nova população urbana e o meio cultural no qual ela existia resultavam na provisão de diversas novas comodidades urbanas. Foram construídos prédios educacionais, de entretenimento e lazer, os quais existiam até então apenas nas maiores cidades mercantis, como Londres. Até os circos, que viajavam pelas pequenas cidades, agora tinham um local próprio na cidade grande. Teatros, museus e outros estabelecimentos dessa natureza surgiram para atender as massas, e as Leis da Educação do final do século XIX garantiram a construção de escolas públicas para as crianças da cidade. Novos processos industriais eram utilizados para produzir bens de exportação e também objetos de uso cotidiano para consumo local: utensílios de cozinha feitos de ferro, porcelana, pedra e vidro. A sociedade consumidora ainda dava seus primeiros passos, mas um novo tipo de mercado de alimentos nascia como resultado da industrialização. As feiras até então eram o local para a compra de alimentos, mas os consumidores corriam o risco de levar comida adulterada, de baixa qualidade ou até mesmo estragada. Surge, então, o uso de marcas para as comidas e para as lojas de alimentos, e uma nova forma de cidade se estabelece para acomodar as novas lojas e a rua principal, que substituiu a praça central como centro de comércio local no século XIX.

LINHA DO TEMPO DA NOVA INFRAESTRUTURA

1735–1753 *St. Ann's Square* – parte elegante da cidade, com sofisticadas casas de tijolos.

1759–1777 *Canal de Bridgewater* – construído para conectar Manchester a Liverpool e à região de Midlands por meio do Grand Trunk Canal.

1770–1829 *Armazéns do canal até Deansgate* (antiga Alport Street) – projetados por James Brindley, o mesmo engenheiro do aqueduto sobre o rio Irwell conectando o canal de Bridgewater.

1782 *Primeira indústria a vapor de Arkwright*, em Miller Street, Shudehill (demolida em 1940), na qual o vapor era utilizado para elevar a água de uma roda d'água.

1791 *Canal Bolton & Bury de Manchester* – conectou o Canal Leeds-Liverpool próximo a Bolton.

1804 *Canal Rochdale* – conectou o canal de Bridgewater, em Castlefield, ligando Manchester e Hull e abrindo Manchester à Costa Leste.

1802–1806 *Biblioteca Pórtico* – Mosley Street, projetada por Thomas Harrison.

1806 *Bolsa Real* – projetada por Thomas Harrison.

1798–1806 *Murray Mills* em Ancoats. A antiga indústria de 1798, na Union Street (atual Redhill Street), movida a um motor a vapor da Boulton & Watt, é a mais antiga indústria de Manchester – e um cânone do tipo.

1822–1825 *Primeira prefeitura* – King Street, projetada por Francis Goodwin.

1827–1828 *Armazém dos Mercadores*, Castlefield – o mais antigo armazém à beira de um canal, com arcadas para carga e descarga, permitindo que os produtos fossem transportados diretamente da embarcação (convertido para apartamentos e escritórios em 1996).

1830 *Ferrovia Liverpool e Manchester* – abertura.

Década de 1840 *Brunswick Mill* – Bradford Road, às margens do canal Ashton, construído por Davis Bellhouse. Uma das maiores indústrias de meados do século XIX no país.

1844 *Teatro Real*, Peter Street – projetado por Chester & Irwin.

1868–1877 *Nova prefeitura neogótica* – projetada por Alfred Waterhouse, representando a autodeterminação da cidade industrial e o poder do Império.

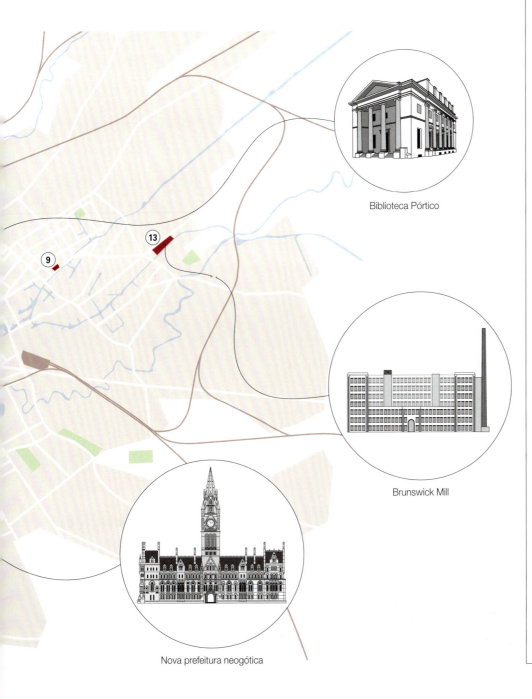

Biblioteca Pórtico

Brunswick Mill

Nova prefeitura neogótica

Cidade moldada pela indústria

No aspecto físico, as cidades industriais eram diferentes de quaisquer outras cidades que haviam existido anteriormente. A polarização entre riqueza e pobreza se mostrava muito claramente, e tal divisão ficava marcada no tecido urbano. Anteriormente, as cidades continham um pouco de manufatura e comércio dos bens produzidos em seu entorno. Como capital da Prússia, Berlim era um centro de manufatura em pequena escala, com numerosas pequenas indústrias, e Manchester possuía uma tipologia comum do século XVIII: a casa-indústria, onde uma ou mais famílias moravam sob um ático que abrigava a área de produção. Os mercadores ricos residiam nas elegantes ruas próximas de St. Ann's Square, junto à próspera área de comércio de Market Street. Mas geralmente a indústria mecanizada também ficava nos locais de convergência do comércio; assim, as fábricas se situavam no centro das pequenas e grandes cidades que já eram centros financeiros e logísticos.

À medida que as populações cresciam, as ruas do entorno dos núcleos industriais rapidamente se tornavam favelas e ocupações, onde as pessoas mais pobres viviam em altíssima densidade. Era um novo tipo de pobreza, de natureza urbana, intrinsicamente ligada às

"Suburbanização" da riqueza em Chicago
Em 1870, 49% da população de Chicago era formada por imigrantes. Irlandeses e alemãs chegaram em meados do século XIX e foram seguidos por enormes massas de judeus russos, eslavos e italianos. Os geógrafos da Escola de Chicago observaram um zoneamento concêntrico ao mapear o fluxo de chegada dos imigrantes, que, após o início no centro da cidade, se afastavam dele conforme enriqueciam e ganhavam poder. Os mapas abaixo se baseiam nos dados do censo de Chicago e mostram o deslocamento da riqueza para os subúrbios refletida em densidade urbana, status econômico e posse de propriedades.

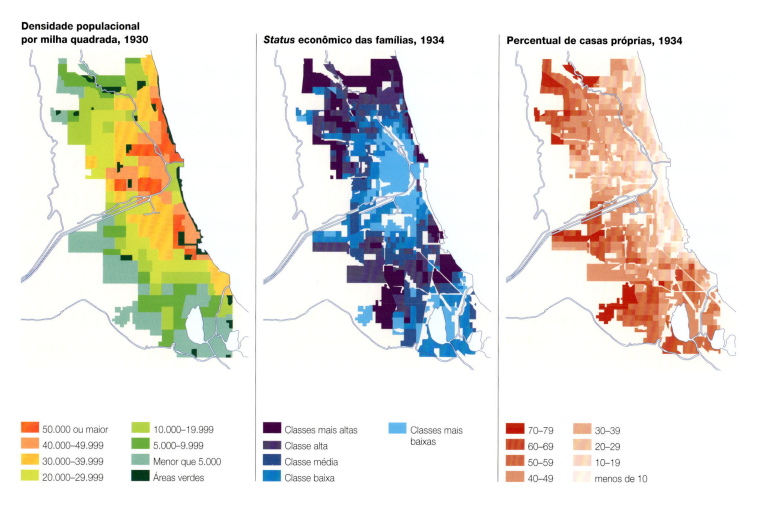

condições físicas da cidade. Em termos políticos, a colocação das piores favelas nas áreas próximas às fábricas servia como aviso para os trabalhadores com condições um pouco melhores sobre o destino certo que eles teriam caso desafiassem o *status quo*.

A sujeira, a miséria e as doenças dos centros industriais faziam os mais ricos buscarem viver nos subúrbios, ampliando os limites da cidade. Em Manchester, as residências dos mercadores foram rapidamente abandonadas para se tornarem armazéns, e as casas-indústrias que haviam sido moradias de boa qualidade dos melhores artesãos se tornaram cortiços densamente habitados. As conexões de transporte urbano permitiram a "suburbanização" da burguesia, polarizando ainda mais a riqueza e a pobreza em anéis concêntricos a partir do centro da cidade. Os bairros de trabalhadores das indústrias rapidamente surgiam e se tornavam favelas assim que a cidade ganhava mais prestígio. Se, no século XVIII, os ricos habitavam o centro, no século XIX eles clamavam pelo subúrbio. Engels notou que a forma da cidade protegia os olhos da classe média da verdadeira natureza da classe trabalhadora. "A própria cidade está construída de uma maneira tão peculiar, que podemos habitá-la durante anos, sair dela cotidianamente sem nunca entrevermos um bairro operário nem sequer encontrarmos operários se nos limitarmos a cuidar dos nossos próprios negócios ou a passear."

Polarização da riqueza e da pobreza
Como em Chicago, Manchester foi zoneada concentricamente em termos de riqueza. As rotas arteriais para o centro da cidade eram pontilhadas de lojas para consumo da classe média, uma nova forma urbana: a rua principal. Era de interesse dos donos das lojas manter uma aparência externa de limpeza e riqueza, e as avenidas de lojas conseguiam esconder os bairros caóticos da classe trabalhadora atrás de si. Os pobres não tinham meios para fazer compras em tais ruas e, portanto, permaneciam invisíveis aos ocupantes de classe média da cidade. Dois mundos extremamente próximos, mas que nunca se encontravam.

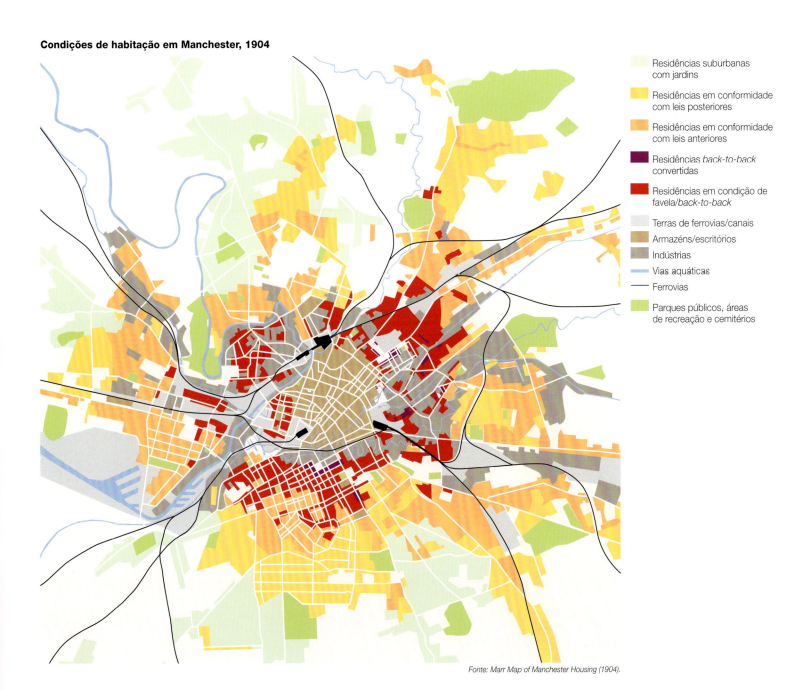

Condições de habitação em Manchester, 1904

Fonte: Marr Map of Manchester Housing (1904).

Desindustrialização

O fenômeno do encolhimento das cidades ficou evidente nas áreas industriais da Europa ocidental e nos Estados Unidos à medida que a automatização da manufatura, a conteinerização dos portos e a eficiência das comunicações reduziram a demanda por mão de obra em larga escala. No noroeste da Inglaterra, o número de empregos industriais caiu pela metade entre 1960 e 1980, o que teve um claro efeito negativo em termos populacionais. Nos Estados Unidos, Detroit havia sido a principal cidade para a indústria automotiva e bélica e tinha uma população máxima de 1,8 milhão de habitantes em 1950 – porém, sua população caiu para apenas 700 mil habitantes em 2000. Ao final do século XX, o coração da produção industrial foi para as megalópoles do mundo em desenvolvimento, como Guangzhou ou São Paulo. Assim, os centros urbanos antes ocupados por armazéns e indústrias foram esvaziados, e as impopulares áreas residenciais próximas ao centro ficaram predominantemente inabitadas.

O processo de "suburbanização" da riqueza continuou acelerado, levando escritórios e centros comerciais para fora das cidades e dos desprestigiados centros urbanos, nos quais as áreas abandonadas e deterioradas inibiam investimentos. No início da década de 1990, os centros urbanos industriais estavam desertos: o centro de Liverpool, por exemplo, possuía apenas 2.300 habitantes.

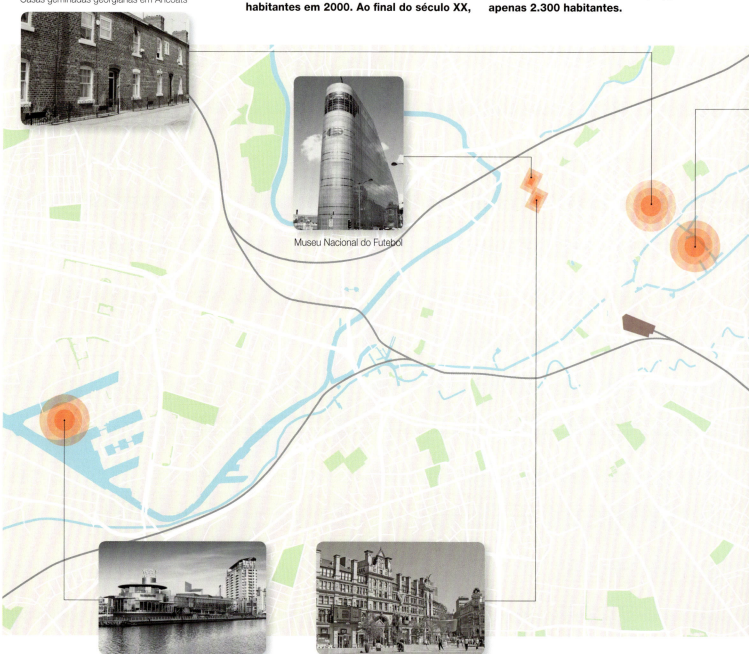

Casas geminadas georgianas em Ancoats

Museu Nacional do Futebol

Cais Salford

The Printworks (27 Withy Grove)

Para muitas das cidades industriais, a solução foi diversificar. A indústria algodoeira teve seu auge na Inglaterra em 1913, mas a lenta adoção de novas tecnologias e a sindicalização da força de trabalho tiveram como resultado a concorrência do Extremo Oriente – na década de 1960, em média uma indústria fechava por semana na região de Lancashire. Entretanto, a economia de Manchester já era diversificada o suficiente para absorver as perdas, e a manufatura em setores tecnológicos mais avançados estava em ascensão. Ao final do século XX, políticas econômicas neoliberais e conservadoras destacaram a negociabilidade global da cidade-região, e Manchester utilizou estratégias diversas como ser sede dos Jogos da Commonwealth, reorganizar o centro da cidade como local de apreciação do patrimônio histórico e de lazer (após o atentado de 1996 do IRA) e estimular a conversão de edificações anteriormente industriais em residências para os mais ricos. As universidades tiveram um papel fundamental nesse processo em muitas das cidades industriais: o centro de Liverpool atualmente tem cerca de 23 mil habitantes, e muitos deles são estudantes. Nos Estados Unidos, outros fatores, como o clima, também tiveram sua participação. Em meados do século XX, as populações mudaram das cidades do Cinturão Congelado (Frost Belt, no nordeste) para as do Cinturão do Sol (Sun Belt, no sul), o que foi facilitado com a chegada do ar-condicionado. Tal tendência atualmente está sendo revertida devido ao impacto das secas.

Nem todas as cidades industriais tiveram êxito na competição pelo investimento global, e muitas delas ainda sofrem com a pobreza e com a segregação espacial. Em Detroit, as pessoas continuam abandonando o centro da cidade. Liverpool recuperou suas docas, mas espaços "obsoletos" e redundantes e o dano que causam em seu entorno permanecem como um problema, com a população em queda. Em muitos casos, as antigas metrópoles industriais advindas de circunstâncias político-socioeconômicas específicas não conseguiram se adaptar bem à globalização dos mercados. Seu futuro no século XXI permanece incerto.

Declínio industrial
A indústria primária do Reino Unido começou a se mudar para o exterior com a globalização dos mercados. Entretanto, embora a indústria pesada tenha apresentado retração, a manufatura permanece como parte considerável da economia britânica.

Recuperação em New Islington

Projetos de recuperação que deram certo
Desde meados da década de 1980, Manchester se reposicionou como destino global por meio da preservação e da recuperação de seu tecido industrial histórico. Exemplos dos novos projetos icônicos incluem o Museu Nacional do Futebol (antigo Urbis), de Ian Simpson Architects, e a reforma dos Cais Salford. O bairro industrial anteriormente inabitado de Ancoats atualmente é uma das mais caras e sofisticadas regiões do centro da cidade.

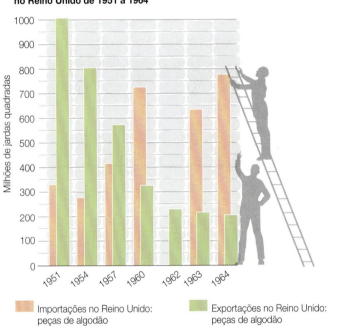

Importações e exportações de peças de algodão no Reino Unido de 1951 a 1964

■ Importações no Reino Unido: peças de algodão
■ Exportações no Reino Unido: peças de algodão

Fonte: www.spinningtheweb.org.

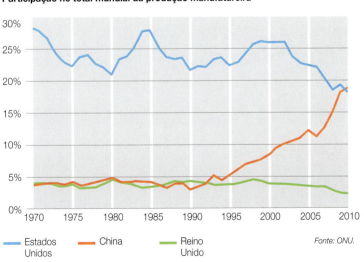

Estádio da cidade de Manchester

Participação no total mundial da produção manufatureira

— Estados Unidos — China — Reino Unido

Fonte: ONU.

Cidade industrial

87

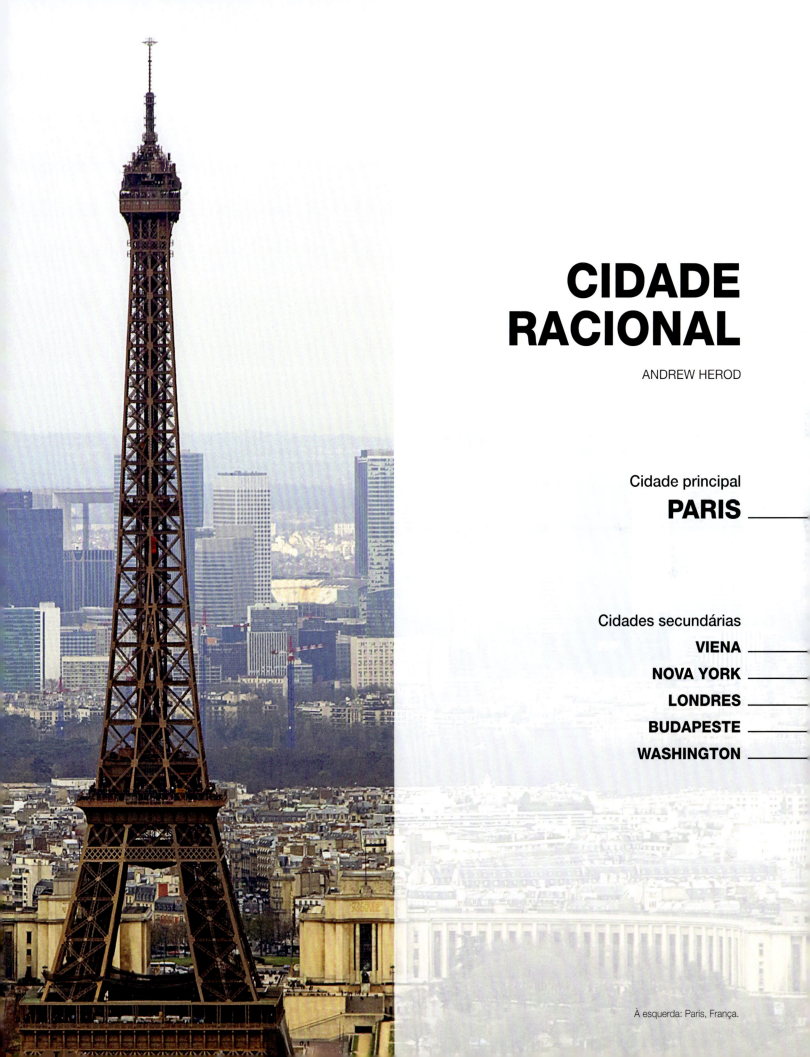

CIDADE RACIONAL

ANDREW HEROD

Cidade principal
PARIS

Cidades secundárias
VIENA
NOVA YORK
LONDRES
BUDAPESTE
WASHINGTON

À esquerda: Paris, França.

Cidade racional: Introdução

Cidade em camadas
O ambiente construído de Paris é um palimpsesto resultante de dois milênios. A Paris romana ainda é visível nos padrões das ruas da Paris moderna, ilustrando como as estruturas espaciais de um período podem continuar a moldar o futuro, mesmo depois de séculos.

Governantes frequentemente projetam as paisagens urbanas para promover o funcionamento da sociedade de acordo com linhas mais racionais – ou seja, utilizam a engenharia dos espaços com fins de engenharia social. Embora essa forma de pensar tenha sido implementada em diversos locais (como nas cidades romanas ou no traçado das ruas de Manhattan), talvez tenha sido na Paris do século XIX que ela atingiu seu ápice. Este capítulo explora, sobretudo, a reforma de Paris no século XIX conforme o pensamento racionalista.

A ocupação da região de Paris data de aproximadamente 4200 a.C. De acordo com a maior parte dos acadêmicos, em aproximadamente 250 a.C., a tribo dos parísios (que deram seu nome à cidade) havia criado um *oppidum* (isto é, uma posição defensiva) em uma ilha do rio Sena para controlar o comércio em suas águas. Após conquistar a região, os romanos construíram a cidade galo-romana de Lutécia, na margem esquerda do Sena. No século VI, o centro da ocupação voltou para onde hoje fica a Île de la Cité, e a Paris moderna cresceu em torno desse centro.

Dessas origens humildes surgiu uma das cidades de maior influência global. A região de

— Ruas romanas
--- Suposta continuação das ruas romanas
■ Edificações romanas
⋯ Aqueduto

Mercado Les Halles
Suposto palácio
Templo de Ísis
Termas de Cluny
Teatro
Fórum e Templo de Roma e de Augusto
Palácio do governador
Necrópole
Termas do Fórum

Île de la Cité
Suposta localização do Templo de Júpiter (atual Catedral de Notre Dame)
Termas do Collège de France
Arena
Templo de Mercúrio (atual Panteão)
Necrópole
Basílica

Paris possui o sexto maior PIB urbano do mundo (813 bilhões de dólares em 2012) e é o local mais visitado do planeta. A região possui o maior mercado de escritórios da Europa, com quase 42 milhões de metros quadrados de área construída, e o segundo maior porto fluvial da Europa. Em 2012, a A.T. Kearney e o Chicago Council on Global Affairs listaram a capital francesa como a terceira cidade mais importante do mundo. Assim, Paris é uma das principais engrenagens da economia globalizada.

O planejamento altamente intencional de Paris permitiu que a cidade se mobilizasse, por exemplo, para fins econômicos, e tais esforços continuaram a moldá-la muito após a morte de seus criadores. Les Halles, criado no século XII pelo rei Filipe Augusto e chamado de o Ventre de Paris por Émile Zola, funcionou como mercado público para os parisienses até a década de 1970. Diversas ruas principais ainda seguem o traçado romano, e as muralhas de Carlos V (construídas entre 1356 e 1383) e Luís XIII (erguidas de 1633 a 1636) foram posteriormente demolidas para abrir caminho aos *grands boulevards* de Luís XIV, no século XVII. A massiva reconstrução de Paris no século XIX continua a definir como a cidade funciona.

Paris como centro econômico, político e cultural

Paris é um importante centro decisório há muito tempo. Em 508, Clóvis I, rei dos Francos, fez dela sua capital. Carlos Magno então mudou a capital para Aachen/Aix-la-Chapelle, mas em 987 Hugo Capeto, conde de Paris, foi coroado rei e Paris voltou a ser a capital. Embora Luís XIV tenha levado a sede do poder para seu castelo em Versalhes em 1682, os revolucionários franceses o devolveram em 1789 a Paris, onde, exceto por breves períodos de conflito, ele lá permaneceu.

> **"Paris era a cidade com o terceiro maior número de sedes de empresas listadas na Fortune 500 em 2013, atrás apenas de Pequim e Tóquio."**

Muros de Paris

Os primeiros muros de Paris foram construídos para proteger a cidade. Entretanto, o Muro de Fermiers Généraux (construído entre 1784 e 1791, delimitando os limites da cidade à época) e seus 62 pedágios serviam principalmente para controlar a entrada de produtos em Paris, a fim de que pudessem ser taxados.

A Paris da atualidade é, sem dúvida alguma, o núcleo do sistema político francês altamente centralizado, a ponto de muitos dizerem que "*quand Paris éternue, la France s'enrhume*" ("quando Paris espirra, a França pega um resfriado"). Sua posição política como cidade "hipertrófica" (a grande cabeça do corpo de uma nação-estado) se reflete na enorme quantidade de prédios dedicados a funções governamentais. Tal primazia se manifesta até mesmo nos códigos de área para os telefones – a França é dividida em cinco regiões, e o código de Paris é 01.

Historicamente, o papel dessa cidade como centro econômico e político determinou seu crescimento populacional. Em 1300, a população era de 225 mil habitantes – a maior da Europa ocidental. Em 1500, Paris continuava sendo a cidade mais populosa da Europa, embora tenha cedido o primeiro lugar para Londres em 1800. Tal concentração populacional levou à criação da Universidade de Paris em meados do século XII, e a cidade logo se tornou um centro para acadêmicos de toda a Europa. A importância de Paris como centro educacional permanece em destaque, já que suas mais de setenta instituições de ensino superior resultam em uma das maiores concentrações estudantis de todo o continente. A região parisiense tem cinco "núcleos concorrentes" criados sob a égide governamental e conectando centenas de empresas de *software*, saúde, multimídia, automotivas e muitas outras com universidades e laboratórios de pesquisa.

Globalmente, Paris está apenas atrás de Bruxelas em quantidade de organizações internacionais, abrigando a sede da Organização para a Cooperação e o Desenvolvimento Econômico (OCDE), da Organização das Nações Unidas para a Educação, a Ciência e a Cultura (Unesco) e da Agência Espacial Europeia.

Há muito tempo formadora de tendências arquitetônicas (Notre Dame definiu a cidade como líder na arquitetura gótica em meados do século XII), Paris produziu o estilo *Beaux Arts* no século XIX e o alto modernismo no século XX. Mais recentemente, o Centro Georges Pompidou, em estilo *hi-tech*/pós-moderno, inspirou projetos arquitetônicos no mundo todo. Tão grande foi a inventividade parisiense na música, na filosofia, nas artes, na arquitetura e na literatura que Walter Benjamin chamou Paris de "a capital do século XIX", e Gertrude Stein afirmou que a cidade era "onde estava o século XX". Atualmente, Paris é multicultural e abriga grandes populações de imigrantes e de gays. Tal diversidade continua a produzir um ambiente urbano culturalmente vibrante.

- ▬▬ *Grands boulevards* de Luís XIV (final do século XVII)
- ▬▬ Luís XIII (início do século XVII)
- ▬·▬ Charles V (século XIV)
- ▬ ▬ Filipe Augusto (século XII)
- • • • Séculos X e XI
- ······ Galo-romana

Cidade racional

Cidade racional

A racionalização do espaço após a Revolução Francesa

O geógrafo francês Henri Lefebvre uma vez disse que "novas relações sociais pedem um novo espaço, e vice-versa". Os revolucionários de 1789 certamente acreditavam nisso: uma das primeiras coisas que fizeram foi criar um novo departamento de arquitetura e planejamento, o Conseil des Bâtiments Civils, que transformaria a paisagem monárquica e eclesiástica de Paris em uma paisagem republicana e secular racionalmente planejada.

A ideia de que o ambiente construído deveria refletir os princípios da Era da Razão fundamentava os objetivos dos revolucionários. Assim, eles alteraram a função de muitas das antigas edificações, transformando a Catedral de Notre Dame no "Templo da Razão", e o Panteão foi convertido de igreja a um local de descanso final para as grandes personalidades. Mas as novas instituições sociais também necessitavam de novos tipos de edificações. Consequentemente, cortes e prisões foram reformadas para refletir os novos direitos dos acusados – por exemplo, o direito a um

Uma nova cidade para uma nova sociedade
Os ideais de planejamento racional que surgiam do Iluminismo foram transferidos para a paisagem urbana parisiense antes e depois da Revolução Francesa. Por exemplo, a preocupação de que os cadáveres enterrados em infindáveis adros por toda a cidade pudessem constituir um problema de saúde pública resultou em uma lei de 1786 que baniu os cemitérios da cidade. Nos anos seguintes, cerca de 6 milhões de cadáveres foram exumados e transferidos para as galerias das minas da cidade, que haviam sido criadas na Idade Média, quando a pedra para a construção de Paris foi extraída. No início da década de 1800, os novos cemitérios de Père-Lachaise, Montmartre e Montparnasse foram inaugurados, localizados além do que eram os arredores de Paris à época. Esses cemitérios afirmaram uma nova visão de ordem que impactava tanto os vivos quanto os mortos. Os revolucionários também planejaram a reconstrução de partes de Paris. Eles acreditavam que um tecido urbano mais ordenado seria uma manifestação da nova moral social e também serviria de base para a nova sociedade que estava surgindo.

Os revolucionários planejaram reformar um local ao sul da atual Place de la République, que incluiu a demolição de uma igreja associada aos Cavaleiros Templários, em 1796.

Montmartre (Cimetière du Nord)

A Commission des Artistes desenvolveu planos para melhorar o entorno do mercado Les Halles entre 1793 e 1797, explorando também ideias para reprojetar Paris.

Montparnasse (Cimetière du Sud)

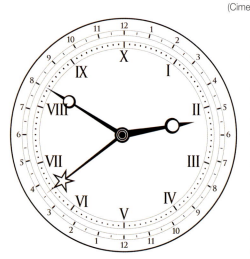

Racionalização do tempo
O planejamento urbano não era a única área que os revolucionários focavam para racionalizar o estilo de vida. Eles também criaram um novo calendário com semanas de dez dias, dias de dez horas e horas de cem minutos. De acordo com esse novo sistema decimal, 1 "segundo revolucionário" correspondia a 0,864 segundo tradicional; 1 "minuto revolucionário" correspondia a 1 minuto e 26,4 segundos tradicionais e 1 "hora revolucionária" correspondia a 2 horas e 24 minutos tradicionais. Diversos relojoeiros construíram relógios que adotavam esse sistema.

O quadrilátero em frente à Igreja de São Sulpício deveria ser redesenhado como parte do plano de transformar a igreja em um local de adoração deísta do "Ser Supremo".

92

julgamento aberto em corte em vez de julgamentos secretos requeria novas plantas baixas. Os revolucionários também destacaram a igualdade na vida e na morte: enquanto antes os privilegiados eram sepultados dentro das igrejas e os demais, fora delas, a partir de então ricos e pobres seriam enterrados lado a lado nos novos cemitérios municipais. Além disso, os cemitérios eram apresentados como locais não religiosos.

Napoleão Bonaparte pretendia transformar Paris na "cidade mais bela que já existiu", tanto para dar trabalho aos parisienses desempregados quanto para ordenar suas ruas medievais estreitas e sinuosas. Assim, a Rue de Rivoli, na região central, foi construída como um elegante eixo leste-oeste ao qual se conectaria uma série de ruas perpendiculares, criando arcadas com lojas de luxo perfeitas para pedestres. Para facilitar o transporte, ele construiu três pontes sobre o rio e diversos canais, bem como mais de 4 quilômetros de cais para prevenir inundações.

Esforços similares para planejar o espaço de forma racional também foram implementados ao mesmo tempo em outras cidades, como o plano de 1791 do francês Pierre L'Enfant para Washington e o sistema de ruas de Manhattan.

Tais ideias também foram adotadas na década de 1920 pelos revolucionários russos, que começaram a construir cidades soviéticas com traçados que transmitissem uma maior igualdade social (o uso da terra seria baseado no planejamento racional, e não nas forças do mercado) e fornecessem um ambiente no qual as pessoas pudessem adotar as novas identidades socialistas culturais e políticas. Para eles, o ambiente construído tanto espelhava o desenvolvimento das relações sociais como também as constituía.

Cidade racional

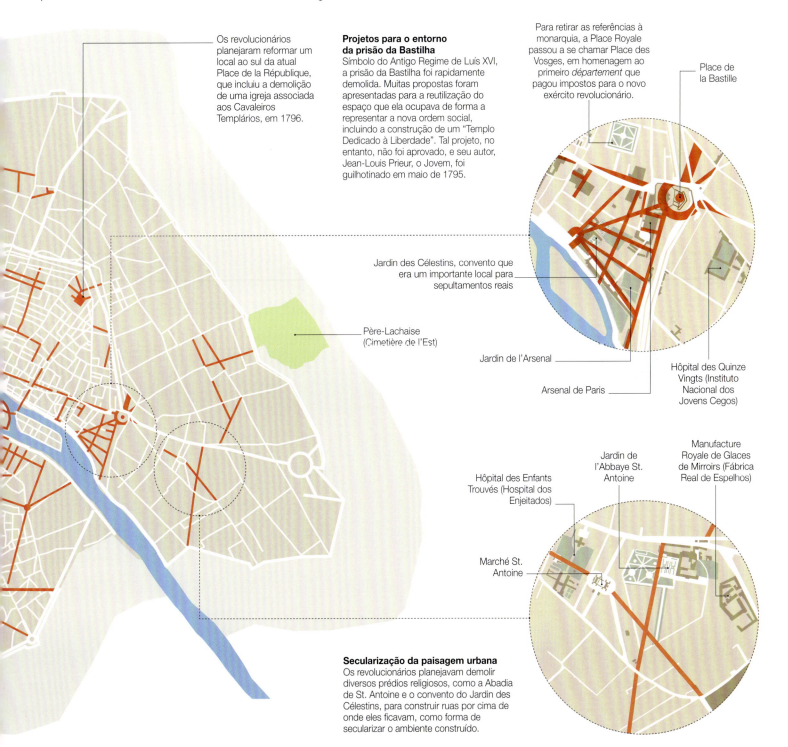

Os revolucionários planejaram reformar um local ao sul da atual Place de la République, que incluiu a demolição de uma igreja associada aos Cavaleiros Templários, em 1796.

Projetos para o entorno da prisão da Bastilha
Símbolo do Antigo Regime de Luís XVI, a prisão da Bastilha foi rapidamente demolida. Muitas propostas foram apresentadas para a reutilização do espaço que ela ocupava de forma a representar a nova ordem social, incluindo a construção de um "Templo Dedicado à Liberdade". Tal projeto, no entanto, não foi aprovado, e seu autor, Jean-Louis Prieur, o Jovem, foi guilhotinado em maio de 1795.

Para retirar as referências à monarquia, a Place Royale passou a se chamar Place des Vosges, em homenagem ao primeiro *département* que pagou impostos para o novo exército revolucionário.

Place de la Bastille

Jardin des Célestins, convento que era um importante local para sepultamentos reais

Père-Lachaise (Cimetière de l'Est)

Jardin de l'Arsenal

Arsenal de Paris

Hôpital des Quinze Vingts (Instituto Nacional dos Jovens Cegos)

Hôpital des Enfants Trouvés (Hospital dos Enjeitados)

Jardin de l'Abbaye St. Antoine

Manufacture Royale de Glaces de Miroirs (Fábrica Real de Espelhos)

Marché St. Antoine

Secularização da paisagem urbana
Os revolucionários planejavam demolir diversos prédios religiosos, como a Abadia de St. Antoine e o convento do Jardin des Célestins, para construir ruas por cima de onde eles ficavam, como forma de secularizar o ambiente construído.

93

Cidade racional

"Haussmannização" de Paris

Logo após tomar para si o poder absolutista em um golpe em 2 de dezembro de 1851, o imperador Napoleão III decidiu realizar o seu próprio sonho (e também o de seu tio, Napoleão Bonaparte) de transformar a Paris medieval em uma cidade moderna digna de um império. Apesar de diversos governantes terem tentado previamente efetuar reformas urbanas em grande escala, e embora já houvesse até mesmo alguns grandes bulevares construídos, como a Rue des Italiens e a Champs-Élysées, a maior parte da paisagem da cidade permanecia superpovoada e desordenada. Paris tinha as menores ruas de todas as grandes cidades europeias, desenhadas principalmente para pedestres, e não para veículos. Essas ruas estreitas não apenas dificultavam o comércio como também tornavam mais fácil a construção de barricadas para impedir a movimentação das tropas pelos opositores do poder imperial. Assim, o imperador contratou Georges-Eugène Haussmann para redesenhar a cidade por meio da "evisceração" do centro de Paris. A ideia era não só estimular o comércio, facilitando a movimentação dos produtos das feiras centrais para fora da cidade, como também tornar mais rígido o controle social. Como disse Haussmann, *"la destruction des vieux quartiers enlèverait un camp à l'émeute"* ("a destruição dos velhos bairros removerá as bases de treinamento da revolta").

IMPORTAÇÃO DE MATERIAIS DE CONSTRUÇÃO PARA PARIS

O aumento dramático nas quantidades de tijolos (acima) e pedra bruta e talhada (abaixo) que chegaram a Paris após 1850 indica a escala das obras geradas pelos projetos de Haussmann.

A rede de Haussmann

Embora frequentemente Haussmann receba o crédito por ter transformado a cidade, em muitos casos ele apenas implementou planos anteriores. No entanto, ele acelerou o processo radicalmente, estabelecendo três redes principais para facilitar o trânsito. A primeira (1854-1858) melhorou a movimentação norte-sul no centro de Paris, construindo o Boulevard de Sébastopol. A segunda rede (1858-1860) facilitou o trânsito de dentro para fora, incluindo reformas rodoviárias no que se tornaria a Place de la République, no centro de Paris, a Rue de Rome conectando a nova Gare Saint-Lazare com o noroeste de Paris, e os bulevares no entorno do Arco do Triunfo. A terceira rede buscava melhorar a conexão entre os velhos subúrbios com o restante da cidade: o bairro de trabalhadores de Belleville na região leste foi conectado ao distrito industrial de Bercy ao sul, e a parte sul do 16º arrondissement na região oeste foi conectada ao entorno do Arco do Triunfo.

Pontes

Além de vias e moradias, Haussmann construiu ou reconstruiu muitas pontes sobre o Sena. Elas foram essenciais para conectar a nova rede viária nos dois lados do rio.

Vias novas e reformadas de Paris

▬ Segundo Império, 1852 a 1870
▬ Terceira República, pós-1870

Com conhecimento de arquitetura, planejamento, lei e finanças, Haussmann começou a implementar uma gigantesca transformação na cidade, a qual regularia o projeto de edificações, ruas e bulevares, definiria áreas verdes, modernizaria os sistemas de água e esgoto e criaria locais com vistas perfeitamente adequadas para monumentos públicos, destacando a glória do Império. Há estimativas de que 60% das edificações de Paris tenham sido reformadas durante o processo, além da demolição de 20 mil casas e da construção de 40 mil entre 1852 e 1872. Todas essas mudanças levaram a um aumento nos aluguéis, empurrando as populações mais pobres para os bairros periféricos de Paris e gerando uma "burguesificação" da região central.

Esses esforços para transformar cidades medievais em locais mais modernos e racionalmente planejados não ficaram restritos a Paris. Em 1857, o imperador Francisco José I da Áustria decretou que as muralhas da antiga cidade de Viena fossem demolidas e que um novo sistema viário, chamado Ringstrasse, fosse construído, removendo a dificuldade de transitar ao redor e através da cidade. O plano para reformar Viena incluía ainda a construção de prédios que refletissem a grandeza do Império dos Habsburgo. Copiando Haussmann, ele alargou as vias, dificultando que o povo as bloqueasse com barricadas. Esse era um aspecto a ser considerado, dado que Viena havia enfrentado graves protestos durante a onda revolucionária de 1848 que tomara a Europa.

Cidade racional

Rue de Rivoli
O entorno da Rue de Rivoli e do Louvre foram os locais das primeiras demolições em grande escala. Embora a Rue de Rivoli tenha sido criada por Napoleão Bonaparte, Haussmann a estendeu a leste até o bairro do Marais. Abaixo da rua fica um dos novos ramais principais de esgoto construído durante o reinado de Napoleão III.

Île de la Cité
As demolições da década de 1860 na ilha foram imensos até para os padrões atuais. O objetivo era facilitar a movimentação de produtos através do Sena para o centro de Paris.

Boulevard de Sébastopol

Pont Louis-Philippe
Pont Saint-Michel

Pont National
Pont d'Austerlitz

95

Cidade racional

Cidade da saúde: esgotos e parques

Durante a Idade Média, os esgotos de Paris corriam diretamente para o Sena. Entretanto, conforme a população cresceu, o cheiro dos dejetos correndo a céu aberto se tornou insuportável. Além disso, os esgotos eram uma fonte de doenças. Embora tenha havido esforços no início do século XIX para melhorar a situação – Napoleão Bonaparte queria construir "fontes de água corrente em cada esquina para higienizar o ar e limpar as ruas" –, inúmeras epidemias de cólera finalmente obrigaram as autoridades a agirem. Vendo as doenças como resultado da desorganização urbana, Haussmann argumentava que a criação de uma cidade mais salubre dependia de um melhor planejamento. Enquanto a Paris de 1800 possuía apenas cerca de 20 quilômetros de esgotos e 100 quilômetros em 1840, Haussmann construiu quase 500 quilômetros de rede de esgotos. Considerada uma maravilha da engenharia que trouxe Paris para a modernidade, o novo sistema transformou a cidade onde era "*tout à la rue*" ("tudo na rua") para "*tout à l'égout*" ("tudo no esgoto").

Parques de Paris
Juntamente de Jean-Charles Adolphe Alphand, diretor de Calçadas e Jardins da cidade, o horticultor Jean-Pierre Barillet-Deschamps, o arquiteto Jean-Antoine-Gabriel Davioud e Eugène Belgrand, do Departamento de Águas, Haussmann procurou melhorar a saúde pública e a moral com o planejamento racional de Paris. Uma das iniciativas foi a criação de numerosos parques e áreas verdes para estimular os moradores a se exercitarem "en plein air" ("ao ar livre").

- Jardin des Champs-Élysées
- Jardim das Tulherias
- Parc Monceau
- Jardin du Trocadéro
- Jardin du Ranelagh
- Bosque de Bolonha
- Campo de Marte
- Jardin des Serres d'Auteuil
- Jardin Atlantique
- Parc André Citroën
- Parc Georges-Brassens
- Jardin de l'Observatoire
- Parc Montsouris

Refletindo a fascinação burguesa pelo progresso, os esgotos representavam a nova ordem racional, social e espacial que era imposta sobre Paris e que logo se tornaria uma atração turística. Era uma visão muito diferente da que existia anteriormente – por exemplo, em seu romance de 1830, *Os miseráveis*, Victor Hugo havia ligado os esgotos à discórdia e à revolução, e os considerava "a doença do sangue da cidade", mas também "a consciência da cidade", o local onde "todas as desonestidades da civilização... caíam na fossa da verdade". Ao mesmo tempo, a mudança no comportamento em relação à água e aos banhos significava que a criação de cidadãos mais limpos estava conectada às ideias de modernidade, e Haussmann construiu uma segunda rede de canos para levar água potável para a cidade.

Além das linhas de água e esgoto, Napoleão III ordenou a construção de numerosas áreas verdes. Impressionado com os parques de Londres, o imperador considerava essas áreas uma forma de trazer o campo para a cidade. Os parques seriam como uma válvula de escape ao servir de lazer para os parisienses da classe trabalhadora e também funcionariam como "os pulmões de Paris". Tais ideias foram as pioneiras do movimento das cidades-jardins do início do século XX, que moldaram o desenvolvimento de outras cidades. Os parques de Paris influenciaram Frederick Law Olmsted (que projetou o Central Park de Nova York) e Béla Rerrich (que planejou diversos parques em Budapeste).

As ideias sobre a importância do ar na transmissão de doenças também definiam o modo como as paisagens urbanas eram construídas. De acordo com a "teoria miasmática das doenças", então em voga, a falta de circulação de ar e de luz solar era considerada prejudicial à saúde. Consequentemente, muitos prédios ganharam elaborados terraços, lógias e lucarnas, pois a burguesia parisiense desejava cada vez mais os andares superiores para aproveitar o ar fresco, ter acesso à luz solar e apreciar a vista.

Rede de esgotos em 1837

Esgotos construídos entre 1856 e 1878

Fonte: Gandy (1999).

Sistema de esgoto

A energia, a motivação e o entusiasmo de Haussmann ficaram mais evidentes na expansão do sistema de esgoto na cidade. Em um período de trinta anos, a rede de esgoto quintuplicou. As novas galerias de Haussmann eram tão amplas e espaçosas que se realizavam visitas guiadas para que os burgueses e membros da realeza pudessem admirar a escala e a maravilha de tal feito.

Cidade racional

Paris como a Cidade do Transporte no século XIX

A chegada das ferrovias transformou radicalmente a relação de Paris com o restante da França, na medida em que pessoas e mercadorias agora poderiam entrar na capital e sair dela com uma rapidez jamais vista. A primeira estação ferroviária – a Gare Saint-Lazare – foi inaugurada em 1837, seguida pela Gare d'Austerlitz e a Gare Montparnasse (ambas em 1840), a Gare du Nord (inaugurada em 1846 e reformada entre 1861 e 1865), a Gare de l'Est (1849) e a Gare de Lyon (1855). Mas as ferrovias não mudaram apenas as conexões entre Paris e o mundo exterior. Elas também tiveram impacto dentro da própria cidade. Enquanto as portas de entrada para a cidade, durante a Idade Média, haviam sido os portões de seus muros, agora eram as estações ferroviárias que funcionavam como pontos de acesso para a capital. Por esse motivo, os arquitetos buscavam tornar as estações locais imponentes para os visitantes. Além disso, elas também haviam se tornado centros para a construção de novas vias, a fim de serem conectadas às áreas comerciais e residenciais dentro da cidade – tanto é que mais de 60% das ruas atuais de Paris foram construídas após 1853.

Regiões servidas atualmente pelas estações ferroviárias de Paris do século XIX

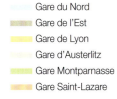

- Gare du Nord
- Gare de l'Est
- Gare de Lyon
- Gare d'Austerlitz
- Gare Montparnasse
- Gare Saint-Lazare

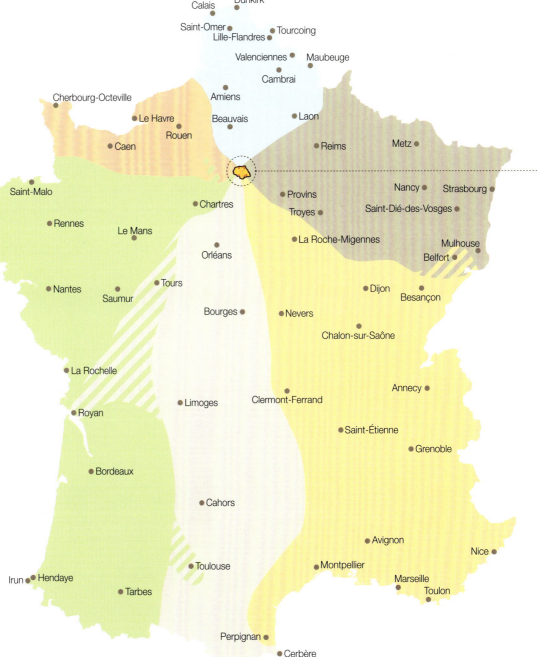

Máquinas para construir a nação

As ferrovias sempre facilitaram a "aniquilação do espaço pelo tempo" para simplificar a entrada e saída de pessoas e mercadorias em Paris. Ao transformar a percepção pública da relação com o que seria anteriormente considerada uma cidade distante, as ferrovias sempre foram um agente fundamental para promover a integração nacional econômica, política e social. Embora muitas estações do século XIX não estejam mais em funcionamento (como a Gare de la Bastille, inaugurada em 1859 e demolida em 1984 para a construção da nova ópera na Place de la Bastille, e a Gare du Champ de Mars, construída para receber os materiais para a construção dos pavilhões das diversas Exposições Universais de Paris), as seis principais estações construídas durante a era de ouro do vapor continuam a manter o país conectado.

Enquanto o meio do século foi a época do crescimento de uma teia de linhas de superfície, ao final do século o foco estava na construção de uma rede subterrânea de transporte – o Métro. Na década de 1890, as ruas de Paris já estavam novamente lotadas, pois a população havia crescido muito e os primeiros carros começavam a surgir. Em resposta a isso e como forma de competir com cidades como Londres, Atenas e Budapeste, que já possuíam redes ferroviárias subterrâneas (e também em preparação para a Exposição Universal de 1900, que aconteceria em Paris), um engenheiro do Departamento de Pontes e Ruas de Paris chamado Fulgence Bienvenüe convenceu o conselho municipal a adotar um plano de construção para um novo sistema ferroviário subterrâneo.

A primeira linha do Métro, conectando Porte Maillot, na região oeste, a Porte de Vincennes, à leste, foi inaugurada a tempo de funcionar durante as Olimpíadas de 1900. No ano seguinte, Bienvenüe apresentou um plano para adicionar novas linhas, de forma que nenhum ponto da cidade estivesse a mais de 500 metros de uma estação do Métro. Em 1914, havia mais de 90 quilômetros de trilhos em uma rede de dez linhas que transportava 467 milhões de passageiros anualmente. Seguindo a valorização da natureza na cidade representada pelos novos parques, os primeiros projetos de estações do Métro faziam muitas referências ao tema: as entradas possuíam dois postes de luz decorados que pareciam cachos de lírios-do-vale, e as coberturas das entradas se assemelhavam a asas de libélulas.

Crescimento da rede ferroviária

c.1850

Cidade racional

Catedrais do vapor

As novas estações ferroviárias foram projetadas para transmitir a magnificência do Segundo Império e destacar o poder do motor a vapor, que simbolizava o progresso na nova era. A arquitetura art nouveau *das primeiras estações do Métro refletia a exuberância da Belle Époque.*

Estações do Métro *art nouveau*

Gare du Nord

Gare Saint-Lazare

Gare de l'Est

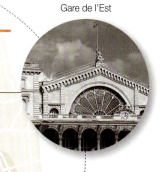

Gare Montparnasse

Gare d'Austerlitz

Gare de Lyon

c.1860

c.1870

c.1890

Fonte: Clout (1977).

99

Cidade racional

Paris como cenário imperial

Considerando que, como diz o sociólogo francês Jean Duvignaud, "a cidade é uma linguagem", Napoleão III queria construir uma metrópole que falasse pelo Império e conversasse com ele. Ele via a nova Paris como uma imponente cidade de mármore que fosse um símbolo duradouro do poderio francês. A cidade, então, seria literalmente um texto, a arquitetura e a paisagem que as pessoas poderiam ler enquanto andassem durante suas atividades cotidianas.

Talvez um dos prédios mais intencionalmente grandiosos seja a Ópera Garnier, construída entre 1861 e 1875. Vista como uma forma de se comunicar com a posteridade, o prédio é repleto de simbolismos, como sua localização no coração de um bairro que estava em si no centro da burguesia da região oeste parisiense e, metaforicamente, da França e do Império. Recoberto em dourado, tons pastéis e símbolos imperiais, como águias, e as iniciais do imperador e sua esposa, a imperatriz Eugênia, o estilo *Beaux Arts* da Ópera Garnier exaltava a autoafirmação imperial, enquanto sua simetria dialogava com as

Arquitetura feita para o Império
A era Haussmann deixou em Paris um estilo arquitetônico muito característico. Um típico bulevar haussmaniano é largo e cercado dos dois lados por edifícios de apartamentos com fachadas uniformes de pedra esculpida. Ele geralmente chega a um enorme monumento ou um prédio imponente, um cenário panorâmico, projetado para destacar o poder e o esplendor de Napoleão III. Os prédios de apartamentos não possuem mais de sete pavimentos. O segundo e o quinto andares normalmente têm sacadas. Diversas famílias de variadas classes sociais devem morar sob o mesmo teto. Geralmente os prédios têm um teto com mansardas (um telhado mais inclinado com lucarnas para entrada de luz), que aumentava o espaço para habitação no ático, fornecendo um pavimento adicional para que os funcionários domésticos pudessem morar. Um dos prédios mais impressionantes construídos para ser um cenário panorâmico é a Ópera Garnier. Projetada para rivalizar o esplendor do Palácio de Versalhes de Luís XIV, foi a edificação mais cara iniciada na Paris do Segundo Império. Para sua construção, foi necessário limpar quase 3 acres de terra e construir diversas novas vias, como a Avenue de l'Opéra, que chega à sua fachada principal.

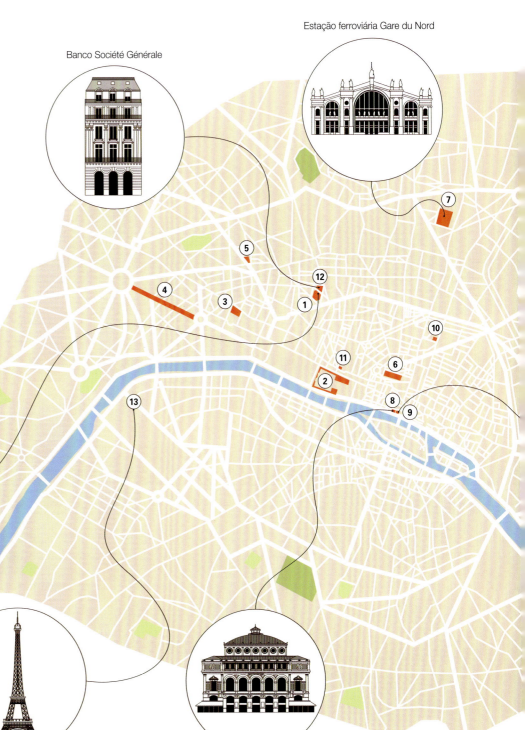

Ópera Garnier

Banco Société Générale

Estação ferroviária Gare du Nord

Torre Eiffel

Théâtre de la Ville

ideias próprias de sua era sobre planejamento racional e progresso. A ópera inspirou edificações similares em outros lugares, como o prédio da Filarmônica de Varsóvia, o Teatro Juliusz Slowacki de Cracóvia, o Prédio Thomas Jefferson da Biblioteca do Congresso, em Washington, o Theatro Municipal do Rio de Janeiro e as óperas de Hanói e de Ho Chi Minh.

Paris também foi palco de diversas exposições internacionais no século XIX e no início do século XX, concebidas para destacar a proeza industrial francesa e sua superioridade cultural. Gustave Eiffel, por exemplo, construiu sua icônica torre para a Exposição Universal de 1889. Entretanto, foi provavelmente a Exposição Colonial Internacional de 1931, quando as colônias "vieram a Paris" e era possível "dar uma volta ao mundo em apenas um dia", que expressou melhor a relação de Paris com o Império. Transformando o Bosque de Vincennes em um local para exibir a arquitetura colonial povoada por "nativos" vindos das colônias, a exposição foi projetada para demonstrar os benefícios que o colonialismo francês estaria supostamente levando aos "povos sem luz" do mundo. Tal exibição foi projetada como uma espetacular confirmação de que, por meio de sua missão civilizadora (*mission civilisatrice*), a França estava banindo a irracionalidade e o atraso de suas colônias no mundo todo. Ela também permitiu que os parisienses pudessem olhar para os povos "exóticos" do Império e suas edificações com um senso de superioridade.

Essas festas imperiais não ficavam confinadas a Paris. Outras cidades francesas também promoviam exposições similares demonstrando as supostas virtudes do colonialismo francês, e outras potências imperiais fizeram o mesmo – Amsterdã e Berlim tiveram suas exposições em 1883 e 1896, respectivamente, e Londres teve as suas em 1911 e 1924.

Arquitetura do Segundo Império
1 *Ópera Garnier*
2 *Louvre (expansões de 1852 a 1857)*
3 *Palácio do Eliseu (reforma)*
4 *Prédios de Champs-Élysées*
5 *Igreja de Saint-Augustin*
6 *Les Halles*
7 *Estação ferroviária Gare du Nord*
8 *Théâtre de la Ville*
9 *Théâtre du Châtelet*
10 *Théâtre de la Gaîté*
11 *Hôtel du Louvre*
12 *Banco Société Générale*
13 *Torre Eiffel*

Théâtre du Châtelet

EXPOSIÇÕES EM PARIS ENTRE AS DÉCADAS DE 1810 E 1930

A primeira exposição comercial nacional da França para promover os avanços na agricultura e na tecnologia aconteceu em Paris em 1798. Seu sucesso levou a exposições posteriores destacando o progresso industrial do país e levando a uma Exposição Universal em 1855. Outros países realizaram eventos similares, cada um deles buscando superar seus rivais e professando sua superioridade tecnológica.

1819	Quinta Exposição Pública de Produtos Industriais Franceses
1823	Sexta Exposição Pública de Produtos Industriais Franceses
1827	Sétima Exposição Pública de Produtos Industriais Franceses
1834	Oitava Exposição Pública de Produtos Industriais Franceses
1839	Nona Exposição Pública de Produtos Industriais Franceses
1844	Décima Exposição Pública de Produtos Industriais Franceses
1849	Décima-primeira Exposição Pública de Produtos Industriais Franceses
1855	Exposição Universal
1865	Exposição das Belas-Artes Aplicadas à Indústria
1867	Exposição Universal
1878	Exposição Internacional das Indústrias Marinha e Fluvial
1878	Exposição Universal
1881	Exposição Internacional da Eletricidade
1889	Exposição Universal (construção da Torre Eiffel)
1898	Exposição Internacional de Automóveis
1900	Exposição Universal (construção do Le Grand Palais)
1925	Exposição Internacional das Artes Modernas Industriais e Decorativas
1931	Exposição Internacional Colonial
1937	Exposição Internacional Dedicada à Arte e Tecnologia na Vida Moderna

Cidade racional

Cidade da cultura

As mudanças que ocorriam em Paris no final do século XIX e no início do século XX se mostravam um terreno fértil para escritores, filósofos, pintores e escultores. A transformação física da cidade, as batalhas entre as instituições políticas e religiosas e o proletariado cada vez mais alienado expunham as contradições que se refletiam de forma crescente na arte e na literatura. A "burguesificação" das regiões central e oeste de Paris – sobretudo no entorno do recém-construído Parc Monceau – contrastava com as assustadoras condições de sobrevivência dos trabalhadores que migravam do interior para bairros como Marais e Bellevile, na região leste de Paris. Era uma cidade repleta de beleza e riqueza, mas também de pobreza, alienação e autoindulgência. Charles Baudelaire talvez tenha capturado o espírito de sua época e suas contradições com um novo termo, *modernité* (isto é, modernidade), que ele utilizava para descrever as tensões entre "o transitório, o fugidio, [e] o contingente; é metade da arte, sendo a outra metade o eterno e o imutável".

Comunidades artísticas

Chemin du Montparnasse
Com sua entrada localizada no número 21 da Avenue du Maine, a pequena travessa Chemin du Montparnasse continha diversos estúdios artísticos onde Braque, Matisse, Picasso, Juan Gris, Amedeo Modigliani, Max Jacob, Marc Chagall e muitos outros trabalhavam. Atualmente, há um pequeno museu que relembra os primórdios do bairro.

Rue Delambre
Esta rua contém diversos locais associados ao burburinho cultural do começo do século XX. O pintor japonês Léonard Tsugouharu Foujita morou no nº 5 de 1917 a 1926, enquanto o fotógrafo e dadaísta norte-americano Man Ray possuía um estúdio no nº 13. Diversos escritores expatriados dos Estados Unidos que moravam em Paris no entreguerras bebiam no Dingo Bar (atual Auberge de Venise), localizado à Rue Delambre, nº 10. Entre eles estavam Hemingway, F. Scott Fitzgerald, Sinclair Lewis, John dos Passos, Ezra Pound, Henry Miller e Thornton Wilder.

A cena de Montparnasse
Os cafés e bares próximos ao Carrefour Vavin de Montparnasse (atual Place Pablo-Picasso), lugares como Le Dôme, La Closerie des Lilas, La Rotonde, Le Select e La Coupole, eram os pontos de encontro prediletos de pintores, escritores e intelectuais no início da década de 1900. Imortalizados como "les Montparnos" (isto é, os montparnassianos) por Michel Georges-Michel em seu romance de 1923 de mesmo nome, personalidades como Picasso, Modigliani, Jean Cocteau e Diego Rivera criaram uma atmosfera iconoclasta no bairro.

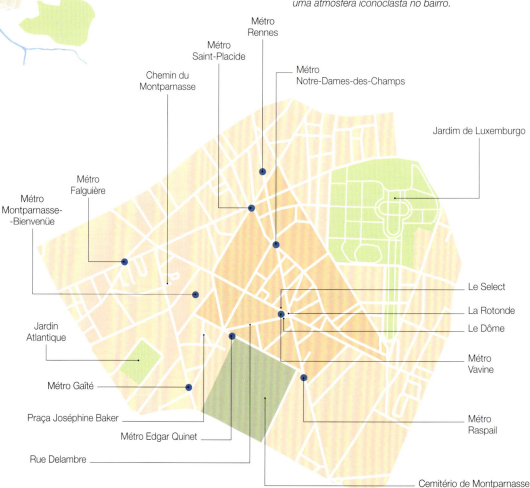

Dentro desse ambiente, diversas novas expressões culturais foram criadas. Os revolucionários movimentos artísticos do impressionismo (de artistas como Édouard Manet, Claude Monet, Pierre-Auguste Renoir e Mary Cassatt), do fauvismo (de Henri Matisse e André Derain) e do cubismo (iniciado por Pablo Picasso e Georges Braque) nasceram todos em Paris, e os bairros de Montmartre e Montparnasse se tornaram o coração da vida artística e intelectual de Paris e, possivelmente, do mundo. Estavam em atividade nesta Paris escritores franceses, como Marcel Proust (cujo romance *Em busca do tempo perdido* explorava a decadência da aristocracia durante o *fin de siècle*), músicos como Erik Satie e poetas como Guillaume Apollinaire (possível criador do termo "surrealismo"). Muitos estrangeiros também eram atraídos para Paris, como Gertrude Stein, Ernest Hemingway, James Joyce e Ezra Pound. Diversos artistas e escritores afro-americanos, como Josephine Baker, Langston Hughes e Gwendolyn Bennett, também foram a Paris em busca de um lugar menos restritivo que os Estados Unidos das leis de Jim Crow. Paris também foi um importante centro do início do cinema – Auguste e Louis Lumière fizeram e exibiram documentários curta-metragem na década de 1890, e Georges Méliès fez diversos filmes fantásticos, sendo o mais conhecido deles *Viagem à lua*, de 1902.

Rue Cortot
Durante a Belle Époque, Renoir morou por algum tempo no nº 12, e os pintores Émile Bernard, Suzanne Valadon, André Utter e Maurice Utrillo também utilizaram um estúdio nesse mesmo local. Uma casa de campo do século XVII que pertencia originalmente a Roze de Rosimond, ator da companhia de teatro de Molière, atualmente é a sede do Musée du Vieux Montmartre. O compositor e pianista Erik Satie, que tocava no Le Chat Noir, casa noturna frequentada por Henri Toulouse-Lautrec e Claude Debussy, morou no nº 6.

Cidade racional

Rue Norvins
Com suas enormes casas e jardins, a Rue Norvins é considerada a "Champs-Élysées de Montmartre".

Avenue Junot
Construída entre 1910 e 1912, a Avenue Junot era o endereço do escritor Tristan Tzara (nº 15), do diretor de cinema Henri-Georges Clouzot (nº 37) e do pintor Maurice Utrillo (nº 11), um dos poucos pintores conhecidos que efetivamente nasceram em Montmartre.

Moulin Rouge
Inaugurado em 1889, o clube noturno Moulin Rouge e suas dançarinas parcamente vestidas representavam o estilo de vida boêmio da Montmartre da Belle Époque. Localizado no pé da colina de Montmartre, o prédio ficava entre as áreas ricas de Montmartre, na parte baixa, e as áreas mais pobres, no alto, servindo de ponto de encontro para os burgueses parisienses e os boêmios.

Le Bateau-Lavoir
Localizado no nº 13 da Rue Ravignan, o Le Bateau-Lavoir era um local onde artistas pobres tinham acesso a estúdios de trabalho. Diversos deles moraram e trabalharam ali, incluindo Picasso, que pintou sua obra protocubista Les Demoiselle d'Avignon nesse local. Após 1914, muitos dos artistas do Bateau-Lavoir se mudaram para Montparnasse acreditando que Montmartre havia se tornado comercial demais.

Moulin de la Galette
O Moulin de la Galette, localizado no topo da colina de Montmartre, ganhou seu nome em homenagem a um tipo de panqueca francesa. Na década de 1830, esse moinho de vento havia sido transformado em um cabaré e era o local preferido dos artistas de vanguarda, como Toulouse-Lautrec, Van Gogh, Émile Bernard e Picasso. A obra O baile no Moulin de Gallete, de Renoir, feita em 1876, é considerada uma das mais importantes do impressionismo.

103

Cidade racional

Paris como cidade dos séculos XX e XXI

Embora Haussmann seja geralmente considerado o responsável pelo que Paris é hoje em dia, também houve grandes mudanças no século XX. Na década de 1950, o governo iniciou a construção de uma área de escritórios na região oeste da cidade. A área de La Défense é atualmente o maior bairro comercial planejado da Europa, e seus arranha-céus podem ser vistos em toda a capital francesa. Em 1989, foi inaugurado o Grande Arco de La Défense. Com a aparência de um cubo vazado, ele foi um dos *grands projets* do presidente François Mitterrand para celebrar o bicentenário da Revolução Francesa – além dele, também houve a Pirâmide do Louvre, a Ópera da Bastilha e a Biblioteca Nacional. Em 1992, o metrô chegou até o bairro e o conectou à região central de Paris.

Grandes migrações oriundas das áreas rurais e do exterior para a Paris dos períodos pós-guerra e a ausência de habitações em número adequado tornaram alguns bairros superpovoados – enormes contingentes de imigrantes que fugiam das guerras no Sudeste Asiático se estabeleceram perto da Place d'Italie, na região sudeste da cidade, e muitos norte-africanos ocuparam o bairro de Saint-Denis, na região norte. Em uma história conhecida, o presidente Charles de Gaulle levou o chefe do governo da região de Paris, Paul Delouvrier, para um passeio de helicóptero e ordenou a ele: *"mettez-moi de l'ordre dans ce merdier"* ("coloque ordem nessa bagunça"). Em seguida, o governo francês começou o que o geógrafo britânico Peter Hall chamou de o mais grandioso plano já executado na história da civilização urbana: a construção de diversas *villes nouvelles* (isto é, novas cidades) nas redondezas de Paris conectadas ao centro

La Voie Triomphale
No início do século XXI, Paris ainda traz em seu ambiente construído as marcas de suas origens romanas, suas muralhas medievais, suas conversões revolucionárias do século XVIII, sua dramática reinvenção do século XIX na era do vapor e da hegemonia imperial e suas reformas do século XX para dar espaço aos automóveis. Em todos esses momentos, a Voie Triomphale (isto é, via Triunfal) foi e continua sendo um importante eixo de desenvolvimento. Com pouco mais de 8 quilômetros de extensão, a Voie se estende do Louvre até La Défense e conecta diversos monumentos importantes – historicamente, ela foi projetada para promover o prestígio francês. Esse permanece sendo seu objetivo, e o governo da França tem planos para levá-la ainda mais longe na direção oeste, com a construção do Seine-Arche.

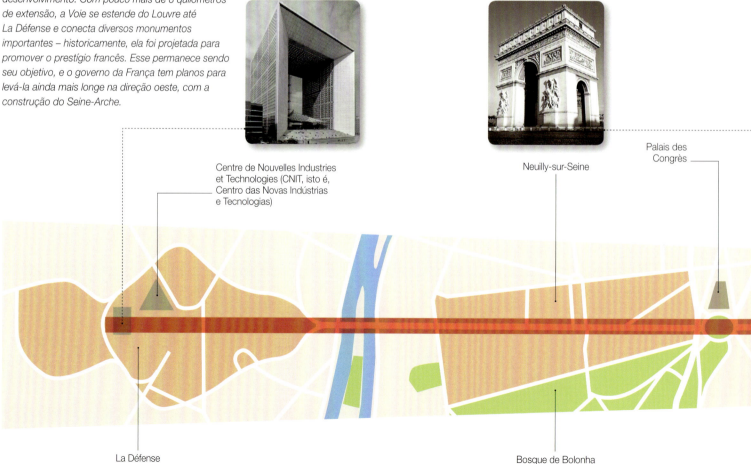

Grande Arco

Arco do Triunfo

Centre de Nouvelles Industries et Technologies (CNIT, isto é, Centro das Novas Indústrias e Tecnologias)

Neuilly-sur-Seine

Palais des Congrès

La Défense

Bosque de Bolonha

da cidade por enormes rodovias e linhas férreas expressas. Entretanto, o senso de anomia alimentado por esses conjuntos habitacionais modernistas cinzentos e os altíssimos níveis de desemprego entre os jovens que os habitam levaram a diversas revoltas nos últimos anos.

Paris também expandiu sua infraestrutura de transporte. O aeroporto Charles de Gaulle foi inaugurado em 1974 para tomar o lugar de Orly como o principal de Paris, e atualmente é o segundo aeroporto mais movimentado da Europa e um dos mais importantes centros de conexão internacionais. Desde 1994, os trens de alta velocidade Eurostar conectam Paris, Londres e Bruxelas. Os planejadores da cidade agora buscam formas de expandir o Métro da cidade dentro do projeto Grand Paris, apresentado em 2007 pelo então presidente Nicolas Sarkozy para trazer Paris ao século XXI. Essa expansão envolverá a construção de quase 150 quilômetros de novas linhas na região da Île-de-France.

O sistema ferroviário suburbano

Os subúrbios e aeroportos de Paris são conectados à cidade pelo sistema ferroviário Réseau Express Régional (Rede Expressa Regional). Embora tenha origens na década de 1930 e nos projetos para criar uma rede ferroviária metropolitana, a construção das primeiras linhas começou apenas na década de 1960. Os trens do RER param em várias estações dentro de Paris, incluindo a Gare du Nord, onde chegam os trens Eurostar de Londres. Portanto, o RER é bastante integrado ao sistema metroviário de Paris.

Cidade racional

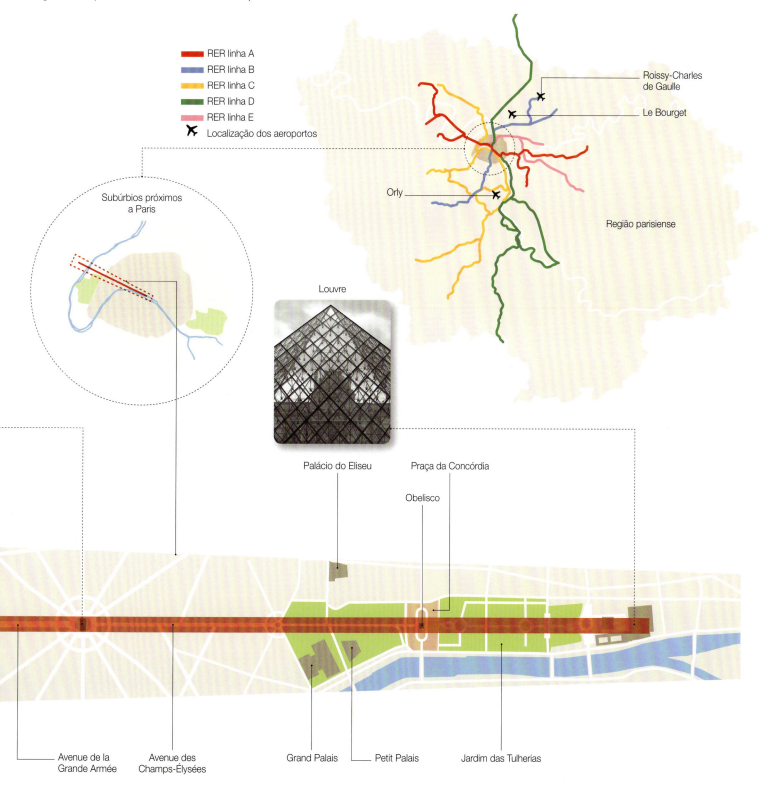

105

CIDADE GLOBAL

BEN DERUDDER
PETER TAYLOR
MICHAEL HOYLER
FRANK WITLOX

Cidades principais
LONDRES ___
NOVA YORK ___

Cidades secundárias
FRANKFURT ___
SÃO FRANCISCO ___
GENEBRA ___
MUMBAI ___
NAIRÓBI ___

À esquerda: Nova York, Estados Unidos.

Cidade global: Introdução

"A maioria dos estudos sobre as cidades globais se concentra em sua capacidade econômica, mas a globalização envolve muito mais que apenas uma esfera de atividades."

O conceito de cidade global foi cunhado na década de 1990 por Saskia Sassen para descrever um novo tipo de cidade, especializada em relações internacionais. Inicialmente, o foco estava em Londres, Nova York e Tóquio, mas a ideia foi logo ampliada pelo sociólogo Manuel Castells e incluiu diversas outras cidades que formavam pontos de conexão e centros regionais em sua interpretação de sociedade contemporânea como "sociedade em rede". Tal noção foi então expandida, sugerindo a existência de uma "rede global de cidades", destacando o escopo global de serviços oferecidos por cidades contemporâneas. O que atualmente chamamos de globalização surgiu da combinação das indústrias da informática e das comunicações na década de 1970, permitindo níveis até então inéditos de contato e organização globais. Esse encolhimento do mundo teve profundas consequências econômicas, políticas e culturais. Um efeito imprevisto consistiu na importância crescente das cidades. Embora se acreditasse inicialmente que a globalização reduziria a importância funcional das cidades, o aumento da dispersão mundial das atividades humanas gerou novas demandas organizacionais para administrar, prover serviços e facilitar, de um modo geral, a intensificação das relações globais.

Existem diversos termos utilizados para analisar o conceito de globalização e seu impacto sobre as cidades, embora os termos "cidade globalizada" e "cidade de nível mundial" sejam predominantes e intercambiáveis. Parte do problema da terminologia surge do fato de que a globalização é um conjunto complexo e generalizado de processos que afeta todas as cidades: na realidade, não há cidades "não globais".

O estudo das cidades globais pode ser dividido em duas partes: as práticas globais que acontecem em determinada cidade e as relações entre as cidades resultantes dessas práticas.

Cidade global

O estudo das práticas globais inclui assuntos como a concepção de enormes torres de escritórios e outros edifícios icônicos, a criação de serviços que permitam que empresas operem em um mercado global e as formas como as cidades globais são caracterizadas pela desigualdade e pela hiperdiversidade. O estudo das relações entre as cidades resultantes de tais práticas inclui, por exemplo, a análise dos fluxos migratórios para as cidades globais e a conectividade destas nas redes de escritórios das empresas globalizadas. Nós consideramos ambos os aspectos neste capítulo.

Capacidades globais

A maioria dos estudos sobre as cidades globais se concentra em sua capacidade econômica, mas a globalização envolve muito mais do que apenas uma esfera de atividades. Londres e Nova York são amplamente reconhecidas como modelos de cidades globais, e suas capacidades são, sobretudo, econômicas e financeiras, mas também políticas e culturais. Outras cidades globais também possuem diversas capacidades, mas há uma tendência de aprofundamento em uma esfera. Além disso, há cidades especializadas, com alcance global em recursos, entretenimento, religião ou como portas de entrada globais.

- ⭕ Cidades globais arquetípicas
- 🔴 Cidades econômicas
- 🟡 Cidades financeiras
- 🟣 Cidades culturais
- 🔵 Cidades políticas
- 🟠 Cidades de entretenimento
- ⚪ Cidades religiosas
- 🟢 Cidades como porta de entrada
- 🟤 Cidades de recursos
- ⚫ Outras importantes cidades globais

109

Cidade global

Redes de infraestrutura global

Uma das características mais notáveis da conectividade das cidades globais é a sua posição de centralidade nas redes de infraestrutura mundiais. As viagens aéreas entre os maiores centros urbanos do mundo aumentaram exponencialmente na última década. Entre 1970 e 2010, o número de viajantes que chegaram e saíram dos principais aeroportos de Londres (Heathrow e Gatwick) quadruplicou e chegou a 125 milhões de passageiros. Números semelhantes (e até maiores) podem ser encontrados em cidades como Nova York, Tóquio, Cingapura e Hong Kong.

Embora menos visível, a infraestrutura tecnológica que dá suporte à enxurrada de informações que circulam diariamente no mundo também está associada às cidades globais. A internet se tornou parte essencial do cotidiano e das atividades de empresas, governos e usuários individuais. Embora tais usuários se encontrem e se comuniquem em um mundo virtual que é distinto de sua localização geográfica, a internet tem uma geografia de estruturas de hardware e conexões físicas que é absolutamente material. Em sua maioria, a geografia desse mundo conectado coincide com a geografia das cidades globais: Londres, Hong Kong e São Francisco possuem as mais sofisticadas, diversificadas e poderosas infraestruturas de telecomunicações já vistas.

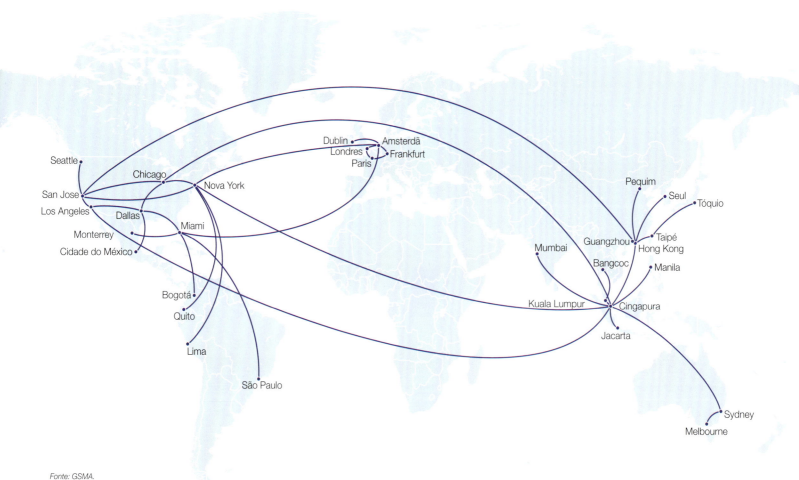

Fonte: GSMA.

Redes globais

Um claro exemplo de como as infraestruturas eletrônicas facilitam as interações entre as cidades globais é a enorme rede de fibra óptica que suporta a internet. Este mapa representa a geografia da rede de infraestrutura em 2012 da Aicent, um provedor global de serviços de comunicações. Cada empresa possui sua estratégia própria e específica, mas, de modo geral, a instalação de tais redes segue de perto a demanda, que é claramente causada pela formação das cidades globais.

A relação entre as redes de infraestrutura e a formação de cidades globais é simbiôntica. As diversas conexões entre essas cidades logicamente criam uma enorme demanda por transporte aéreo e redes de telecomunicações. Por exemplo, a integração dos maiores mercados financeiros do mundo, organizados a partir das cidades globais, ajuda a explicar os diversos voos diretos e redes de comunicação exclusivas entre, por exemplo, Londres, Hong Kong, Nova York, Tóquio e Cingapura: essas infraestruturas permitem a circulação de informação e conhecimento, tanto logicamente (fluxos eletrônicos) quanto fisicamente (viagens aéreas a negócios). Por outro lado, as redes de telecomunicações e os transportes aéreos algumas vezes são vistos como alavancas para a obtenção do *status* de cidade global. Por exemplo, a empresa aérea Cathay Pacific, de Hong Kong, tem o slogan *"Hong Kong: Asia's world city"* ("Hong Kong: a cidade global da Ásia") como parte de uma política mais ampla de promoção na qual a conectividade aérea é mobilizada para garantir o posicionamento da cidade no universo de metrópoles globalizadas. Enquanto isso, Hong Kong também se tornou um dos mais sofisticados mercados mundiais de telecomunicações por meio de diversas políticas liberais e de apoio.

Conexões das cidades globais

A geografia das linhas aéreas tem diferentes fatores (negócios, turismo, herança colonial, proximidade física e cultural), mas um elemento fundamental é a conexão entre as cidades globais. A demanda é maior entre cidades como Londres, Nova York, Cingapura e Hong Kong, sugerindo a integração de suas economias globalizadas. O mapa abaixo representa as 25 mais importantes conexões internacionais de mais de mil milhas náuticas em 2009.

- Mais de 1,5 milhão de passageiros
- 1 milhão a 1.499.999 passageiros
- 900 mil a 999.999 passageiros
- 750 mil a 899.999 passageiros
- Menos de 749.999 passageiros

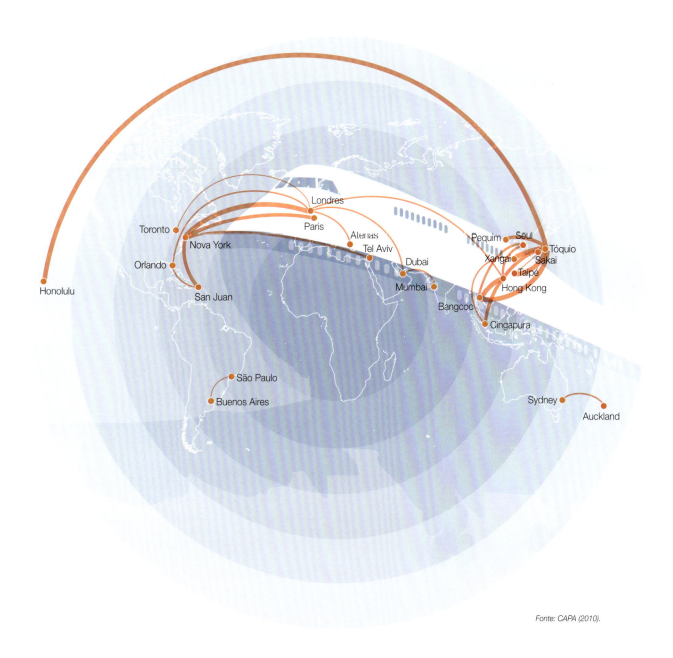

Fonte: CAPA (2010).

Redes globais de empresas

Redes de infraestrutura facilitam a formação de cidades globais, mas não constituem sua essência. O mais importante talvez seja a relevância de cidades como Londres e Nova York para a organização corporativa multinacional que se encontra sob seu posicionamento na globalização. Uma forma de considerar esse aspecto é analisar as relações hierárquicas nas estruturas corporativas das maiores corporações multinacionais do mundo.

O mapa abaixo dá uma visão geral das redes das cem maiores empresas da *Fortune* em 2005, mostrando as conexões entre os diferentes níveis hierárquicos corporativos – por exemplo, entre sedes globais e regionais, ou entre sedes regionais e subsidiárias. De um modo geral, as redes de cidades criadas por essas empresas por meio da escolha da localização de suas sedes dá uma ideia da importância das conexões interurbanas globais, mas também fica claro que tais conexões mantêm uma forte dimensão regional: as conexões mais fortes de uma cidade costumam ser entre cidades da mesma região, e apenas

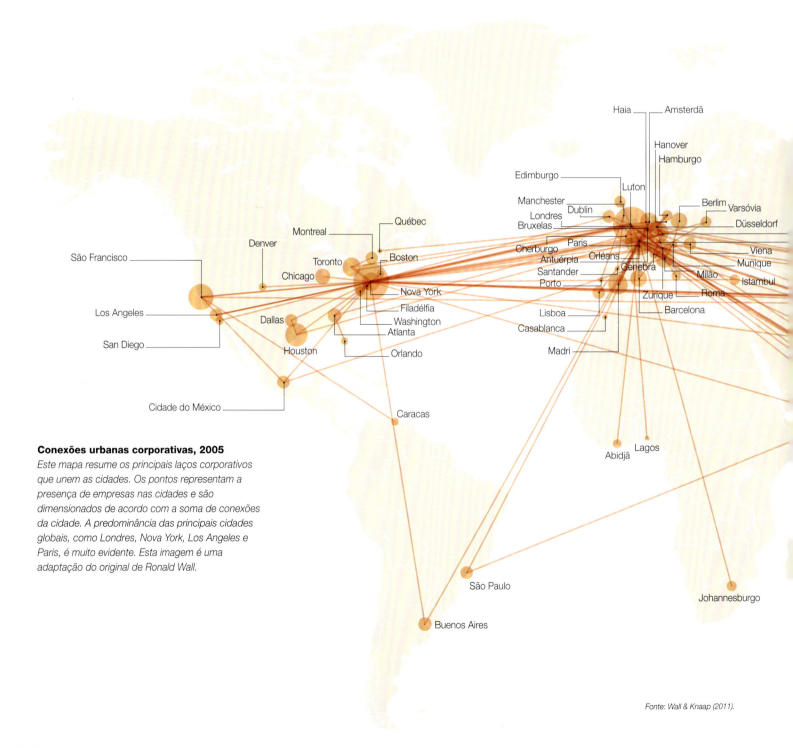

Conexões urbanas corporativas, 2005
Este mapa resume os principais laços corporativos que unem as cidades. Os pontos representam a presença de empresas nas cidades e são dimensionados de acordo com a soma de conexões da cidade. A predominância das principais cidades globais, como Londres, Nova York, Los Angeles e Paris, é muito evidente. Esta imagem é uma adaptação do original de Ronald Wall.

Fonte: Wall & Knaap (2011).

algumas poucas cidades possuem conexões que cruzam o mundo. As heranças coloniais também são visíveis: Lagos, Johannesburgo, Melbourne e Sydney estão mais conectadas a Londres do que a Nova York.

Uma outra forma de analisar o posicionamento das cidades nas redes corporativas consiste em se concentrar na provisão dos serviços necessários ao exercício do controle global. Empresas dos segmentos de finanças, consultoria de gestão, direito, publicidade, contabilidade, logística, etc., oferecem esses serviços. Muito já se afirmou que a função de uma cidade global é principalmente a gestão e a governança das operações globais das empresas. A partir dessa perspectiva, a conectividade entre as cidades globais pode ser medida com a avaliação do tamanho e das funções relativas dentro da rede globalizada de escritórios de empresas de serviços corporativos em uma cidade específica.

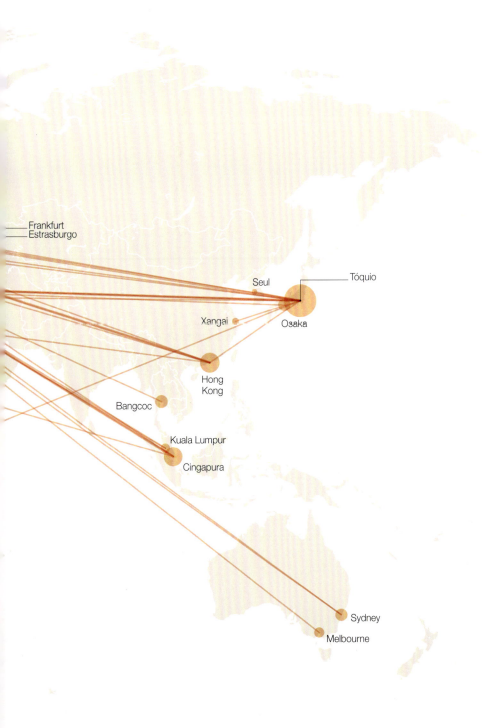

RELAÇÕES COMERCIAIS INTERURBANAS

Uma simetria interessante pode ser percebida entre dois sistemas triplos de cidades em lados opostos do mundo. Nos dois casos, os centros político e comercial de uma enorme economia nacional trabalham em sintonia com uma terceira cidade fortemente integrada. Esta serve de porta de entrada global, mas sua característica principal está no fato de ficar em uma jurisdição econômica diferente.

Ou seja, é possível fazer coisas em Londres e Hong Kong que não são possíveis nos Estados Unidos ou na China, respectivamente.

Por exemplo, a invenção do mercado de eurodólares para uma Europa carente de dólares em 1957 operava a partir de Londres, pois tal mercado não era permitido nos Estados Unidos; e Hong Kong servia como uma porta de entrada capitalista segura para investimentos na China antes de sua repatriação por meio do acordo de "um país-dois sistemas", de 1997.

O caminho para a globalização se reflete hoje nas divisões do trabalho em cada uma das tríades, com Londres e Hong Kong provendo alcance global especializado. A importância da flexibilidade comercial transfronteiriça até no topo do sistema internacional ficou evidente com o surgimento do mesmo tipo de sistema para as duas maiores economias mundiais.

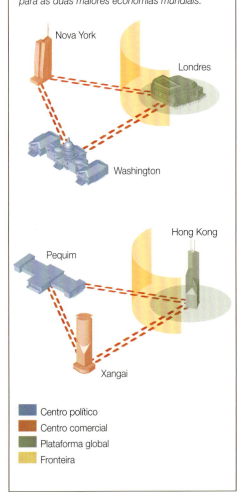

- Centro político
- Centro comercial
- Plataforma global
- Fronteira

Panoramas urbanos

A associação entre a formação das cidades globais e a presença de edifícios altos pode parecer um mero fato econômico. Por exemplo, a construção de arranha-céus parece ser justificada pela demanda por terra – o preço é tão alto que faz mais sentido construir um enorme edifício comercial para minimizar sua área ocupada e maximizar seu potencial construtivo. Mas a história vai além disso, já que o mercado de escritórios também define as funções e o futuro das cidades globais: o tamanho e a qualidade desses mercados *direciona* as corporações para as cidades globais. Portanto, tais edifícios comerciais servem de ativos de investimento mensuráveis conectando as cidades com mercados de capitais internacionais. Por exemplo, houve uma mudança de mercado na propriedade de escritórios na região londrina da City of London, paralela à conectividade da cidade em relação à infraestrutura e às redes corporativas.

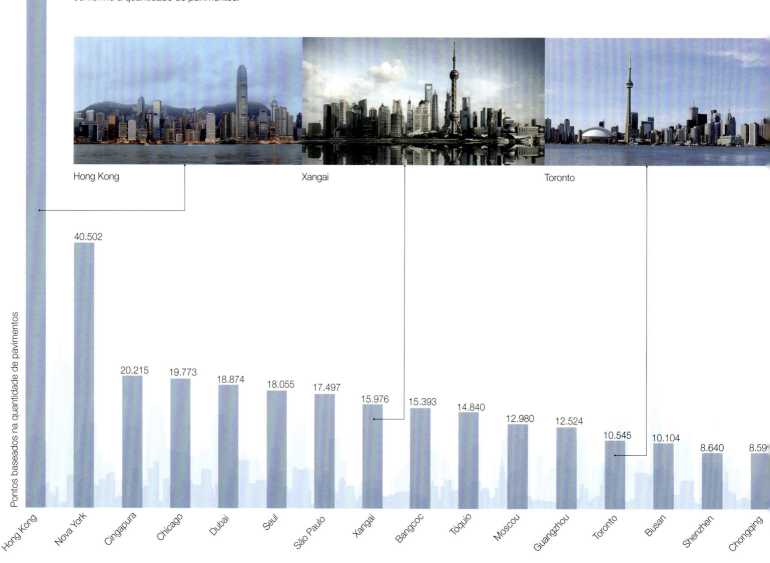

Panorama urbano pelo mundo, 2013

Esta figura representa as cidades conforme o impacto visual dos seus panoramas urbanos. Ela se fundamenta nas estatísticas da base de dados Emporis e representa os arranha-céus concluídos – cada prédio recebe pontos conforme a quantidade de pavimentos.

Cidade global

Pontos baseados na quantidade de pavimentos

Cidade	Pontos
Hong Kong	130.459
Nova York	40.502
Cingapura	20.215
Chicago	19.773
Dubai	18.874
Seul	18.055
São Paulo	17.497
Xangai	15.976
Bangcoc	15.393
Tóquio	14.840
Moscou	12.980
Guangzhou	12.524
Toronto	10.545
Busan	10.104
Shenzhen	8.640
Chongqing	8.59

Entretanto, o ambiente construído das cidades globais é muito mais que apenas uma coleção de prédios que permitem o funcionamento de empresas e instituições globais. As cidades globais são os melhores exemplos de *designscapes* (isto é, horizontes projetados): conjuntos característicos de edifícios que mandam um recado para o mundo. Portanto, as interpretações econômicas devem ser complementadas pela consideração do que um edifício representa e significa além de sua função óbvia. Por exemplo, o Burj Khalifa de Dubai, com 830 metros, ou a transformação do Baltic Exchange de Londres no "the Gherkin" representaram, acima de tudo, o desejo de levar reconhecimento internacional e posterior investimento para tais cidades. Da mesma forma, nomes de arranha-céus como o International Financial Center (Hong Kong) e o World Trade Center (Nova York) têm e tiveram a função de transmitir o papel e as aspirações das cidades globais. O crescente empreendedorismo da governança urbana transformou a reconstrução, a repaginação e o *rebranding* da paisagem urbana em prioridades comuns às cidades que são (ou desejam ser) globalizadas. Nesse sentido, a construção de prédios célebres e icônicos é apenas um aspecto de uma transformação muito mais ampla das paisagens das cidades urbanas: espaços culturais com marca, centros de convenções, enormes conjuntos de uso misto, reformas de orlas e enormes complexos esportivos e de entretenimento surgiram em diversas cidades globais. A motivação econômica geral dos *designscapes* das cidades globais é a de que essas cidades geram um tipo de renda de monopólio como resultado da imagem que adquirem de suas "áreas-vitrine": os bairros comerciais, culturais, de *design* e de entretenimento. A imagem favorável que obtêm com essas regiões, reforçadas e amplificadas pela mídia, ajudam as cidades globais a se tornarem formadoras de opinião: a valorização do meio urbano se estende a todos os tipos de produtos e atividades apenas mencionando o nome da cidade em seu *branding*.

Cidade do Panamá

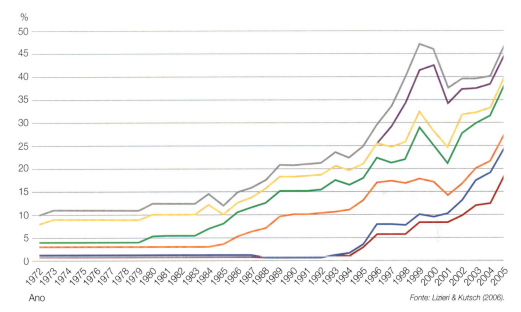

Propriedade de conjuntos comerciais

O gráfico acima mostra os percentuais combinados de propriedade estrangeira do mercado de imóveis comerciais na região londrina da City of London. Até meados da década de 1980, a posse de imóveis por estrangeiros permaneceu notadamente estável, entre 10% a 15%. A proporção começou a aumentar de forma paralela à desregulamentação financeira no final da década de 1980, chegando a 25% na segunda metade da década de 1990 e a aproximadamente 50% em 2005.

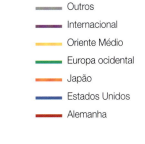

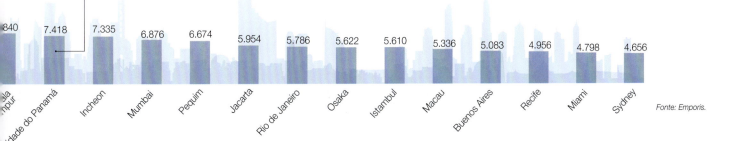

Cidade global

Padrões locais e regionais de atividade econômica

Agrupamentos locais em Londres
A região londrina da City of London e suas regiões vizinhas desenvolveram agrupamentos específicos de serviços avançados, resultado de uma história longa de sucesso como o mais importante centro financeiro internacional do mundo. Tais agrupamentos de serviços especializados, aliados aos órgãos regulatórios e uma completa infraestrutura de base, fomentam contatos presenciais planejados e também casuais e garantem acesso às informações vitais e interpretações concomitantes de novos conhecimentos. Isso é muito relevante para a formação da confiança entre os atores dos mercados globais, geralmente caracterizados pela insegurança, fluidez e circulação de conhecimento tácito.

Cidades globais são núcleos de atividade empresarial globalizada. Em escala local, esses processos de agrupamento são mais evidentes em um "espaço de centralidade" mais restrito nessas cidades. A região londrina da City of London, por exemplo, tem uma importante concentração espacial de bancos, seguradoras e outras instituições financeiras, enquanto outros serviços avançados, como consultoria jurídica, de publicidade, contábil e de gestão, possuem seus próprios centros geográficos – parcialmente sobrepostos – na região central de Londres. Esse espaço de centralidade indica a importância das relações produtivas com base na localização entre as empresas globais de prestação de serviços, que têm como referência reputação, confiabilidade, interações presenciais, informações boca a boca e redes sociais.

Entretanto, cidades-regiões adjacentes convergem de forma progressiva para os processos de globalização. A expansão das cidades que estão passando por esse processo em suas regiões causou o surgimento de cidades-regiões com maior diversidade e dispersão geográfica. Tais novas paisagens das ocupações urbanas – funcionalmente interligadas – se caracterizam por geografias complexas, combinando aspectos de uma divisão hierárquica

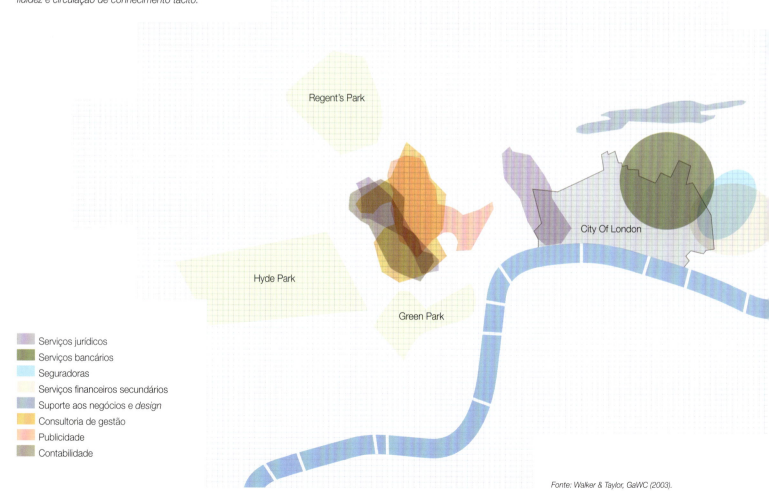

- Serviços jurídicos
- Serviços bancários
- Seguradoras
- Serviços financeiros secundários
- Suporte aos negócios e *design*
- Consultoria de gestão
- Publicidade
- Contabilidade

Fonte: Walker & Taylor, GaWC (2003).

de trabalho entre a cidade principal e a cidade-região (por exemplo, entre a sede e os serviços de retaguarda nas consultorias de gestão) com coexistências complementares dos mais variados tipos de atividade econômica agrupadas nas diversas partes da cidade-região global.

Londres, por exemplo, fica no coração do sudeste britânico, uma megacidade-região policêntrica e com uma economia vibrante que se tornou progressivamente mais interligada por redes de serviços empresariais com alcance global. Essa expansão funcional de Londres conecta o complexo de serviços globais diversificados da região da City a vários aglomerados de serviços menores e complementares no sudeste, como consultorias financeira e de gestão, contabilidade, publicidade e serviços de TI. Essas interconexões funcionais transcendem as fronteiras administrativas tradicionais e trazem questões complicadas em relação à escala de governança que seria adequada para esses novos espaços econômicos.

Uma especialização setorial mais extrema pode ser encontrada na área da baía de São Francisco, onde a aglomeração de empresas inovadoras de TI do Vale do Silício se conecta com os serviços financeiros do centro da cidade. Nesse caso, as empresas de alta tecnologia na cidade-região global são igualmente – ou talvez até mais – integradas aos fluxos econômicos globais na qualidade de instituições financeiras na principal cidade da região. A cultura empresarial própria do sistema regional de inovação globalmente integrado do Vale do Silício se tornou modelo para as regiões de alta tecnologia em surgimento no mundo, embora seu contexto histórico e geográfico único limite o possível sucesso das imitações.

O exemplo da área da baía de São Francisco mostra que a expansão dos processos urbanos globais para regiões abre caminho para o surgimento das grandes regiões policêntricas com inúmeras conexões com a economia mundial. Um dos exemplos mais claros disso é o delta do rio Yangtzé, na China: embora a região tenha uma grande cidade global que atrai todas as atenções (Xangai), a região como um todo é densamente urbanizada com diversas grandes metrópoles, como Nanjing, Hangzhou e Suzhou – cidades próximas, funcionalmente integradas e globalmente conectadas.

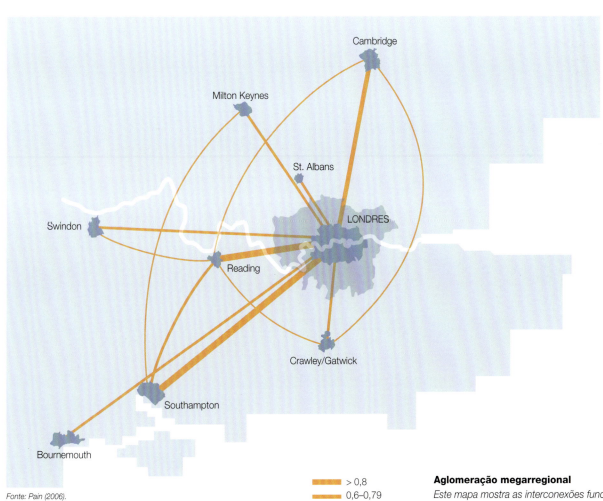

Fonte: Pain (2006).

Aglomeração megarregional

Este mapa mostra as interconexões funcionais com escala megarregional do sudeste britânico em 2006, com base nas redes de escritórios das próprias empresas de serviços avançados. Esta densa rede de conexões que se estende muito além das fronteiras administrativas da metrópole traz à tona os questionamentos sobre Londres como núcleo monocêntrico na paisagem urbana europeia.

Cidades globais e desigualdade social

As cidades globais possuem mercados de trabalho extremamente divididos. A desigualdade de renda aumentou na maior parte da economia mundial nas últimas duas décadas, mas esse crescimento foi maior nas cidades globais. Esse fato geralmente está ligado à estrutura econômica dessas cidades: o declínio mais evidente da indústria da manufatura nessas cidades está associado a um declínio no número de empregos de qualificação média e renda média, enquanto o crescimento dos setores de gestão e serviços está associado ao crescimento de altos cargos para profissionais liberais e de gerência (bancários, consultores de gestão, etc.) e ao crescimento dos empregos de baixa qualificação e baixa renda (camareiros, garçons, faxineiros, seguranças, etc.). Embora haja debates globais sobre o alcance universal desse aumento da desigualdade no contexto das diferentes políticas migratórias e sistemas de bem-estar social, as constatações em Nova York também são verdadeiras para Londres e Tóquio, por exemplo.

Concentração de renda
Entre o final da década de 1980 e meados da década de 2000, o quinto superior das famílias nova-iorquinas aumentou sua participação em termos de renda total. Embora a desigualdade na renda tenha crescido nos Estados Unidos de forma generalizada no mesmo período, o crescimento foi maior em Nova York. A renda do quinto superior cresceu 32% entre 1987 e 2006, enquanto a renda dos quatro quintos restantes cresceu apenas 5,45%.

Quinto superior
Executivos, diretores, celebridades

Primeiro quinto
Empregos de baixa qualificação e baixa remuneração

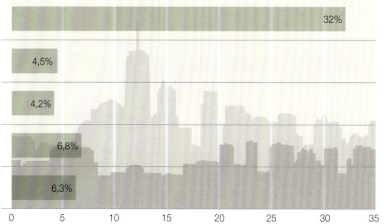

Crescimento percentual na renda familiar média

Fonte: Fiscal Policy Institute.

- Quinto superior — 32%
- Quarto quinto — 4,5%
- Terceiro quinto — 4,2%
- Segundo quinto — 6,8%
- Primeiro quinto — 6,3%

Quarto quinto
Profissionais e gestores altamente qualificados

Segundo quinto
Empregos pesados, administrativos, prestadores de serviços e assistentes em geral

Terceiro quinto
Técnicos e artesãos

Essa divisão social crescente é visível no mercado imobiliário das cidades globais, caracterizado pela extrema gentrificação. O fenômeno da gentrificação pode ser definido como o avanço social de uma área com a chegada de grupos de alta renda (incluindo o reinvestimento de capital), e resulta tanto na alteração da paisagem urbana quanto na remoção direta ou indireta dos grupos de baixa renda. Embora a gentrificação seja observada no mundo todo dentro da hierarquia urbana, o termo provavelmente surgiu em Londres na década de 1960, quando a cidade emergia como metrópole global. Os gentrificadores de Londres saíram dos subúrbios enquanto a cidade se tornava o centro de conexão de um novo capitalismo de alta velocidade em expansão no mundo todo. Tais processos foram então exacerbados pelas exigências imobiliárias dos novos trabalhadores de alta renda, muitos dos quais trabalhavam na região da City, onde os empregos estavam em expansão por conta da desregulamentação da Bolsa de Valores, em 1986. Depois de alguns anos de crise financeira global, essa desigualdade permanece: o filão superior efetivamente globalizado do mercado imobiliário londrino continua extremamente aquecido, enquanto o restante do mercado imobiliário britânico se encontra estagnado.

Expansão e contração do mercado imobiliário

Os preços dos imóveis no Reino Unido chegaram ao seu máximo no terceiro trimestre de 2007, em uma sequência de altas entre 1996 e 2007. No início de 2007, as taxas de juros foram aumentadas, e as exigências para financiamentos, endurecidas. A queda dos preços dos imóveis apresentou aceleração no segundo semestre de 2008 em decorrência da crise financeira global e da recessão econômica. Entretanto, o mercado imobiliário londrino renasceu muito mais rápido que no restante do Reino Unido: os preços médios voltaram aos níveis de 2007, e uma casa dentro de Londres custa em média o dobro de qualquer outro lugar do Reino Unido.

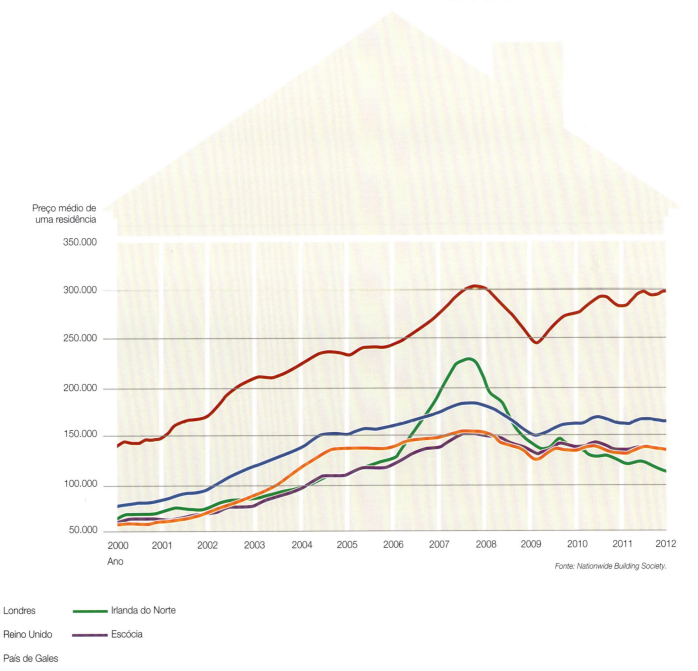

Fonte: Nationwide Building Society.

— Londres
— Reino Unido
— País de Gales
— Irlanda do Norte
— Escócia

Cidades globais e migração

Conforme explicado anteriormente, os mercados de trabalho das cidades globais se caracterizam pela desigualdade crescente – o aumento na proporção de mão de obra qualificada no topo do mercado é seguido de um pequeno, porém significativo, aumento nos trabalhadores da base da pirâmide. Entretanto, talvez ainda mais relevante seja o fato de que os trabalhadores imigrantes dominem cada vez mais os dois extremos: os mercados de trabalho das cidades globais dependem de forma progressiva dos imigrantes, tanto aqueles que trabalham nos empregos altamente qualificados (finanças, consultoria de gestão, publicidade) quanto nos empregos com baixa qualificação (limpeza, hospitalidade, cuidados de saúde, construção e processamento de alimentos), empregos que literalmente mantêm cidades globais como Londres em funcionamento. Portanto, vemos o surgimento do que pode ser uma "divisão migratória da mão de obra". Essa divisão frequentemente acontece no mundo todo, mas nem sempre é assim. A China recentemente foi palco de um dos maiores processos de migração do campo para a cidade na história humana, produzindo novas cidades globais em um contexto comunista que impedia o crescimento das cidades.

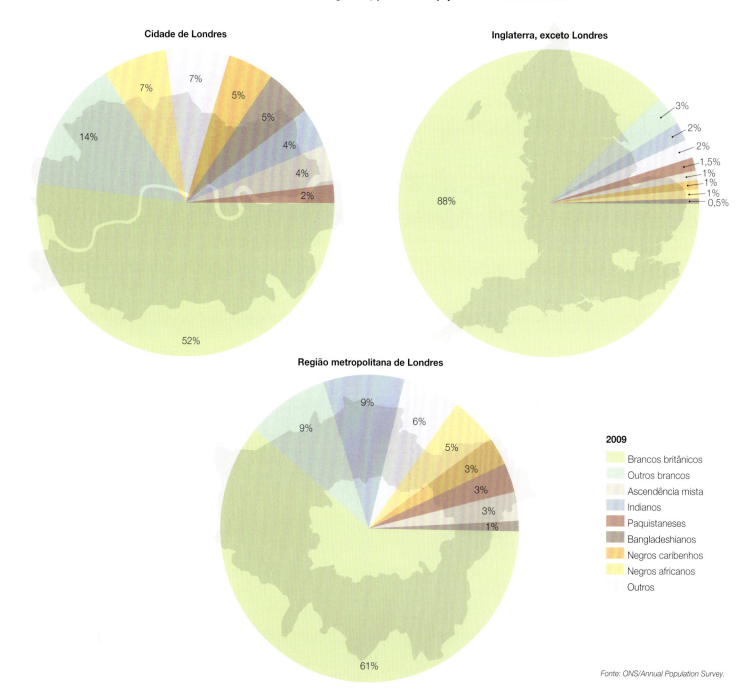

Fonte: ONS/Annual Population Survey.

Em meados da década de 1990, a desregulamentação do setor financeiro britânico se mostrou insuficiente para dar fôlego às empresas de financiamento britânicas extremamente conservadoras. Tais empresas foram assumidas sobretudo por grandes investidores do setor financeiro dos Estados Unidos, o que levou a uma grande quantidade de salários altíssimos (comparáveis aos dos cargos equivalentes em Nova York) e a uma crescente internacionalização dos trabalhadores dessas empresas, que representavam um terço das vagas oferecidas na região londrina da City. No outro extremo estavam os trabalhadores nascidos no exterior que ocupavam 46% dos trabalhos de baixa qualificação em Londres em 2001. Tal dependência dos trabalhadores imigrantes é ainda mais considerável em setores como o de limpeza, nos quais o percentual de trabalhadores nascidos no exterior passou de 40% em 1993 e 1994 para quase 70% em 2004 e 2005. Há índices semelhantes entre *chefs* e cozinheiros, auxiliares de cozinha e assistentes de cuidados de saúde, e está cada vez mais evidente que alguns setores da economia londrina que oferecem baixos salários apenas continuam operando graças à mão de obra estrangeira.

Quais fatores explicam o surgimento dessa divisão da mão de obra por nacionalidade em Londres? Pesquisas já identificaram que há diversos processos, incluindo a desregulamentação do mercado de trabalho e as reformas no sistema de bem-estar social, que causaram uma deterioração generalizada das condições de trabalho, dificultando aos empregadores londrinos atrair mão de obra local. Há outro processo simultâneo, de mobilidade vinda do chamado Sul Global (países em desenvolvimento), que trouxe uma força de trabalho que preenche tais vagas em busca de melhor qualidade de vida no outro lado do mundo.

Cidade global

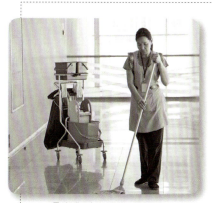

Trabalhadores imigrantes com baixa qualificação

Cidade multicultural

Trabalhadores imigrantes altamente qualificados

Fonte: ONS/Annual Population Survey.

Cidade da diversidade

É comum dizer que Londres é "o mundo em uma só cidade" – fato confirmado pela pesquisa do Global Cities at Work, *que registrou 63 diferentes nacionalidades na população local. A maioria dos imigrantes veio do Leste Europeu, da África subsaariana e da América Latina. No passado, a migração para o Reino Unido era predominantemente de cidadãos vindos da Commonwealth (do subcontinente indiano e do Caribe). Atualmente, ela foi diversificada com a migração vinda de uma União Europeia com fronteiras mais extensas e também de outras partes do mundo sem conexões coloniais historicamente sólidas com a cidade ou com o país, especialmente da América Latina. Como resultado, a população de Londres possui uma diversidade étnica incomparavelmente superior à do restante da Inglaterra.*

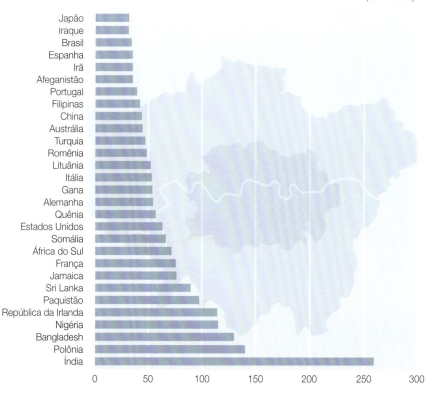

Quantidade de residentes em Londres nascidos no exterior (em milhares) e país de origem (2011)

Cidades globais e turismo

A infraestrutura de transporte aéreo e os *designscapes* das cidades globais não servem apenas para ajudar a transferir profissionais ou atrair investimentos: eles também buscam atrair turistas. O turismo tem uma contribuição relevante para o tecido econômico, social e cultural dessas cidades. Nova York, por exemplo, é o destino favorito dos viajantes internacionais que vão aos Estados Unidos. Em 2010, a cidade recebeu quase 50 milhões de visitantes, incluindo 9,7 milhões de estrangeiros. Os gastos dos visitantes estrangeiros em Nova York são os de maior valor – diferentemente da média do restante dos Estados Unidos. Os locais de interesse cultural, enormes centros de convenções e/ou espaços para feiras, lançamentos imobiliários na orla e enormes complexos esportivos e de entretenimento apareceram em diversas cidades globais como parte de uma estratégia deliberada de fomento à atratividade para estrangeiros – e para o seu dinheiro.

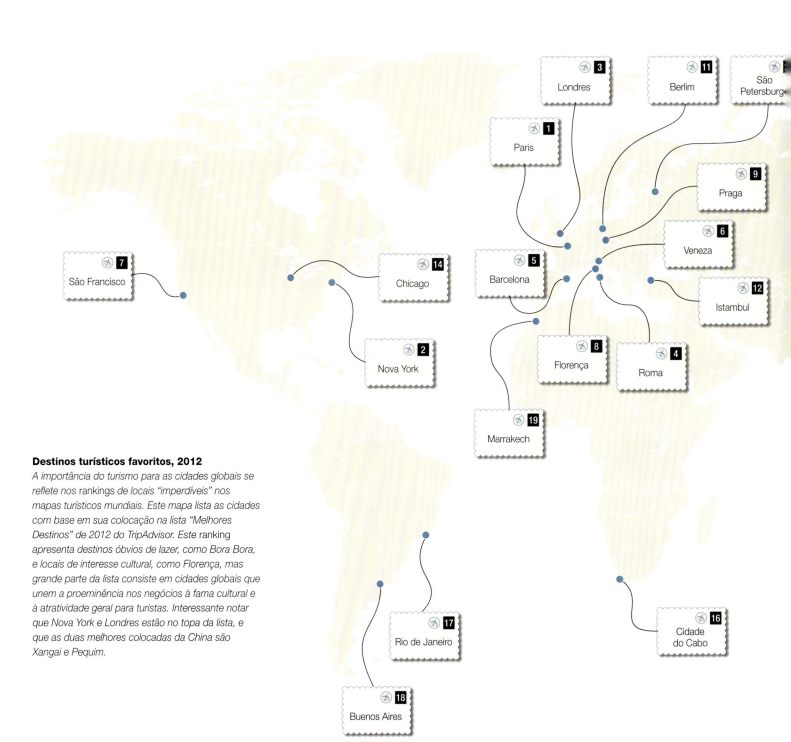

Destinos turísticos favoritos, 2012

A importância do turismo para as cidades globais se reflete nos rankings de locais "imperdíveis" nos mapas turísticos mundiais. Este mapa lista as cidades com base em sua colocação na lista "Melhores Destinos" de 2012 do TripAdvisor. Este ranking apresenta destinos óbvios de lazer, como Bora Bora, e locais de interesse cultural, como Florença, mas grande parte da lista consiste em cidades globais que unem a proeminência nos negócios à fama cultural e à atratividade geral para turistas. Interessante notar que Nova York e Londres estão no topa da lista, e que as duas melhores colocadas da China são Xangai e Pequim.

Cidade global

A relevância econômica do setor de turismo é gigantesca: os gastos totais de turistas em Nova York ultrapassaram os 30 bilhões de dólares em 2010 – e os visitantes estrangeiros representaram a maior parte dessa quantia. Não há dúvidas de que viagens e turismo constituem um setor essencial para essa cidade: os gastos totais por turista (doméstico e estrangeiro) dobraram desde 2001 e triplicaram nos últimos vinte anos.
É importante destacar que o turismo não deve ser visto como uma mera função acessória das cidades globais – ou um subproduto da relevância da cidade em outros setores. O turismo se tornou peça fundamental e uma alavanca para a formação desse tipo de cidade. Por exemplo, uma pesquisa de 2010 mostrou que 60% dos turistas estrangeiros em Nova York estavam lá a lazer ou em férias – o número era de 54% para o país como um todo. De forma inesperada, talvez Nova York seja mais um destino para lazer do que para negócios, tanto em termos absolutos quanto relativos.

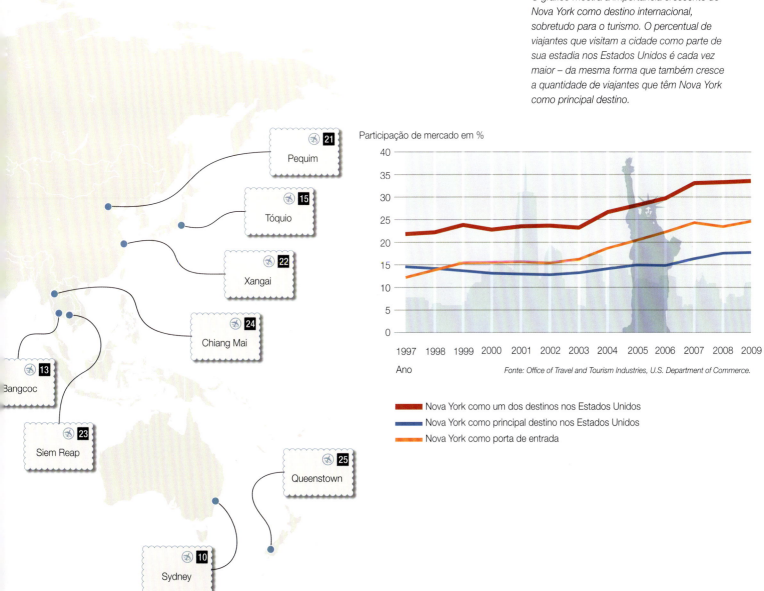

Atratividade global
O gráfico mostra a importância crescente de Nova York como destino internacional, sobretudo para o turismo. O percentual de viajantes que visitam a cidade como parte de sua estadia nos Estados Unidos é cada vez maior – da mesma forma que também cresce a quantidade de viajantes que têm Nova York como principal destino.

CIDADE DAS CELEBRIDADES

ELIZABETH CURRID-HALKETT

Cidade principal
LOS ANGELES

Cidades secundárias
NOVA YORK
LONDRES
MILÃO
MUMBAI
LAS VEGAS

À esquerda: Los Angeles, Estados Unidos.

Cidade das celebridades: Introdução

“Em Hollywood, quem manda é o dinheiro.”

O Ocidente do século XXI se caracteriza pela tecnologia, pelo consumo generalizado e por um modo de vida pós-escassez que a sociedade adotou. Todos nós adquirimos muitas coisas, inclusive os hábitos aspiracionais que, no passado, eram restritos às classes altas. Nós nos tornamos a sociedade do espetáculo, indo da pós-escassez para a abundância sem limites – o capitalismo romântico, e todas as armadilhas que estão associadas a ele.

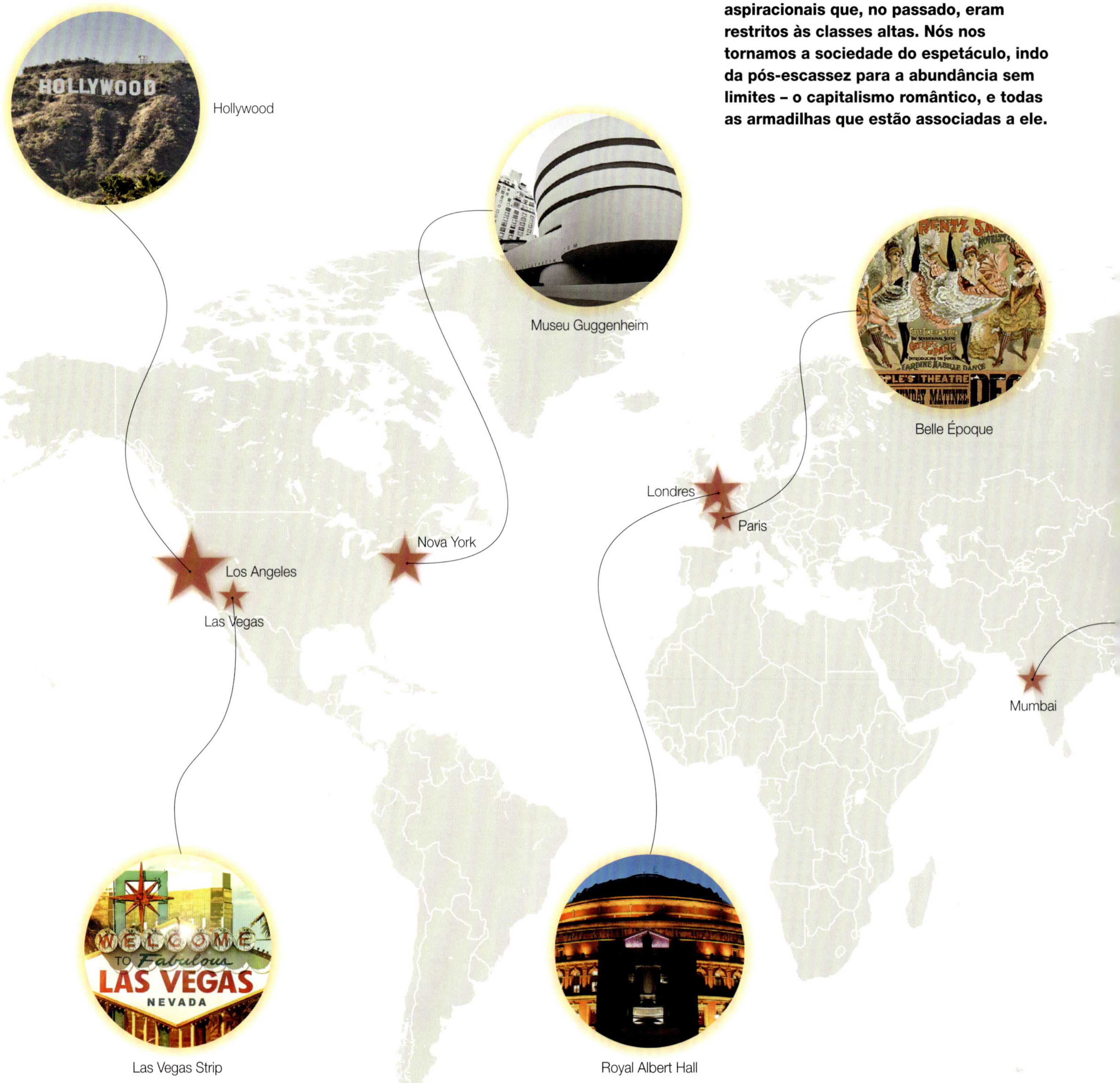

HOLLYWOOD
Hollywood
Museu Guggenheim
Belle Époque
Londres
Paris
Nova York
Los Angeles
Las Vegas
Mumbai
WELCOME TO Fabulous LAS VEGAS NEVADA
Las Vegas Strip
Royal Albert Hall

Essa situação pode ser mais bem exemplificada pelo fenômeno das celebridades, que está disseminado. Nossa paixão por informações sobre pessoas famosas surge, em parte, do desejo de criar laços com os outros. Esse fenômeno se tornou mais importante e mais comum com as mudanças na sociedade: vivemos mais longe de nossas famílias, casamos mais tarde, temos menos filhos e não conhecemos nossos vizinhos de porta. As celebridades são pessoas com quem criamos vínculos – e sobre as quais criamos vínculos, pois elas se tornam assunto das conversas e representam um tipo de "cimento" que une uma sociedade anônima e globalizada. Mais do que isso, elas nos apresentam um modo de vida que envolve espetáculo e aceitação do capitalismo. Todos nós participamos disso por meio da compartimentalização das nossas vidas, da identificação e da promoção de nós mesmos por meio dos nossos hábitos de compras, pelo bairro onde moramos, pelos programas a que assistimos, pelas pessoas que seguimos no Twitter e no Facebook, e assim por diante.

O surgimento da cidade das celebridades

As celebridades, portanto, são o fio condutor das tendências mais gerais do espetáculo, da distopia, do anonimato e da vigilância generalizada. Da mesma forma, surgem em locais e momentos específicos. As celebridades brilham como resultado de um sistema urbano global no qual algumas poucas cidades detêm uma "maior quantidade" de cultura que é distribuída para o mundo todo. O surgimento das celebridades mostra que, da mesma forma que em outros setores produtivos, ele depende da dinâmica aglomerante que está fortemente enraizada em alguns locais e conectada globalmente a outros centros. Talvez sua característica distintiva seja sua dependência de um cenário geográfico para ter sucesso – há menos fábricas e mais palmeiras e boates, mas o efeito no setor produtivo é o mesmo. O local e sua imagem importam para o desenvolvimento a longo prazo da indústria das celebridades e de suas cidades. Na realidade, o cenário pode até ser o elemento mais importante do estrelato. As celebridades surgem e desaparecem, mas suas capitais permanecem as mesmas: a Paris da Belle Époque, a Londres da década de 1960 e Los Angeles com sua distopia urbana moderna.

Tal simbiose é também uma função da relação entre as indústrias cultural e de celebridade. A indústria cultural, fortemente concentrada em algumas metrópoles específicas, tende a criar nossas estrelas – seja na indústria cinematográfica de Los Angeles, seja na da moda e das artes de Nova York, seja na cena musical efervescente de Londres. Portanto, a forma das cidades e suas concentrações econômicas produzem tipos específicos de interação, informação e competição. Tais aspectos funcionais da cidade então se tornam uma parte constituinte de nossa forma de entender as celebridades e suas distinções. Em outras palavras, as concentrações econômicas e as funções prosaicas dos centros urbanos influenciam fortemente seu posicionamento no capitalismo romântico e seu consequente complexo de celebridades globais.

Os centros urbanos, diferentemente dos centros rurais, geralmente oferecem uma cultura livre e libertadora como resultado de seu adensamento, que aceita a diversidade e a excentricidade nos estilos de vida e comportamentos. Ou seja, há uma função prática para a coexistência da indústria cultural e da mídia, mas também há uma dependência das celebridades: elas precisam do adensamento e da liberalidade da sociedade urbana para criar o cenário cultural necessário. Como na avaliação da Escola de Chicago sobre a nova cidade industrial – adensada, diversificada e tolerante –, a cidade das celebridades depende de uma capacidade semelhante de abertura, seja na sua concentração de vida noturna e casas de shows que criam centros para celebridades e fãs, ou nos restaurantes que ficam abertos até tarde e nas políticas liberais que permitem festas na rua, nos espaços de trabalho para artistas, ou apenas nos muitos milhares de pessoas que estejam encenando seus espetáculos.

Celebridades e a cidade global

Em seu famoso livro *The Image*, o historiador e ensaísta norte-americano Daniel Boorstin afirmou: "Conhecidas sobretudo por sua fama, as celebridades intensificam sua imagem pública apenas por serem amplamente conhecidas por meio de seus relacionamentos entre si". Por mais tautológica que essa afirmação possa parecer, a natureza recursiva das celebridades é uma de suas principais características. A indústria cultural e suas estrelas são fenômenos visuais, e uma possível medida do seu sucesso é a frequência com que pessoas e locais são fotografados. É possível considerar fotografias como índice do mercado de poder das estrelas. Portanto, é possível perceber uma geografia econômica na qual Los Angeles é o centro máximo em conexão com alguns outros centros globais, como Londres, Nova York e Paris.

Utilizando uma base de dados de legendas de mais de 600 mil fotos de entretenimento da Getty Images, mapeamos a geografia da cidade das celebridades e da infraestrutura social, econômica e física que está por trás disso tudo. As redes, os eventos, as pessoas e os locais que mantêm o sistema de estrelas também nos explicam muito sobre seu *habitat* e seus hábitos. Com *glamour* ou simplicidade, adensada ou espalhada, com arquitetura nova ou antiga: todos esses elementos da urbanidade estão presentes nos locais onde a celebridade é registrada.

Bollywood

Capitais das celebridades

A partir de uma pesquisa com mais de 600 mil fotografias da indústria do entretenimento, uma imagem das capitais globais das celebridades aparece retratada no mapa-múndi ao lado. Mais de 80% de todas as fotografias foram tiradas em apenas três lugares: Nova York, Los Angeles e Londres. Além disso, Paris, Las Vegas e Mumbai desempenham papéis essenciais na rede global das cidades das celebridades. Mumbai, onde está localizada Bollywood, permanece como uma capital única e autônoma, mas talvez a maior produtora das celebridades do cinema no mundo.

Cidade das celebridades

O complexo industrial das celebridades

Empregos da indústria das celebridades

"Poder das estrelas" é uma função da complicada cadeia produtiva que tem sede sobretudo em Nova York e Los Angeles, onde mais de 110 mil pessoas em cada cidade trabalham em empregos na indústria da celebridade. Tais números nos dão uma ideia do tamanho e da diversidade dos mais variados profissionais, investimentos e empresas necessários para a manutenção de uma imagem – mesmo que passageira.

A imagem de celebridade – uma pessoa em especial ou um grupo de pessoas que faz parte de um meio glamoroso – é transmitida para o mundo todo. Mas ela surge a partir de um lugar específico e de uma sofisticada rede de pessoas, empresas e recursos disponíveis nesse lugar. Como o Vale do Silício para a tecnologia e Wall Street para o mundo financeiro, Los Angeles é o centro de produção e distribuição de celebridades. Desde a Era do Jazz até o século XXI, West Hollywood vem criando imagens de pessoas belas fazendo coisas extremamente glamorosas. Fotografias, publicações e um rápido ciclo de notícias criam uma intimidade espontânea que ofusca os complicados bastidores do complexo industrial de celebridades de Los Angeles.

O fabuloso processo de construção e projeção da imagem das estrelas para o mundo todo depende do trabalho de milhares de pessoas e empresas dedicadas à manutenção de celebridades como indivíduos e da celebridade como fenômeno. Assessores, advogados e agentes dedicam suas carreiras inteiramente a elas. As agências possuem milhares de funcionários para cuidar dos direitos, acordos e endossos feitos por celebridades. Até mesmo os cuidados mais

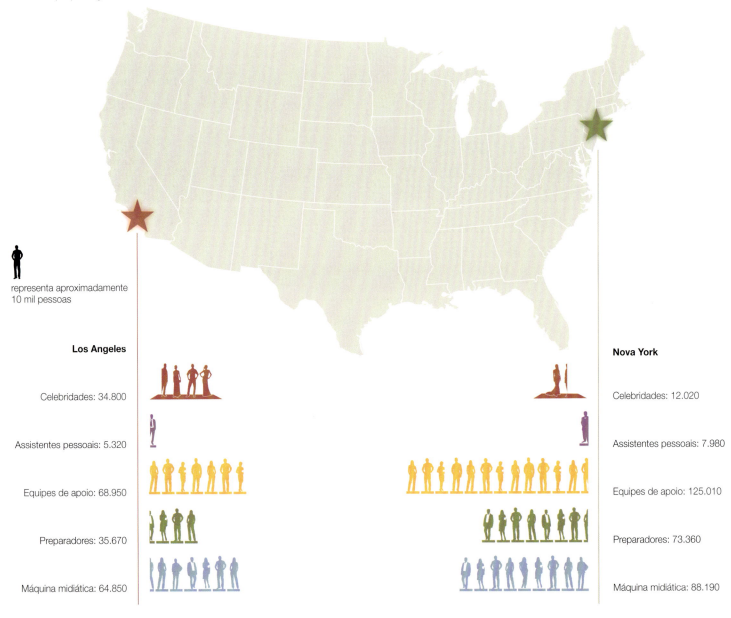

representa aproximadamente 10 mil pessoas

Los Angeles
- Celebridades: 34.800
- Assistentes pessoais: 5.320
- Equipes de apoio: 68.950
- Preparadores: 35.670
- Máquina midiática: 64.850

Nova York
- Celebridades: 12.020
- Assistentes pessoais: 7.980
- Equipes de apoio: 125.010
- Preparadores: 73.360
- Máquina midiática: 88.190

Fonte: County Business Pattern Industry Data, BLS 2008, Currid-Halkett (2010).

básicos – salão de beleza, academia ou lojas de departamentos – são essenciais para manter a qualidade da imagem e a aparência dos famosos. Todas essas pessoas e instituições trabalham juntas para cultivar a imagem, o perfil, o capital econômico e a atenção da mídia que cada estrela recebe. Jennifer Aniston, Angelina Jolie e David Beckham não emanariam o mesmo "poder de estrela" sem a manutenção diária da máquina do estrelato. Tão nebulosa ou efêmera quanto possa parecer, a celebridade depende das economias de aglomeração, escala e escopo que são geograficamente limitadas a Los Angeles e às cidades de Nova York, Paris e Londres. Essas funções diversas operam localmente, de maneira simultânea, e sua concentração em um local exacerba a troca de conhecimento, ideias, estilo e a concorrência entre tais ingredientes. Portanto, a indústria da celebridade de Los Angeles opera de forma semelhante à do aço de Pittsburgh e à indústria aeroespacial de Detroit. A densidade de suas atividades econômicas e sociais permite que a cidade das celebridades se regenere constantemente. Dado que a forma e a função da celebridade são inerentemente efêmeras, tais capacidades para criar novos conhecimentos, novas ideias e novas celebridades são ainda mais importantes.

Há cinco degraus na escada profissional que representam o complexo industrial dessas cidades. As estrelas e aspirantes a estrelas – atores ou supermodelos – estão no topo e são o motivo pelo qual todas as outras pessoas da cadeia possuem empregos. O segundo degrau inclui aqueles que trabalham para essas celebridades: seus assistentes pessoais, agentes, assessores e representantes. Depois vêm o pessoal de apoio (advogados, motoristas e ajudantes) e seus preparadores (manicures, cabelereiros e *personal trainers*). Por fim, mas talvez a parte mais importante, vem a máquina midiática que exibe o brilho das estrelas para o mundo todo. As celebridades e suas imagens vêm e vão o tempo todo, mas o complexo industrial da celebridade permanece no mesmo lugar.

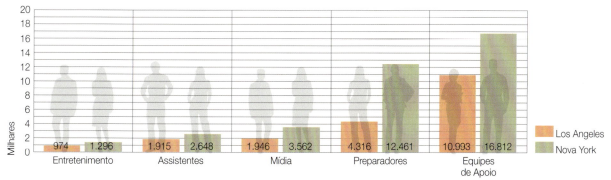

Quantidades de empresas relacionadas a celebridades em NY e LA

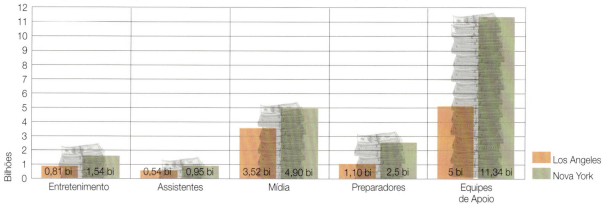

Folhas de pagamentos de empresas relacionadas às celebridades em NY e LA (em dólares)

Fonte: County Business Pattern Industry Data, BLS 2007 (empresas) e 2008 (folha de pagamento), Currid-Halkett (2010).

Economia da cidade das celebridades

Em Nova York, quase 1 bilhão de dólares em folha de pagamento é destinado a relações-públicas, enquanto em Los Angeles esse número é de 536 milhões de dólares. Em Los Angeles, a mídia soma mais de 3,5 bilhões em folha, e os empregos de celebridades (atores, músicos e atletas) geram, em si, 1,5 bilhão em salários. A celebridade do século XXI é uma economia real e um lugar real, mesmo que seja a sua presença efêmera e virtual que prevaleça em nosso entendimento.

Cidade das celebridades

Rede global das cidades das celebridades

No mundo todo, de Memphis a Mumbai, consumidores da cultura popular compram revistas, assistem à TV e seguem blogs que cobrem as vidas das celebridades – a elite cultural de produtores das cidades criativas do mundo. Considerando a frequência com que as estrelas aparecem em revistas como *Vanity Fair*, *People* ou *Hello!*, pode parecer que as celebridades estão em todos os lugares. Segundo Marshall McLuhan, realmente elas estão em todos os lugares. A mídia é a mensagem, e a mensagem é incessante.

Ainda assim, o estudo do surgimento e desaparecimento das celebridades indica que, embora pareça que elas estão em todos os lugares, elas de fato se localizam em apenas algumas poucas cidades de elite no mundo. A mídia alimenta a fantasia de que são acessíveis mesmo que estejam a milhares de quilômetros de distância, escondidas em suas casas em Hollywood Hills e nos restaurantes protegidos por cordões de isolamento do Sunset Boulevard ou da Bond Street. Na realidade, em nossa pesquisa com mais de meio milhão de fotografias da Getty Images mostrando celebridades em eventos, constatamos que as estrelas passam a maior parte do seu tempo em apenas três cidades: Londres, Nova York e Los Angeles. Mais de 80% das

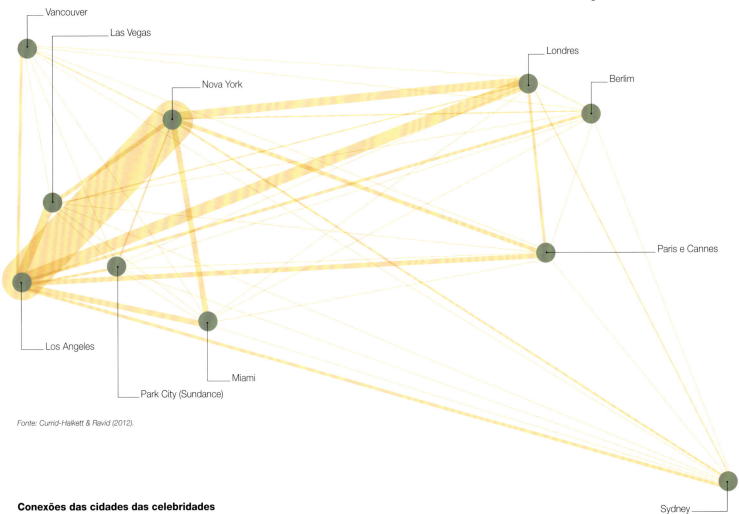

Fonte: Currid-Halkett & Ravid (2012).

Conexões das cidades das celebridades

A análise das redes sociais das celebridades indica que Londres, Nova York e Los Angeles não são apenas as capitais das celebridades no mundo; elas estão também consideravelmente interconectadas com fluxos constantes de estrelas. Neste diagrama, a largura da linha que conecta duas cidades representa o número de viagens de celebridades entre elas. Nova York e Los Angeles são as cidades das celebridades mais conectadas do mundo, seguidas por Los Angeles e Londres. Imagem adaptada do original de Gilad Ravid, dados de março de 2006 a fevereiro de 2007.

Los Angeles   Nova York

Londres

fotografias foram tiradas apenas nesses três locais. Além disso, algumas outras cidades funcionam como centros temporários de celebridades: Cannes durante o festival de cinema, Miami durante a Art Basel e Park City, no estado do Utah, durante o Sundance Film Festival. A rede da cidade das celebridades destaca um aspecto recorrente e muito importante do desenvolvimento do século XXI: um sistema urbano globalmente conectado que cria geografias onde o ganhador leva tudo – frequentemente deixando terras devastadas por onde passa.

Como em outras indústrias, o motivo de existir apenas esse número finito de cidades pode ser explicado por um simples fato: muitas indústrias dependem de infraestrutura aglomeradora social, econômica e física, e de um sistema de conhecimento extremamente interconectado. A celebridade, existencial em seu cerne, depende de um sistema de manutenção das estrelas e dos seus grupos, que vende revistas, filmes e destinos turísticos. As celebridades em si, como os corretores de Wall Street, dependem de redes localizadas para manter suas carreiras e poder crescer, gerando e mantendo conhecimento e inovação. Não é possível se tornar uma estrela global sem estar constantemente presente nos locais onde estão os paparazzi para que tirem suas fotos e as distribuam para o mundo.

Há ainda um outro importante aspecto faltando nessa rede global de cidades. Bollywood, a capital indiana do cinema, lar de algumas das maiores estrelas do mundo, não parece estar conectada a nenhum dos principais centros ocidentais de celebridades. As estrelas de Bollywood parecem estar completamente isoladas da cultura pop ocidental, embora, em termos numéricos absolutos, tenham muito mais fãs. Pesquisas qualitativas feitas em Bollywood (Lorenzen & Taübe, 2008; Lorenzen & Mudambi, 2013) sugerem que, mesmo quando a indústria cinematográfica indiana filma em locação ao redor do mundo, exportando cada vez mais, sua celebridade continua sendo extremamente insular. Com foco em Mumbai e com sua própria máquina midiática, o sistema das celebridades de Bollywood tem pouquíssima necessidade de interconexão com o sistema urbano ocidental.

Bollywood

Mumbai, onde Bollywood está localizada, é teoricamente a maior cidade das celebridades do mundo, mas ainda permanece completamente desconectada de suas irmãs ocidentais. Bollywood produz de 200 a 250 filmes por ano, e as vendas de ingressos têm números equivalentes aos de Hollywood. A indústria de Bollywood é tão robusta econômica e culturalmente que tem pouca necessidade ou desejo de se conectar com a rede de celebridades e entretenimento do Ocidente.

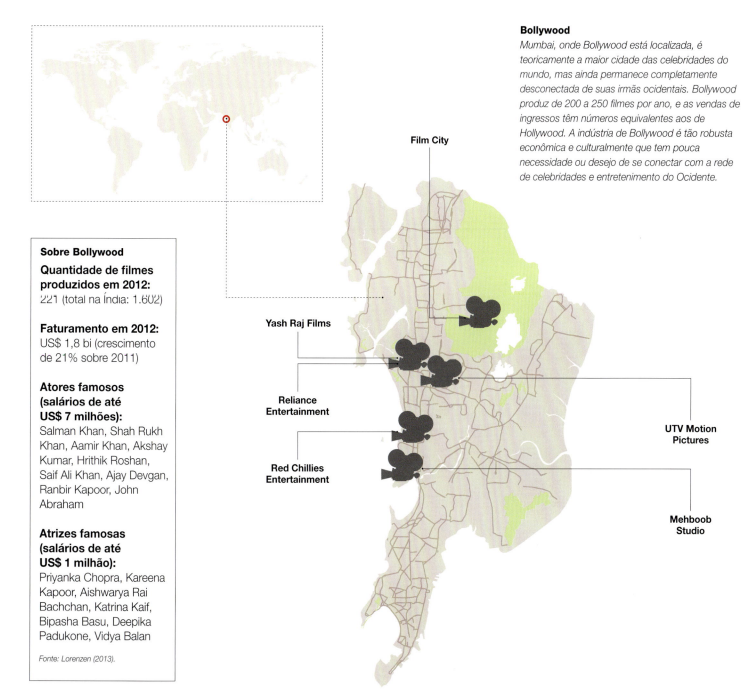

Sobre Bollywood

Quantidade de filmes produzidos em 2012:
221 (total na Índia: 1.602)

Faturamento em 2012:
US$ 1,8 bi (crescimento de 21% sobre 2011)

Atores famosos (salários de até US$ 7 milhões):
Salman Khan, Shah Rukh Khan, Aamir Khan, Akshay Kumar, Hrithik Roshan, Saif Ali Khan, Ajay Devgan, Ranbir Kapoor, John Abraham

Atrizes famosas (salários de até US$ 1 milhão):
Priyanka Chopra, Kareena Kapoor, Aishwarya Rai Bachchan, Katrina Kaif, Bipasha Basu, Deepika Padukone, Vidya Balan

Fonte: Lorenzen (2013).

Ciência social das redes de celebridades

Manter uma rede de contatos é essencial para a vida de qualquer um, mas o que isso significa exatamente? O que a rede de contatos mais exclusiva de todas – a Lista A de Hollywood – pode nos dizer sobre o comportamento social e a localização das celebridades? As redes sociais podem explicar a diferença entre pessoas da Lista A e da Lista C? E todo o resto do mundo?

Nos últimos anos, as redes sociais se tornaram um importante componente de estudo do desenvolvimento econômico e da prosperidade urbana. As primeiras pesquisas do Vale do Silício mostravam que as relações pessoais informais eram essenciais para obter sucesso na indústria (em detrimento à Route 128 de Boston). Os estudiosos da indústria criativa destacam a importância de concentrações remotas de

Cidade das celebridades

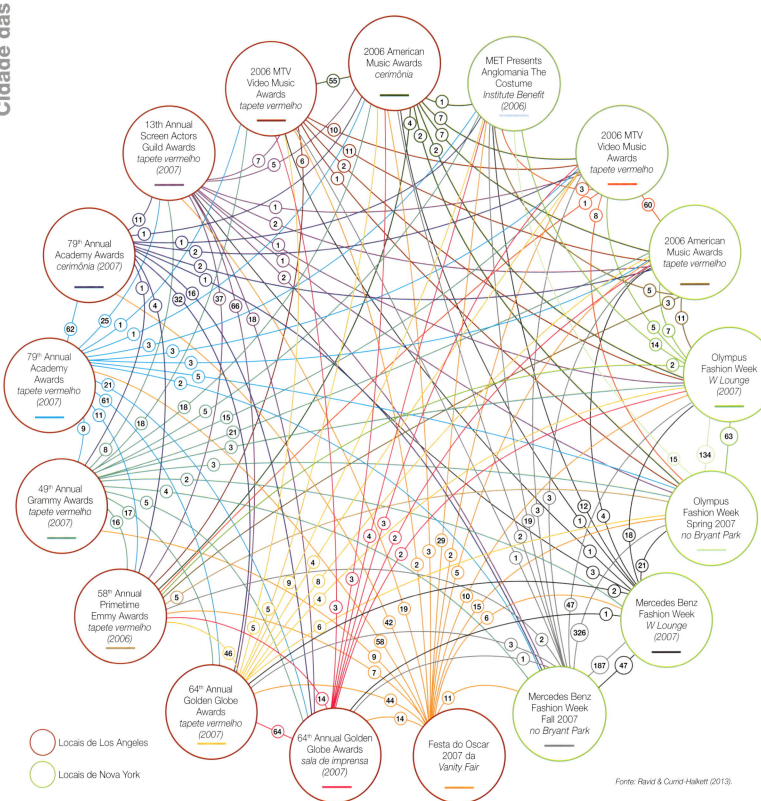

○ Locais de Los Angeles
○ Locais de Nova York

Fonte: Ravid & Currid-Halkett (2013).

pessoas morando, trabalhando e se encontrando umas com as outras. Recentemente, o monitoramento de telefones celulares sugere que redes sociais diversificadas estão fortemente relacionadas à prosperidade urbana.

Fotógrafos de celebridades revelam importantes informações sobre tais conexões. Embora os famosos sejam uma pequena elite da indústria cultural, sua dinâmica social pode nos dar importantes dicas do papel das redes sociais na prosperidade de outras carreiras e indústrias. Eu e Gilad Ravid, um colega da Ben Gurion University em Israel, executamos uma análise de redes sociais do nosso conjunto de dados da Getty que nos permitiu analisar quem estava em cada uma das fotos, com quem foram fotografados, em qual evento, em qual cidade e quantas fotos foram feitas de cada estrela. As informações das legendas dessas fotos revelam que as pessoas da Lista A têm uma rede consideravelmente diferente de todo o restante das pessoas na base de dados de fotografias.

Para relativizar as redes sociais das estrelas, consideramos que a maior parte do mundo possui seis graus de separação (esse número mágico já foi comprovado empiricamente que é exato). As pessoas na rede de celebridades têm apenas 3,26 graus de separação. Até mesmo celebridades sem conexões óbvias com outras celebridades, por conta de trabalho, localização ou *status,* estão conectadas por apenas 3,26 pessoas. Na Lista A, o número é ainda menor.

A partir dos *rankings* de Star Currency da *Forbes Magazine,* pudemos estudar as redes sociais das estrelas com base em seu posicionamento nos *rankings.* Embora as fotos da Getty Images incluam 7 mil pessoas, as pessoas da Lista A passam seu tempo apenas com outras vinte estrelas da Lista A. Uma das formas como a elite das celebridades perpetua o seu *status* de exclusividade é frequentando eventos de prestígio onde estarão apenas as estrelas mais famosas. Tais eventos – Oscars, Semanas de Moda, Art Basel Miami – transformam as cidades que os recebem. Elas se tornam centros efervescentes de *glamour* e espetáculo, incentivando seus moradores a participar do grupo de celebridades locais.

Cidade das celebridades

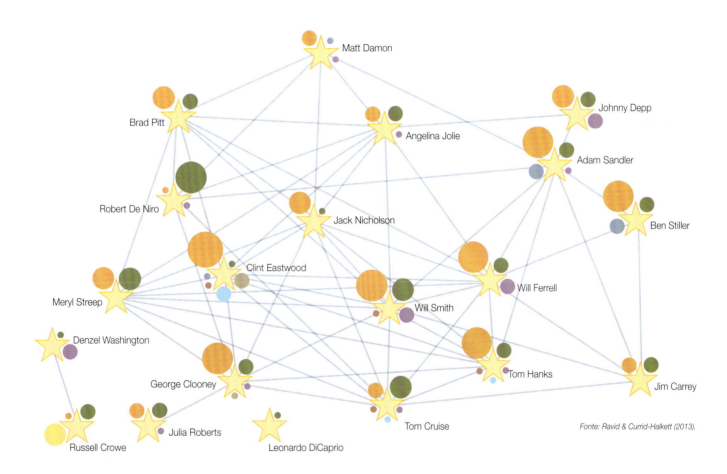

Redes de celebridades em eventos

Embora os eventos com celebridades aconteçam em todo o mundo, há padrões que emergem entre eles. Frequentemente, as mesmas celebridades aparecem como protagonistas em diversos espetáculos. Por exemplo, aqueles que estavam na Festa do Oscar da Vanity Fair também estavam no Gala anual do Costume Institute do Met. A imagem da página ao lado exibe as conexões entre eventos que unem as cidades globais das celebridades. As linhas indicam as conexões entre pessoas, e os números mostram a quantidade de pessoas que estavam em um evento e que também foram a outros eventos conectados pelas linhas.

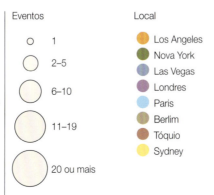

Fonte: Ravid & Currid-Halkett (2013).

A rede social das celebridades em diversas cidades

A elite das celebridades pode se deslocar de cidade em cidade, de evento em evento, mas ainda mantendo a mesma rede densa independentemente de sua localização. Embora as fotos da Getty Images incluam 7 mil pessoas, estes dados de 2006 e 2007 mostram que as celebridades da Lista A passam seu tempo apenas com outras vinte estrelas da Lista A.

133

Cidade das celebridades

Geografia do talento

As cidades das celebridades são locais de espetáculo e fascinação. Seu sucesso depende da fascinação do público e da mídia com pessoas e eventos em particular. No entanto, assim como as celebridades não são famosas pelos mesmos motivos, essas cidades também não são. Tais locais possuem outros atributos: a sordidez de Las Vegas, o *glamour* superficial de Los Angeles e o concreto de Nova York e Londres. Um elemento dessas distinções deriva das pessoas que personificam a forma urbana. As estrelas, o capital humano, então, criam nossa imagem da cidade das celebridades.

Algumas estrelas mantêm seu *status* de celebridade por meio de seu talento, definido por Oscars, Globos de Ouro e sucessos de bilheteria. Outras mantêm seu brilho sendo pessoas interessantes para o mundo. A forma como uma celebridade mantém seu *status* de estrela está relacionada à cidade onde ela vive e aos eventos que ela frequenta. Nossa análise fotográfica revelou padrões distintos dependendo do caso: ganhador de Oscar, campeão de bilheteria ou aficionado por aparecer nos tabloides. Portanto, as cidades das celebridades se alinham com a reputação das estrelas que as frequentam. Analisamos a lista Star Currency da *Forbes Magazine* sobre as estrelas que arrecadaram

Theatre Royal, Haymarket

Metropolitan Opera House

Las Vegas
Los Angeles

Nova York

Londres

Berlim

Berlinale — Festival Internacional de Cinema

grandes faturamentos de bilheteria, ganharam prêmios e atraíram outras estrelas para os filmes, e mapeamos o seu comportamento geográfico em todo o mundo. Nossa análise demonstrou que algumas cidades das celebridades são associadas negativa ou positivamente ao talento ou à fama pura e simples. Enquanto Paris Hilton passa a maior parte do tempo em Los Angeles, capital de todas as cidades das celebridades, estrelas reconhecidas por seu talento, como Angelina Jolie, raramente aparecem na mídia de Los Angeles. Celebridades relacionadas ao talento raramente aparecem em Los Angeles e fazem mais aparições no exterior.

O talento não depende apenas de estar sob o *flash* das câmeras; o fato de ser fotografado em Los Angeles não prova nada único ou substancial sobre a fama de uma pessoa. Entretanto, ir a um evento em um local mais distante indica uma demanda global e um maior impacto do filme, da música ou do trabalho criativo de uma estrela. Ir para a Austrália ou para a Alemanha está fortemente associado ao aumento no poder de estrela. Londres é a cidade mais associada às estrelas de grande talento. Las Vegas e Los Angeles estão associadas aos aspectos mais primitivos da celebridade – ostentação, efemeridade, indicações de superficialidade. Londres e Sydney são destinos globalmente cosmopolitas. Portanto, as estrelas e suas cidades são reflexos mútuos.

Cidade das celebridades

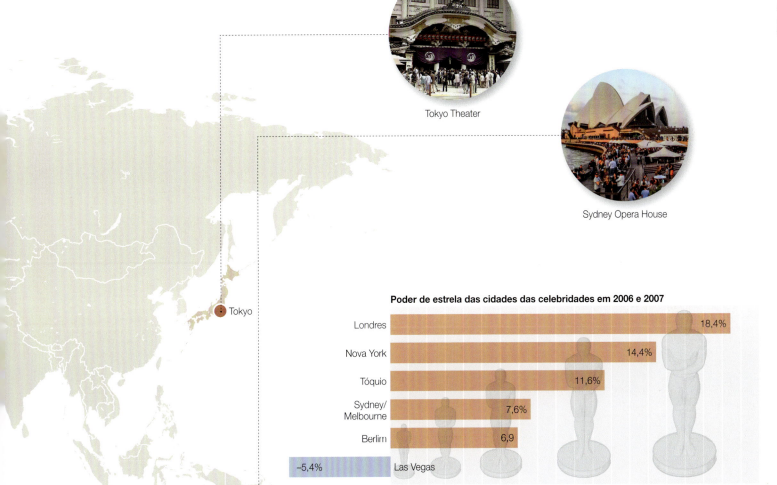

Capitais do talento

Cidades específicas surgem como locais importantes para estrelas interessadas em serem conhecidas globalmente por seu talento. Ser fotografado em determinadas cidades das celebridades pode definir a reputação de uma estrela. Por exemplo, ir para Londres e ser fotografado em um evento aumenta o poder de estrela em 18,4%. No sentido oposto, ser fotografado em um evento em Las Vegas reduz o poder de estrela em 5,4%.

Cidades das celebridades e "famosos apenas por serem famosos"

As cidades das celebridades, como os centros financeiros, tecnológicos ou artísticos, tendem a dirigir seu foco para determinado aspecto da indústria. Portanto, as estrelas de talento migram para essas cidades com atributos específicos. Enquanto Los Angeles, Londres e Nova York parecem ser o centro da cultura das celebridades, os comportamentos geográficos das estrelas de talento e das que são apenas famosas mostram padrões especialmente diferentes.

Isso pode ser explicado parcialmente pela necessidade da estrela que é "famosa apenas por ser famosa" de estar constantemente sob os holofotes para manter seu *status* de celebridade. Para elas, a proximidade com as capitais da mídia é essencial para seu estrelato. Enquanto Londres atrai as estrelas de talento, ela também é essencial para as Paris Hiltons do mundo. A mídia extremamente concentrada da Grã-Bretanha (há apenas quinze grandes jornais diários) e a gigante BBC fazem todos consumirem a mesma mídia. Para aqueles que são famosos por serem famosos, ir a um evento em Londres garantirá ampla distribuição no país todo.

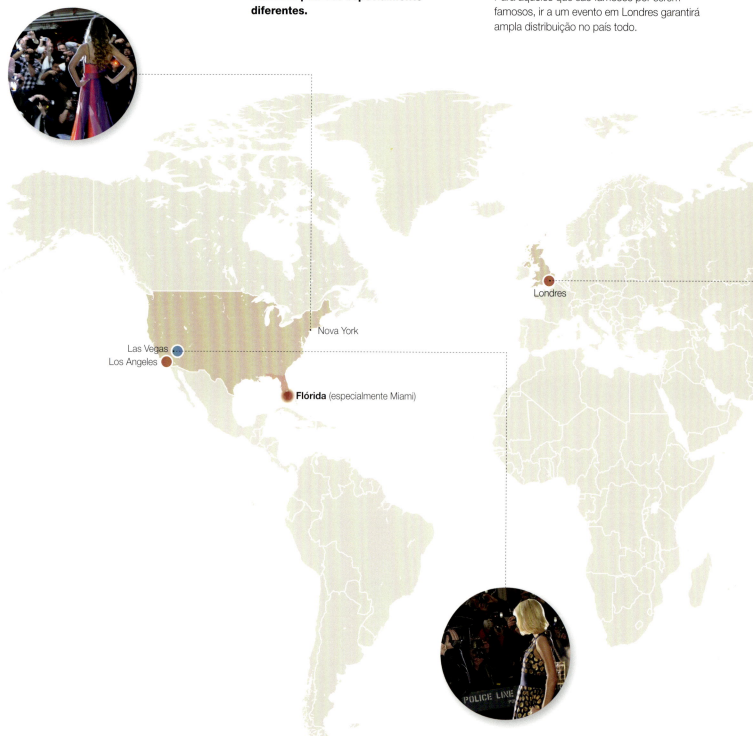

136

Cidade das celebridades

Estrelas famosas apenas por serem famosas passam longas temporadas em Los Angeles para maximizar sua exposição à mídia. Entretanto, elas também precisam viajar para mais eventos para que suas fotos cheguem aos tabloides. Paris Hilton não recebe a mesma atenção que estrelas como Angelina Jolie ou Tom Cruise em cada evento. Considere como exemplo eventos de celebridades em Londres: em 2006, Angelina Jolie foi fotografada cem vezes em um único evento; Tom Cruise foi fotografado 111 vezes na estreia do seu filme *Missão Impossível*; Paris Hilton foi a dez eventos em Londres nesse mesmo ano e foi fotografada 173 vezes ao todo. Isso dá a ela uma média de 17,3 fotos por evento contra 100 e 111 para Jolie e Cruise, respectivamente. Além disso, o tipo de evento pode prever o perfil da estrela que irá aparecer. As reconhecidas pelo talento preferem eventos exclusivos de sua indústria ou os beneficentes, enquanto as celebridades apenas famosas vão a qualquer tipo de evento desde que haja um fotógrafo à vista.

Las Vegas é um centro de celebridades problemático do início ao fim. Aparecer nessa simulação de cidade no meio do deserto está associado ao declínio do poder de estrela. Las Vegas é relevante para celebridades apenas quando uma estrela está dando uma festa de aniversário. Para os que são apenas famosos, a mídia é a única coisa que interessa, e, se tal estrela está em Vegas, ela provavelmente não está na frente das câmeras mostrando ao mundo que ela existe.

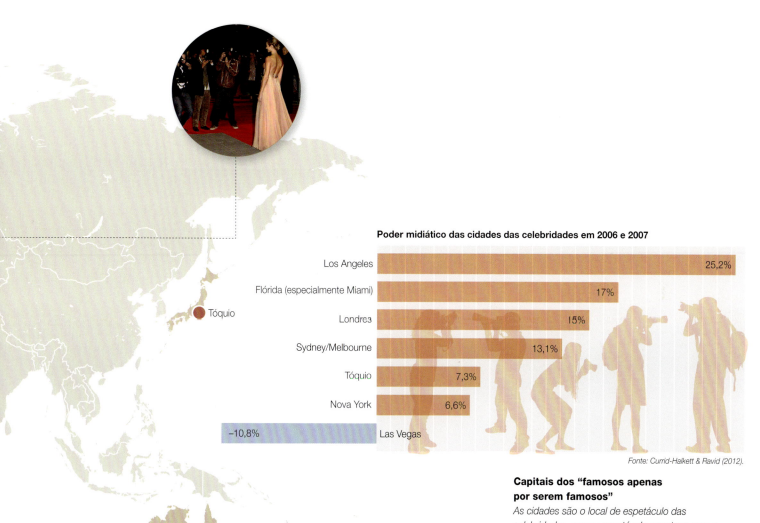

Poder midiático das cidades das celebridades em 2006 e 2007

- Los Angeles: 25,2%
- Flórida (especialmente Miami): 17%
- Londres: 15%
- Sydney/Melbourne: 13,1%
- Tóquio: 7,3%
- Nova York: 6,6%
- Las Vegas: −10,8%

Fonte: Currid-Halkett & Ravid (2012).

Capitais dos "famosos apenas por serem famosos"

As cidades são o local de espetáculo das celebridades, e esse espetáculo acontece para a mídia, que mantém viva a fama dos queridos e famosos com infindáveis imagens. Para as celebridades que dependem sobretudo de sua fama (e não de seu talento), é importante frequentar eventos, mas não nas mesmas cidades dos talentosos. Para os "famosos apenas por serem famosos", Los Angeles continua sendo a principal cidade. Ir a um evento em Los Angeles aumenta o volume de mídia em 25% comparado a Las Vegas, que reduz o volume de mídia em 10%. Outras cidades, como Nova York e Tóquio, operam em termos médios e recebem famosos e talentosos da mesma forma.

Cidade das celebridades

Geografia do agito

Da contracultura do Vale do Silício ao capitalismo gélido de Wall Street, o meio social define o sucesso daqueles que trabalham em determinada indústria. Ideias são negociadas, oportunidades profissionais aparecem, a criatividade é efervescente e "paira no ar", como o grande economista Alfred Marshall afirmou sobre o agrupamento das atividades industriais. Em meu livro *The Warhol Economy*, analisei a indústria criativa de Nova York. Minha pesquisa surgiu em partes da minha perplexidade frente ao fato de que artistas pobres e recém-formados em *design* chegavam aos montes em Nova York para morar em apartamentos minúsculos, pagar aluguéis exorbitantes e enfrentar concorrência feroz com todas as outras pessoas batalhando por um emprego ou projeto. Durante minha peregrinação em *vernissages*, bares e desfiles, entendi que nenhuma quantidade de trabalho árduo em uma quitinete em Ohio substituiria a interação social fortuita *in loco* que abre portas para novos empregos, dá acesso a editores e curadores e nos coloca nas fronteiras da moda, da música e dos movimentos artísticos. Na realidade, entrar nas redes certas e conhecer as pessoas certas substitui uma eternidade de noites trabalhando sozinho. O que Marshall observou há mais de cem anos ainda é verdadeiro na era da tecnologia e do *e-mail* – estar presencialmente em um lugar importa, sim.

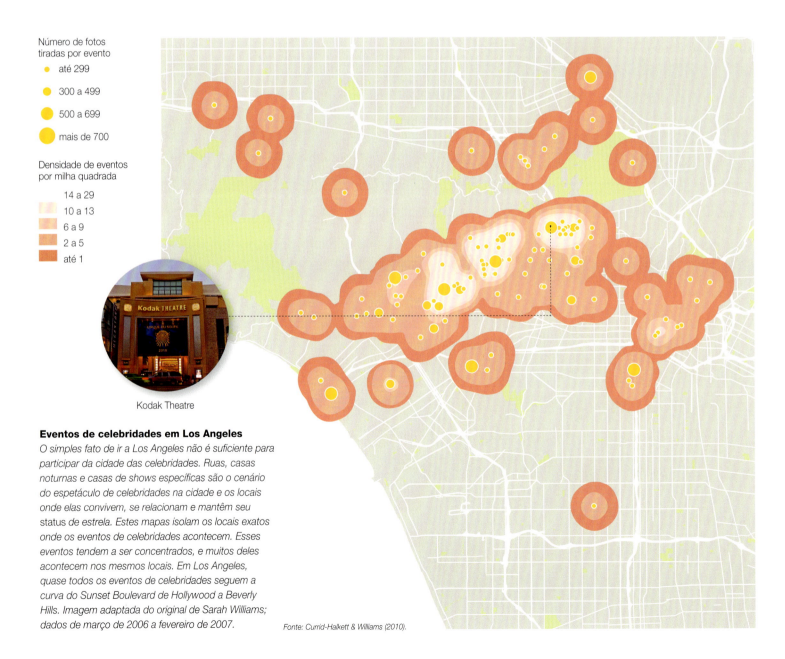

Kodak Theatre

Eventos de celebridades em Los Angeles

O simples fato de ir a Los Angeles não é suficiente para participar da cidade das celebridades. Ruas, casas noturnas e casas de shows específicas são o cenário do espetáculo de celebridades na cidade e os locais onde elas convivem, se relacionam e mantêm seu status de estrela. Estes mapas isolam os locais exatos onde os eventos de celebridades acontecem. Esses eventos tendem a ser concentrados, e muitos deles acontecem nos mesmos locais. Em Los Angeles, quase todos os eventos de celebridades seguem a curva do Sunset Boulevard de Hollywood a Beverly Hills. Imagem adaptada do original de Sarah Williams; dados de março de 2006 a fevereiro de 2007.

Fonte: Currid-Halkett & Williams (2010).

A história da cena criativa de Nova York é uma perfeita descrição de como as vidas sociais podem construir carreiras. Eu acreditava que esses padrões seriam especialmente profundos nas indústrias nas quais ser visto permite chamar a atenção da mídia e, portanto, ganhar acesso a ela. Para estudar o papel da cena social no sucesso econômico, eu e minha colega Sarah Williams, do Massachusetts Institute of Technology (MIT), coletamos informações das legendas das fotos de entretenimento da Getty Images e localizamos geograficamente todos os eventos da indústria em Los Angeles e Nova York, categorizando cada evento como moda, arte, cinema, música ou "chamariz" (por exemplo, um baile de gala beneficente, que é um evento que não está alinhado com uma indústria de celebridades em especial, mas que atrai muitas estrelas). Descobrimos que cenas sociais cheias de celebridades tendem a exibir padrões de agrupamento não aleatórios e estatisticamente relevantes, e que os eventos de moda, arte, música e cinema geralmente acontecem nas mesmas áreas geográficas que se sobrepõem a várias indústrias. Em resumo, não é nenhuma coincidência que as celebridades estejam frequentando os mesmos restaurantes, passeando pelas mesmas ruas e sorrindo nos mesmos tapetes vermelhos.

As cidades das celebridades oferecem as condições necessárias para criar o *glamour* e o drama que atraem público, turistas e consumidores a participarem desse espetáculo global. Tão comum quanto as celebridades parecem ser, quando se presta mais atenção, há muitos poucos bairros – e até centros de encontro de celebridades – onde são tiradas as fotos. Hollywood, Beverly Hills, West Hollywood e Century City em Los Angeles são os principais núcleos onde os eventos de celebridades são fotografados. Analisando atentamente, esses contextos urbanos oferecem a infraestrutura icônica que torna a cultura da celebridade tão atraente – o Kodak Theatre, que teve seu nome alterado para Dolby Theatre em 2012, a Times Square e o Beverly Hills Hotel, por exemplo. Tal entusiasmo não seria tão grande em uma ruazinha pacata do interior.

Densidade de eventos por milha quadrada
- 131 a 450
- 74 a 130
- 18 a 73
- até 17

Número de fotos tiradas por evento
- até 20
- 21 a 50
- 51 a 100
- 101 a 200
- 201 a 210

Times Square

Eventos de celebridades em Nova York

A geografia de Nova York é absolutamente diferente da de Los Angeles; ainda assim, o espetáculo das celebridades segue um padrão similar de agrupamento e concentração. Praticamente todos os eventos acontecem abaixo da 59th Street, ao sul do Central Park. Os principais centros de celebridades são Chelsea e a Times Square. (Imagem adaptada do original de Sarah Williams; dados de março de 2006 a fevereiro de 2007.)

Fonte: Currid-Halkett & Williams (2010).

MEGALÓPOLE

JAN NIJMAN
MICHAEL SHIN

Cidade principal
MUMBAI

Cidades secundárias
CAIRO
CIDADE DO MÉXICO
JACARTA
KARACHI
XANGAI
SÃO PAULO
NOVA YORK

À esquerda: Mumbai, Índia.

Megalópole: Introdução

"Em 1970, havia apenas duas megalópoles no mundo: Nova York e Tóquio; em 1990, eram dez, e esse número chegou a 28 em 2013."

Alguns afirmam que a urbanização pegou o mundo de surpresa no período moderno, e a chegada das megalópoles na cena global nos últimos anos foi ainda mais explosiva. A Roma antiga foi a primeira cidade com mais de 1 milhão de habitantes – sua escala e sua densidade na Antiguidade eram únicas e desconcertantes. Foi apenas no século VII que a Xian medieval, na China, apareceu como a segunda cidade do mundo a atingir a marca de 1 milhão. Na Europa, a Londres em industrialização foi a primeira cidade a chegar a 1 milhão de habitantes – mas apenas em 1800. Atualmente, dois em cada cinco moradores urbanos no mundo todo vivem em cidades com mais de 1 milhão de habitantes, e há mais de cinquenta cidades nessa categoria apenas nos Estados Unidos. De fato, muitos locais não são considerados uma verdadeira metrópole enquanto não chegam ao primeiro milhão de moradores.

Cidades com mais de 10 milhões de habitantes em 2013

Há 28 megalópoles no mundo (em 2013), definidas como cidades com mais de 10 milhões de habitantes. Apenas seis delas estão localizadas no ocidente, e a maioria se encontra no Sul, Leste e Sudeste Asiático. O fenômeno da megalópole está cada vez mais concentrado no mundo em desenvolvimento, onde as densidades demográficas tendem a ser mais altas e onde a urbanização tem origens mais recentes. Na Europa ocidental e na América do Norte, os sistemas urbanos tendem a ser mais antigos e mais dispersos.

População global vivendo em megalópoles

População global total vivendo em megalópoles em 1950, 1970, 1990, 2010 e 2025 (projeção). A população das megalópoles dobrou nos últimos vinte anos e provavelmente dobrará novamente entre 2010 e 2025. Até lá, a população global das megalópoles será equivalente ao dobro da população total dos Estados Unidos.

As megalópoles, no entanto, pertencem a uma liga própria. O critério comum é de 10 milhões de habitantes na região metropolitana ou região urbana contígua (as estimativas variam de acordo com as definições espaciais). Elas são um fenômeno muito recente: em 1970, havia apenas duas megalópoles no mundo: Nova York e Tóquio; em 1990, eram dez, e esse número chegou a 28 em 2013, a maior delas sendo a região urbana de Tóquio-Yokohama, com uma estimativa de 37 milhões de habitantes. Se Tóquio-Yokohama fosse um país, seria o 35º maior do mundo e ficaria acima do Canadá tanto em população quanto em Produto Interno Bruto (PIB). A Cidade do México, com seus 20 milhões de habitantes, está acima de pelo menos 180 países, e seu PIB é maior que os da Dinamarca e da Venezuela. Atualmente, cerca de 500 milhões de pessoas no mundo vivem nessas metrópoles gigantes, e esses números crescem vertiginosamente.

As megalópoles estão distribuídas no mundo de forma irregular: mais da metade delas, incluindo as sete maiores, estão na Ásia. Curiosamente, há apenas algumas poucas no Ocidente: Nova York e Los Angeles nos Estados Unidos, com Paris como a megalópole solitária da Europa, embora logo será acompanhada por Londres. Dado que a grande maioria das megalópoles está no mundo em desenvolvimento, isso levanta importantes questões sobre a forma como as megalópoles surgem e se são desejáveis.

Tamanho importa. As cidades geralmente são consideradas benéficas, pois oferecem economias de escala: fica mais barato e mais eficiente oferecer uma gama de serviços ou se envolver em atividades econômicas quando as pessoas estão agrupadas. Portanto, essa urbanização comumente é vista como parte e consequência da modernização e do progresso. Mas é possível que as cidades fiquem grandes demais e as vantagens se tornem deseconomias de escala? E se as distâncias dentro da região urbana se tornarem grandes demais? E se o transporte ficar caro demais? E a pegada ecológica das megalópoles? Qual a importância da densidade demográfica, além da população total? E se as megalópoles não forem planejadas, como parece ser o caso na maior parte do mundo menos desenvolvido? Este capítulo destaca o surgimento das megalópoles nos últimos anos, a considerável variação entre elas e algumas das principais características e desafios.

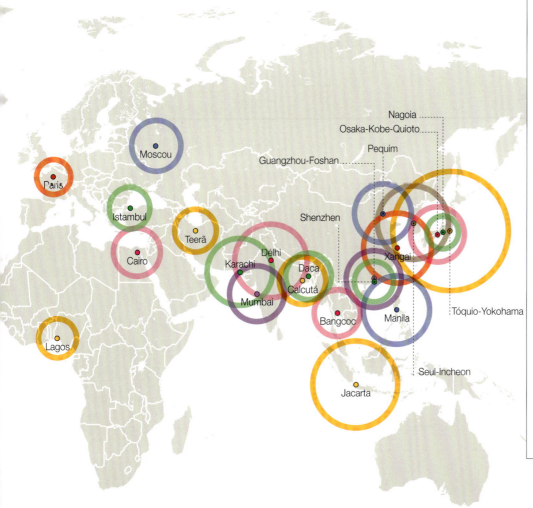

ÁREAS URBANAS MAIS POPULOSAS EM 2013

1 **Tokyo-Yokohama** 37.239.000
2 **Jacarta** 26.746.000
3 **Seul-Incheon** 22.868.000
4 **Délhi** 22.826.000
5 **Xangai** 21.766.000
6 **Manila** 21.241.000
7 **Karachi** 20.877.000
8 **Nova York** 20.673.000
9 **São Paulo** 20.568.000
10 **Cidade do México** 20.032.000
11 **Pequim** 18.241.000
12 **Guangzhou-Foshan** 17.681.000
13 **Mumbai** 17.307.000
14 **Osaka-Kobe-Quioto** 17.175.000
15 **Moscou** 15.788.000
16 **Cairo** 15.071.000
17 **Los Angeles** 15.067.000
18 **Calcutá** 14.630.000
19 **Bangcoc** 14.544.000
20 **Daca** 14.399.000
21 **Buenos Aires** 13.776.000
22 **Teerã** 13.309.000
23 **Istambul** 12.919.000
24 **Shenzhen** 12.506.000
25 **Lagos** 12.090.000
26 **Rio de Janeiro** 11.616.000
27 **Paris** 10.869.000
28 **Nagoia** 10.183.000

Megalópole

Crescimento das megalópoles

As megalópoles podem surgir de diversas formas. Em suas formas atuais, Nova York e Los Angeles são regiões urbanas policêntricas constituídas de diversas cidades maiores e menores que evoluíram e formaram uma conurbação. Nova York chega em quatro estados e, além da cidade de Nova York, também inclui Newark, Scranton e Stamford. Outras grandes regiões metropolitanas dos Estados Unidos, como a área da baía de São Francisco ou o sudeste da Flórida, também surgiram como resultado de tal processo de amálgama. Isso reflete, entre outras coisas, o alto grau geral de urbanização da sociedade dos Estados Unidos, país onde o crescimento urbano é notadamente disperso no espaço, de forma que algumas regiões mais cedo ou mais tarde irão formar mais conurbações.

Mas não é assim que a maioria das megalópoles do Sul Global surgiu. Nele, o crescimento geralmente fica centrado em um pequeno número de cidades principais com enormes áreas de interior. Isso está obviamente relacionado à história da urbanização nos diferentes locais. Bombaim, em seus primeiros passos, era principalmente o resultado da política industrial colonial britânica da segunda metade do século XIX. As ferrovias foram construídas como forma de aprofundar tal política, bem como os portos e outras infraestruturas. Enquanto os Estados Unidos viviam uma urbanização generalizada em diversas regiões e envolvendo uma grande variedade de cidades,

CRESCIMENTO POPULACIONAL DE MUMBAI DESDE 1872

	População de Mumbai
1872	664.605
1881	773.196
1891	821.764
1901	812.912
1911	1.018.388
1921	1.244.934
1931	1.268.936
1941	1.686.127
1951	2.966.902
1961	4.152.056
1971	5.970.575
1981	8.227.382
1991	12.500.000
2001	16.369.084
2011	18.400.000

Fonte: Registros do censo indiano.

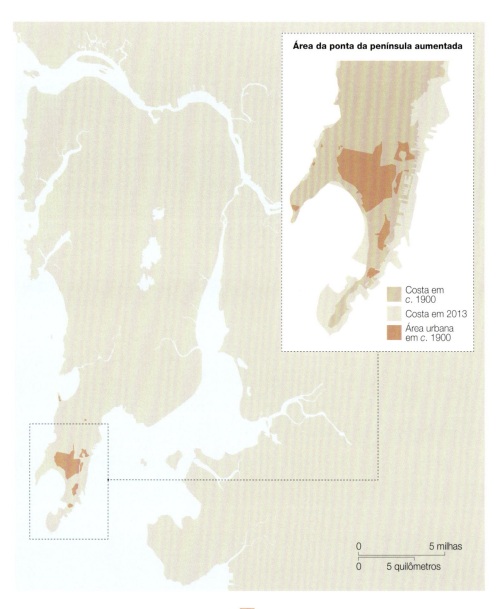

Bombaim em torno de 1900
Bombaim se tornou uma cidade industrial na segunda metade do século XIX, ocupando apenas a parte meridional da península que hoje é conhecida como Grande Mumbai. A cidade incluía o porto, uma base naval, ferrovias, escritórios coloniais e áreas residenciais, indústrias têxteis e áreas residenciais isoladas para indianos nativos. A população na virada do século era de cerca de 800 mil habitantes.

a aceleração do crescimento da então Bombaim no início do século XX se deu em um contexto majoritariamente rural no oeste da Índia.

Bombaim (que teve seu nome alterado para Mumbai em 1995, como reação nativa tardia às heranças linguísticas coloniais) gradualmente se tornou uma megalópole, expandindo-se do centro para fora. Atualmente, quando a população de Mumbai já possui mais de 20 milhões de habitantes, ainda há um centro principal, na região sul, onde os portugueses aportaram pela primeira vez no século XVI, onde os britânicos posteriormente construíram seu forte e seus escritórios para o governo colonial e onde os indianos estabeleceram a principal bolsa de valores do país após a independência e instalaram a sede do Indian Reserve Bank (o banco central indiano).

O crescimento da megalópole por meio da expansão (em vez do processo de amalgamação) sugere uma dinâmica rural-urbana mais importante. Em Mumbai e em outras megalópoles do Sul Global, a migração do campo para as cidades se tornou um dos principais fatores de crescimento, o que pode ser notado pela enorme quantidade de migrantes recentes nas regiões periféricas da cidade. E a maior parte desse crescimento, em Mumbai e também em outros lugares (em Jacarta, Lagos e Karachi, por exemplo), ocorreu na segunda metade do século XX, após a independência. Considere o seguinte: Nova York é uma megalópole de 20 milhões de habitantes em uma nação com índice de urbanização de cerca de 85%; Mumbai é uma megalópole com mais de 21 milhões de habitantes em uma nação onde dois terços da população ainda vivem em áreas rurais.

O crescimento decorrente da expansão em vez da amalgamação requer um constante processo de adaptação à vida urbana por parte dos novos moradores, mas também permite uma maior diversidade na população da cidade em termos de meios de subsistência, bem-estar social e sentimento comunitário. Além disso, as megalópoles do Sul Global, por serem menos policêntricas, geralmente possuem infraestruturas mais comprometidas. Em Mumbai, esse é um dos maiores desafios, porque o principal bairro comercial fica na ponta meridional da península, longe do centro topográfico da metrópole e distante das conexões com o continente.

A megalópole de Mumbai nos dias de hoje
Durante a segunda metade do século XX, a "cidade-ilha" se expandiu do sul para o norte, acompanhando as ferrovias previamente construídas pelos britânicos. Quando a península "encheu", a expansão seguiu para o continente e se tornou Navi Mumbai (Nova Mumbai). Atualmente, cerca de 12 milhões de pessoas vivem na península chamada de Grande Mumbai, e 9 milhões de pessoas vivem no continente na região urbana de Mumbai.

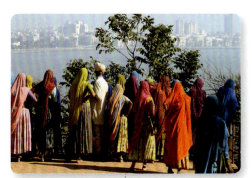

Panorama urbano de Mumbai

Área urbana em c. 2013

Megalópole

Os enormes e densos espaços das megalópoles

Densidades das megalópoles, estimativas para 2013

Todas as megalópoles possuem populações superiores a 10 milhões de habitantes, mas elas variam imensamente em área. Nova York e Daca são os dois extremos: Nova York tem 35 vezes a área de Daca. Consequentemente, as densidades também variam de maneira considerável: Daca é quase trinta vezes mais densa que Nova York. É possível encontrar densidades relativamente mais baixas nas megalópoles das regiões mais desenvolvidas e mais antigas, como Nova York, Los Angeles e Tóquio-Yokohama.

O famoso urbanista Louis Wirth escreveu na década de 1930 que "grandes cidades" combinam três características fundamentais: tamanho, densidade e diversidade. Para ele, grandes cidades eram locais com massa crítica e energia humana combustível, algumas vezes locais de tensão e fricção, mas também o berço da criatividade e do progresso. Sem densidade, não há contato humano suficiente; sem diversidade e diferenças, não há química; sem tamanho, não há nada o suficiente. Wirth pertencia a um grupo de sociólogos que ficou conhecido como Escola de Chicago. Naquela época,

Chicago tinha mais de 3 milhões de habitantes, era a segunda maior cidade dos Estados Unidos e uma das maiores do mundo todo. Sua população era um complexo de etnias e nacionalidades.

Se por um lado possa soar óbvio que grandes cidades estejam relacionadas a um tamanho mínimo, não é nada óbvia a definição do limite máximo – ou se há uma relação linear – para separar tamanho e "grandiosidade". Como dito anteriormente, as economias de escala podem, em algum momento, virar deseconomias de escala. O mesmo pode ser dito a respeito da densidade: ela é desejável e traz muitas coisas

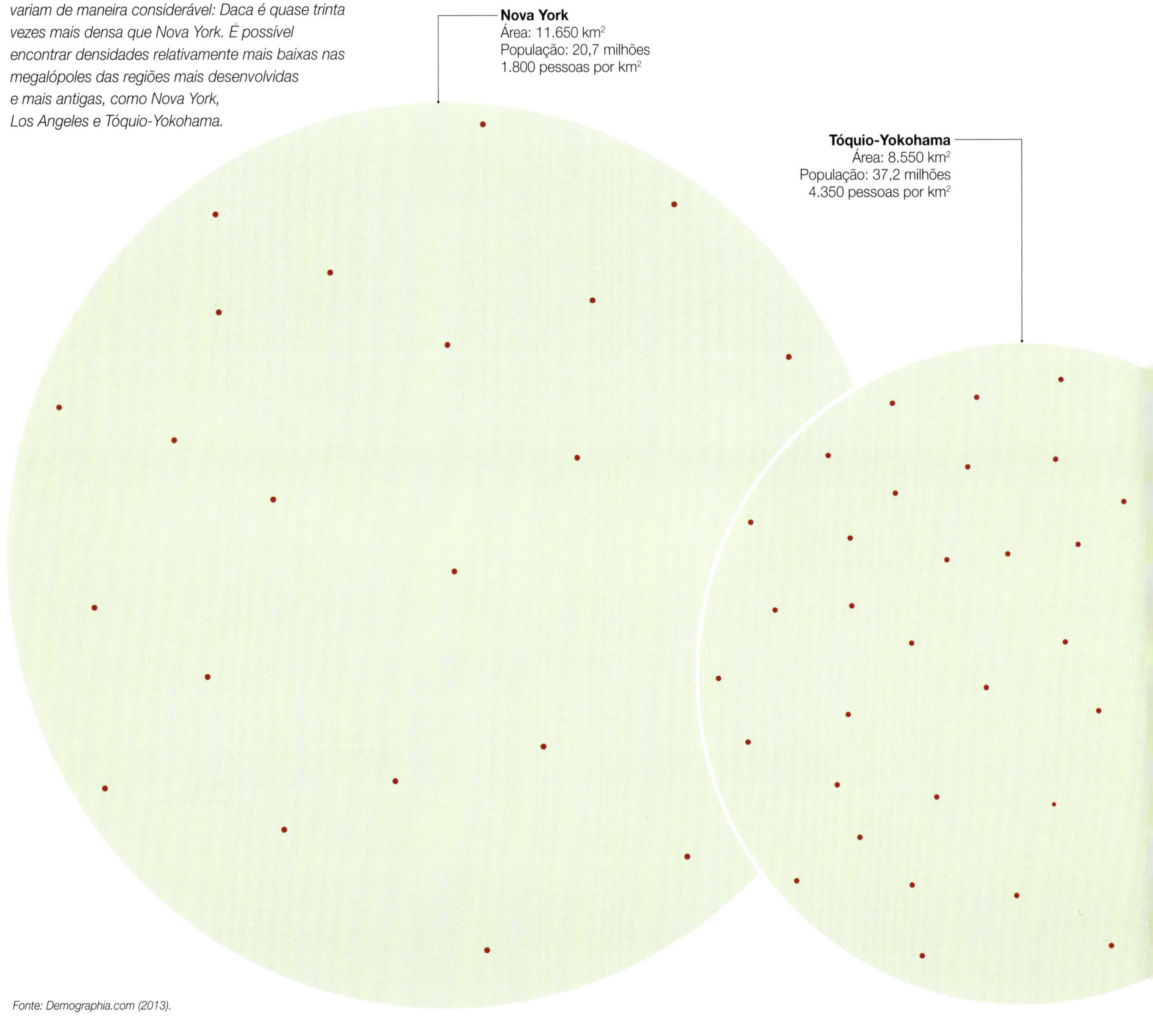

Nova York
Área: 11.650 km^2
População: 20,7 milhões
1.800 pessoas por km^2

Tóquio-Yokohama
Área: 8.550 km^2
População: 37,2 milhões
4.350 pessoas por km^2

Fonte: Demographia.com (2013).

maravilhosas, mas a densidade extrema pode ser um problema. Nas megalópoles, não há uma correlação direta entre tamanho da população e densidade. Tóquio-Yokohama tem o triplo do tamanho de Lagos, mas apenas um terço de sua densidade. Los Angeles e Calcutá possuem tamanhos equivalentes, mas Calcutá é cinco vezes mais densa. E Mumbai é dezoito vezes mais densa que Nova York, embora suas populações sejam próximas. Portanto, as regiões urbanas policêntricas dos Estados Unidos e do Japão possuem densidades substancialmente menores que as megalópoles monocêntricas do Sul Global.

Se tamanho e densidade não possuem uma relação consistente em todas as megalópoles, a alta densidade certamente não sugere uma grande prosperidade. Daca, a megalópole mais abarrotada de pessoas, com surpreendentes 48 mil pessoas por quilômetro quadrado, também é a mais pobre de todas, enquanto Nova York, Los Angeles e Paris são as megalópoles com as densidades mais baixas e com as rendas *per capita* mais altas. Nas megalópoles pobres, as densidades populacionais tendem a ser assustadoras e fazem enorme pressão no sistema habitacional, nos transportes, nos espaços de trabalho e nas áreas públicas. Quando o prédio de uma confecção desabou na região próxima a Daca em 2013, mais de novecentas pessoas morreram e mais de 2.500 pessoas ficaram feridas. Isso também dá uma ideia clara da densidade extrema da megalópole.

A densidade populacional é um requisito para serviços públicos de transporte eficientes e também para a prestação de diversos outros serviços públicos e privados. Ela também cria um ambiente urbano dinâmico, fascinante, criativo e profícuo. No entanto, a maior parte de nós gostaria de ir sentado (e não de pé) no trem para o trabalho, e todo mundo às vezes precisa de um pouco de privacidade. A escala impressionante atual de Daca ou Mumbai seria algo impensável para Louis Wirth.

Nova York
2,6 pessoas em 104,4 m^2

Los Angeles
2,8 pessoas em 176,5 m^2

Tóquio
1,9 pessoa em 74,3 m^2

Mumbai
4,5 pessoas em 55,7 m^2

Densidade dos domicílios, estimativas para 2013

As megalópoles possuem enormes populações, mas variam muito em densidade. Também existe uma grande variação no tamanho médio das moradias e na quantidade de pessoas que as habitam. Em Mumbai, as famílias possuem em média 4,5 pessoas compartilhando apenas 55 m^2. Em Los Angeles, o cidadão tem em média seis vezes mais espaço em sua casa. É importante lembrar que isso é apenas a média: em todas as megalópoles, as condições de habitação e os espaços individuais variam muito dentro da paisagem urbana.

Los Angeles
Área: 6.300 km^2
População: 15,1 milhões
2.400 pessoas por km^2

Cidade do México
Área: 2.050 km^2
População: 20 milhões
9.750 pessoas por km^2

Cairo
Área: 1.650 km^2
População: 15,1 milhões
9.150 pessoas por km^2

Calcutá
Área: 1.200 km^2
População: 14,6 milhões
12.150 pessoas por km^2

Lagos
Área: 900 km^2
População: 12,1 milhões
13.450 pessoas por km^2

Mumbai
Área: 550 km^2
População: 17,3 milhões
31.450 pessoas por km^2

Daca
Área: 300 km^2
População: 14,4 milhões
48.000 pessoas por km^2

Megalópole

Geografia das megalópoles

Megalópoles possuem geografias complexas, e frequentemente são difíceis de serem atravessadas. Poucos dos seus habitantes possuem uma imagem clara das dimensões espaciais totais da cidade e da ordem prevalente (quando ela existe), e sua mobilidade geralmente fica restrita aos bairros onde moram e trabalham. A megalópole como um todo permanece apenas uma abstração na mente dos seus próprios moradores. Isso se aplica a Nova York, Cairo ou Cidade do México, e certamente também a Mumbai. É a bagunça caótica e a densidade das megalópoles do Sul Global – e não exatamente seu tamanho – que as tornam tão complicadas de serem conhecidas e mapeadas.

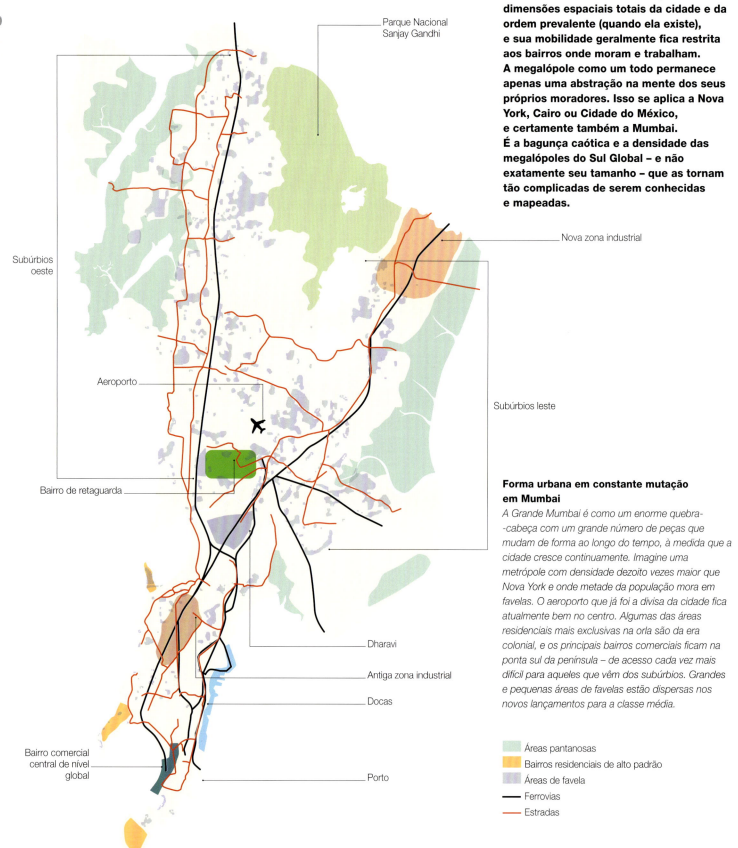

Forma urbana em constante mutação em Mumbai

A Grande Mumbai é como um enorme quebra-cabeça com um grande número de peças que mudam de forma ao longo do tempo, à medida que a cidade cresce continuamente. Imagine uma metrópole com densidade dezoito vezes maior que Nova York e onde metade da população mora em favelas. O aeroporto que já foi a divisa da cidade fica atualmente bem no centro. Algumas das áreas residenciais mais exclusivas na orla são da era colonial, e os principais bairros comerciais ficam na ponta sul da península – de acesso cada vez mais difícil para aqueles que vêm dos subúrbios. Grandes e pequenas áreas de favelas estão dispersas nos novos lançamentos para a classe média.

A península de Mumbai tem o mar Arábico a oeste, o Thane Creek a leste e o Vasai Creek e o rio Ulhas ao norte. Ela é conectada ao continente a norte e a noroeste. As dimensões da área são de quase 50 quilômetros de norte a sul e quase 10 quilômetros de leste a oeste. A população é de mais de 12 milhões de habitantes, e a densidade média é de aproximadamente 31.450 pessoas por quilômetro quadrado. A cidade cresceu espetacularmente nas décadas subsequentes à Independência (1947), e sua geografia se tornou cada vez mais densa. Os últimos cinquenta anos viram a mudança da população dos subúrbios sul para os subúrbios norte, inicialmente junto às ferrovias.

As limitações geográficas dessa cidade-ilha encarecem os espaços e vêm influenciando historicamente os preços dos imóveis e o uso da terra na cidade. Há um gradiente extremo no preços dos imóveis do sul ao norte. Em meados da década de 1990, a chegada sem precedentes de corporações estrangeiras (sobretudo no sul da cidade) contribuiu para uma escalada estratosférica de preços, tornando Mumbai a cidade mais cara do mundo por algum tempo. Como capital comercial da Índia e maior cidade, Mumbai algumas vezes é chamada de "Cidade de Ouro", um lugar onde muitos foram da pobreza extrema à riqueza extrema. Em outras palavras, é um lugar com muitas oportunidades de mobilidade social.

No entanto, Mumbai também é conhecida como a cidade dos extremos, os extremamente ricos e os extremamente pobres, com uma classe média relativamente numerosa e próspera, e como local das maiores favelas da Ásia. Nas últimas duas décadas, foram construídas mais residências para aqueles que subiram na escala social do que em qualquer outro período. A nova classe média está cavando um conspícuo nicho consumidor na paisagem urbana, mas ela o faz concorrendo com cerca de 6 milhões de moradores de favelas, para quem o espaço de habitação é uma questão de sobrevivência, e não um luxo – e seus números também continuam crescendo.

Mumbai também pode ser interpretada como duas cidades juntas e misturadas: os habitantes locais se referem à cidade *pukka* como a cidade planejada, como o que deveria ser, e à cidade *kucha* como a cidade ainda por terminar, não planejada. Talvez possam ser vistas como dois mundos diferentes, coexistindo no espaço de uma única cidade.

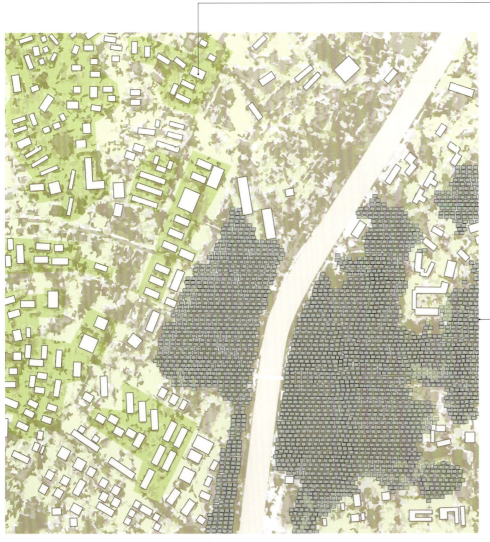

Arranha-céus de classe média

Área de favela com residências de classe média ao fundo

Um conto de duas cidades
As cidades pukka *e* kucha *justapostas nos subúrbios a noroeste de Mumbai. O tecido labiríntico da área de favelas ao longo da Western Expressway contrasta fortemente com a área residencial de arranha-céus de classe média generosamente espaçados em seus terrenos, a oeste. Esse é um padrão muito comum na paisagem dessa megalópole.*

Megafavelas

Megalópole

Moradores de favelas em algumas megalópoles

Os números exatos das populações das favelas são desconhecidos, mas há algumas estimativas razoavelmente confiáveis com base em 2013. O Rio de Janeiro, apesar de sua imagem popular de cidade pontilhada por favelas, tem cerca de 1,2 milhão de moradores nessas comunidades e a menor população do grupo. As populações de favela em Lagos ou Mumbai quase são grandes o suficiente para serem uma megalópole por si só. Para contemporizar esses números, a população de favelas em Jacarta é maior que a população de toda a Irlanda.

Uma das características mais marcantes das megalópoles do Sul Global é a presença comum e generalizada de favelas. Na maioria das vezes, elas são parte da paisagem urbana há mais de um século, e seus números vêm crescendo ao longo do tempo. Em extremo contraste à experiência histórica de cidades como Nova York ou Londres, que possuíam extensas áreas de favelas no início do século XX e atualmente são consideradas livres de favelas, é difícil evitar a impressão de que as megafavelas da atualidade vieram para ficar. Os números dos moradores de favelas podem ser apenas estimados e são estarrecedores: 2,5 milhões de pessoas em Manila, 5 milhões no Cairo e cerca de 7 milhões em Mumbai.

A presença e a persistência de favelas estão relacionadas aos fatores do crescimento urbano nas megalópoles do Sul Global: migração do campo para a cidade em números extremos que geram fatores de pressão desproporcionalmente pesados. Essa migração é alimentada pela pobreza rural e pela falta de oportunidades no interior, e não pela demanda por mão de obra nas cidades. E é justamente essa falta de capacidade de absorção dos novos migrantes

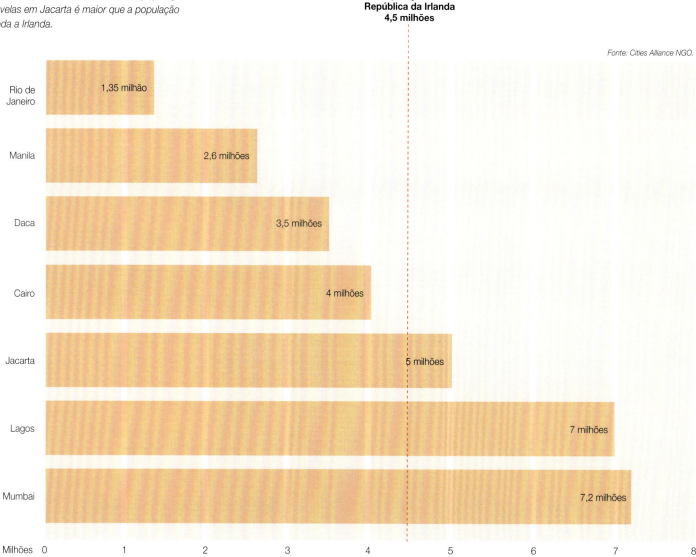

Fonte: Cities Alliance NGO.

(e geralmente suas altas taxas de natalidade) que causa a proliferação das favelas. Tipicamente, as maiores concentrações são encontradas próximas ao perímetro urbano em expansão, mas também há diversos pontos espalhados no interior das zonas urbanas.

As favelas possuem diferentes tamanhos e geralmente se espalham por toda a cidade, mas algumas áreas contíguas de favelas são gigantescas e, de certa forma, podem ser vistas como cidades por si sós. Dharavi, uma área densamente povoada, espremida entre ferrovias, próxima do centro topográfico da Grande Mumbai, tem cerca de 600 mil moradores. A área de Orangi Town, em Karachi, é muito maior e mais povoada, e tem cerca de 1,5 milhão de habitantes. As favelas também possuem diferentes formas e tipos, desde os mais precários barracos feitos de restos de papelão e tecido, dos migrantes que chegaram mais recentemente, às edificações mais permanentes, construídas de forma mais profissional nas favelas mais antigas. A definição do que é ou não é uma favela é extremamente duvidosa e geralmente carregada de questões políticas.

Muitas favelas se caracterizam por superpopulação, falta de redes sanitárias, condições estruturais inseguras, poluição e altos níveis de estresse psicológico. Em Dharavi, a residência mediana tem apenas um cômodo de aproximadamente 18 metros quadrados para abrigar uma família de seis pessoas. Três em cada quatro residências não possuem esgotos subterrâneos, e três em cada dez não possuem água encanada. Em Dharavi, há um banheiro para cada 350 pessoas (e isso é um problema grave, especialmente para as mulheres). Ainda assim, as favelas oferecem às pessoas um espaço de esperança, relativo conforto entre semelhantes e uma rede de apoio – algumas vezes, possuem suas próprias redes de atividade econômica em pequena escala, fornecendo oportunidades de meios de sustento. Em Dharavi, apenas 5% dos chefes dos lares dizem que estão desempregados. A metade dos que moram nessa cidade também trabalha lá, e mais de 90% afirmam não ter planos para se mudar.

Densidade de Dharavi
Dharavi é uma das mais conhecidas favelas de Mumbai (ela apareceu no filme Quem quer ser um milionário?, *de 2008). Sua área cobre cerca de 1,71 quilômetro quadrado e abriga cerca de 600 mil moradores. Isso corresponde a treze vezes a densidade de Manhattan, um número que é muito difícil de ser assimilado considerando que Dharavi não tem praticamente nenhum prédio alto.*

Manhattan

1 pessoa a cada 37 m² (2012)

Fonte: Censo dos Estados Unidos (2012).

Dharavi

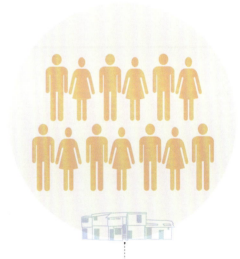

1 pessoa a cada 2,9 m² (estimativa de 2013)

Fonte: Nijman (2010).

Centro de Manhattan

Favela de Mumbai

Megalópole

Desafios de transporte

As cidades estão em constante movimento. Pessoas vão de casa para o trabalho; produtos são levados do local de produção aos atacadistas e, depois, aos varejistas e aos consumidores; profissionais cruzam a cidade para prestar serviços; pessoas navegam entre os diversos centros de serviços, de hospitais a bancos, de supermercados a restaurantes; e se movimentam dentro de suas redes sociais.

As megalópoles devem absorver a movimentação de dezenas de milhões de pessoas. Em outras palavras, é apenas com o transporte adequado que a cidade consegue mobilizar as capacidades produtiva e consumidora de suas enormes populações. Isso se torna um desafio hercúleo, pois a economia urbana demanda mobilidade com eficiência, e porque o tempo e a paciência das pessoas têm limite. A maior parte das megalópoles da atualidade está no meio de projetos de investimentos de grande porte em infraestrutura e de processos de melhorias a longo prazo, de forma a aprimorar a eficiência da movimentação entre locais importantes, como aeroportos, grandes estações ferroviárias, bairros

Rede ferroviária de Mumbai

A península da Grande Mumbai tem apenas três grandes linhas ferroviárias, que são vitais para o funcionamento dessa megalópole. Os postos de trabalho ficam altamente concentrados no sul, próximos aos dois terminais e também cada vez mais próximos do centro topográfico. Muitas pessoas enfrentam longas horas de trânsito vindo dos subúrbios a leste e a oeste. Os trens superlotados geralmente são a forma mais rápida de chegar ao trabalho, mas constituem uma experiência muito estressante.

Fatos sobre as ferrovias de Mumbai, 2013	
Número de linhas ferroviárias principais	3
Fator de superlotação médio dos vagões	3
Número de estações ferroviárias	56
Número de passageiros por dia (milhões)	7,2
Número de mortos em acidentes ferroviários anualmente	12

152

centrais de negócios, portos marítimos, áreas industriais e mercados.

Como as próprias cidades tomaram proporções colossais, há uma pressão contínua para conectar a periferia em constante expansão ao(s) centro(s), o que acarreta uma necessidade cada vez maior de conexões rápidas de longa distância (trens de alta velocidade, vias elevadas, metrôs) aliadas às necessidades contínuas de conexões de curta distância (ônibus, táxis, riquixás, pontes de pedestres). A megalópole se move em diversas escalas e em múltiplas velocidades.

O que diferencia as megalópoles também é a intensidade de toda essa movimentação. A cada dia em Mumbai, 7,2 milhões de pessoas utilizam os trens e mais 4,5 milhões de pessoas utilizam os ônibus – um total de quase 12 milhões de usuários de transporte coletivo por dia. Além disso, em 2013, o número total de veículos motorizados de quatro rodas era de 2 milhões – quase 1.530 veículos por quilômetro de vias, o que explica a necessidade constante de expandir as principais artérias da cidade. Os carros precisam compartilhar as ruas com cerca de 100 mil riquixás motorizados e um número equivalente de motocicletas.

As viagens em Mumbai não são tão longas quanto em outras megalópoles, como Cidade do México ou São Paulo, porque, por ser uma península, Mumbai é muito compacta. No entanto, as viagens tendem a ser muito mais intensas por conta das enormes densidades populacionais. Viajar nos trens locais é uma experiência memorável para qualquer visitante – desde que ele consiga entrar no vagão. As classes média e média alta suburbanas preferem cada vez mais utilizar carro, o que é mais confortável mas leva mais tempo. A proliferação dos automóveis parece inevitável, e o preço em termos de congestionamento e poluição está cada vez mais insustentável.

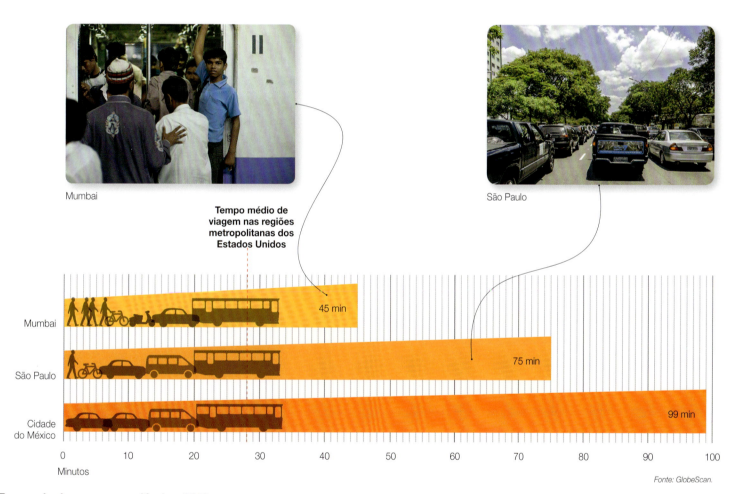

Tempos de viagem nas megalópoles, 2013

O trânsito nas megalópoles do Sul Global pode ser um pesadelo quando comparado ao das megalópoles de outras regiões: os tempos de viagem são longos, a poluição é alta e os custos econômicos levam governos a investirem maciçamente em melhorias na infraestrutura. Os tempos de viagem tendem a aumentar com a expansão das áreas urbanas, e isso explica por que os números da compacta Mumbai são menores que os da Cidade do México ou de São Paulo. Mas os meios de transporte também são outros: mais de um terço dos viajantes de Mumbai vai a pé para o trabalho, enquanto na Cidade do México as pessoas utilizam quase que exclusivamente carros ou transporte público.

Metabolismo das megalópoles

Uma das coisas mais surpreendentes da Roma da Antiguidade era a forma como ela abrigava 1 milhão de habitantes. Os romanos, com suas avançadas tecnologias para a época, desenvolveram o cimento e construíram as primeiras edificações com múltiplos pavimentos, projetaram sistemas de estradas que facilitavam a movimentação eficiente de pessoas e produtos e, talvez a coisa mais importante de todas, inventaram os aquedutos que abasteciam as cidades com água vinda das colinas próximas.

As cidades podem ser vistas como organismos que vivem a partir de seu meio ambiente. Elas respiram oxigênio e expiram dióxido de carbono, consomem água e comida e expelem esgoto, consomem energia, aceitam uma enorme variedade de produtos e materiais e produzem crescimento econômico abundante, assim como pilhas de lixo. As megalópoles precisam fazer tudo isso em uma escala que pode fugir do nosso nível de compreensão. Elas necessitam de vastas redes de infraestrutura e de habilidades de governança para que sejam administradas adequadamente – e, algumas vezes, elas falham.

O abastecimento de água é um desafio fundamental para todas as megalópoles. Mesmo para uma cidade como Daca, localizada às margens do rio Ganges e em um clima de monções, o acesso à água limpa é problemático. A cada ano, a capital de Bangladesh recebe nada menos do que 550 milhões de metros cúbicos de

Metabolismo de Mumbai
O funcionamento diário de Mumbai depende de abastecimentos colossais vindos do meio ambiente – por exemplo, água potável, alimentos, combustíveis e materiais de construção. Isso requer não apenas disponibilidade mas também uma infraestrutura confiável e esforços de governança extraordinários. O mesmo se aplica para os resíduos, como lixo e esgoto. Alguns abastecimentos permanecem na cidade, incluindo 80% dos materiais de construção, gradualmente aumentando o "peso" do ambiente urbano construído, do crescimento da cidade e de sua pegada ecológica.

Resíduos sólidos — Esgoto — Emissões

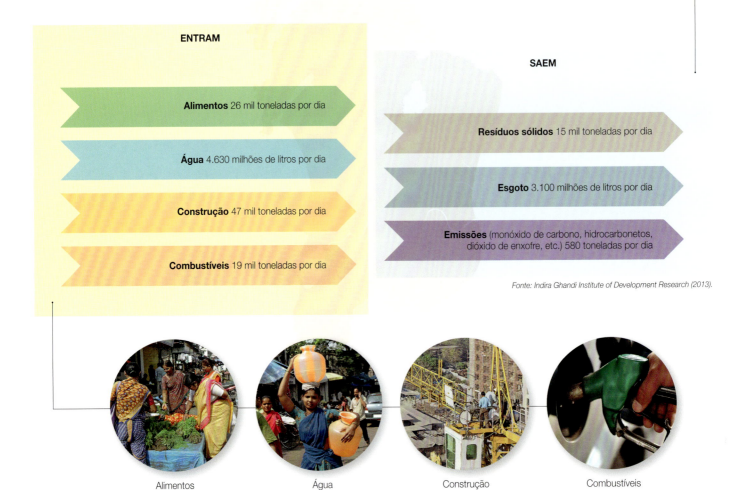

Fonte: Indira Ghandi Institute of Development Research (2013).

água potável, mas há milhões de pessoas na área urbana que dependem de poços, de onde são retirados mais 350 milhões de metros cúbicos de água a cada ano – e essa água não é limpa. Como resultado do estresse nos poços locais, o nível do lençol freático abaixo de Daca está caindo vertiginosamente. Em Jacarta, Cidade do México ou Mumbai, muitos moradores de favelas não têm acesso a água encanada ou a poços e são forçados a pagarem preços exorbitantes por caminhões-pipa que entregam água diariamente.

Os esgotos também são um grande problema. A Cidade do México libera cerca de 2,5 bilhões de metros cúbicos de esgoto, dos quais apenas 10% são tratados. Estimativas indicam que a cidade emite cerca de 300 toneladas de resíduos tóxicos anualmente – e grande parte disso também vai para a rede de esgoto municipal. Em Mumbai, os esgotos a céu aberto são comuns em muitas partes da cidade, e isso é especialmente complicado nas regiões baixas das favelas que têm problemas de drenagem e são alagadas nas épocas de monções. A cidade tem sistemas de esgoto e de águas pluviais, mas eles são interconectados e transbordam rotineiramente durante a época de chuvas.

Um outro aspecto fundamental do metabolismo urbano é a destinação dos resíduos sólidos. Mumbai gera mais de 15 mil toneladas de lixo a cada dia que vão para apenas três aterros sanitários. A coleta de lixo requer esforços hercúleos: 3.800 pessoas, 800 veículos e 2 mil esvaziamentos de caçambas a cada período de 24 horas. As estimativas sugerem que 95% de todo o lixo gerado é coletado, o que já é um fato impressionante por si só, mas cerca de 300 a 400 toneladas de lixo deixam de ser coletadas a cada dia. Grande parte disso é queimada localmente ou despejada ilegalmente nos rios da cidade ou em outros locais, causando infindáveis problemas de poluição.

O famoso arquiteto indiano Charles Correa já descreveu Mumbai como "uma cidade ótima, um lugar horrendo". Apesar de tudo, as megalópoles do Sul Global como Mumbai conseguem seguir em frente. Todos os dias, as pessoas em todos os cantos dessa metrópole se levantam, vão para o trabalho, se alimentam, ingerem líquidos, usam energia, excretam e produzem lixo. Mas o fato de Mumbai seguir em frente não significa que está tudo bem, e muitos pagam o preço desse metabolismo constrito. A sustentabilidade desta e de outras megalópoles permanece em questão.

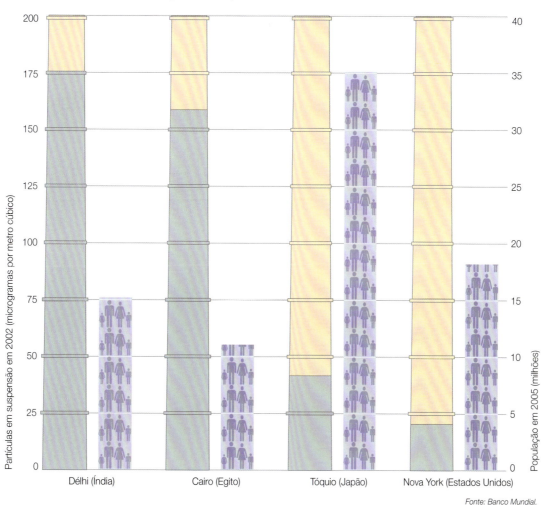

Fonte: Banco Mundial.

Poluição das megalópoles

Délhi e Cairo estão entre as piores cidades do mundo em poluição do ar, juntamente de Pequim, Cidade do México e outras. A qualidade do ar geralmente depende das emissões, do clima e da geografia local. Entretanto, a poluição não está necessariamente ligada ao tamanho – a qualidade do ar em Nova York e Tóquio-Yokohama é muito melhor, apesar de seu maior tamanho e, mais uma vez, as megalópoles se dividem conforme seu nível de desenvolvimento.

Megalópole

Planejando as megalópoles da China

A urbanização da China se deu em uma velocidade formidável nas últimas décadas. Mais da metade da população chinesa atualmente vive em cidades, e há mais de 160 cidades com mais de 1 milhão de habitantes e ao menos seis megalópoles: Xangai (22 milhões), Pequim (18 milhões), Guangzhou (18 milhões), Tianjin (13 milhões), Chengdu (12 milhões) e Shenzhen (12 milhões). Shenzhen frequentemente é exibida como cartão-postal da transformação urbana revolucionária da China: em um espaço de três décadas, ela foi de um agrupado de vilarejos de pescadores a uma megalópole.

As megalópoles chinesas são diferentes das megalópoles do Sul Global ou dos Estados Unidos, pois seu desenvolvimento é planejado pelo governo. Isso se aplica às impressionantes áreas residenciais, às zonas industriais e aos bairros comerciais nas cidades já existentes, mas também envolve, de maneira ainda mais surpreendente, a criação de cidades inteiramente novas a partir do zero, como Ordos, na província da Mongólia Interior. Um outro exemplo de megaprojeto colossal é Yujiapu: a construção de um vasto complexo com 47 arranha-céus na região de Tianjin apelidado de "a nova Manhattan chinesa", um gigantesco novo bairro financeiro e de serviços avançados planejado para estar concluído em 2019.

Estimativas indicam que, entre 2000 e 2012, a indústria da construção civil chinesa construiu duas vezes mais unidades residenciais do que

Megalópoles chinesas

Em 2013, a China possuía seis megalópoles – mais do que qualquer outro país no mundo – e mais oito cidades com populações entre 5 e 10 milhões de habitantes. A maioria das megalópoles da atualidade surgiu nas províncias costeiras, onde a urbanização e a industrialização avançaram em ritmos vertiginosos. No entanto, a próxima geração de megalópoles deverá surgir no interior da China.

Yujiapu

"A nova Manhattan chinesa", próxima à megalópole de Tianjin, cerca de 160 quilômetros ao sul de Pequim.

Chengdu · Guangzhou · Shenzhen

● Megalópoles (10 milhões ou mais)
● Grandes cidades (5 a 10 milhões)

156

existe atualmente em todo o Reino Unido. E não são apenas residências. O crescimento das megalópoles chinesas vem acompanhado de investimentos maciços em infraestrutura de ruas, rodovias, rede de energia, pontes, túneis, aeroportos, transporte público, trens de alta velocidade, e assim por diante. A China também está bem no meio de um projeto de transposição sul-norte de água do rio Yangtze, próximo a Xangai, para o rio Amarelo, que leva água até as megalópoles do árido nordeste, Pequim e Tianjin.

O ritmo enlouquecedor do crescimento urbano chinês é alimentado pela rápida industrialização do país e acompanhado pela demanda por mão de obra urbana. Mas também reflete um modelo de desenvolvimento no qual as rendas em rápido crescimento são quase sempre destinadas para construção; no qual as construtoras se tornaram poderosos investidores; no qual governos locais e regionais são crescentemente mais independentes e desenvolvem seus próprios projetos; no qual a especulação imobiliária subiu a níveis altíssimos; no qual o mercado não tem transparência. O crescimento urbano na China, portanto, reflete uma mistura peculiar de planejamento central e capitalismo que, no passado, permitiu um crescimento espetacular, mas que agora pode estar fugindo do controle. Esse debate está extremamente acirrado atualmente.

Desde o final de 2012, ficou muito claro que dezenas de milhões de novos apartamentos em arranha-céus, desde os subúrbios residenciais de Zhengzhou até a novíssima cidade de Ordos, estão simplesmente vazios. A faixa de preço da maioria dos apartamentos está entre US$ 60 mil a 120 mil, o que é absolutamente fora do alcance do chinês médio. Um bom número de apartamentos está efetivamente vendido, mas para os ricos da nova classe média urbana que não têm intenção nenhuma de morar lá e que especulam que os preços continuarão a subir, como já aconteceu no passado. Ordos atualmente é chamada de "a maior cidade fantasma da China". Apenas 10% das 300 mil novas unidades habitacionais foram ocupadas até 2013, e as novas construções continuam incessantemente.

A explosão da reconstrução da China pode não ser sustentável – bolhas imobiliárias são comuns em economias no mundo todo, e certamente os Estados Unidos sentiram isso. No entanto, tudo é maior na China, e, se essa bolha explodir, será o maior caos imobiliário que o mundo já presenciou. Isso não irá acabar com as megalópoles chinesas, mas certamente mudará a forma como elas são planejadas.

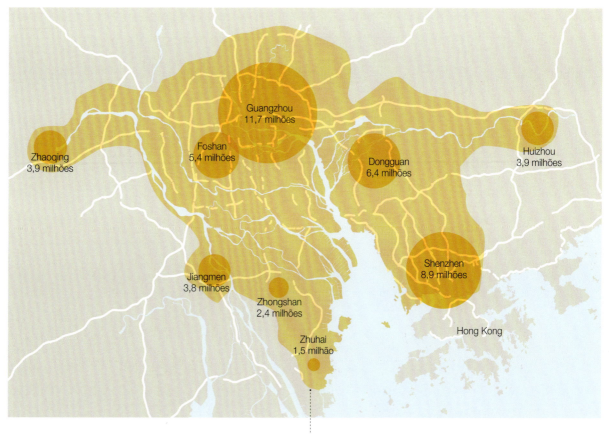

A maior cidade do mundo?

A China está planejando a maior megalópole policêntrica do mundo, que surgirá dos maiores centros urbanos do delta do rio das Pérolas, uma das melhores regiões de manufatura do país. A ideia é que uma maior integração regional em uma única região urbana seria mais eficiente e produtiva. Os planos envolvem dezenas de projetos, incluindo conexões ferroviárias de alta velocidade entre todos os centros. Estima-se que a megalópole resultante será do tamanho da Suíça e terá cerca de 48 milhões de habitantes.

CIDADE INSTANTÂNEA

LUCIA CONY-CIDADE

Cidade principal
BRASÍLIA

Cidades secundárias
ABUJA
CHANDIGARH
CAMBERRA

À esquerda: Brasília, Brasil.

Cidade instantânea: Introdução

Criadas por necessidades políticas ou econômicas e imbuídas de expectativas transformativas e simbólicas, as cidades instantâneas são frequentemente planejadas e construídas para serem capitais nacionais. A capital é uma cidade importante, pois não só sedia o Governo Federal como também abriga seus órgãos administrativos mais altos – além de representar a identidade nacional. Fortemente associadas ao Estado, as capitais tendem a funcionar como um centro unificador das forças políticas concorrentes e a transmitir uma promessa de grandes feitos futuros para o país. Como resultado, um dos pré-requisitos é que tenha um certo nível de qualidade urbana – vista em aspectos formais e funcionais, bem como formas simbólicas, situadas no espaço e no tempo – e que seja capaz de propiciar a operação eficiente das atividades governamentais.

"Muitas das duzentas capitais nacionais do mundo são cidades instantâneas, concebidas para permitir uma transferência rápida de funções de uma antiga capital para um novo centro."

Muitas das duzentas capitais nacionais do mundo são cidades instantâneas, concebidas para permitir uma transferência rápida de funções de uma antiga capital para um novo centro. Brasília, capital do Brasil, é o exemplo primordial de capital federal construída do zero a partir de um planejamento urbano. Alguns outros exemplos são as capitais planejadas da Austrália (Camberra), da Nigéria (Abuja) e a cidade de Chandigarh, capital do estado indiano de Punjab.

Localização de Brasília
Para países com territórios extensos, uma localização estratégica pode ser em uma região relativamente erma. O local aprovado para Brasília pelo Governo Federal em 1954 estava situado no Planalto Central, parcamente ocupado e distante das principais cidades costeiras. Em substituição ao Rio de Janeiro, Brasília se tornou a capital do Brasil em abril de 1960.

Le Corbusier e a cidade modernista

Criada logo após a divisão da Índia e do Paquistão, em 1947, Chandigarh (capital do estado de Punjab) representou uma quebra com a tradição e uma clara mensagem sobre o futuro da nação. Convidado para executar o plano diretor de Albert Mayer para a nova cidade e para projetar diversos edifícios administrativos, o arquiteto suíço Le Corbusier produziu umas das mais conhecidas obras do urbanismo moderno no mundo.
O urbanismo funcional e progressista se concentrou nos princípios da Carta de Atenas, documento baseado nas pesquisas do Congresso Internacional da Arquitetura Moderna (CIAM) e publicado por Le Corbusier em 1943. Suas linhas principais privilegiam a divisão da cidade em setores, com arranha-céus e altas densidades, pontilhados por parques. Com ênfase no racionalismo, o movimento modernista identificava as principais funções da cidade, como habitação, trabalho, lazer e transporte. Chandigarh e Brasília, cujas construções foram iniciadas com apenas alguns anos de diferença (1951 e 1956, respectivamente), são as duas únicas cidades construídas de acordo com os princípios da Carta de Atenas. Como cidades instantâneas, elas quebraram barreiras, tornando-se as principais representantes do modernismo, ícones dessa escola desafiadora, criativa e controversa.

Promoção do desenvolvimento

Afastada das principais cidades densamente ocupadas, muitas das quais estão localizadas na costa ou bem perto dela, a nova capital brasileira também representou uma mudança nacional. Promovendo políticas de industrialização e desenvolvimento regional, o discurso governamental focava fortemente as ideias de progresso e promoção do crescimento. Em uma federação fortemente caracterizada pelos interesses dos proprietários de terras, a nova capital brasileira, no coração do país, carregava não apenas o potencial de simbolizar a unidade nacional mas também a promessa de uma nova era de modernidade e dinamismo. Relevante por seu *design* e pela arquitetura modernista, e declarada Patrimônio Histórico da Humanidade pela Unesco em 1987, Brasília cresceu e se tornou uma metrópole nacional.

Conquistas e desafios

Chandigarh, Brasília e Camberra têm alguns dos níveis mais altos de renda *per capita*, educação e qualidade de vida em seus respectivos países. Por outro lado, Abuja e Brasília também sofrem dos efeitos de grande população, emprego informal e grandes desigualdades de renda. Como a área urbana se expandiu rapidamente sobre áreas anteriormente rurais, Brasília logo enfrentou diversos problemas característicos das cidades instantâneas. O Distrito Federal tem uma dependência desproporcional de mão de obra de serviços localizada na região central. Preços imobiliários exorbitantes no centro obrigam a maior parte da população trabalhadora a se instalar nas áreas periféricas, e apenas algumas poucas delas estão gradualmente se tornando novos subcentros de comércio e serviços.
A combinação da centralidade excessiva com a formação constante de cidades-dormitório contribuiu para os desequilíbrios no fornecimento de serviços públicos e para a falta de infraestrutura, especialmente nas áreas de baixa renda recentemente ocupadas. Nas cidades instantâneas, o contraste entre riqueza e pobreza aparece com toda a força.

Nigéria — Estados majoritariamente islâmicos / ABUJA / Estados majoritariamente cristãos / Lagos

Austrália — Sydney / CAMBERRA / Melbourne

Localização de Abuja

Em nações com rivalidades internas étnicas ou religiosas, a localização ideal para a capital nacional é em uma região neutra. O local escolhido para Abuja em 1976 era considerado um território neutro em disputas étnicas, religiosas e políticas na Nigéria, que dividiram o país em norte e sul. Substituindo a superpopulosa e congestionada cidade portuária de Lagos, Abuja se tornou a capital da Nigéria em dezembro de 1991.

Localização de Camberra

O local escolhido para a nova cidade é uma decisão estratégica fundamental que pode ser influenciada por diversos fatores. Na Austrália, as disputas políticas e a rivalidade econômica entre as duas maiores e mais influentes cidades, Sydney e Melbourne, determinaram a escolha de um local no meio do caminho entre as duas para a construção de Camberra, em 1908. Após um demorado processo de construção, o Gabinete Federal se reuniu pela primeira vez em Camberra em janeiro de 1924.

Cidade instantânea

Planejamento da cidade instantânea: a utopia modernista contra a realidade espinhosa

Uma oportunidade para vislumbrar uma organização espacial que transcenda os problemas típicos das aglomerações orgânicas, os planos diretores das cidades instantâneas também representam a perspectiva de projetar uma utopia social. Entretanto, apesar dos arroubos idealistas, as tradições econômicas, sociais e culturais permanecem fundamentais para condicionar o desenvolvimento do ambiente construído.

Brasília foi construída e inaugurada entre 1956 e 1960, um tempo recorde de cinco anos. Concebida para representar a nova era de desenvolvimento da nação, a nova capital logo revelou as falhas de uma modernização conservadora marcada pela manutenção das profundas disparidades sociais e econômicas. Nesse contexto, a preservação do caráter modernista e seletivo da área central do Plano Piloto, destinado a abrigar funcionários públicos, significou que os trabalhadores pobres da construção civil que chegavam à nova cidade se instalavam nas áreas periféricas subdesenvolvidas. Utilizando a taxonomia da cidade-jardim, ainda que longe do principal centro de empregos e desprovidas de serviços, essas áreas negligenciadas ficaram conhecidas como cidades-satélite. O Plano Piloto, as cidades-satélite e os bairros recentemente ocupados, além das

O Plano Piloto
No Plano Piloto, o trecho leste do eixo monumental uniria os três poderes instituídos da República: Executivo, Legislativo e Judiciário. O trecho oeste abrigaria os edifícios administrativos do Distrito Federal. No eixo rodoviário ficariam as superquadras, áreas residenciais com edifícios modernistas de seis pavimentos separados por áreas verdes e pontilhados de quadras comerciais locais. Localizado na intersecção dos eixos, o terminal rodoviário seria um centro de transporte para as diversas áreas da cidade, enquanto os setores especiais comerciais e de serviços forneceriam uma atração especial para a área central.

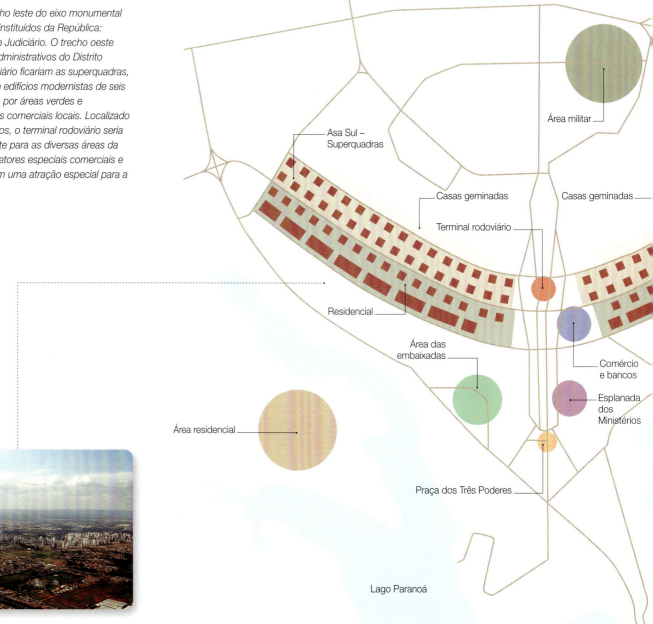

Vista aérea de Brasília

áreas rurais do entorno, faziam do Distrito Federal uma ocupação multinuclear de áreas residenciais densamente ocupadas com atividade econômica restrita. Embora alguns novos núcleos comerciais e de serviços e outros subcentros sólidos, como Taguatinga e Guará, tenham começado a se desenvolver, a região continua desproporcionalmente dependente do Plano Piloto como principal local de trabalho.

O planejamento inicial de Brasília vislumbrava uma população máxima de 500 mil pessoas, porém, desde o início essa ideia se mostrou pouco realista, e a população do Distrito Federal já superou (e muito) esse limite, chegando a 2 milhões de habitantes em 2000 e 2,5 milhões em 2010. O Distrito Federal está em quarto lugar em termos de centros populacionais no Brasil, atrás de São Paulo (11,4 milhões), Rio de Janeiro (6,4 milhões) e Salvador (2,7 milhões). Embora as áreas residenciais extremamente caras do Plano Piloto tenham levado a uma perda populacional relativa, o tecido urbano se espalhou para as áreas periféricas, incluindo os municípios vizinhos. Essa expansão incluiu não apenas áreas de baixa renda mas também novos lançamentos para as famílias de renda média e alta, com muitas loteamentos irregulares de terra e até mesmo invasões de terras públicas. Nos últimos anos, as construtoras urbanas de larga escala lançaram diversos projetos de altíssimo padrão com referência aos princípios do novo urbanismo nas áreas rurais próximas à área urbana. Em resposta às pressões políticas, demográficas e econômicas, essa cidade instantânea modernista se mostra tão difícil de ser governada como qualquer outra área urbana da rede globalizada mundial.

Cidade instantânea

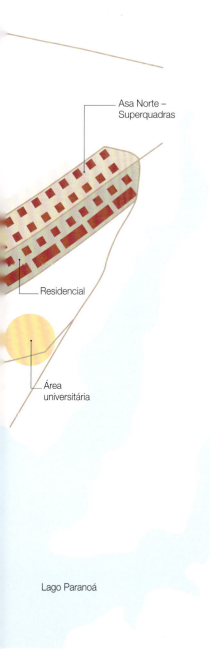

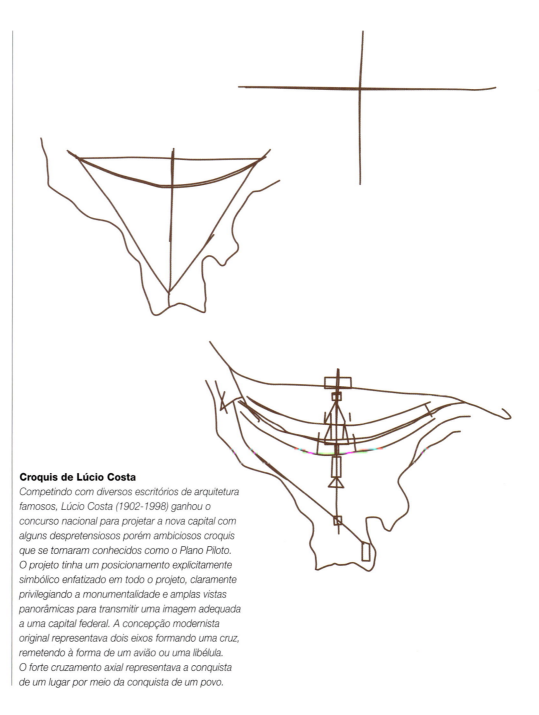

Croquis de Lúcio Costa
Competindo com diversos escritórios de arquitetura famosos, Lúcio Costa (1902-1998) ganhou o concurso nacional para projetar a nova capital com alguns despretensiosos porém ambiciosos croquis que se tornaram conhecidos como o Plano Piloto. O projeto tinha um posicionamento explicitamente simbólico enfatizado em todo o projeto, claramente privilegiando a monumentalidade e amplas vistas panorâmicas para transmitir uma imagem adequada a uma capital federal. A concepção modernista original representava dois eixos formando uma cruz, remetendo à forma de um avião ou uma libélula. O forte cruzamento axial representava a conquista de um lugar por meio da conquista de um povo.

Cidade instantânea

Povoamento do interior

A intenção por trás da escolha do Centro-Oeste para a nova capital do Brasil não se resumia a proporcionar ao Governo Federal um local mais protegido em caso de invasão estrangeira; buscava-se também estabelecer uma base para controlar um território amplamente desocupado e inexplorado. Em meados do século XX, os fluxos econômicos regionais estavam fortemente concentrados nas principais cidades, muitas localizadas na costa ou perto dela. A rede ferroviária conectava as principais regiões produtoras, como as zonas mineradoras e agrícolas, e a maioria das capitais estaduais. As áreas agricultoras do estado de São Paulo se destacavam, e a produção de café atraiu investidores interessados em construir ferrovias diretamente para o porto de Santos. As ferrovias brasileiras não atendiam aos relativamente isolados estados amazônicos, tampouco a maior parte do interior.

Além da rede ferroviária, as políticas públicas desde a década de 1940 haviam promovido a construção de rodovias. Entretanto, quando a construção de Brasília foi iniciada, em 1956, a limitada rede de transportes brasileira – que possuía ainda muitas estradas de terra – corria apenas ao longo da costa e até as capitais estaduais no interior. Portanto, o desafio de construir uma cidade em uma região agrícola parcamente povoada, com pouquíssimos recursos locais e ainda menos materiais de construção, clamava por uma grande solução

Desenvolvimento da rede rodoviária
Fomentada pela criação de Brasília, a evolução da rede rodoviária mostra uma sólida progressão da costa para o interior. Nas últimas décadas, houve uma marcada intensificação das conexões rodoviárias, sugerindo um futuro de maior integração latino-americana. Parte da estratégia governamental para controle progressivo do território, a rede de estradas deu suporte à dramática expansão das fronteiras agrícolas, ao estabelecimento do agronegócio e ao aumento das exportações de mercadorias. A crescente urbanização do interior e a degradação ambiental em larga escala foram as consequências imediatas.

1964   1973

1980   1991   1997

164

logística. Durante a estruturação da nova capital, o transporte de trabalhadores e materiais de construção necessitava da implantação de um aeroporto, de estradas e linhas férreas conectando Brasília às cidades próximas. Vital para o controle territorial, a expansão da rede rodoviária também era essencial para o estabelecimento da indústria automotiva brasileira, que dava seus primeiros passos. Além disso, a nova infraestrutura era necessária para facilitar o escoamento da produção das regiões industriais em crescimento no Sul e no Sudeste para áreas que, até então, não estavam incorporadas ao emergente mercado nacional.

Uma das primeiras decisões tomadas após o começo da construção da nova capital foi o início da criação da rodovia Belém-Brasília, para conectar o estado do Pará, no Norte, ao estado de Goiás, no Centro-Oeste. A influência da nova capital também foi sentida na construção de diversas outras estradas, como Belo Horizonte-Brasília (1959), Salvador-Brasília (1970), Cuiabá-Santarém (1976), São Paulo-Brasília (1978) e Cuiabá-Porto Velho-Rio Branco. Porém, a rede ferroviária ficou de lado e foi progressivamente negligenciada. O planejamento governamental também estava voltado a prover redes de energia e telecomunicações, além de transportes. Nas décadas seguintes, a consolidação da nova capital, aliada à expansão da rede rodoviária resultante, fomentou o crescimento das cidades do interior, bem como a expansão agrícola nos estados do Centro-Oeste. Até então, ilhas regionais de manufatura caracterizavam mercados relativamente isolados e protegidos. A integração do território quebrou esse equilíbrio, facilitando a dominação do mercado nacional pelas empresas do rico Sudeste. Como resultado, as desigualdades regionais se tornaram ainda mais acentuadas.

Cidade instantânea

Em 1956, grande parte da malha viária consistia em estradas de terra no interior do Brasil. A maior parte delas foi progressivamente asfaltada.

Em 1957, a BR-040 foi asfaltada e estendida até Brasília. Ela segue radialmente da capital criando uma conexão com Belo Horizonte e Rio de Janeiro.

A BR-050 foi duplicada no estado de São Paulo e no Distrito Federal. Há planos de melhorar o trecho que liga Goiás, no cinturão agrícola central, ao rico estado minerador de Minas Gerais. A estrada segue radialmente sentido norte-sul desde a capital federal.

Fonte: Déak/IBGE.   2007

Cidade instantânea

Mobilização do desenvolvimento no interior

Longe de ser uma singularidade independente, a cidade instantânea muitas vezes faz parte de ambiciosos esforços políticos combinados. Desde o período colonial, a economia do Brasil se ancora primordialmente na exportação de *commodities*, especialmente açúcar, ouro e café. Os lucros colossais do ciclo do café constituíram a base para as atividades manufatureiras que, por sua vez, estimularam um crescimento imprevisto que alavancou São Paulo para o primeiro lugar em população e produção econômica. Em meados do século XX, as políticas públicas progressivamente dirigiram seu foco para as incipientes atividades de manufatura. Dependentes dos mercados e das economias de aglomeração, tais mudanças contribuíram para fortalecer os grandes centros urbanos localizados nos estados do Sul e do Sudeste.

A base da expansão do mercado interno consistiu na criação de centros urbanos no interior. Os esforços incluíram o fortalecimento de cidades já existentes, como Volta Redonda, no estado do Rio de Janeiro, que recebeu uma siderúrgica em 1941. A fundação de Goiânia, capital modernista e planejada do estado de Goiás, no Centro-Oeste, ofereceu oportunidades para ir para o interior. A cidade se tornou não apenas um grande centro comercial e de serviços como também um núcleo de apoio para uma região

Eixo Brasília-Anápolis-Goiânia

A articulação de Brasília, Goiânia e Anápolis, um dinâmico entreposto de transportes próximo a Goiânia, produziu um dos efeitos mais visíveis na região. Nos últimos anos, surgiu um robusto sistema regional de cidades chamado eixo Brasília-Anápolis--Goiânia, uma sequência de cidades e áreas agrícolas que concentram atividades econômicas e população na região do Planalto Central. A população nas três principais aglomerações no eixo – a região metropolitana de Goiânia, a microrregião de Anápolis e a Região Integrada de Desenvolvimento do Distrito Federal e Entorno (Ride) – vem crescendo consideravelmente. Em 1970, essa região representava 1,63% da população brasileira. Ela continuou crescendo e, em 1980, já possuía 2,29% da população, 2,61% em 1991, 3,01% em 2000 e 3,34% em 2010. As três principais cidades do eixo juntas representavam 2,21% da população nacional em 2010 e 4,89% do PIB brasileiro. No mesmo ano, as três cidades eram responsáveis por 30% da população e 52% do PIB da região Centro-Oeste.

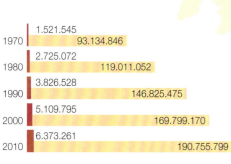

Ano	População do eixo	População brasileira
1970	1.521.545	93.134.846
1980	2.725.072	119.011.052
1990	3.826.528	146.825.475
2000	5.109.795	169.799.170
2010	6.373.261	190.755.799

Fonte: Haddad/IBGE (2010).

agrícola em expansão. A criação de um distrito industrial próximo a Anápolis em 1970 contribuiu para fomentar a união da incipiente rede urbana com Brasília. Diversas cidades surgiram ao longo das rodovias que conectavam a nova capital às cidades do interior. Em muitos casos, essas cidades se tornaram centros de suporte às atividades de mineração e agricultura.

Dentre os efeitos dos planos de desenvolvimento associados à nova capital estava a expansão das fronteiras agrícolas. Pecuária, produção de milho, feijão, algodão e especialmente o complexo da soja seguido de cana-de-açúcar se tornaram processos extremamente dinâmicos, ocupando as terras em direção ao Centro-Oeste e ao Norte. A modernização e o avanço tecnológico da produção agrícola, bem como o estabelecimento de complexos agrícolas, reforçaram a concentração da posse de terras e a exclusão das populações tradicionais. A liberação de mão de obra pela agricultura capitalizada e pela agricultura estagnada, além do crescimento da mão de obra para manufatura e da percepção de riqueza nas cidades, aumentaram os fluxos migratórios para os centros urbanos. A expansão da atividade agrícola, um fator considerável no desenvolvimento da região Centro-Oeste, foi acompanhada de uma degradação dos recursos naturais em enormes áreas dos ecossistemas do cerrado e amazônico, capitaneados pela derrubada de florestas para pecuária. Apesar de sua extraordinária contribuição para o crescimento econômico brasileiro, os vastos impactos ambientais do fator agrícola levaram ao debate político e à exigência de políticas para frear esses efeitos negativos.

A nova capital foi um componente em um conjunto de políticas inovadoras para trazer maior desenvolvimento econômico, estimulando não apenas um aumento na urbanização mas também a industrialização e o agronegócio. Entretanto, os efeitos indesejados incluíram um crescimento excessivo da população e do desemprego nas cidades, a falta de terras para uma enorme fatia da população e a degradação ambiental. Nos últimos anos, como em outras grandes regiões metropolitanas, a capital federal sentiu o peso das decisões do passado.

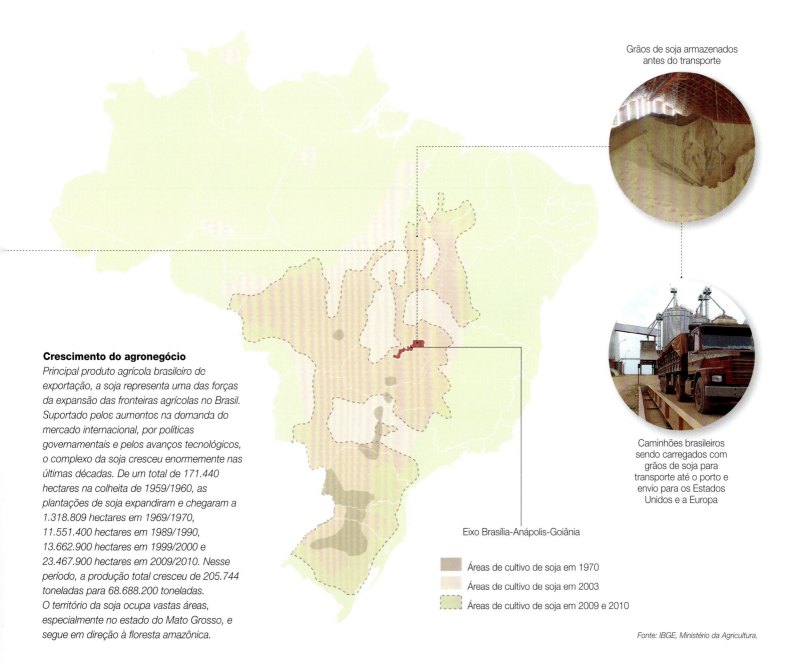

Crescimento do agronegócio
Principal produto agrícola brasileiro de exportação, a soja representa uma das forças da expansão das fronteiras agrícolas no Brasil. Suportado pelos aumentos na demanda do mercado internacional, por políticas governamentais e pelos avanços tecnológicos, o complexo da soja cresceu enormemente nas últimas décadas. De um total de 171.440 hectares na colheita de 1959/1960, as plantações de soja expandiram e chegaram a 1.318.809 hectares em 1969/1970, 11.551.400 hectares em 1989/1990, 13.662.900 hectares em 1999/2000 e 23.467.900 hectares em 2009/2010. Nesse período, a produção total cresceu de 205.744 toneladas para 68.688.200 toneladas. O território da soja ocupa vastas áreas, especialmente no estado do Mato Grosso, e segue em direção à floresta amazônica.

Grãos de soja armazenados antes do transporte

Caminhões brasileiros sendo carregados com grãos de soja para transporte até o porto e envio para os Estados Unidos e a Europa

Eixo Brasília-Anápolis-Goiânia

Áreas de cultivo de soja em 1970
Áreas de cultivo de soja em 2003
Áreas de cultivo de soja em 2009 e 2010

Fonte: IBGE, Ministério da Agricultura.

Cidade instantânea

Tomada de decisão e capacidade política

A realocação das funções da capital nacional para uma cidade instantânea plantada em uma região agrícola parcamente ocupada a mais de 1.200 quilômetros do Rio de Janeiro era um enorme desafio político. Depois de enfrentar grande oposição na inauguração de Brasília, em 1960, o presidente Juscelino Kubitschek conseguiu instalar o braço do Executivo, o Congresso e o Poder Judiciário em seus respectivos prédios. O apoio privado veio com o primeiro jornal e a primeira estação de TV, bem como hotéis e outros negócios. O primeiro ato do Executivo consistiu em uma mensagem para o Congresso propondo a criação da Universidade de Brasília.

Desde o início, tomar o lugar de uma capital bem estabelecida, amada e conhecida no mundo todo, como era o Rio de Janeiro, foi um desafio colossal. As críticas destacavam os enormes gastos envolvidos no projeto e o aumento na inflação que ficou como legado aos governos seguintes. Embora a consolidação da nova capital tenha oscilado nos primeiros anos depois do mandato de Kubitschek (1956-1960), após duas décadas de governo militar (1964-1984) a irreversibilidade da mudança era óbvia. Em 1988, a nova Constituição do país representou um dos grandes feitos da democracia que emanaram da capital. Nas décadas seguintes, embora algumas poucas empresas públicas ainda mantivessem suas sedes no Rio de Janeiro, todas as instituições superiores do Governo Federal foram

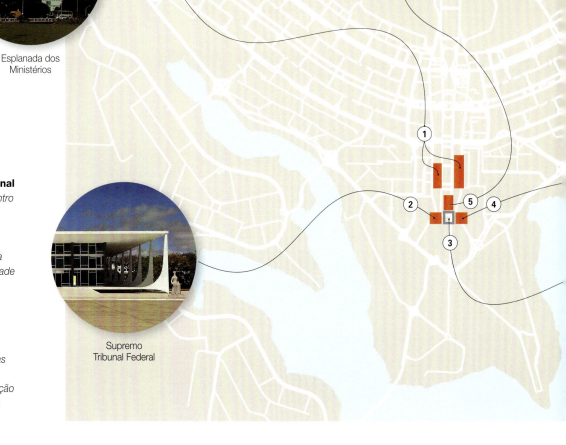

Capacidades administrativa e educacional
Como cidade instantânea que se tornou o centro de uma região metropolitana contemporânea muito desigual, Brasília opera com base no conhecimento e na troca de informações. A Universidade de Brasília, federal, foi fundada em 21 de abril de 1962. Em 2012, a universidade cinquentenária tinha mais de 27 mil alunos matriculados em 105 cursos de graduação e cerca de 9 mil alunos matriculados em 147 programas de pós-graduação. Outras universidades e diversas faculdades também contribuem para a educação nas mais diversas profissões na cidade e também em outras regiões. A proximidade dos centros de educação superior fomentou o surgimento de atividades especializadas.

transferidas para Brasília. Em seu cinquentenário, em 2010, a cidade estava absolutamente consolidada como capital do Brasil.

No Distrito Federal, produtos e serviços com base no conhecimento, como TI, comunicações, medicamentos, serviços de logística e construção civil, são consideravelmente grandes, e muitos são focados na eficiência energética e no baixo impacto ambiental. O Parque Tecnológico da Capital e o Polo de Reciclagem representam uma visão de futuro que busca transformar a capital em uma metrópole com economia fundamentada no conhecimento e na inovação, e que é líder mundial em sustentabilidade ambiental.

Como palco multicultural com fortes conexões internacionais, a cidade é o foco de diversos eventos internacionais. Com uma população oriunda das mais diversas regiões brasileiras, a capital expressa uma miríade de influências culturais. Festivais de cinema, música, dança e gastronomia acontecem regularmente na cidade. O Festival de Brasília do Cinema Brasileiro acontece desde 1965, e o primeiro Festival Internacional de Cinema de Brasília aconteceu em julho de 2012. Outros festivais incluem o Festival Internacional de Artes de Brasília, organizado pelo governo do Distrito Federal com apoio de diversas embaixadas e, com sua primeira edição em 2012, o Festival Brasília de Cultura Popular, além do Festival Internacional de Teatro de Bonecos e o Brasília Music Festival, que também teve sua primeira edição em 2012. O governo também vem estimulando os megaeventos esportivos, como a Copa do Mundo de 2014. Um dos projetos de construção civil é o Estádio Nacional, que deve se tornar a primeira arena ecológica do mundo a ser certificada pelo U.S. Green Building Council.

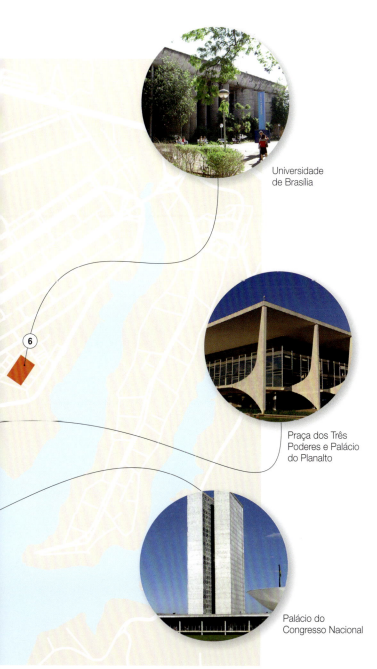

Universidade de Brasília

Praça dos Três Poderes e Palácio do Planalto

Palácio do Congresso Nacional

FESTIVAIS INTERNACIONAIS DE ARTES EM BRASÍLIA

Com seu celebrado conjunto arquitetônico modernista, a capital é o contexto perfeito para a expressão multicultural e artística.

Artes
Festival Internacional de Artes de Brasília

Cultura
Festival Brasília de Cultura Popular
Festival Internacional de Palhaços

Dança
Festival Internacional da Novadança

Música
Brasília Music Festival (BMF)
Festival Internacional I Love Jazz

Cinema
Festival de Brasília do Cinema Brasileiro (FBCB)
Festival Internacional de Cinema de Brasília (BIFF)
Festival Internacional de Cinema Infantil (FICI)

Teatro
Festival Internacional de Teatro de Bonecos
Festival Internacional de Teatro de Brasília – Cena Contemporânea

Cidade instantânea

Ambiente construído

Desde a Revolução Industrial, os problemas da aceleração do crescimento urbano vêm preocupando não apenas o poder público como também arquitetos e urbanistas. Aliado a uma ideologia progressista, o planejamento modernista via o *design* urbano como forma de trazer racionalismo ao caótico ambiente construído e de fomentar a realização de um ideal de futuro. Criando bulevares amplos e espaços abertos para conter as rebeliões populares e aquecer o mercado imobiliário, a reforma de Paris liderada por Haussmann em meados do século XIX (ver *Cidade racional*, páginas 88-105) representou um ponto de referência ousado e controverso para as cidades instantâneas.

Como reflexo das atuais pressões de uma sociedade desigual e economicamente injusta sobre um projeto utópico, diversas ocupações populares ocorreram durante e depois da construção da área originalmente planejada do Distrito Federal. Distantes do centro privilegiado da cidade e espalhadas nas periferias agrícolas, enfrentando uma péssima infraestrutura e baixo nível de emprego, as cidades-satélite se tornaram uma espécie de zona nebulosa para a imagem da capital. Mesmo após décadas de crescimento populacional robusto e aumento na provisão de serviços nas cidades-satélite, e também com o surgimento de lançamentos de alto padrão para a nova classe média nas áreas periféricas, a imagem predominante da capital permanece sendo aquela do Plano Piloto original. Sob a influência do modernismo e como consequência

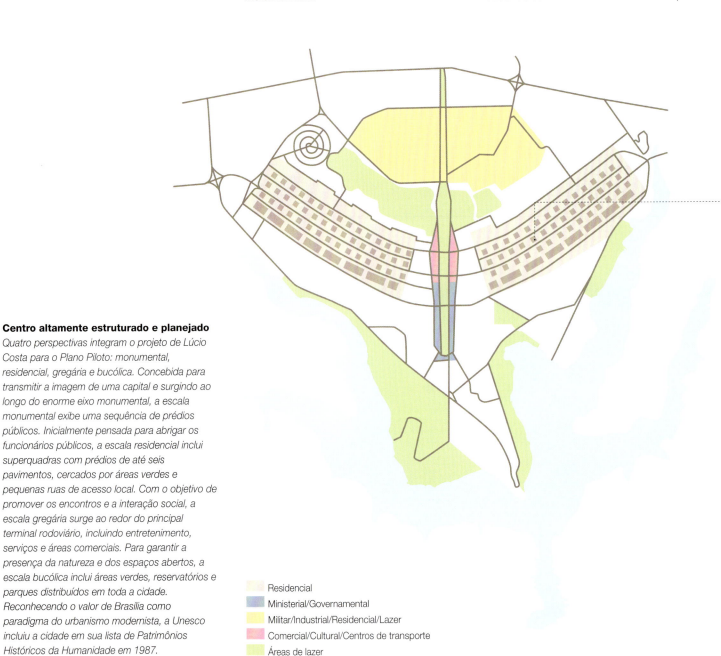

Centro altamente estruturado e planejado
Quatro perspectivas integram o projeto de Lúcio Costa para o Plano Piloto: monumental, residencial, gregária e bucólica. Concebida para transmitir a imagem de uma capital e surgindo ao longo do enorme eixo monumental, a escala monumental exibe uma sequência de prédios públicos. Inicialmente pensada para abrigar os funcionários públicos, a escala residencial inclui superquadras com prédios de até seis pavimentos, cercados por áreas verdes e pequenas ruas de acesso local. Com o objetivo de promover os encontros e a interação social, a escala gregária surge ao redor do principal terminal rodoviário, incluindo entretenimento, serviços e áreas comerciais. Para garantir a presença da natureza e dos espaços abertos, a escala bucólica inclui áreas verdes, reservatórios e parques distribuídos em toda a cidade. Reconhecendo o valor de Brasília como paradigma do urbanismo modernista, a Unesco incluiu a cidade em sua lista de Patrimônios Históricos da Humanidade em 1987.

Residencial
Ministerial/Governamental
Militar/Industrial/Residencial/Lazer
Comercial/Cultural/Centros de transporte
Áreas de lazer

de um projeto de desenvolvimento nacional voltado às indústrias pesada e automotiva, a área central, como originalmente planejada, era claramente voltada ao automóvel. Evocando uma cruz e um avião, o urbanismo básico surgia de dois eixos de transporte que se cruzavam, com setores adicionais atendendo às diferentes funções da cidade. Duas rodovias principais e perpendiculares conectavam o centro com as áreas do entorno, e o sistema de rodovias federais estruturava o projeto. Concebido para atender os avanços da era da industrialização, o sistema viário nas áreas urbanizadas do Distrito Federal obviamente favorece os carros, justificando a imagem popular de uma cidade "sem calçadas". Em operação desde 2001, o metrô conecta os bairros mais populosos à região central. Entretanto, apesar de ser uma das três mais extensas do país, a rede de Brasília tem pouca integração com as linhas de trem e, especialmente, com as de ônibus, embora haja iniciativas para incentivar os projetos para integrar o metrô ao sistema de ônibus.

Alinhada com o comprometimento do governo em universalizar as telecomunicações, Brasília participou ativamente da expansão da telefonia e do acesso às redes digitais, como a internet. Como centro metropolitano com diversas funções, a capital possui modernas instalações de transporte e comunicação. Conectando a cidade a destinos nacionais e internacionais, o Aeroporto Internacional de Brasília é um dos principais centros de conexão do Brasil e da América Latina. Frequentemente congestionado, ele já atingiu o limite de sua capacidade há muito tempo e foi expandido. Sem conexão ferroviária para que os passageiros cheguem à região central, o aeroporto é atendido por uma linha de BRT (Bus Rapid Transit).

Densidade demográfica e desigualdade social

Em Brasília, assim como em outras grandes cidades, as áreas com melhor infraestrutura e serviços, acesso rápido ao centro comercial e, consequentemente, maiores valores imobiliários correspondem às populações com maior renda. Reforçado por ações de gestão territorial, como a oferta às populações pobres de terrenos em áreas periféricas com pouca ou nenhuma infraestrutura, o gradiente de renda diminui consideravelmente à medida que aumenta a distância do Plano Piloto. As áreas de maior densidade correspondem exatamente aos setores de baixa renda.

Setor residencial

Traçado da superquadra residencial

Distribuição espacial da renda média por domicílio em salários mínimos no Distrito Federal, 2010/2011

- 1 a 3 salários mínimos
- 3 a 5 salários mínimos
- 5 a 10 salários mínimos
- 10 a 15 salários mínimos
- Mais de 15 salários mínimos

Fonte: GDF.

Densidade demográfica, 2009

- Alta
- Média
- Baixa
- Muito baixa
- Área de interesse ambiental

Fonte: GDF.

Cidade instantânea

Economia e população

Brasília evoluiu como uma cidade notadamente terciária, dominada pelos serviços e administração públicos, com pouca atividade industrial. Como resultado da natureza pública da maior parte dos empregos da cidade, ela se mostrou relativamente resistente às variações econômicas e exibe níveis privilegiados de renda. Em 2010, o Distrito Federal tinha o PIB *per capita* mais alto do país, quase o triplo da média nacional e o dobro do PIB do estado de São Paulo, o segundo colocado.

Todas as atividades manufatureiras cresceram entre 2004 e 2008 no Distrito Federal, especialmente a indústria de transformação. Houve pequenas melhoras nos salários das menores faixas de renda, como alimentos, vestuário e construção civil, e o aumento do poder de compra dos trabalhadores estimulou as vendas no comércio e a manufatura. A produção industrial do DF está concentrada nas atividades gráficas e na tecnologia da informação, sendo o setor público o maior cliente. O principal setor na economia continua sendo o de serviços. Com o terceiro maior valor agregado bruto nos serviços quando comparada às capitais estaduais, atrás de

Emprego em Brasília, 2010

Como capital, Brasília cresceu voltada à economia dos serviços, dominada pelas funções públicas e pelo comércio. Localizada em um meio ambiente sensível, a cidade precisou focar as atividades terciárias e indústrias não poluentes. Cérebro do Governo Federal, Brasília une diversas funções administrativas diretas, bem como empresas públicas e mistas. O funcionalismo público é relativamente bem pago e altamente resistente às crises, e fomentou a criação de um estável mercado de serviços e de atividades de comércio. A administração pública corresponde a 16% das vagas de emprego do Distrito Federal e é um poderoso chamariz para as empresas que desejam participar das licitações públicas para produtos e serviços.

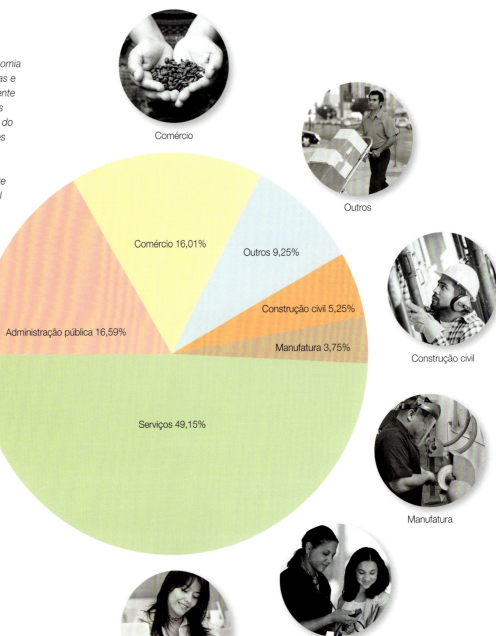

Comércio 16,01%
Outros 9,25%
Construção civil 5,25%
Manufatura 3,75%
Serviços 49,15%
Administração pública 16,59%

Comércio
Outros
Construção civil
Manufatura
Serviços
Administração pública

Fonte: Ministério do Trabalho e Emprego.

São Paulo e Rio de Janeiro, Brasília representou 5,7% do total em 2008. No período entre 2004 e 2008, os serviços públicos de administração, saúde, educação e seguridade social representaram 50% da estrutura econômica do Distrito Federal. Dos cerca de 1 milhão de trabalhadores empregados no DF em 2010, 49,15% estavam no setor de serviços, 16,59% na administração pública e 16,01% no comércio. A construção contribuiu com 5,25%, enquanto a manufatura representou apenas 3,75%. Outros setores contribuíram com 9,25%.

Atraído por um meio influente e dinâmico, o fluxo migratório rumo à capital se mantém desde a inauguração. Embora o ritmo de chegada tenha diminuído, o número de trabalhadores que chegam à cidade – muitos deles sem nenhum tipo de formação – permanece alto. Alguns encontram trabalho na construção civil, que tradicionalmente emprega mão de obra sem qualificação. Uma grande quantidade é absorvida pelo mercado informal, e outros enfrentam o desemprego. Uma metrópole em crescimento, cujos trabalhadores recebem alguns dos melhores salários do país, Brasília também se tornou uma das cidades com maior desigualdade do Brasil.

A área de influência de Brasília inclui 298 municípios, uma área de mais de 1,7 milhão de quilômetros quadrados e uma população de 9,7 milhões de habitantes em 2007. Apesar de sua posição privilegiada, a rede urbana de Brasília é relativamente pequena em comparação a São Paulo e Rio de Janeiro, representando apenas 2,5% da população brasileira e 4,4% do PIB nacional. Com alcance limitado, a rede de Brasília atinge o oeste da Bahia, além de alguns municípios de Goiás e do noroeste de Minas Gerais. Há uma notada concentração de população e renda no centro, que representa 72,7% da população e 90,3% do PIB da rede de Brasília. De todas as redes urbanas do Brasil, essa tem o mais alto PIB *per capita*.

Cidade instantânea

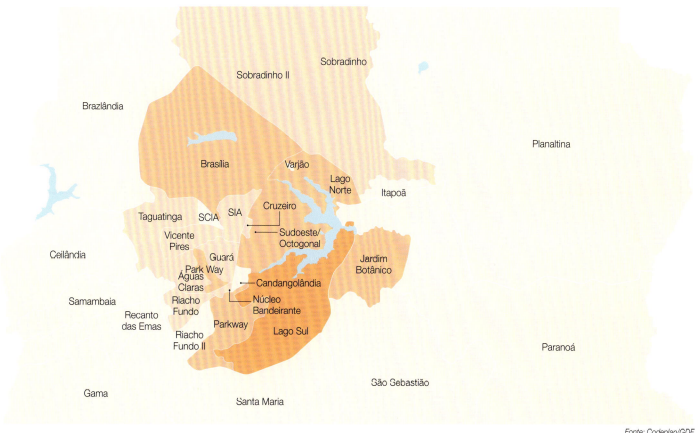

Fonte: Codeplan/GDF.

Renda *per capita* em reais em 2010
- 250 a 999
- 1.000 a 2.999
- 3.000 a 4.999
- 5.000 ou mais

Distribuição relativa de renda

No Distrito Federal, a distribuição de renda é altamente distorcida, com a região administrativa do Lago Sul apresentando a renda per capita mais alta (R$ 5.420,00), aproximadamente dezoito vezes o valor da região pobre do SCIA/Estrutural (R$ 299,00) em 2010.

Sustentabilidade

A cidade instantânea é obrigada a se desenvolver de acordo com as condições ambientais do seu entorno. Inevitavelmente, as pressões da urbanização afetam as áreas verdes e demandam o uso dos recursos naturais. Localizada na frágil savana do planalto central, a área onde a nova capital brasileira foi construída precisou oferecer todas as funções de suporte para uma capital nacional. Pontilhado de cursos e nascentes d'água, o local também é o ponto de encontro das três maiores bacias do Brasil: a bacia do Paraná, a do Araguaia/Tocantins e a do São Francisco. Dado que as nascentes tendem a dar água sem muita força, que corre para os níveis mais baixos, a disponibilidade das fontes de água depende fortemente de sua preservação. Em decorrência da necessidade de preservar não apenas as fontes de água como também outras características da paisagem, o Distrito Federal inclui diversas unidades de conservação.

A capital possui diversas áreas de preservação, incluindo o Parque Nacional de Brasília, com 90% de seu território coberto por algum tipo de instrumento legal. Isso pode dar a impressão de que o meio ambiente é altamente preservado, mas ele não está bem protegido – e a biodiversidade está sob constante ameaça. Isso se deve ao fato de que a criação e o reconhecimento das áreas protegidas não foram acompanhados de políticas efetivas de gestão.

Área de proteção ambiental do lago Paranoá

Uma das características mais marcantes de Brasília é o lago Paranoá. Construído com a barragem do rio de mesmo nome, ele deveria servir para fornecer água e energia para os primeiros anos da construção, bem como para contribuir com o aumento dos níveis de umidade em uma área que apresenta um longo e seco inverno. O lago também foi concebido como uma área pública de lazer. Entretanto, apesar de haver legislação garantindo o livre acesso, na prática apenas algumas áreas são abertas para todos. A ocupação das margens por terrenos residenciais de alto padrão, clubes particulares e restaurantes seletos contribuiu para restringir o acesso à maior parte da população. A distância das cidades-satélite e a disponibilidade limitada de transporte público também contribuíram para limitar o acesso ao lago. Embora a ligação com o lago Paranoá seja muito forte entre a população, permanece a percepção de que ele não é exatamente um recurso público.

- Zona de preservação da vida nativa
- Zona de conservação da vida nativa
- Superfície de água
- Zona consolidada de ocupação no entorno do lago
- Zona consolidada de ocupação de Brasília
- Zona especial de ocupação do Bananal
- Zona especial de ocupação de interesse ambiental
- Zona especial de ocupação do Paranoá
- Zona especial de ocupação do Taquari
- Zona especial de ocupação do Varjão

Fonte: GDF/IBRAM (2011).

Além da falta de recursos humanos, financeiros e jurídicos, os principais problemas são: falta de regularização da terra, falta de equipamentos e infraestrutura, pouco incentivo à pesquisa, uso desordenado das terras públicas, especulação imobiliária, falta de educação ambiental e baixo valor atribuído à biodiversidade local. Duas principais deficiências enfraqueceram a implementação efetiva das unidades de conservação e proteção no Distrito Federal: aspectos legais e jurídicos e aspectos técnicos e operacionais. Para os últimos, há o problema do pequeno número de conselhos gestores que foram criados e a eficácia limitada das ações preventivas daqueles que efetivamente existem. Muitas das dificuldades estão relacionadas às visões políticas e administrativas, bem como à falta de interesse federal e distrital.

O principal problema, no entanto, parece ser a falta de dados sobre a situação da terra e os registros de imóveis, e também a falta de planos de manejo e conselhos gestores nessas áreas. Para lidar com esses problemas, o governo encomendou estudos detalhados que estão incluídos no zoneamento ecológico econômico.

À medida que Brasília se expandiu para o seu entorno natural sem os controles necessários, a cidade logo começou a gerar degradação ambiental. Uma forte característica é a ocupação urbana desordenada e a pressão sobre os lençóis freáticos. O Distrito Federal e seu entorno estão atingindo os limites de consumo em suas fontes de água. Embora a capital tenha uma coleta de lixo eficiente em toda a cidade, ainda falta um sistema eficaz de reciclagem de lixo. Também há necessidade de um sistema sustentável de descarte, dado que, embora haja planos de mudança de local, uma grande parte do lixo ainda é despejada em um local próximo a uma área de proteção do Parque Nacional – o Lixão da Estrutural. Recentemente, as grandes quantidades de automóveis e congestionamentos de horário de *rush* associados à falta de transporte público adequado contribuíram para uma piora na poluição do ar em uma cidade que, até então, era conhecida pela beleza do seu céu e seu horizonte aberto.

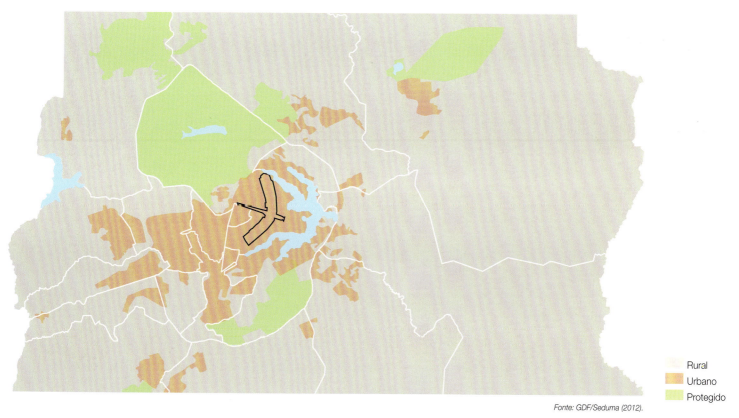

Fonte: GDF/Seduma (2012).

Proteção urbana, rural e integral
Atingindo áreas predominantemente rurais e restritas pelo zoneamento de proteção, o tecido urbano se estende de forma progressiva até os limites do Distrito Federal a nordeste, sul e oeste. Embora grande parte da incorporação das áreas rurais para uso urbano seja resultado de loteamentos para famílias de baixa renda, também houve lançamentos para a classe média e, mais recentemente, condomínios de alto padrão. Parte do crescimento urbano acontece ao longo de rodovias que levam às cidades vizinhas na região metropolitana e para as principais capitais estaduais.

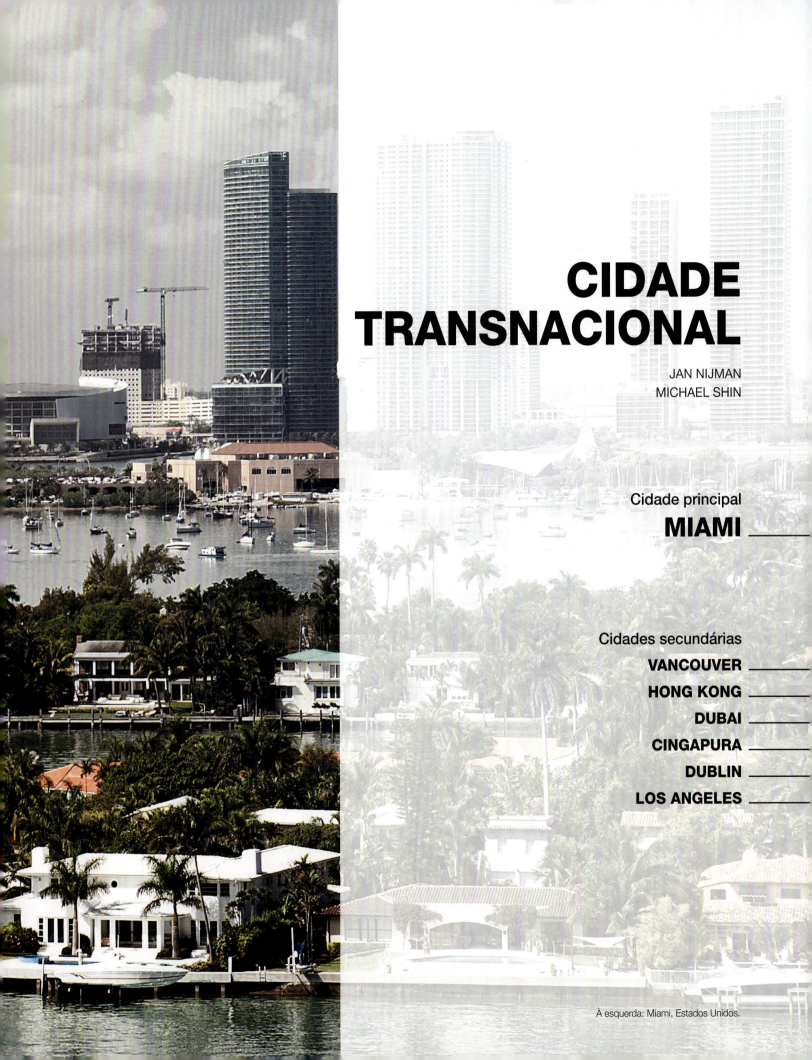

CIDADE TRANSNACIONAL

JAN NIJMAN
MICHAEL SHIN

Cidade principal
MIAMI

Cidades secundárias
VANCOUVER
HONG KONG
DUBAI
CINGAPURA
DUBLIN
LOS ANGELES

À esquerda: Miami, Estados Unidos.

Cidade transnacional: Introdução

Na intersecção de diferentes regiões do mundo, a cidade transnacional é aquela onde pessoas, culturas e ideias de diferentes países convergem, colidem e se desenvolvem. Essa convergência produz tensões sociais, gera novas oportunidades econômicas e redefine continuamente a cultura como única e com um "sabor local". A cidade transnacional do século XX era simplesmente chamada de multicultural; a cidade transnacional do século XXI é mais conectada, sofisticada, e mais desejável como destino e como aspiração. Ela define o que é ser cosmopolita – ela é a própria cosmópole.

Cidades transnacionais e suas intersecções regionais
Cidades transnacionais como Hong Kong (ex-colônia do Reino Unido), Vancouver e Beirute facilitam as interações e trocas entre as diversas regiões do mundo. Miami conecta os Estados Unidos com as Américas Central e do Sul e com o Caribe, e é frequentemente mencionada como a "capital" da América Latina. São exatamente essas conexões globais que moldam a cultura cosmopolita e a paisagem urbana da cidade transnacional.

Em grande parte devido à sua posição geográfica, as cidades transnacionais sempre foram importantes pontos de articulação para as redes migratórias e de comércio regional. Para facilitar essa troca inter-regional de pessoas, bens, serviços e ideias, as cidades transnacionais precisam de populações diversificadas e nascidas no exterior. Além disso, à medida que a economia global muda e as redes produtivas são reconfiguradas, a cidade transnacional, sua composição e seu posicionamento se alteram. Por exemplo, Hong Kong, a ex-colônia britânica onde o Ocidente encontra o Oriente na Ásia, já foi o exemplo máximo de cidade transnacional. Essa distinção está sendo questionada, redefinida e até substituída por Vancouver, onde o Oriente agora encontra o Ocidente na América do Norte.

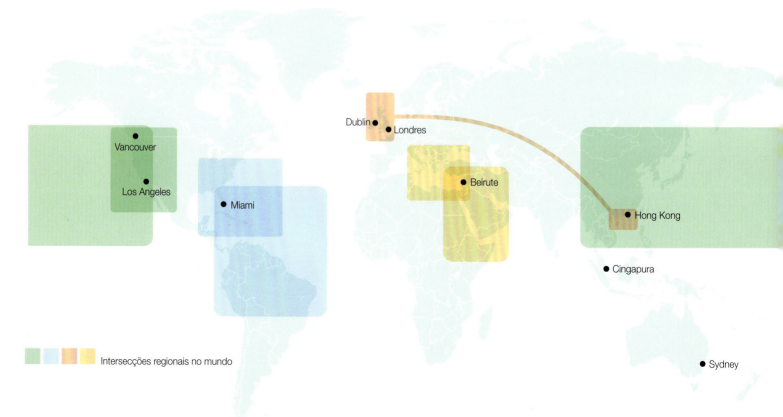

Intersecções regionais no mundo

Cidades transnacionais demonstram dinamismo, força e resiliência que lhes são características, em partes por conta de sua diversidade interna, ágil capacidade de resposta às pressões sociais externas, políticas e econômicas e invariabilidade geográfica. Beirute, a pérola do Oriente Médio, devastada por décadas de guerra civil, foi reconstruída e novamente ressurgiu como destino turístico cosmopolita, centro cultural e cidade de comércio onde a Europa e o Oriente Médio se encontram.

Em nenhum outro lugar do mundo é possível ver tal caráter cosmopolita mais claramente adotado ou promovido que em Miami. Embora comparativamente jovem para uma cidade transnacional em termos históricos, Miami definiu e continua definindo o que é ser transnacional e cosmopolita. Com mais da metade de seus residentes nascidos no exterior, Miami é mais latino-americana do que qualquer outra cidade dos Estados Unidos. Para atender às necessidades desses cidadãos do mundo, as cidades transnacionais contemporâneas como Miami devem oferecer comodidades culturais, gastronômicas e comerciais diferentes de qualquer outro lugar. Redes expatriadas e círculos sociais linguísticos, *fusion cuisine*, sabores locais autênticos e redes de lojas com produtos "lá de casa" criam uma paisagem urbana cosmopolita e uma energia que não está nem tão cá nem lá.

A origem dos viajantes cosmopolitas contribui para o surgimento, a persistência e a sustentabilidade da cidade transnacional. Como a segunda porta de entrada mais movimentada para viajantes internacionais nos Estados Unidos (atrás apenas do JFK de Nova York), o Aeroporto Internacional de Miami recebe anualmente mais de 1,5 milhão de visitantes brasileiros, 1 milhão de mexicanos e colombianos e mais de 750 mil visitantes do Reino Unido, do Canadá, da Venezuela e da República Dominicana. Miami também abriga o terceiro maior corpo consular dos Estados Unidos, com mais de setenta consulados estrangeiros. Obviamente, as linhas que separam visitantes, residentes, expatriados e locais são muito tênues em Miami como em outros locais transnacionais.

A cidade transnacional também é uma das mais profundas e destacadas contradições. Aliadas ao melhor que a vida cosmopolita pode oferecer, as desigualdades de renda, *status* e habitação ganham muito destaque na cidade transnacional. Além disso, a ambiguidade, a ignorância e a arrogância que permeiam os padrões de autoridade, jurisdição e o Estado de direito tornam a cidade transnacional um centro de atividades ilegais e ilícitas.

À medida que as fronteiras se tornam mais porosas, ao passo que as pessoas se movimentam com maior liberdade, e conforme a economia global se agita, o que acontecerá a essas cidades? Surgirão novas cidades globais? De que forma as cidades como Miami vão reagir e se redefinir? Este capítulo explora as facetas complexas e frequentemente contraditórias da vida urbana cosmopolita, buscando entender e mapear a cidade transnacional.

> "A cidade transnacional define o que é ser cosmopolita – ela é a própria cosmópole."

Rotas aéreas da América Latina para o Aeroporto Internacional de Miami

MIA está em segundo lugar, apenas atrás do Aeroporto Internacional John F. Kennedy (JFK), de Nova York, em tráfego de passageiros internacionais – com mais de 19 milhões de passageiros em 2012. MIA é o primeiro em termos de cargas internacionais e o terceiro em cargas totais comparado a todos os outros aeroportos dos Estados Unidos. A espessura das linhas neste mapa é proporcional ao número de passageiros chegando de cada lugar.

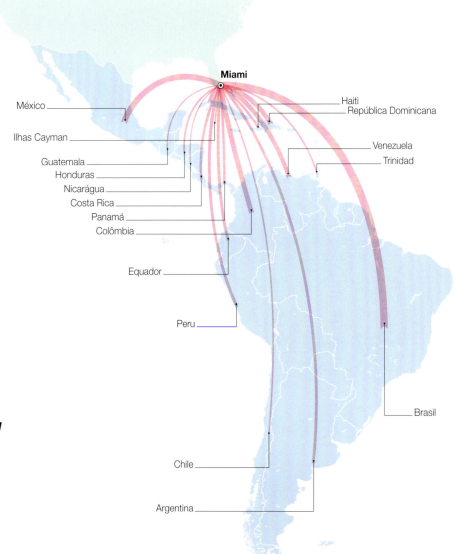

Fonte: Estatísticas do Aeroporto Internacional de Miami.

179

Cidade transnacional

Destinos migratórios

Cidades transnacionais são os destinos favoritos de imigrantes e são altamente diversificadas. A força mobilizadora dessas cidades é expressada primariamente em seu apelo regional: elas são um centro na paisagem global altamente visível e atraente por diversos motivos, seduzindo centenas de milhares de imigrantes. Eles geralmente vêm por razões econômicas, mas também escolhem tais cidades por sua abertura e porque elas oferecem oportunidades para encontrar um espaço relativamente confortável, com boas possibilidades de sobrevivência em meio às comunidades de imigrantes já existentes.

Proporcionalmente ao seu tamanho, Miami recebe mais imigrantes que qualquer outra cidade nos Estados Unidos. Ela funciona como uma válvula de segurança em um sistema global de fluxos de pessoas. Em um período médio de cinco anos, cerca de 285 mil imigrantes chegam à cidade, e muitos deles ficam por lá mesmo. Durante o mesmo período, Miami recebe mais 270 mil pessoas vindas de outros lugares dos Estados Unidos – ou seja, mais de meio milhão de migrantes chegando a uma região metropolitana com cerca de 4,2 milhões de habitantes.

Situada no extremo sul dos Estados Unidos, não é surpresa que a população nascida no exterior de Miami venha principalmente das

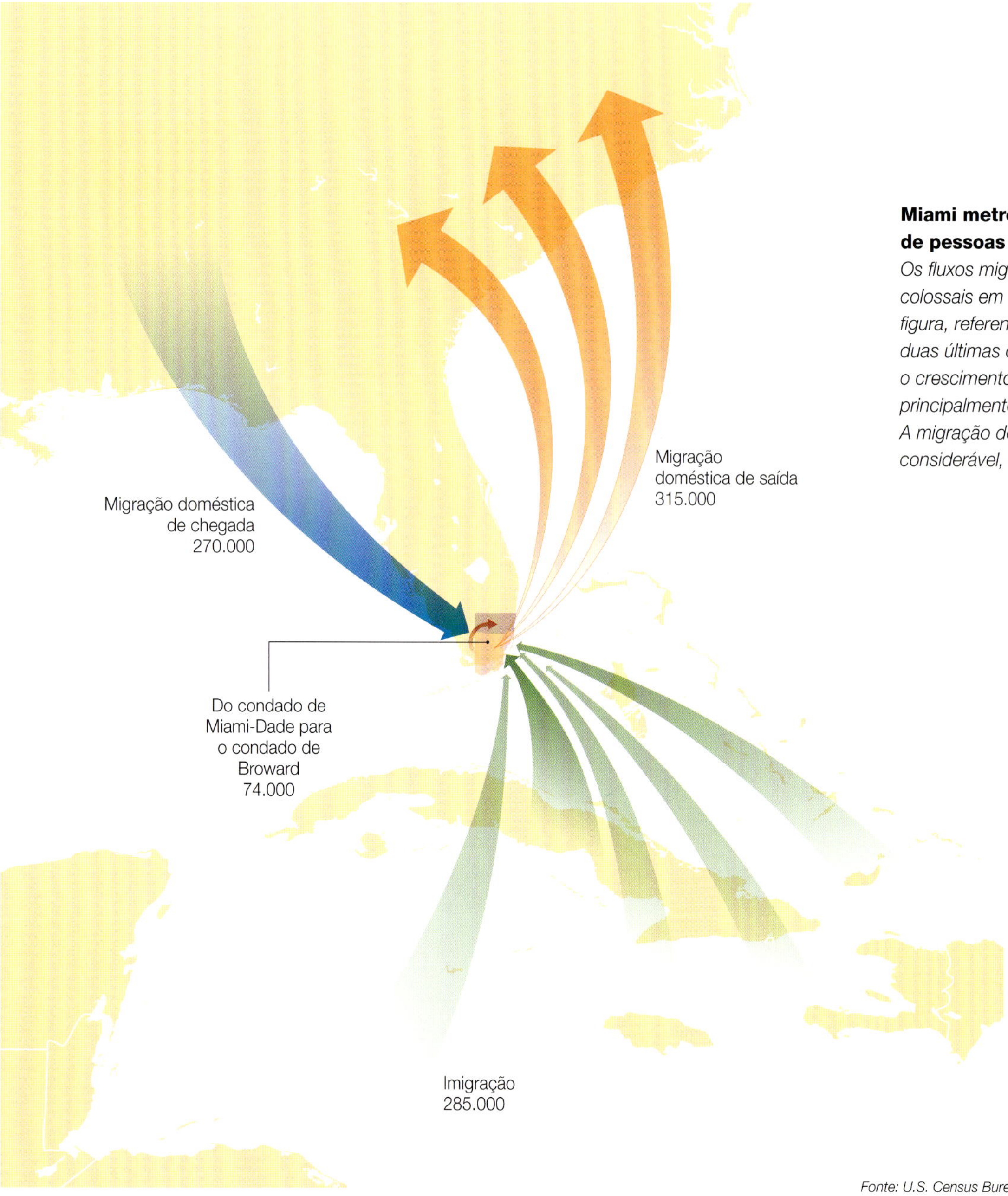

Migração doméstica de saída
315.000

Migração doméstica de chegada
270.000

Do condado de Miami-Dade para o condado de Broward
74.000

Imigração
285.000

Miami metropolitana como "roteadora" de pessoas

Os fluxos migratórios domésticos e estrangeiros são colossais em relação ao tamanho da cidade (nesta figura, referentes ao período médio de cinco anos nas duas últimas décadas). Nos últimos cinquenta anos, o crescimento da cidade foi alimentado principalmente pela vinda de estrangeiros. A migração doméstica de chegada também é considerável, mas a de saída é ainda maior.

Fonte: U.S. Census Bureau.

Américas Central e do Sul. Ela é mais conhecida, obviamente, por sua enorme presença cubana (atualmente chegando a quase 700 mil pessoas), mas há muitos grupos de diversos países, com números especialmente grandes de haitianos, colombianos, nicaraguenses e jamaicanos.

Não seria possível acomodar todos os novos moradores de Miami se algumas pessoas também não fossem embora: no mesmo período médio de cinco anos, 315 mil pessoas se mudaram para outros locais nos Estados Unidos. São especialmente ex-migrantes domésticos e moradores que optaram por regiões mais homogêneas e calmas ao norte. Há anos existe um fluxo de pessoas (cerca de 74 mil em um período médio de cinco anos) na região urbana de Miami vindas do condado de Miami-Dade e indo para o condado de Broward, mais suburbano. Entretanto, essa distinção intrametropolitana vem diminuindo há algum tempo: o condado de Broward está se tornando cada vez mais internacional e diversificado. A população de Broward atualmente tem 32% de nascidos no exterior, quase o triplo da média das cidades dos Estados Unidos – não é exatamente o que se chamaria de um subúrbio como qualquer outro.

Ainda não está claro como a migração global irá criar novas cidades transnacionais ou mudar e transfigurar as já existentes, como Miami – nem sequer sabemos ainda se isso irá acontecer. Dados os fluxos crescentemente maiores de pessoas no mundo, a questão não é mais *quando* tais transformações urbanas irão ocorrer, mas *onde*.

Miami como chamariz de pessoas
Localizada no extremo sul dos Estados Unidos e na ponta sul da Flórida, que fica entre o Caribe e a América Latina, Miami é um destino muito atraente para imigrantes das Américas Central e do Sul e do Caribe. Este mapa mostra as origens das principais populações de Miami nascidas no exterior.

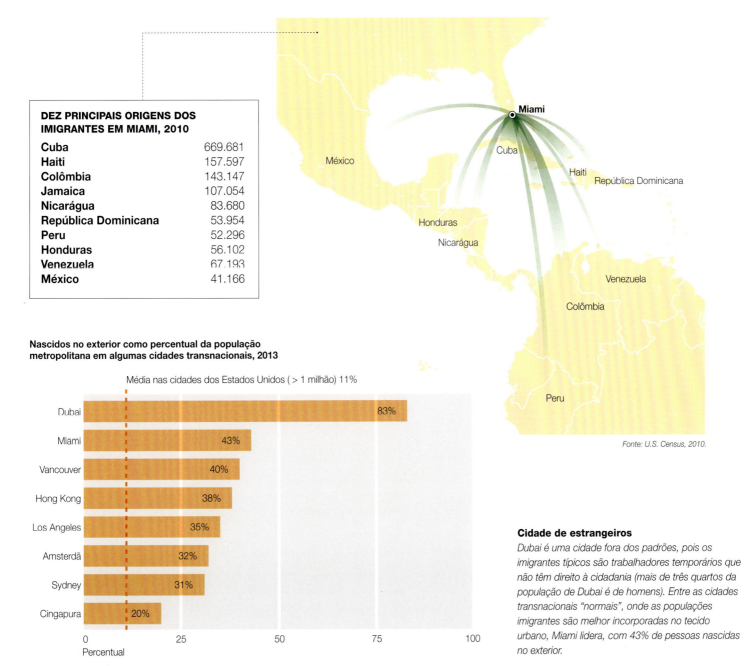

DEZ PRINCIPAIS ORIGENS DOS IMIGRANTES EM MIAMI, 2010

Cuba	669.681
Haiti	157.597
Colômbia	143.147
Jamaica	107.054
Nicarágua	83.680
República Dominicana	53.954
Peru	52.296
Honduras	56.102
Venezuela	67.193
México	41.166

Nascidos no exterior como percentual da população metropolitana em algumas cidades transnacionais, 2013

Média nas cidades dos Estados Unidos (> 1 milhão) 11%

- Dubai 83%
- Miami 43%
- Vancouver 40%
- Hong Kong 38%
- Los Angeles 35%
- Amsterdã 32%
- Sydney 31%
- Cingapura 20%

Percentual

Fonte: Áreas metropolitanas, estimativas para 2013, diversas fontes.

Fonte: U.S. Census, 2010.

Cidade de estrangeiros
Dubai é uma cidade fora dos padrões, pois os imigrantes típicos são trabalhadores temporários que não têm direito à cidadania (mais de três quartos da população de Dubai é de homens). Entre as cidades transnacionais "normais", onde as populações imigrantes são melhor incorporadas no tecido urbano, Miami lidera, com 43% de pessoas nascidas no exterior.

Cidade transnacional

Cidade transnacional

Miami: cidade internacional e transnacional

Cidades internacionais servem como grandes centros da economia mundial. Sendo facilitadoras e reguladoras do fluxo de dinheiro entre os mercados financeiros ou locais atraentes para sedes de multinacionais, essas cidades são, ao mesmo tempo, resultantes e fomentadoras da globalização econômica. É justamente o seu caráter transnacional que as torna tão interessantes para as empresas, pois estas ficam conectadas com outras cidades internacionais e também podem encontrar o mundo inteiro dentro da própria cidade. A convergência de pessoas dos mais diversos locais e culturas alimenta as trocas transnacionais, multiétnicas e interculturais. A fluência em diversos idiomas, o conhecimento dos costumes locais e das práticas comerciais internacionais e a presença da cozinha étnica não são apenas luxos, mas necessidades da cidade internacional do século XXI.

A hibridização da economia, da política e da cultura define as cidades transnacionais no mundo todo, como Miami, Hong Kong e Londres. Embora cada uma delas seja um mercado de produtos e serviços de luxo, local de testes para o *design* inovador e o lugar provável onde acontecerão as fusões e aquisições do dia seguinte, cada uma delas também tem sua "pegada" regional distinta. Seja por seu caráter latino-americano cosmopolita ou pela flexibilidade da cidadania (em Hong Kong), as cidades transnacionais são o produto de sua região e das pessoas que vivem e passam por lá.

Cidades como Miami, Hong Kong e Dublin são consideradas contemporâneas, mas seu destaque e ascensão como internacionais aconteceu por diferentes condições e circunstâncias. Por exemplo, Hong Kong recebeu enormes fluxos de refugiados da China continental nos anos 1960, e para Miami foram os refugiados de Cuba na década de 1980. Esses movimentos se tornaram parte da narrativa geopolítica mais ampla da Guerra Fria, mas também foram cruciais para ambas as cidades, pois trouxeram dinheiro, perspicácia para os negócios e, acima de tudo,

Idas e vindas

A localização estratégica das cidades transnacionais as torna ótimas portas de entrada e saída para pessoas, produtos e serviços relacionados às trocas. Mais da metade de todas as exportações que saem de Miami vai para a América Latina pelo Aeroporto Internacional de Miami ou pelo porto da cidade.

Distribuição das exportações regionais de Miami, Hong Kong e Dublin, 2012 *(números aproximados)*

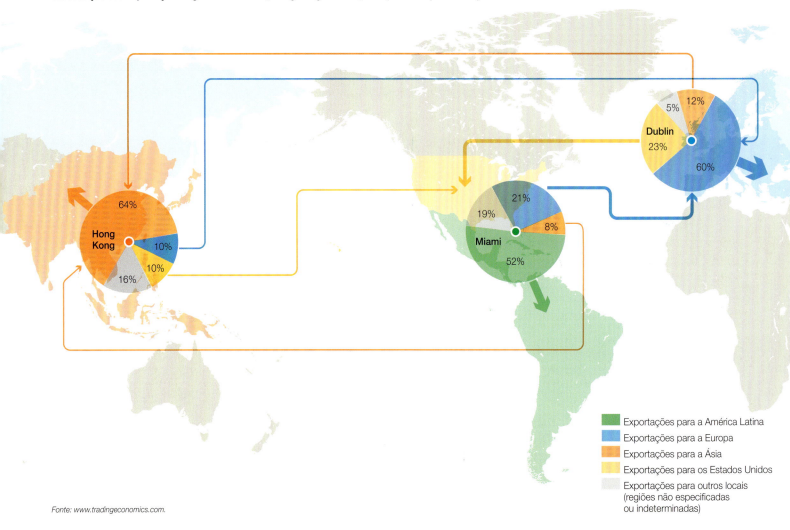

Fonte: www.tradingeconomics.com.

conexões com outros locais. O desejo e as habilidades desses imigrantes e refugiados em manter essas conexões reforçaram o caráter transnacional dessas cidades e a própria rede de cidades internacionais. Diferentemente de Miami e Hong Kong, onde o *status* global foi menos planejado e, de certa forma, contestado, a ascensão de Dublin é mais recente e muito mais planejada por meio de políticas e estratégias para atrair investimentos estrangeiros. Tais esforços, associados a uma mão de obra altamente qualificada, especializada e falante de inglês, compensaram e tornaram Dublin um destino global muito requisitado na década de 1990.

Independentemente de suas histórias e origens, cada cidade na rede de cidades internacionais depende da troca eficiente e rápida de bens, serviços e pessoas. Embora os avanços nas tecnologias de informação e comunicação tenham trazido eficiências consideráveis para os negócios, a rápida movimentação de produtos – e, sobretudo, de pessoas – é essencial para a operação da rede de cidades internacionais. Para a elite global étnica e transnacional que se movimenta entre lugares como Miami e Hong Kong, os negócios continuam sendo um esporte de contato que requer comunicações e interações presenciais. O Aeroporto Internacional de Miami (MIA) está em segundo lugar, apenas atrás do JFK, de Nova York, em volume de tráfego internacional. Combinados, MIA e o porto de Miami são responsáveis por mais de 21 bilhões de dólares em importações e aproximadamente 40 bilhões de dólares em exportações para lugares como China, Colômbia, Brasil, Suíça, Venezuela e França. Com mais de 70 consulados, 21 escritórios de comércio exterior e mais de 40 câmaras de comércio binacionais, Miami é o centro dos negócios nas Américas.

Embora a localização geográfica de locais como Hong Kong e Miami seja importante e vantajosa para seu sucesso, é seu caráter transnacional, as demandas e o direcionamento da elite empresarial e da população local que reforçam o *status* de cada cidade dentro da rede mundial de cidades internacionais.

Cidade transnacional

Intensidade das conexões corporativas com Miami
Em termos de influência corporativa, Miami certamente está acima da média como origem e destino para negócios. É um local atraente e acolhedor para sedes ou unidades de negócios de empresas latino-americanas, e é reconhecida como um importante centro de negócios do mercado latino-americano.

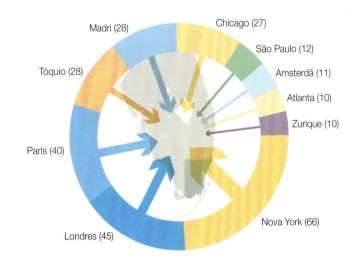

Cidades com a maior influência corporativa em Miami
As dez cidades com maior número de sedes de empresas multinacionais ativas no sul da Flórida

Cidades mais influenciadas por corporações com sede em Miami
As dez cidades com o maior número de filiais de empresas multinacionais com sede no sul da Flórida

Fonte: Nijman (2011).

183

Miami: diversidade da população no contexto transnacional

Uma das características definidoras da cidade transnacional é a diversidade de seus moradores, que se expressa de muitas formas e em diferentes níveis. Considere a pluralidade linguística encontrada em uma cidade como Miami. A predominância da população hispânica a distingue de todas as outras cidades dos Estados Unidos e a caracteriza como um lugar "exótico" ou até mesmo "estrangeiro" para muitos cidadãos das regiões mais ao norte do país. Ao mesmo tempo, é exatamente essa qualidade que torna Miami um destino atraente para cidadãos e empresas latino-americanas e também para o Sul.

Embora o inglês seja a língua de muitas pessoas em Miami, a fluência em espanhol tem suas vantagens ao fazer compras, sair para comer ou até mesmo para tirar a habilitação de motorista. Mas apenas falar espanhol não basta: o tipo de espanhol falado ao mesmo tempo define a pessoa e pode rapidamente abrir ou fechar as portas das oportunidades. Há o espanhol com sotaque dos falantes de inglês dos Estados Unidos, que identifica a pessoa de fora que quer se misturar; há os dialetos latino-americanos (por exemplo, colombiano), que são geralmente promovidos e ensinados como "espanhol de negócios", e, obviamente, há o dialeto cubano, que define e reproduz a afiliação à comunidade cubana em Miami. Dentro de cada dialeto há ainda mais variantes, expressões e gestos que são utilizados para fins de inclusão e exclusão.

Línguas faladas em Miami, 2011

Diversas línguas são ouvidas e faladas nas cidades transnacionais. De acordo com estimativas da Pesquisa da Comunidade Americana do U.S. Census Bureau, quase dois terços dos residentes de Miami consideram o espanhol como sua língua materna. Além disso, diversas variações do espanhol (incluindo a mistura de espanhol com inglês – o "espanglês" ou "spanglish") são faladas em toda a cidade.

Línguas faladas em casa – cada ponto = 25 pessoas

- Espanhol
- Inglês
- Indo-europeu
- Asiático

Fonte: U.S. Census Bureau, 2007-2011/Ilustração baseada em um gráfico original de Michael Shin.

A evolução da língua também é uma função do caráter transnacional e transitório de cidades como Miami. Dependendo da pessoa com quem se conversa, por exemplo, a hibridização do espanhol e do inglês, criando o "espanglês", pode ser considerada uma inevitabilidade cosmopolita (ou uma tragédia para os linguistas puristas).

Tal hibridização da língua, da cultura, dos negócios e de praticamente qualquer outro aspecto da vida da cidade transnacional é alimentada pela transitoriedade, a movimentação das pessoas que chegam e partem da cidade. Menos de 20% de seus habitantes nasceram ou cresceram em Miami – e muitas dessas crianças nasceram de pais estrangeiros (que podem ou não criar seus filhos na cidade). Para os filhos dos estrangeiros que continuam na cidade e para o número relativamente pequeno de "locais", a mistura e as tensões entre as culturas são a norma.

Miami também é um destino popular para os "exilados". Embora a comunidade cubana receba maior atenção, os exilados econômicos e políticos da Nicarágua, do Haiti, da Venezuela e de outras partes da América Latina compõem cerca de um terço da população da cidade. Para o exilado, Miami não é exatamente o destino final, mas um ponto de parada ou uma residência temporária. O desejo do exilado de voltar para casa – seja realista ou não – tem grande importância em sua identidade e na relação da comunidade exilada com a cidade, quando ela existe. Há também os "transitórios", que tendem a ser mais ricos e que chegam e partem quando bem desejam. Em toda a história de Miami, os móveis tiveram uma importante participação na constante evolução da cidade e de sua imagem. No passado era um destino de férias, de aposentados e pessoas fugindo do inverno vindo do norte dos Estados Unidos (conhecidos como *snowbirds*). Hoje, aqueles que chegam têm origens mais variadas: para eles, Miami é apenas o local de sua casa de férias, e sua riqueza e independência parecem militar contra a cidadania comunitária engajada.

A diversidade cultural e linguística em cidades transnacionais como Miami geralmente é vista como um benefício e uma aspiração para planejadores de outras cidades. Frequentemente, as identidades culturais também são fragmentadas por meio da língua, pela política e pela classe. A forma como a cidade transnacional recebe tais problemas e lida com eles continua a evoluir.

Cidade transnacional

Residência dos diferentes grupos em Miami

As identidades dos residentes e de determinados bairros nas cidades transnacionais são moldadas pela constante chegada e partida de pessoas. Embora a comunidade exilada de cubanos já tenha sido definidora de Miami, a cidade está sendo desenhada por novas gerações de imigrantes e quantidades crescentes de riquezas oriundas da América Latina e da Europa.

Freedom Wall em Little Havana

Panorama urbano de South Beach

Fonte: Ilustração baseada em um gráfico original de Jan Nijman.

Locais
Exilados
Transitórios

185

Cidade transnacional

Iconografias transnacionais: de Chinatown a Little Havana

Uma das características mais marcantes das cidades transnacionais é o fato de o mundo inteiro poder ser encontrado dentro delas. Por sua localização geográfica regional, a cidade transnacional é promovida ao mesmo tempo como familiar e exótica. É um caldeirão cultural onde a elite global faz seus jantares, fecha negócios e se diverte com os locais multiétnicos. De acordo com as revistas de bordo, esses são os destinos e estilos de vida que você também pode experimentar se tiver a sorte de ter uma conexão de um dia inteiro – ou, como afirma a revista *Hemispheres*, da United Airlines, "Três dias perfeitos".

A imagem projetada pela cidade transnacional alguma vezes é definida pelos enclaves étnicos que podem ser encontrados nela. Um dos mais famosos enclaves étnicos é Chinatown – mas qual Chinatown? A de Vancouver, a de Milão ou a de Bangcoc? As inúmeras Chinatowns no mundo dizem muito sobre o caráter transnacional dos chineses e também sobre a natureza dinâmica da transnacionalidade em geral. Embora as Chinatowns mais antigas sejam baseadas nos estereótipos culinários, festivais de dragões e no *kitsch*, as novas – em locais como Lagos, por exemplo – são menos turísticas e mais dedicadas a atender os chineses fora de seu país.

Os enclaves geográficos de cada localidade refletem regiões específicas do mundo e

Vancouver

Londres

São Francisco

Chinatowns no mundo
Os enclaves étnicos mais estereotipados e arquetípicos do mundo todo são as Chinatowns. Enquanto algumas delas são promovidas como locais turísticos, outras têm um papel mais voltado à comunidade chinesa. O tamanho dos círculos neste mapa é proporcional à importância das Chinatowns em regiões específicas do mundo. Não há uma Chinatown em Miami, e a mais próxima fica em Havana, Cuba.

contribuem para a distinção entre as cidades transnacionais – diferentemente das Chinatowns, que podem ser encontradas por toda parte. A Little Havana de Miami é um exemplo de como um único enclave étnico pode definir uma cidade, sua economia, sua política e sua paisagem urbana como nenhuma outra. Sendo o maior e mais conhecido grupo étnico de Miami, apenas uma minoria dos mais de 700 mil cubanos atualmente vive na Grande Miami. A Little Haiti da cidade é menor e menos conhecida que sua equivalente cubana – em menor número que os cubanos, os haitianos também têm um perfil social, político e econômico diferente e menos privilegiado em decorrência das políticas de asilo dos Estados Unidos. Consequentemente, a manifestação geográfica da Little Haiti é menos definida e menos icônica que a de Little Havana.

As imagens e a iconografia da cidade transnacional frequentemente se baseiam nas contradições encontradas na paisagem urbana. Os enclaves étnicos são uma forma de contradição espacial em que um grupo transnacional converge para criar e reproduzir localmente uma comunidade e uma identidade cultural enraizadas em um local distante. Além disso, há a discussão que busca entender se tais enclaves realmente representam a essência de tais lugares. Da mesma forma que as forças da globalização criam uma uniformidade ao longo das mais diversas paisagens urbanas transnacionais (Starbucks na Cidade de Ho Chi Minh, por exemplo), os enclaves étnicos servem como memórias geográficas da nossa distância ou proximidade do lar.

Cidade transnacional

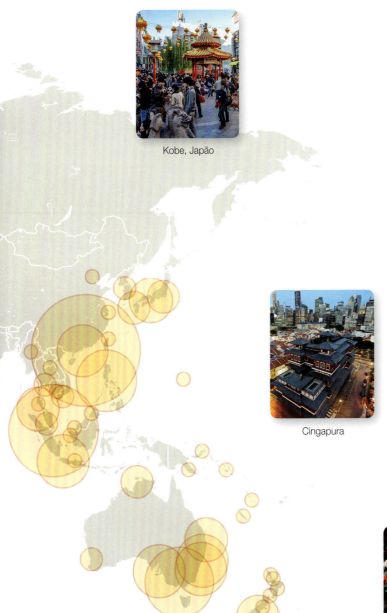

Enclaves étnicos de Miami
Embora Miami não tenha uma Chinatown, seus enclaves étnicos – especialmente Little Havana e Little Haiti – são conhecidos no mundo todo. Apesar da pegada geográfica pequena e claramente definida de Little Havana, a comunidade de exilados cubanos conseguiu se misturar a todos os aspectos da vida em Miami, dos negócios ao governo local, e atualmente se estende além da área da Grande Miami.

187

Cidade transnacional

Turismo transnacional

Navios de cruzeiro com embarque no Porto de Miami

Miami está em primeiro lugar no mundo em número total de embarques de navios de cruzeiro e também é um destino turístico global. Os passageiros dos cruzeiros frequentemente chegam alguns dias antes da partida e ficam alguns dias após o final do cruzeiro para aproveitar os shopping centers, a cultura tropical e a vida noturna agitada e sofisticada de Miami.

As localizações das cidades transnacionais entre as principais regiões do mundo as tornam pontos de partida ideais para turistas. Em Miami está o maior porto de cruzeiros do mundo, de onde partiram mais de 3,7 milhões de passageiros de cruzeiros de mais de um dia em 2012 – muitos dos quais eram estrangeiros. Esse número equivale a dois terços da população total da área urbanizada da Grande Miami e cria inúmeras externalidades que tornam a cidade um importante destino turístico, assim como outras localidades transnacionais.

Além de funcionarem como centro e ponto de conexão para turistas, as cidades transnacionais oferecem oportunidades incomparáveis para compras e consumismo. Cingapura, Dubai e Miami são referências comerciais regionais aonde enormes quantidades de estrangeiros vão para visitar *outlets* de luxo, lojas famosas, restaurantes de *chefs*-celebridades e *shopping centers duty-free*. A divisão entre varejo, gastronomia e lazer em geral é tênue nas cidades transnacionais, e é frequentemente utilizada para promover tais cidades como destinos atraentes para visitantes e para pessoas em trânsito.

EMBARQUES EM 2011	
Pontos de embarque	Número de navios de cruzeiro
Miami	781
Port Everglade/Ft. Lauderdale (região metropolitana)	671
Port Canaveral	446
Veneza	324
Los Angeles	297
Barcelona	289
Civitavecchia (Roma)	265
San Juan	227
Nova York	220
Seattle	217
Tampa	193
Vancouver	168
Nova Orleans	164
Amsterdã	134
San Diego	123
Atenas (Pireu)	102
Copenhagen	100
Southampton	100
Hong Kong	70
Sydney	58

Fonte: CLIA (2011).

Navio de cruzeiro no Porto de Miami

Além do turismo de compras nas cidades transnacionais, há o turismo médico, que compreende de cirurgias plásticas a transplantes de órgãos com preços mais acessíveis e qualidade reconhecida, além de soluções de serviços para a recuperação de pacientes em locais tropicais e até exóticos. Essa modalidade está consolidada em Cingapura e Miami. Na cidade norte-americana, milhares de pessoas chegam todos os anos para tratamentos e são mimadas com diversos serviços, como descontos de *shopping centers VIP*, assistência para visto médico e descontos para pacotes.

O turismo médico também é uma estratégia de desenvolvimento econômico legítima de muitas cidades no mundo todo, e as potenciais receitas associadas aos destinos médicos transnacionais são consideráveis. Além disso, o desenvolvimento de uma indústria de turismo médico precisa de mão de obra altamente qualificada (como médicos), trabalhadores de qualificação intermediária (cuidadores para o pós-operatório) e investimentos consideráveis (instalações médicas e de recuperação), e tudo isso está disponível em uma cidade transnacional bem posicionada.

Os turismos médico e de compras, portanto, mostram a evolução contínua desse tipo de cidade e seu posicionamento em constante mudança nas hierarquias urbanas regionais e na economia global. O turismo por si só está ultrapassado – para que se dar ao trabalho de viajar se não for para fazer compras com os ricos e famosos, vivenciar uma refeição em um restaurante de um *chef*-celebridade ou descobrir a fonte da juventude com uma lipoaspiração ou uma rinoplastia?

Cidade transnacional

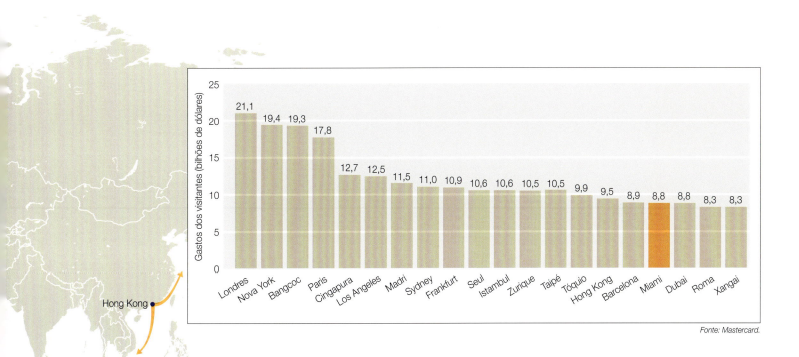

Fonte: Mastercard.

Gastos de visitantes internacionais nas cidades transnacionais, 2012

O gasto total dos visitantes em muitas cidades transnacionais excede os PIBs de diversos países. Sejam gastos com hotéis, restaurantes, compras no duty-free ou comprando uma casa de férias, o dinheiro de tais transações circula novamente entre outras cidades transnacionais e, por sua vez, é utilizado para atrair ainda mais visitantes e mais gastos.

Economia transnacional: drogas, bancos e mercado imobiliário

Portas de entrada de pessoas, produtos e serviços das mais diversas regiões do mundo, as cidades transnacionais também são repositórios de quantidades colossais de dinheiro. Tal riqueza está tipicamente concentrada nas mãos de poucos, e apenas em algumas partes da cidade. Embora essas desigualdades sejam comuns na maioria das paisagens urbanas, nas cidades transnacionais os ricos parecem ser mais ricos, e os pobres, mais pobres.

As transações internacionais que geram tal riqueza também demandam seus próprios serviços especializados. Desde serviços financeiros a serviços bancários internacionais e exclusivos, o dinheiro tem grande importância em uma cidade transnacional. Embora grande parte dessa riqueza seja gerada legitimamente, parte dela não é. A indústria da cocaína das décadas de 1970 e 1980, com origens na América do Sul (na Colômbia, mais especificamente), colocou Miami no cenário internacional e inundou a cidade com rios de dinheiro. A lavagem desse dinheiro foi facilitada pela presença da população hispanófona, contribuindo para tornar a cidade um centro bancário internacional.

Em conexão direta com a ascensão de Miami nessa época, havia o fato de que o dólar dos Estados Unidos era a moeda oficial do narcotráfico. Reconhecido e aceito em todos os lugares e imune às pressões inflacionárias da crise da dívida externa latino-americana da década de 1980, o dólar era – e ainda é – a moeda predileta da economia global. Apesar de sua história e suas origens ilícitas, o sistema bancário de Miami e o dólar dos Estados Unidos continuam sendo altamente procurados como porto seguro dos estrangeiros nos tempos bons e também nos tempos difíceis.

Dada a vasta quantidade de riqueza da cidade transnacional, o consumismo e o investimento generalizados são um passatempo muito popular.

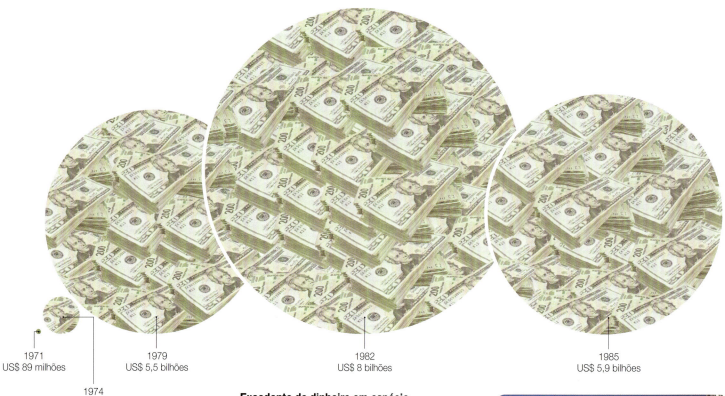

1971
US$ 89 milhões

1974
US$ 924 milhões

1979
US$ 5,5 bilhões

1982
US$ 8 bilhões

1985
US$ 5,9 bilhões

Fonte: Nijman (2011).

Excedente de dinheiro em espécie dos bancos na região de Miami
Excedentes de dinheiro em espécie combinados dos bancos de Miami em determinados anos, conforme cálculos do Sistema de Reserva Federal. Há uma quantidade certa de dólares em espécie na economia dos EUA, e a maioria das cidades tende a ter um saldo próximo a zero anualmente. Os excedentes de Miami eram atribuídos aos enormes depósitos privados de dólares da cocaína, a maior parte em notas de US$20. Nessa época, Miami era o maior centro distribuidor da droga no país, e a maior parte das receitas retornava para lá.

Bairro financeiro de Brickell, em Miami

O mercado imobiliário é um indicador de riqueza e conhecimento financeiro – pelo menos para os mais ricos. As pessoas que consideram a cidade transnacional como um lar temporário ou secundário tendem a ser as mais ricas e buscam imóveis de altíssimo padrão (por exemplo, arranha-céus de luxo na orla). São comuns em Miami as casas de férias pertencentes a estrangeiros, e tais casas são geralmente as mais caras e localizadas nas áreas mais exclusivas da cidade. A demanda por imóveis dentro da cidade transnacional elevou os preços a níveis estratosféricos – por exemplo, o valor do metro quadrado nas áreas valorizadas de Beirute e Hong Kong são mais altos que em Nova York.

Imóveis desejáveis, dinheiro fácil e com baixo custo e uma cultura de consumismo generalizado também podem levar a um ciclo de especulação. Embora tal especulação não esteja restrita às cidades transnacionais, as bolhas imobiliárias que inflam nesses locais tendem a ser maiores – e suas explosões, muito mais graves. Embora a primeira bolha imobiliária de Miami na década de 1920 tenha sido basicamente uma questão doméstica, a bolha que explodiu no início do século XXI certamente foi alimentada pelo posicionamento da cidade como grande centro transnacional. O ciclo continua, entretanto, dado que as riquezas vindas do Brasil, da Colômbia, da Venezuela e de outros países latino-americanos buscam um local seguro, estabilidade política e ativos imóveis. A explosão mais recente do mercado imobiliário de Miami novamente tornou a cidade um local atrativo para investidores estrangeiros com moedas fortes, buscando imóveis e novamente causando uma explosão de preços.

A economia da cidade transnacional é um complexo sistema em constante mutação que inclui fluxos e depósitos financeiros – alguns são legítimos e outros, não. A coexistência dos extremos da pobreza e da riqueza reforça as contradições da vida cosmopolita capitalista que constitui a essência da cidade transnacional.

Cidade transnacional

Mercado imobiliário de Miami

As áreas de altíssimo padrão de Miami ficam sobretudo na orla, e mais da metade das residências é de propriedade de cidadãos transnacionais. Em 2013, o Wall Street Journal relatou que mais de 85% dos compradores das novas construções em Miami eram estrangeiros. Muitos desses negócios foram feitos em dinheiro vivo por investidores estrangeiros em busca de ativos imóveis em Miami para se protegerem da incerteza econômica.

Residências secundárias
- 50 a 60%
- Mais de 60%

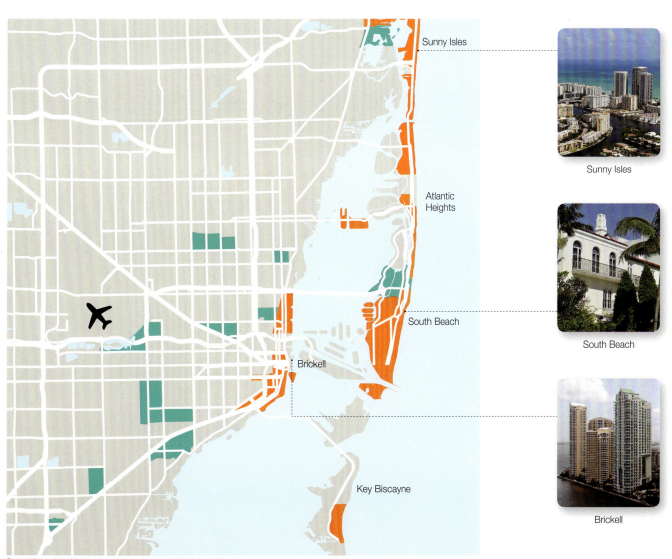

Fonte: Nijman (2011)/Ilustração adaptada de um original de Jan Nijman.

Vida e morte na cidade transnacional

Em outubro de 2012, uma barca com 23 refugiados cubanos que iam para Miami afundou, e 14 se afogaram. Aconteceu com centenas antes deles, e certamente eles não serão os últimos. A cada ano, mais de mil pessoas oriundas da América Central morrem tentando cruzar ilegalmente a fronteira com os Estados Unidos. A cidade transnacional é o local para almejar até a morte, porém, ironicamente, assim que chegam à cidade, apenas algumas delas desejam permanecer ali até o final de suas vidas. Para muitos, é um local temporário, seja um local de exílio, seja um trampolim para subir na vida ou um lugar para se divertir até que novas oportunidades apareçam. Poucos se imaginam vivendo nela até a morte e, quando o momento se aproxima, muitos fazem planos para voltar para casa.

Na cidade transnacional, lar de uma quantidade desproporcional de estrangeiros e expatriados, morte e repatriação constituem um negócio sólido. Estimativas indicam que cerca de 20% dos mortos no sul da Flórida são enviados para outros locais, mais do que em qualquer outra região dos Estados Unidos. A maior parte dos restos mortais que são enviados para o exterior sai do Aeroporto Internacional de Miami. De acordo com o CEO da Pierson, empresa líder na área desde 1964, cerca de 80% dos negócios são internacionais, e a empresa faz envios para diversos locais nas Américas do Sul e Central, bem como para vários países europeus.

Não é barato o envio de um corpo para o exterior: o processo custa a partir de 500 dólares e pode chegar até milhares de dólares. Os requisitos para o envio de restos mortais humanos também variam de acordo com a religião, a cultura e por motivos de saúde pública.

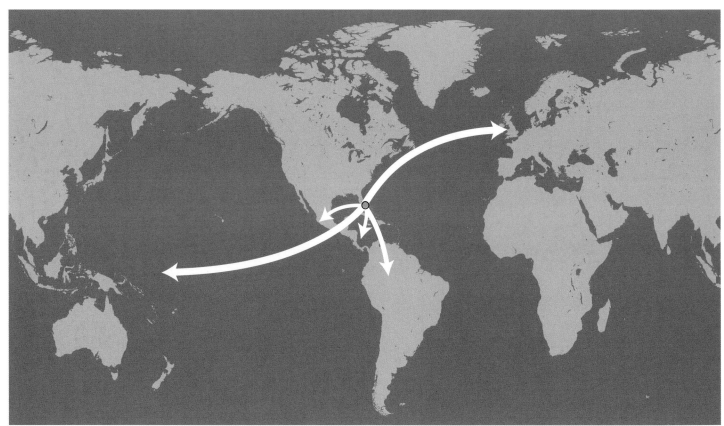

Fonte: American Airlines.

Custo do envio internacional de restos mortais humanos a partir de Miami

À medida que mais imigrantes se mudam para as cidades transnacionais, eles também morrem nelas. E mesmo na morte há custos envolvendo o retorno para casa. Miami é o centro de conexão da American Airlines para a América Latina, e os números na tabela representam os custos da empresa para a repatriação de restos mortais humanos em 2013.

País de origem Estados Unidos	Destino	Restos mortais não cremados		
		1 a 35 kg	36 a 225 kg	Mais de 226 kg
	Europa/Pacífico	US$500	US$2.500	US$3.000
	Caribe/América Central	US$300	US$900	US$1.200
	México	US$225	US$1.005	US$1.255
	América do Sul	US$400	US$1.200	US$1.600

Dados os custos e a falta de assistência governamental para repatriar os mortos – frequentemente jovens que não possuíam seguros –, as comunidades imigrantes nas cidades transnacionais por vezes organizam sociedades funerárias como forma de auxiliar nesse tipo de despesa. As origens de algumas sociedades de crédito e planos informais de assistência médica estão ligadas aos italianos, judeus e gregos em Nova York, que foram alguns dos primeiros transnacionais a chegar aos Estados Unidos. As gerações mais recentes de mexicanos, chineses, filipinos e bangladeshianos agora fazem o mesmo em diversas cidades transnacionais.

Obviamente, morrer no exterior não é uma coisa simples, dado que poucos expatriados planejam fazer da cidade transnacional o seu local de descanso eterno. Por exemplo, em Dubai, na ausência de um testamento para um expatriado falecido, a lei da Sharia é aplicada e se sobrepõe às leis que governam as heranças no país de origem do morto. Todos os bens, se houver, são congelados e posteriormente distribuídos conforme a vontade de uma Corte de Sharia.

A ideia de morte raramente passa pela cabeça daqueles que moram ou estão em trânsito em uma cidade transnacional. Pelo contrário, o fato de se tornar um expatriado ou imigrante nessa cidade é uma declaração clara sobre os posicionamentos em relação à vida, e não em relação à morte. Ainda assim, é na proximidade da morte que a cidade transnacional oferece aos estrangeiros as escolhas de pertencimento mais extremas: local ou global, cosmos ou terra, transitório ou eterno.

Retorno para casa
O tamanho da rede de repatriação de restos mortais humanos (c. 2013) da empresa aérea Aer Lingus, de Dublin, reflete o caráter transnacional da cidade e dos irlandeses. Descontinuado no passado, o serviço de transporte de restos mortais foi retomado pela empresa em 2004, após reclamações de grupos de migrantes.

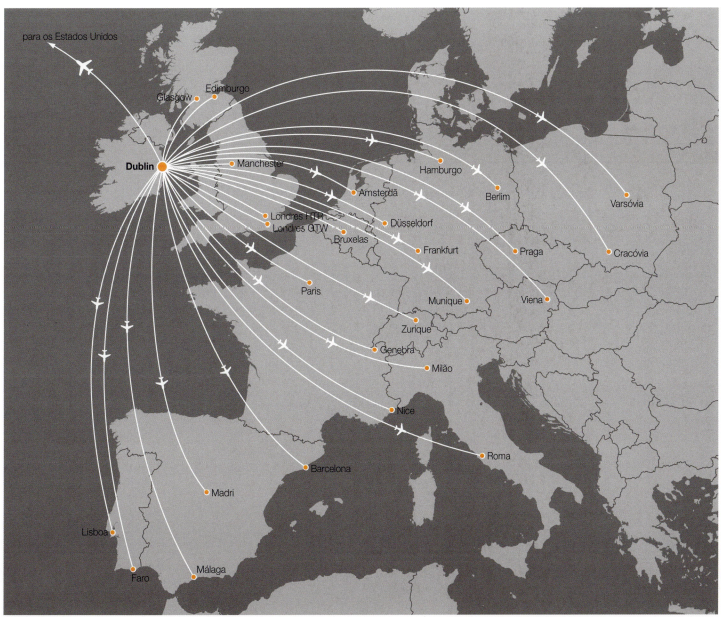

Fonte: Aer Lingus.

CIDADE CRIATIVA

PAUL KNOX

Cidade principal
MILÃO

Cidades secundárias
PARIS
NOVA YORK
LONDRES
PORTLAND
LOS ANGELES

À esquerda: Milão, Itália.

Cidade criativa: Introdução

"Nos contextos em que as diversas áreas da indústria criativa interagem, compartilhando ideias e recursos, surge uma 'efervescência criativa'."

Há muito tempo, as grandes cidades são reconhecidas como importantes arenas de produção de cultura: berços da inovação cultural, centros da moda e formadoras de opinião. Densidade e diversidade nas grandes cidades geram as surpresas, a hibridização, os encontros inesperados e as novas combinações de ideias que contribuem para os processos geradores e transformadores que as tornam locais tão emocionantes. No passado, o meio criativo que se desenvolveu em algumas cidades (Atenas, Roma, Quioto, Florença, Viena, Londres, Paris e Nova York) foi intenso o suficiente para criar "anos dourados" de inovação e criatividade.

Recentemente, muita ênfase tem sido dada às indústrias criativas contemporâneas e ao papel dos profissionais dessas áreas da criatividade como caminho para a prosperidade econômica e para a vitalidade urbana. A sociedade ocidental passou a dar muito mais importância ao prazer, à experiência e ao senso estético – tendência que fez surgir uma "economia dos sonhos", voltada aos bens e serviços que têm a fama de melhorar a autoimagem das pessoas, expressar suas identidades e mediar suas relações sociais. As regiões metropolitanas mais dinâmicas da Europa e da América do Norte consequentemente possuem economias pós-industriais que dependem fortemente da manufatura com base na alta tecnologia, de serviços avançados financeiros, pessoais e de apoio ao funcionamento das empresas, de indústrias de produtos culturais (mídia, cinema, música e turismo) e de formas de produção voltadas ao *design* e à moda (como vestuário, móveis, *design* de produtos e de interiores e arquitetura).

Richard Florida se refere à classe criativa como um grupo definido em linhas gerais pelas classes médias da nova economia. Percebendo que há uma forte correlação entre o crescimento econômico local e a incidência dessa classe criativa nas mais diversas cidades, ele sugere que o desenvolvimento econômico urbano dependerá

Cidades inovadoras no *design*
A densidade e a diversidade das populações nas grandes cidades geram surpresas, encontros inesperados e novas combinações de ideias que frequentemente levam à inovação. Em algumas cidades, a combinação de designers, empreendedores e fabricantes inovadores levou a culturas locais únicas voltadas ao design, à criação de estilos distintivos e a produtos icônicos que resultam na própria cidade em si – como Viena na década de 1900 e Paris na década de 1930 – e se tornam definidores mundiais de tendências.

Londres
Década de 1850

Viena
Década de 1900

Paris
Década de 1930

cada vez mais da capacidade das cidades de atrair e reter quantidades consideráveis dessa classe de profissionais com grande mobilidade e alto grau de exigência.

Indústrias criativas

Nos Estados Unidos, há cerca de 600 mil profissionais do *design*. Sem exceções, esses empregos se concentram nas principais regiões metropolitanas. Nova York, Chicago, Los Angeles, Boston e São Francisco estão no topo da lista, sobretudo em concentração de arquitetos. No entanto, Detroit e San Jose possuem grande número de desenhistas industriais, e Seattle lidera em *designers* gráficos. No Reino Unido, cerca de 200 mil pessoas trabalham na indústria do *design*, gerando uma receita estimada em 15 bilhões de libras. Quase metade delas fica em Londres e no sudeste metropolitano da Inglaterra, com menores concentrações em Manchester, Birmingham, Leeds e Bristol. Nos outros lugares da Europa, há grandes concentrações de *designers* e indústrias criativas em Barcelona, Berlim, Milão e Paris, com números menores em Amsterdã, Helsinque, Madri, Praga, Roma e Viena.

O meio criativo dessas cidades parece possuir algumas características em comum, incluindo uma grande interdisciplinaridade. Isso acontece porque as diversas indústrias – cinema, moda, *design* gráfico, arquitetura, fotografia, etc. – funcionam melhor em um contexto que permita a cooperação, a análise diagnóstica mútua de seus produtos e empregos que estimulem e compartilhem habilidades diversas. Nesses contextos em que as diversas áreas da indústria criativa interagem, compartilhando ideias e recursos, surge uma "efervescência criativa" que geralmente se torna uma identidade própria local que inclui estilo de vida, música, estética, decoração e moda, frequentemente refletindo elementos *cool*, vanguardistas e neoboêmios. A interação entre artistas, artesãos, *designers*, fotógrafos, atores, estudantes, educadores e escritores em cafés, restaurantes e clubes e, para alguns deles, também em *vernissages*, festas do mundo da moda, eventos de lançamentos de álbuns e eventos de celebridades contribui para a remoção das fronteiras entre os mundos sociais (profissionais e de estilos de vida), que é característica dos núcleos da indústria criativa nas grandes cidades.

Espaços criativos

Tudo isso parece requerer um cenário opulento, fora de moda e até mesmo superpopuloso. A aglomeração característica do meio cultural é importante porque confere a visibilidade que permite transformar a identidade da marca de uma cidade em um centro de criatividade. Algumas cidades obtêm vantagem competitiva como resultado das aglomerações de determinados produtos e empresas: moda e *design* gráfico em Nova York, arquitetura, moda e indústria editorial em Londres, móveis, desenho industrial e moda em Milão, *haute couture* em Paris, moda esportiva em Portland, Oregon, etc. Grandes núcleos de profissionais e empresas de produtos culturais também tornam essas cidades grandes definidoras globais de tendências – o que as deixa ainda mais atraentes para profissionais da indústria criativa e do *design*.

Em muitos grandes centros, o crescimento das atividades criativas resultou na reorganização seletiva do uso da terra (e foi facilitado por ela), juntamente às mudanças consideráveis na infraestrutura urbana e no ambiente urbano construído. Além dos bairros criativos e de *design*, os resultados incluem também bairros gentrificados, projetos de regeneração urbana em larga escala, bairros de museus, edifícios icônicos projetados por *starchitects* (as grandes estrelas da arquitetura), bairros de comércio de luxo com *flagship stores* de marcas exclusivas da moda, restaurantes de altíssimo padrão, cafés, galerias de arte, antiquários e butiques de luxo.

Milão é o perfeito exemplo de tudo isso: a cidade possui uma longa história de especialização em determinados aspectos do *design*, mas foi apenas em resposta à desindustrialização da década de 1970 que a cidade adotou uma estratégia deliberada de reconstrução urbana e de sua marca como cidade do *design*. O êxito de tal estratégia já é evidente em seu ambiente construído, em suas políticas, nas instituições educacionais, nos bairros de *design*, no comércio de moda de altíssimo luxo no Quadrilatero d'Oro e em suas semanas de moda.

O potencial do *design* nas estratégias de recuperação urbana, o papel crescente dos serviços de *design* para agregar valor (e lucro) às economias urbanas, a importância cada vez maior do *branding* da cidade e a ideia absolutamente sedutora da promoção do crescimento econômico urbano por meio da atração de uma "classe criativa" significam que cada vez mais cidades estão ativamente promovendo o *design*. Johannesburgo, por exemplo, criou o Bairro da Moda; Antuérpia inaugurou o Mode Natie, um edifício multifuncional que abriga a Academia da Moda, o Museu da Moda e o Instituto de Moda de Flandres; Seul está construindo o Dongdaemun Design Plaza, projetado por Zaha Hadid, que incluirá um museu e uma biblioteca do *design*, além de espaços comerciais e de escritórios voltados ao *design*. Outras cidades que também promovem ativamente o *design* incluem Bangcoc, Colombo (Sri Lanka), Copenhague, Helsinque, Istambul, Kuala Lumpur, Manila, Melbourne, Pune, Sydney e Toronto.

Los Angeles
Década de 1940

Milão
Década de 1950

Tóquio
Década de 1980

Cidade-região criativa

Toda região metropolitana tem uma grande área de influência no interior: um território expandido que é economicamente interdependente da própria metrópole. A área do interior de Milão se estende na maior parte da Lombardia, incluindo diversas pequenas cidades e outras maiores, como Bérgamo, Bréscia, Como, Cremona e Varese. Fortemente integrada em força de trabalho e empregos, infraestrutura, serviços e políticas, a cidade-região também compartilha sua própria história.

As raízes econômicas da região datam da Idade Média, quando a agricultura, o comércio e o mercado bancário em ascensão a ajudaram a se tornar uma das mais prósperas da Europa. No processo, Milão também se transformou em um centro intelectual e cultural. Os nobres da Renascença eram mecenas das artes e levaram Leonardo da Vinci para a cidade. Na Era Moderna, a cidade se tornou o centro da ópera lírica italiana e da vanguarda futurista. A industrialização trouxe um influente segmento editorial, bem como de manufatura e engenharia. Enquanto isso, os locais de menor porte na cidade-região desenvolveram

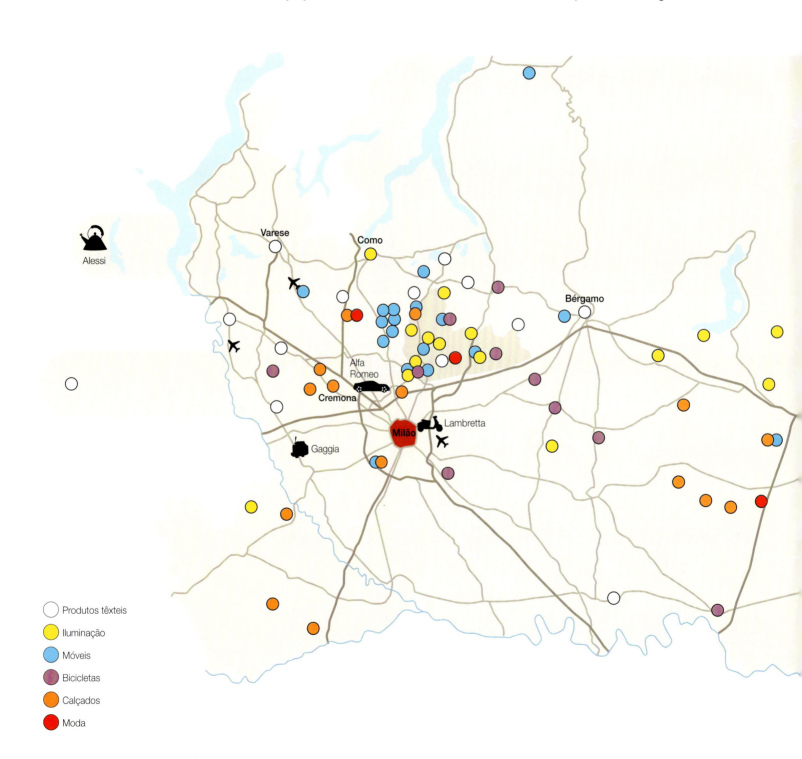

○ Produtos têxteis
● Iluminação
● Móveis
● Bicicletas
● Calçados
● Moda

suas próprias especializações: produção de seda em Como, lã e algodão em Bérgamo, Biela e Varese, tricô em Carpi, meias em Castel Goffredo e móveis e artigos de madeira no distrito de Brianza, que se estende ao norte desde Milão até depois de Monza

As oficinas e os profissionais associados a tais especializações foram o berço do que se tornaria a estética distintiva do *design* italiano. À medida que as indústrias de larga escala continuavam se mudando para países com mão de obra mais barata e com menos regulação, o foco na cidade-região de Milão mudou da produção para o *design* e o desenvolvimento de produtos, aproveitando a combinação dos meios intelectual e profissional que havia surgido entre arquitetos, *designers* gráficos e desenhistas industriais, bem como a mistura regional de pequenas empresas, artesãos e oficinas.

Essa transformação notável, aliada à ascensão de Milão como um grande centro de moda masculina e feminina *prêt-à-porter* de altíssimo padrão, gerou uma das maiores concentrações de profissionais criativos (mais de 250 mil na região) e empresas da indústria criativa (mais de 80 mil) na Europa. Apenas a cadeia da moda da região representa mais de 60 mil trabalhadores, cerca de 7 mil produtoras e uma quantidade equivalente de empresas de varejo. Um importante componente dessa economia criativa e inovadora está no interior da região, sobretudo no distrito de Brianza, que desenvolveu um complexo altamente fragmentado mas igualmente flexível e inovador de empresas de pequeno e médio portes para produção de móveis, produtos têxteis, vestuário e maquinário têxtil especializado.

Cidade criativa

Grande centro da moda — Arquitetura — Manufatura icônica — Artesãos — Artes e *design*

A cidade-região criativa de Milão

Muitos dos produtos icônicos do design *milanês do século XX foram fabricados na cidade-região de Milão, incluindo os carros da Alfa Romeo (em Arese), as bicicletas Bianchi (Treviglio), as máquinas de café espresso Gaggia (Robecco sul Naviglio), as lambrettas (Lambrate), os utensílios domésticos Alessi (Omegna) e os produtos de iluminação da Artemide (Telgate). Na década de 1970, quando grande parte da manufatura e engenharia pesada milanesa estava em decadência, a cidade e seu entorno criaram um ecossistema próprio de fabricantes especializados, instituições públicas, revistas segmentadas, estúdios de* design, *programas educacionais e instituições de pesquisa.*

Cidade criativa

Infraestrutura urbana e criatividade

Desde meados da década de 1970, as administrações das cidades passaram a direcionar seu foco à criação de um ambiente de negócios atraente a investimentos. O empreendedorismo de tal governança tornou a reforma, a repaginação e o *rebranding* da paisagem urbana uma prioridade comum entre as grandes cidades. Importantes centros culturais, arranha-céus assinados, centros de convenções, projetos de uso misto, renovações de armazéns, reformas de orlas, patrimônios históricos e complexos de esportes e entretenimento apareceram em muitas localidades. Geralmente direcionados ao consumo (em detrimento da produção), esses espaços são projetados para criar uma nova infraestrutura econômica voltada às necessidades da economia pós-industrial.

Nesse contexto, os edifícios icônicos dos *starchitects* (isto é, os arquitetos-celebridades) ganharam relevância crescente para que as cidades possam competir em termos de *status* e identidade. Sydney mostrou que é possível colocar uma cidade no circuito global com uma construção de grande destaque, o Sydney Opera House, projetado pelo arquiteto dinamarquês Jørn Utzon no final da década de 1950 e concluído em 1973. Mais recentemente (na década de 1990), a cidade de Bilbao, na Espanha, adotou uma estratégia de destaque com base na reforma urbana que incluiu estruturas assinadas como

Regeneração de Milão
Com os projetos de regeneração de design e artes de Bovisa e Bicocca, a nova área de exposições na região oeste do centro da cidade em Rho substituiu a antiga estrutura nos subúrbios a nordeste de Fiera. O local é uma verdadeira cidade autossuficiente com hotéis, shopping center, delegacia, capela, mesquita, restaurantes, cafés e estações de metrô e de trens de alta velocidade. O Salão Internacional do Móvel, que acontece todos os anos, é o evento de mais alto padrão do mundo. Iniciado em 1961, ele se transformou em uma série de eventos concomitantes (que passou a se chamar Design Week de Milão) incluindo móveis, iluminação, cozinhas, banheiros, móveis e equipamentos para escritórios, tecidos para interiores e acessórios. Durante a Design Week de Milão, o principal local de exposições da cidade acomoda todas as sete feiras, e o restante da cidade se dedica a eventos paralelos de design com cerca de 350 mil visitantes.

símbolos da modernidade, no intuito de transformar a cidade em um centro internacional de cultura, turismo e serviços empresariais avançados. O ponto principal da estratégia foi a construção do Museu Guggenheim de Bilbao, projetado por Frank Gehry, e sua notoriedade fez diversas outras cidades adotarem estratégias semelhantes de reforma urbana.

O potencial do capital simbólico das cidades agora depende parcialmente das obras dos *starchitects*. O estrelato e o *branding* da cidade passaram a se retroalimentar, pois as construtoras entenderam que os *starchitects* podem agregar valor aos seus projetos, e os líderes municipais competem para contratar os serviços dos principais profissionais e projetar prédios assinados que manterão suas cidades no mapa.

Os prédios assinados dos *starchitects* servem de cenário para sessões de fotos, cenas de filmes, comerciais de TV, videoclipes e reportagens ao vivo.

As estratégias de regeneração de Milão foram criadas de forma semelhante, com foco explícito na indústria criativa. Grandes partes da cidade e sua infraestrutura foram reformadas em uma parceria dos governos municipal e regional, com a participação de construtoras privadas. O feito mais importante é o novo centro de exposições, o Fiera, com mais de 460 mil metros quadrados de área expositiva, projetado pelo arquiteto Massimiliano Fuksas a um custo de 750 milhões de euros. Além disso, parte do antigo complexo de exposições próximo ao centro da cidade está passando por renovações para se tornar o bairro

residencial e comercial CityLife, com arranha-céus projetados por Daniel Libeskind, Zaha Hadid e Arata Isozaki. Outros projetos voltados à cultura na cidade incluem enormes estruturas da faculdade de *design* Politecnico di Milano, no antigo bairro industrial de Bovisa, e a reforma de outro bairro industrial abandonado, Bicocca, próximo ao campus da nova Universidade de Milão-Bicocca, um novo teatro, espaços para artes e para as indústrias cultural e criativa.

Cidade criativa

ATLAS DA *STARCHITECTURE*

1 **Nova York**, Hearst Tower, *Foster & Partners*

2 **Dallas Perot**, Museu da Natureza e da Ciência, *Thom Mayne*

3 **Abu Dhabi**, Museu Nacional Zayed, *Frank Gehry*

4 **Kuala Lumpur**, Torres Petronas, *César Pelli*

5 **Singapore**, Reflections at Keppel Bay, *Daniel Libeskind*

6 **Milão**, Il Dritto, *Arata Isozaki*

7 **Paris**, Torre Carpe Diem, *Robert A.M. Stern*

8 **Nanjing**, Museu de Arte Sifang, *Steven Holl*

9 **Doha**, Museu de Arte Islâmica, *I.M. Pei*

10 **Las Vegas**, Vdara Hotel and Spa, *Rafael Viñoly*

11 **Londres**, The Shard, *Renzo Piano*

12 **Bilbao**, Museu Guggenheim, *Frank Gehry*

13 **Los Angeles**, Walt Disney Concert Hall, *Frank Gehry*

14 **São Francisco**, Museu de Arte Moderna de São Francisco, *Mario Botta*

15 **Pequim**, Galaxy Soho, *Zaha Hadid*

16 **Rio de Janeiro**, Cidade da Música, *Roberto Marinho & Christian de Portzamparc*

17 **Seul**, The Blade, *Dominique Perrault*

18 **Berlim**, Reichstag, *Foster & Partners*

19 **Roma**, Centro Nacional de Artes Contemporâneas, *Zaha Hadid Architects*

20 **Marselha**, Sede da CMA CGM, *Zaha Hadid Architects*

21 **Hamburgo**, Elbe Philharmonic Concert Hall, *Herzog and de Meuron*. Centro de Ciências de Hamburgo, *Rem Koolhaas*

22 **Moscou**, Torre Rossiya, *Foster & Partners*

Starchitecture

Da mesma forma que os starchitects se tornam conhecidos pela presença de suas obras nas grandes cidades, a imagem dessas cidades também se torna conhecida por sua associação com os starchitects e com a starchitecture. O aparecimento reiterado de um seleto grupo de arquitetos no mundo todo mostra como o estrelato no design e o branding das cidades se retroalimentam.

Cidade criativa

Mobilizando a criatividade: bairros de *design*

Grandes ambientes urbanos são caldeirões de criatividade, locais de fomento da inovação cultural e importantes formadores de opinião. A indústria criativa cresce apenas nos locais onde profissionais de qualidade estão em contato próximo uns com os outros, com os clientes e com outros indivíduos criativos. Isso acontece porque a inovação na indústria criativa geralmente resulta da combinação de diversos tipos de conhecimentos. Dado que os vários serviços de *design* e as indústrias de produtos criativos precisam interagir, compartilhar ideias e recursos, eles tendem a se localizar em bairros específicos. Tais locais ganham ainda mais prestígio social e agito com os densos contatos e oportunidades interpessoais para a troca informal de informações, tão importante para a produção cultural.

Bairro de *design* Zona Tortona
Próximo ao canal desativado Naviglio e às linhas ferroviárias que seguem para a estação terminal Porta Genova, o bairro conhecido como Zona Tortona antigamente era ocupado por indústrias de engenharia pesada e residências de baixo padrão – atualmente, ele é o principal bairro de design do mundo. A circulação de artistas, artesãos, designers, fotógrafos, atores, estudantes, educadores e escritores contribuiu para uma fusão dos mundos sociais profissionais e dos estilos de vida, tão importante para a produção social do conhecimento e para a difusão da inovação no design e em profissões correlatas.

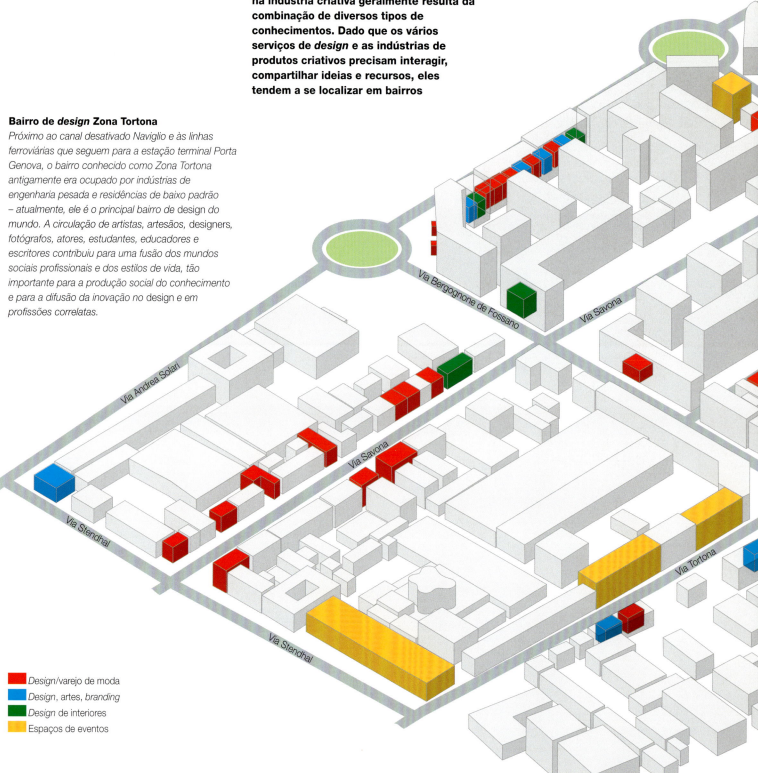

- ■ *Design*/varejo de moda
- ■ *Design*, artes, *branding*
- ■ *Design* de interiores
- ■ Espaços de eventos

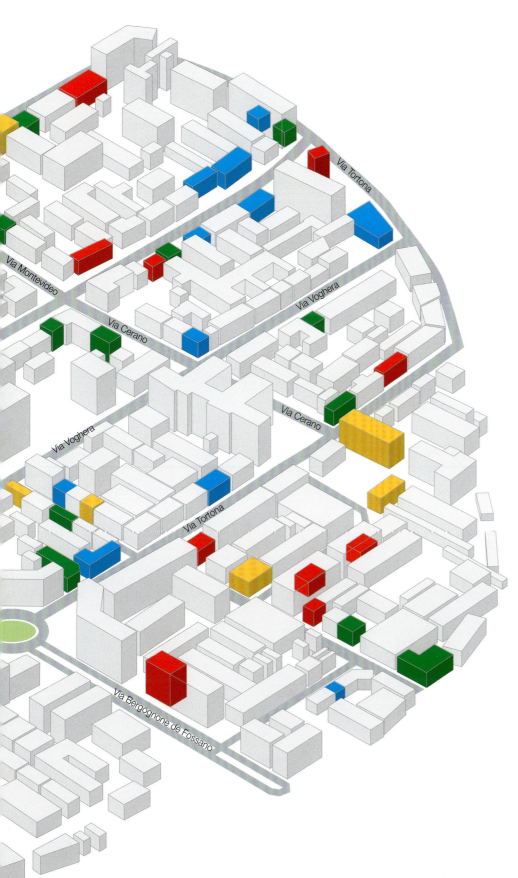

Cidade criativa

Pessoas e empresas envolvidas com artes, arquitetura, *design* gráfico, *design* de produto, *design* de interiores, iluminação, cenografia, música, moda e fotografia tendem a buscar acomodações de baixo custo em locais centrais em vez dos subúrbios. Isso significa que elas gravitam em torno dos antigos bairros industriais ou dos bairros de trabalhadores. Sua interdependência é facilitada pelo surgimento de agências e serviços relacionados, resultando em um bairro cultural muito característico. O corolário desse processo é a gentrificação da região à medida que chegam os profissionais mais jovens e mais ricos em busca da identidade e da sociabilidade do bairro – consequentemente, as famílias mais pobres são despejadas conforme aluguéis e valores de compra disparam.

Foi o que aconteceu na Zona Tortona de Milão, região da cidade que foi construída no século XIX como bairro para a classe trabalhadora e área de armazéns. O local prosperou por algum tempo depois da Segunda Guerra Mundial, e enormes empresas de engenharia, como Ansaldo, General Electric, Osram e Riva Calzoni, se agruparam nos pátios ferroviários da estação de Porta Genova. Mas o conhecido processo de desindustrialização deixou o bairro apenas com fábricas abandonadas e residências decadentes.

A transformação da Zona Tortona começou em meados da década de 1980, quando o diretor de arte da Vogue italiana Flavio Lucchini e o fotógrafo Fabrizio Ferri criaram o Superstudio em uma antiga fábrica de bicicletas. Outros estúdios fotográficos chegaram, e o bairro logo começou a atrair jovens artistas, arquitetos e consultores de *design*. Na década de 1990, a prefeitura de Milão comprou o antigo complexo industrial Ansaldo para instalar o acervo de figurinos e acessórios do Teatro alla Scala, bem como suas oficinas e um palco de ensaio. Posteriormente, a cidade contratou o arquiteto britânico David Chipperfield para transformar o enorme complexo em uma cidade da cultura e abrigar diversas instituições museológicas de Milão. Galerias, livrarias, restaurantes sofisticados, bares e cafés também chegaram, juntamente de *showrooms* de moda, editoras, escolas de moda e de *design*, um hotel de *design* extremamente chique e um espaço expositivo para esculturas. O *status* de principal bairro de *design* do mundo se consolidou em 2002, quando a antiga fábrica da Nestlé, reprojetada pelo arquiteto japonês Tadao Ando, foi reinaugurada como sede corporativa da Giorgio Armani.

203

Cidade criativa

Promoção da criatividade: *marketing* da cidade

A celebração e a promoção da inovação e da criatividade são importantes aspectos da competitividade entre as cidades desde a Revolução Industrial e o realinhamento da economia mundial. Atualmente, o *marketing* das cidades se tornou tarefa fundamental do *design* e do planejamento urbano, e muitos governos municipais adotaram campanhas sólidas de *branding* urbano para criar uma imagem associada à criatividade e ao *design*. Diversas cidades possuem há muito tempo revistas promocionais, veículos para a imagética urbana que não apenas divulgam a imagem da cidade como também ajudam a construir e impor identidades urbanas higienizadas e dotadas de valor.

Os primeiros exemplos de promoção da inovação e criatividade foram as Feiras Universais, "espaços triunfais" baseados na tradição francesa das exposições nacionais. A primeira Exposição Universal aconteceu em Londres, em 1851. O Palácio de Cristal originalmente construído para abrigar a "Grande Exposição dos Trabalhos da Indústria de Todas as Nações" foi a primeira

Capitais da Cultura da União Europeia
Desde meados da década de 1980, a União Europeia patrocina a gestão das marcas das cidades e a promoção da cultura e do design para apoiar o desenvolvimento regional e a noção de uma herança cultural europeia. O programa Capitais da Cultura foi criado em 1983 por Melina Mercouri, ministra da Cultura grega à época, e Atenas foi escolhida como a primeira Capital da Cultura Europeia, em 1985. O apoio financeiro da União Europeia para tais cidades chega a apenas algumas centenas de milhares de euros em cada caso, mas o valor real está no rebranding e no marketing da cidade que é bancado pelo reconhecimento da União Europeia.

megaestrutura urbana espetacular. É compreensível que as primeiras exposições fossem centradas na criatividade e na inovação no contexto da industrialização e da modernização – a partir da década de 1980, entretanto, as atenções se voltaram ao *branding* e à promoção da cidade e da nação-sede.

Milão construiu e consolidou sua imagem como cidade da moda, do *design* e da criatividade de diversas formas. Em 1881, ela sediou uma exposição nacional e, em 1906, também sediou uma Exposição Universal que atraiu mais de quatro milhões de visitantes. Em 1923, a Trienal foi criada em Monza para exibir as artes modernas industriais e da decoração com foco no fomento das relações entre a indústria e as artes aplicadas. Ela foi para o centro de Milão em 1933, e os congressos, os projetos arquitetônicos experimentais e as exposições experimentais de artes, arquitetura e *design* subsequentes constituíram uma plataforma fundamental para que o *design* italiano se tornasse conhecido mundialmente. A realização da Exposição Universal em 2015 na cidade gerou um enorme movimento de renovação urbana e serviu de plataforma para o *branding* de Milão. Ao mesmo tempo, o sucesso das empresas milanesas de moda e *design* atualmente define o *branding* da cidade por seus produtos, enquanto ela reforça mutuamente o *branding* dos produtos. Dessa forma, Milão, além de cidades como Londres, Paris, Nova York e Los Angeles, tornou-se formadora de opinião global e um objeto de *design* em si.

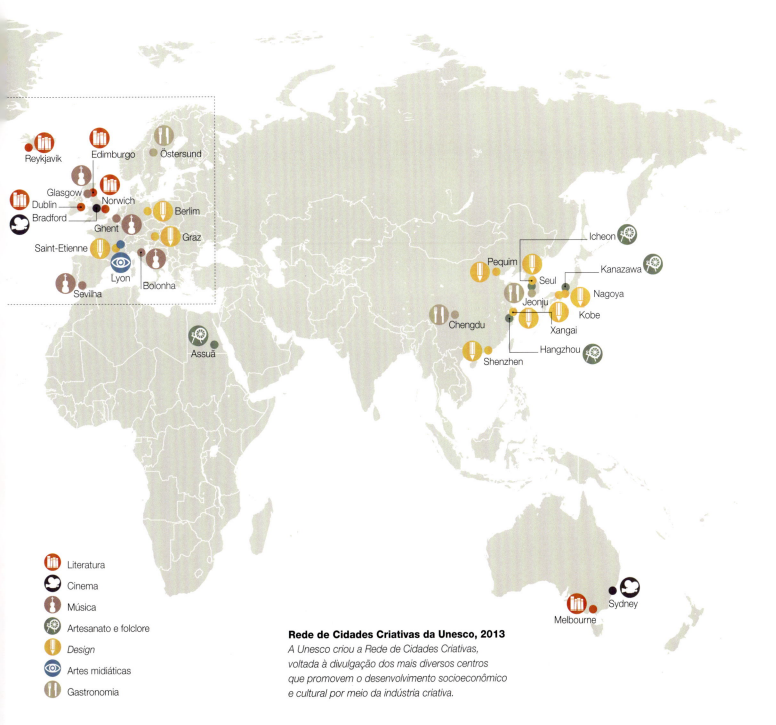

Rede de Cidades Criativas da Unesco, 2013
A Unesco criou a Rede de Cidades Criativas, voltada à divulgação dos mais diversos centros que promovem o desenvolvimento socioeconômico e cultural por meio da indústria criativa.

Cidade criativa

Geografia da moda: cidades como plataformas da marca

Até a década de 1950, Paris não tinha rivais e era a cidade da moda de alto padrão. O estilista britânico Charles Frederick Worth se mudou para Paris em 1848 e fundou a primeira marca de *design* de moda, criando a função de costureiro como um definidor de estilo e bom gosto. No início do século XX, a disponibilidade da imagética da moda e a introdução da produção industrial promoveram o desenvolvimento de um sistema internacional democratizado da moda, com o estilo parisiense atuando como principal ponto de referência. Mas a vantagem comparativa que Paris possuía foi fortemente reduzida após a Segunda Guerra Mundial, por conta dos esforços das autoridades nazistas em transferir a indústria da *haute couture* para Berlim e Viena, e em decorrência do racionamento de materiais no pós-guerra e da queda generalizada da renda pessoal.

Com o surgimento do *prêt-à-porter* e com a expansão dos mercados consumidores globais, a moda se tornou um aspecto importante da competitividade global entre as cidades, e parte das estratégias gerais do *branding* e de sua promoção. Nova York e Londres foram as primeiras a se beneficiar com a decadência de Paris, onde os costureiros enfrentavam altíssimos custos de produção e continuavam se dedicando às coleções de alto luxo em vez de expandirem para o mercado de *prêt-à-porter*. A Londres dos *Swinging Sixties* (isto é, a da década de 1960) surgiu como centro de moda inovadora e ousada,

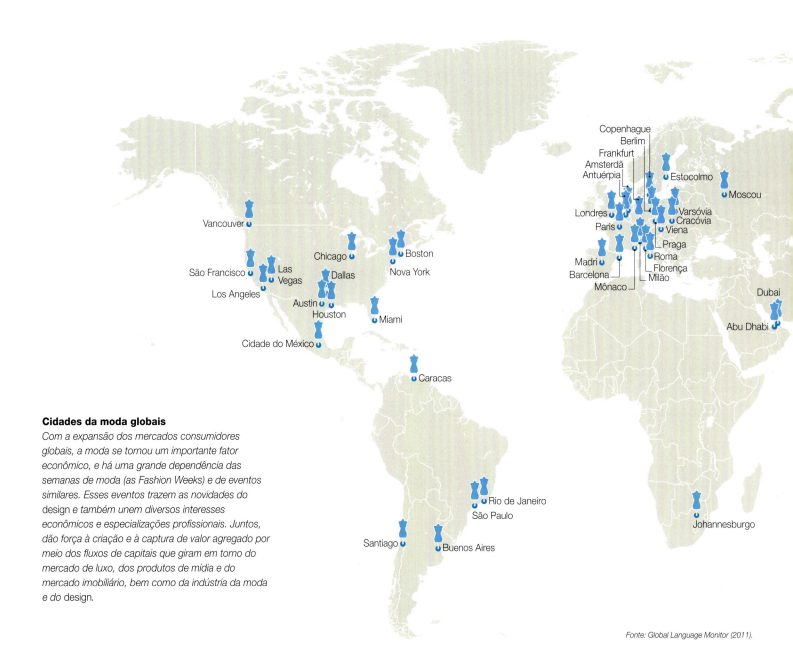

Cidades da moda globais

Com a expansão dos mercados consumidores globais, a moda se tornou um importante fator econômico, e há uma grande dependência das semanas de moda (as Fashion Weeks) e de eventos similares. Esses eventos trazem as novidades do design e também unem diversos interesses econômicos e especializações profissionais. Juntos, dão força à criação e à captura de valor agregado por meio dos fluxos de capitais que giram em torno do mercado de luxo, dos produtos de mídia e do mercado imobiliário, bem como da indústria da moda e do design.

Fonte: Global Language Monitor (2011).

enquanto Nova York se destacou como centro de moda informal e de *design* de *business casual*.

Milão aproveitou sua tradição artesanal de chapelaria e tecelagem de altíssimo padrão, seus custos relativamente baixos e sua sólida reputação internacional no *design* de móveis e produtos. Seu *status* de cidade da moda foi divulgado pela primeira vez na década de 1970, quando sediou os primeiros desfiles de moda e rompeu com a tradição sufocante de Florença com a *haute couture*. A ascensão meteórica dos estilistas milaneses – Giorgio Armani, Stefano Gabbana, Gianfranco Ferré, Elio Fiorucci, Domenico Dolce, Miuccia Prada e Gianni Versace – e suas marcas de *prêt-à-porter* fizeram a cidade atrair instantaneamente fotógrafos, modelos, compradores, fabricantes, atacadistas e jornalistas.

Atualmente, ela abriga as sedes corporativas de diversos dos maiores conglomerados internacionais de produtos e de moda de alto luxo. Ao todo, Milão possui 12 mil empresas envolvidas no mercado da moda, além de centenas de *showrooms*, dezessete instituições educacionais voltadas à moda e ao *design* e uma enorme imprensa de moda com fortes ligações com o mundo corporativo. As Fashion Weeks masculina e feminina são o centro das atenções da vida comercial milanesa, atraindo compradores e jornalistas do mundo todo. A semana de outono da Milano Moda Donna, por exemplo, atrai cerca de 20 mil visitantes a negócios e 2 mil jornalistas credenciados que cobrem mais de cem desfiles e diversos locais em toda a cidade. As Fashion Weeks se tornaram fundamentais para manter o *status* de cidade internacional. Elas estruturam o trabalho da indústria da moda e seus ciclos de produção, reunindo estilistas, atacadistas, varejistas, fabricantes, tecelões, produtores de eventos, imprensa especializada e inúmeras outras pessoas envolvidas nesse mercado. Cidades como Milão, Paris, Nova York, Londres e Tóquio servem como vitrines globais da moda. Como cenários da moda e do *design*, sua imagem e as marcas das principais corporações desse mercado estão fortemente entrelaçadas.

Cidade criativa

Indústria da moda em Milão
Milão recriou propositalmente sua economia e sua imagem por meio de uma aliança estratégica entre a administração municipal e as indústrias da moda e do design. O processo teve início na década de 1970, quando Milão disponibilizou seus espaços públicos (desde o La Scalla, até a Trienal, incluindo a Bolsa de Valores e a Estação Central) para os desfiles de moda dos novos estilistas milaneses. Posteriormente, a cidade atraiu uma enorme concentração de grifes, instituições educacionais com forte concentração em moda e design e agências de fotografia e de modelos.

207

Cidade criativa

Infraestrutura do consumo

Cidades são locais de consumo e também de produção. Com o surgimento da nova classe média no século XIX, as cidades criaram uma infraestrutura para o consumo. Os *passages couverts* de Paris e os arcos e as galerias de Bruxelas, Milão, Londres e Nápoles foram os precursores dos atuais *shopping centers*. À medida que o consumo de massa se tornou um fator fundamental das economias ocidentais, toda grande cidade criou um bairro central de comércio, enquanto as pequenas cidades estabeleceram suas ruas principais.

Nas grandes cidades do mundo, surgiram os bairros comerciais exclusivos, para atender tanto a clientes nacionais quanto a estrangeiros. Em Paris, por exemplo, o triângulo do alto luxo entre as avenidas Champs-Élysées, Montaigne e George V, no 8º *arrondissement*, foi chamado de uma *griffe spaciale*, evocando a linguagem utilizada no mercado da moda.

Na década de 1980, os bairros comerciais nas grandes cidades se tornaram locais de grife, dominados pelas marcas de alto luxo, como

VIA MANZONI
Seventy
Simonetta
Martinelli
7 for all mankind
Partizia Pepe
Twin Set
Paul Smith
Driade
Pal Zileri
Scappino
Radaelli
Inghirama
Alessi
Bijoux de Paris

VERRI VIA S. ANDREA
Vannucci
Baldinini
Canali
Tom Ford
Tumi
Berluti
Il Gufo
Espresso

SAN PIETRO ALL'ORTO
Hermès
Miu Miu
Barbara Bui
Roger Vivier
Gianfranco Ferré
Antonio Fusco
Church's
Armani Casa
Trussardi
Ludicious
Eres
Guido Pasquali
Jimmy Choo
Casadei

GALLERIA VITTORIO EMANUELE
Ruggieri Man
Grimoldi
Currado
Mejana
Piumelli
Church's
Gucci
Zadi
Louis Vuitton
Ricordi
Oxus
Vigano
Dutti
Rizzoli
Fans shop
Luisa Spagnoli
Leo-Pizzo
Prada
Tod's
Swarovski
Bernasconi
Mercedes Benz
Stefanel
Nara
Cadei

- Comércio de moda
- Joalherias, relojoarias
- Eletrônicos
- Hotéis

Quadrilatero d'Oro, Milão

208

Cerruti, Coach, Fendi, Ferragamo, Furla, Marc Jacobs, Missoni, Moschino, Prada e Valentino, e com o suporte de sofisticados e caríssimos restaurantes, cafés, galerias de arte e antiquários. Foi uma consequência direta da ascensão da classe média-alta, fomentada pela indústria do crédito, pela explosão dos mercados financeiros e pelos salários em franca ascensão na nova economia.

Milão, conscientemente se estabelecendo como capital global da moda e do *design*, aproveitou-se da tendência de consumo competitivo e conspícuo para se "vender" como destino de compras de alto luxo. As assinaturas de estilo do *design* e da moda milaneses – de um lado, a elegância e o alto luxo com tom modernista; de outro, a ostentação e os dourados de Versace – serviram perfeitamente aos ideais da economia dos sonhos das décadas de 1980 e 1990. As lojas de moda de alto luxo ocupam a região central da cidade no entorno da Galleria Vittorio Emanuele II e do Corso Vittorio Emanuele II, e a importância da moda de alto luxo na cidade se reflete nos *outdoors* afixados em qualquer superfície disponível, desde os tetos dos prédios até os espaços interiores das estações ferroviárias e dos aeroportos da cidade. Até mesmo o Duomo foi palco de *outdoors* de moda colossais em seus andaimes durante sua reforma e restauro, com uma propaganda que ficou muito famosa apresentando Madonna como o rosto da marca de moda sueca H&M.

Quadrilatero d'Oro

O crescimento do comércio de moda de alto luxo se reflete no Quadrilatero d'Oro, localizado a apenas alguns quarteirões do Duomo e da Galleria. O Quadrilatero era antigamente dominado por antiquários e hoje contém centenas de lojas de moda de altíssimo padrão – muitas delas extremamente exclusivas e restritas. Diversas dessas lojas se dividem em duas partes: o térreo, para receber turistas e pessoas que só querem olhar vitrines, e o andar superior ou o fundo da loja, com showrooms privativos para atender a uma faixa exclusiva de consumidores que gastam muito e vêm do mundo todo. Entre todas essas lojas, é possível encontrar diversos hotéis cinco estrelas, incluindo o Four Seasons Hotel, que ocupa um monastério reformado do século XIV. O Grand Hotel et de Milan, que fica em frente à megastore e ao complexo hoteleiro da Armani, é para aqueles que realmente querem ostentar: são aproximadamente 750 metros quadrados de lojas Armani, incluindo os móveis e acessórios da Armani Casa, o Emporio Café e uma filial do sushi bar nova-iorquino Nobu, com o Armani Hotel cinco estrelas nos andares superiores.

VERRI VIA S.ANDREA

Hermès	Ludicious
Miu Miu	Eres
Barbara Bui	Guido Pasquali
Roger Vivier	Jimmy Choo
Gianfranco Ferré	Casadei
Antonio Fusco	Fendi
Church's	M. Kors
Armani Casa	Moschino
Trussardi	Chanel
	Iris
	Ballantyne
	Banner
	Cesare Paciotti
	Doriani
	Missoni
	House
	Miki

VIA DELLA SPIGA

Douglas	Mega Fashion
Harmont & Blaine	Nilufar
Byblos	Cuccinelli
Colombo	Blumarine
Piquadro	Moschino
Roccobarocco	Dolce & Gabbana
7 Camice	Tod's Man
Ruco Line	Tod's Woman
Lanvin	Sport Max
Daad	Prada
Rocca	Colombo
Tiffany & Co	Gio Moretti Baby
Franck Muller	Malo
Rivolta	Moncler
Fay	Gilli
B. Cucinelli	Stuart Weitzman
Miu Miu	Car Shoe
Chopard	Chimento
Gherardini	Falconeri
Pasquale Bruni	

VIA MONTENAPOLEONE

Cusi	Frette	Drumohr
Galasso	A.Testoni	Cartier
Bucellati	Agnona	Paul & Shark
Jacente	Larusmiani	Emilio Pucci
Hogan	Gucci	Swatch
Tosca Blu	Pederzani	Dior Man
Omega	Paul & Shark	Dior Woman
Toy Watch	La Perla	Iceberg
Celine	Ferragamo	Damiani
Miss Sixty	Dior	Prada
Yves Saint Laurent	Mantellassi	Ars Rosa
Mont Blanc	Bottega Veneta	Fedeli
Loro Piana	Etro	Bally
Vertu	Nara Camice	Sabbadini
Sergio Rossi	F.lli Rossetti	Seia-Montenap
Vierre	Bruno Magli	Camper
Ermenegildo Zegna	Corneliani	Cielo
Fabi	Geox	Prada Man
Faraone	Rolex	Audemas Piguet
Aspesi	Giuseppe Zanotti Design	Ralph Lauren
Versace	Vetrerie di Empoli	Armani
Venini	Ferragamo Man	Louis Vuitton
G. Lorenzi	Valentino Man	Bulgari
Paul & Shark	Valentino Woman	Boss
Baldinini	A. Ferretti	

CORSO VENEZIA

Allegri
Dolce & Gabbana
Uomo
Burberry Brit
Henry Cottons
D & G
Celestani
Cos
Prada U/D
Pirelli
Zara Home

CORSO VITTORIO EMANUELE

Pollini	Boggi
Solaris	Moreschi
Jdc	Intimissimi
H&M	Camicissima
Celio	Morellato
Terranova	Carpisa
Tezenis	Alcott
Furla	Nara
Marella	Yamamay
Golden Point	Motivi
Penny Black	Vergelio
Max & Co.	Bershka
Benetton	Sephora
Pica	Replay
Calzedonia	Mango
Zara	Banana Republic
Mc Kenzy	Gap
Marilena	Foot-Locker
Gobbi	Liu Jo
Swatch	Marina Rinaldi
Geox	Luisa Spagnoli
Dutti	Oysho
Diesel	Stroili Oro
Bagatt	Nadine
Phard	Sisley

CIDADE VERDE

HEIKE MAYER

Cidade principal
FREIBURG _____

Cidades secundárias
ESTOCOLMO _____
PORTLAND _____
CURITIBA _____
MASDAR _____
GÜSSING _____
WILDPOLDSRIED _____

À esquerda: Freiburg, Alemanha.

Cidade verde: Introdução

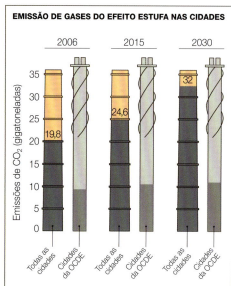

EMISSÃO DE GASES DO EFEITO ESTUFA NAS CIDADES

Fonte: OCDE/VIEA (2008).

As emissões globais de gases do efeito estufa aumentaram vertiginosamente desde o início da década de 1970, em decorrência do crescimento econômico e do consequente uso de energia nos países em desenvolvimento. A produção de eletricidade e aquecimento para edificações residenciais e comerciais é uma das maiores razões das emissões de gases do efeito estufa. Muitas das cidades verdes buscam reduzir a perda de calor com normas de eficiência energética para as edificações e também por meio da geração alternativa de calor. Um outro grande responsável pelas emissões de gases do efeito estufa é o transporte, e os esforços consequentes incluem a promoção do transporte público, o uso de bicicletas e as caminhadas.

"São locais onde as pessoas buscam um ambiente urbano mais resiliente."

As cidades são a linha de frente nos esforços de conservação e sustentabilidade ambiental. Nas últimas décadas, tanto as grandes quanto as pequenas vêm tentando se transformar em cidades verdes. São locais onde as pessoas buscam um ambiente urbano mais resiliente; onde políticos, urbanistas e cidadãos vêm trabalhando para desenvolver infraestruturas, instituições e comportamentos que os ajudem a enfrentar os desafios impostos pelas mudanças climáticas.

Por que as cidades devem liderar o combate às mudanças climáticas? Porque elas ocupam apenas 2% da superfície terrestre, mas consomem 80% da energia global e produzem 75% das emissões de gases do efeito estufa. Em termos de impactos no clima, elas deixam uma pegada ecológica gigantesca. Entretanto, embora as cidades sejam parte do problema, líderes e políticos municipais em todo o mundo estão cada vez mais cientes de que podem se envolver integralmente na busca pelas soluções. As cidades estão em uma posição mais adequada para lidar com as mudanças climáticas do que os governos nacionais, por exemplo. As administrações municipais geralmente são mais ágeis e conseguem responder mais rapidamente às oportunidades e ameaças com que sua população tem de lidar. Como as cidades são densas e compactas, as tecnologias inovadoras para melhorar a mobilidade ou produzir mais energia sustentável podem ser implementadas de forma mais rápida. Os moradores urbanos podem ser mobilizados para adotar novos comportamentos e estilos de vida mais sustentáveis. Em resumo, as cidades são sistemas complexos, e sua infraestrutura social e física fornece oportunidades para criar soluções integradas para uma melhor adaptação às mudanças climáticas. Estudiosos e políticos concordam que a ação local é fundamental para combater os efeitos negativos dessas mudanças.

Cidades mais ameaçadas pelo aumento do nível dos oceanos

Cidades ameaçadas

As mudanças climáticas ameaçam especialmente a população urbana do mundo. De acordo com o Painel Intergovernamental de Mudanças Climáticas (IPCC na sigla em inglês), as temperaturas globais médias aumentaram 0,74 °C entre 1906 e 2005. A temperatura média da superfície aumentou a um ritmo alarmante nas últimas duas décadas, ou 0,33 °C desde 1990. Como resultado, os níveis dos oceanos subiram 17 cm, e tais mudanças ocasionam uma variabilidade climática ainda maior e eventos climáticos cataclísmicos. Com a urbanização crescente, mais e mais cidades sentirão as mudanças climáticas: por exemplo, cada vez mais dias e noites quentes, maior precipitação, graves estiagens, enchentes catastróficas e níveis cada vez mais altos dos oceanos. Esses eventos climáticos extremos afetarão a infraestrutura social e física das cidades. Furacões como o Sandy, que varreu Nova York no final de outubro de 2012, não só destroem os sistemas de transporte e de distribuição de energia como também causam graves disrupções à economia local e às vidas das

Fonte: OCDE.

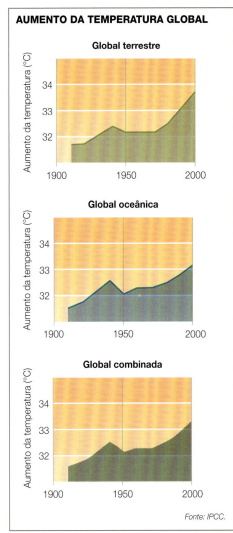

Fonte: IPCC.

Cidade verde

pessoas. Cidades como Nova York, localizadas em zonas costeiras de baixa elevação, estarão mais vulneráveis aos efeitos das mudanças climáticas. As megalópoles serão especialmente afetadas: por exemplo, as cidades que estarão mais expostas às enchentes costeiras até 2070 são Calcutá, Daca, Guangzhou, Ho Chi Minh, Xangai, Bangcoc, Rangoon, Miami e Hai Phong. À exceção de Miami, todas essas cidades ficam em países em desenvolvimento na Ásia, e muitas delas possuem populações colossais.

As cidades contribuem de diversas maneiras para as emissões de gases do efeito estufa, responsáveis pelas mudanças climáticas. Eles são produzidos nas cidades basicamente pela queima de combustíveis fósseis para geração de energia elétrica, transporte, produção industrial e alimentação de edificações nas áreas urbanas. Os níveis de emissões que uma cidade produz variam de acordo com sua densidade populacional, entre outros, mas também dependem dos esforços que são feitos para encontrar formas mais sustentáveis de produzir e consumir energia.

Enfrentamento do desafio

Muitas cidades estão se mobilizando contra as mudanças climáticas: na ausência de ação do Governo Federal, 1.054 prefeitos dos Estados Unidos assinaram um tratado no qual suas cidades se comprometem a cumprir e superar as metas de emissões de gases do efeito estufa definidas no Protocolo de Quioto. Grandes e pequenas cidades aderiram a esse movimento e estão pedindo às esferas mais altas do governo que aprovem leis para dar apoio às suas ações locais. Na Europa, a Campanha Europeia das Cidades e Vilas Sustentáveis vem clamando pela implementação da Carta de Aalborg desde 1994, a qual exige o desenvolvimento e a implementação de programas locais de sustentabilidade, a Agenda 21 Local. Mais de 2.500 governos municipais e regionais de 39 países assinaram a Carta. Desde 2005, a rede do C40 vem convocando as megalópoles do mundo todo a reduzirem suas emissões. Esses exemplos mostram que inúmeras grandes ou pequenas cidades estão comprometidas em buscar um futuro mais verde.

O aquecimento global atingirá as cidades

As cidades sofrerão os efeitos das mudanças climáticas basicamente por uma maior variabilidade climática ou pela alteração do seu clima tradicional. Entre 1906 e 2005, as temperaturas globais médias aumentaram 0,74 °C, e as temperaturas dos oceanos também subiram. O Painel Intergovernamental de Mudanças Climáticas (IPCC) afirma que o aumento das temperaturas está provavelmente associado ao aumento dos gases do efeito estufa produzidos pelo homem.

Mas o que é necessário para se tornar uma cidade verde? A liderança dos políticos e legisladores é fundamental, bem como o planejamento e as políticas de apoio às formas de vida sustentáveis. As mudanças no estilo de vida e no comportamento urbano, bem como as formas alternativas de desenvolver as economias urbanas, são necessárias. Há diversos exemplos que mostram como isso é possível: Freiburg é uma pioneira no movimento das cidades verdes, assim como Portland e Curitiba. Essas e muitas outras cidades são apresentadas neste capítulo.

213

Cidade verde

Visão verde e planejamento sustentável

Freiburg é uma cidade bucólica de cerca de 220 mil habitantes no sul da Alemanha. É considerada uma cidade verde não apenas por estar localizada próxima à Floresta Negra, mas também porque as lideranças comunitárias e políticas adotaram o objetivo ambicioso de torná-la um dos locais mais sustentáveis do mundo. Freiburg ganhou reconhecimento internacional pela implementação dos conceitos de desenvolvimento urbano sustentável. Para atingir a meta de cortar as emissões de carbono em 40% até o ano de 2030, a cidade emprega uma combinação de políticas ambientais, econômicas e sociais.

Os esforços de Freiburg para se tornar uma cidade verde datam do pós-guerra. Os planejadores urbanos decidiram reconstruir a cidade destruída seguindo seu traçado medieval. Diferentemente de muitas outras cidades alemãs, Freiburg evitou propositalmente, na sua reconstrução, paradigmas mais modernistas que teriam dado prioridade ao automóvel. Em vez disso, a cidade manteve sua identidade charmosa com becos e ruas estreitas. Um ativo movimento ambiental começou a se formar em meados da década de 1970 em resposta aos planos de construção de uma usina nuclear em um vilarejo próximo. Na década de 1980, Freiburg já era uma das primeiras cidades a possuir uma agência de proteção ambiental, e a cidade passou a apoiar a energia solar após o

Projeto residencial convencional

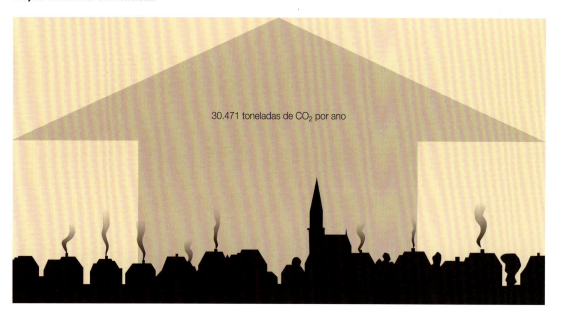

30.471 toneladas de CO_2 por ano

Bairro de Rieselfeld

Rieselfeld é um novo bairro urbano de Freiburg, planejado e construído conforme as rígidas normas ambientais da cidade. Este gráfico ilustra as medidas para reduzir as emissões de CO_2 em Rieselfeld e as compara com um projeto residencial convencional. Com a utilização de uma maior densidade, normas residenciais de baixo consumo de energia, sistemas integrados de eletricidade e aquecimento, medidas de conservação de energia e um melhor sistema de transporte público, foi possível reduzir as emissões de carbono em mais de 50%.

Projeto de Rieselfeld

- Transporte público eficiente
- Edifícios com baixo consumo de energia
- Conservação de energia
- Alta densidade habitacional
- Sistemas integrados de eletricidade e aquecimento

15.845 toneladas de CO_2 por ano

Fonte: Cidade de Freiburg.

desastre nuclear da usina de Chernobyl, em 1986. Em 1996, a Câmara Municipal de Freiburg aprovou uma resolução de proteção climática que exigia redução de 25% das emissões de carbono até 2010. Até 2009, a cidade já havia reduzido as emissões em 18%. Embora louvável, a redução ficou abaixo da meta determinada mais de dez anos antes. Entretanto, os líderes comunitários e os políticos não desistiram e estabeleceram uma meta ainda mais ambiciosa: diminuir as emissões em 40% até 2030.

Freiburg seguiu sua visão verde com planejamento urbano rigoroso e estratégias de proteção ambiental. As políticas de transporte estimulam a mobilidade ambientalmente amigável, como a caminhada, o uso de bicicletas ou o transporte público. A política energética da cidade estimula a utilização de fontes renováveis de energia (solar, eólica ou biomassa) e define normas para o uso de energia nos projetos residenciais. Como resultado do apoio proativo à energia solar, Freiburg possui diversas empresas da indústria ambiental, como a fotovoltaica. Em resposta às pressões sobre o mercado imobiliário resultantes do forte crescimento, a cidade desenvolveu dois novos bairros que seguem normas ambientais absolutamente rígidas. Rieselfeld, um novo bairro urbano de 70 hectares que abrigará de 10 mil a 12 mil habitantes, pode ser facilmente acessado por transporte público, e as residências são construídas conforme as normas de baixo consumo de energia, utilizando tecnologia fotovoltaica e termossolar. O bairro vizinho de Vauban abriga 5 mil moradores, muitos dos quais não possuem carros, e as normas de planejamento também exigem métodos construtivos de baixo consumo de energia. O desenvolvimento de bairros com tamanha sensibilidade ambiental foi fundamental para transformar uma visão de cidade verde em um caso de sucesso, e o histórico de Freiburg mostra que isso funciona: por exemplo, as residências de Rieselfeld emitem 20% menos dióxido de carbono que os projetos residenciais convencionais na Alemanha.

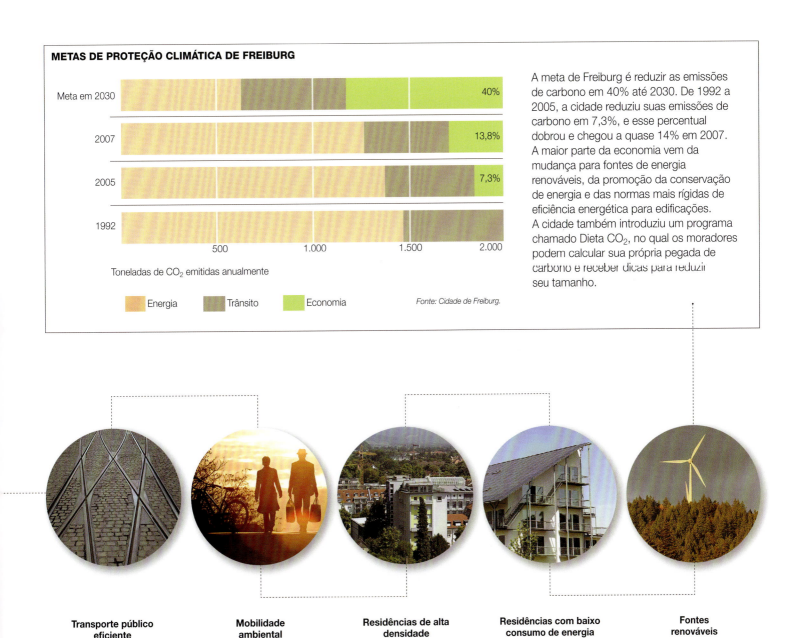

METAS DE PROTEÇÃO CLIMÁTICA DE FREIBURG

Meta em 2030 — 40%
2007 — 13,8%
2005 — 7,3%
1992

Toneladas de CO₂ emitidas anualmente

Energia   Trânsito   Economia

Fonte: Cidade de Freiburg.

A meta de Freiburg é reduzir as emissões de carbono em 40% até 2030. De 1992 a 2005, a cidade reduziu suas emissões de carbono em 7,3%, e esse percentual dobrou e chegou a quase 14% em 2007. A maior parte da economia vem da mudança para fontes de energia renováveis, da promoção da conservação de energia e das normas mais rígidas de eficiência energética para edificações. A cidade também introduziu um programa chamado Dieta CO₂, no qual os moradores podem calcular sua própria pegada de carbono e receber dicas para reduzir seu tamanho.

Transporte público eficiente | **Mobilidade ambiental** | **Residências de alta densidade** | **Residências com baixo consumo de energia** | **Fontes renováveis**

Cidade verde

Design sustentável e transporte

Cidades verdes, como Freiburg, pensam nas formas como o ambiente construído pode facilitar o desenvolvimento sustentável. O desenho do tecido urbano e a forma como as edificações utilizam e economizam energia são componentes fundamentais da arquitetura sustentável das cidades verdes. O uso de transportes alternativos, como caminhada, bicicletas ou transporte público, altera os padrões de mobilidade e também reduz as emissões de carbono. Além disso, o uso de energia renovável torna a cidade menos dependente das importações de petróleo.

O urbanismo sustentável começa na escala do bairro. Bairros ecológicos, como o Rieselfeld de Freiburg ou o Hammarby Sjöstad de Estocolmo, integram o uso da terra com o planejamento do transporte e garantem fácil acesso da população aos transportes públicos. O urbanismo compacto se dedica a combinar diferentes tipos de uso. Esses bairros também incorporam áreas verdes públicas, frequentemente ligando áreas de conservação próximas às áreas verdes de menor porte pontilhadas pelo tecido urbano. Tais bairros densos e ecologicamente inteligentes atraem moradores e também dão espaço para plantas e animais.

Urbanismo verde

Há inúmeras formas de projetar e construir residências mais sustentáveis. A água da chuva pode ser coletada do telhado e utilizada para regar as plantas ou lavar carros. A tecnologia solar pode ser usada para aquecer a água. Pequenas turbinas eólicas instaladas no telhado são capazes de produzir eletricidade. Vidro com isolamento térmico ajuda a reduzir a perda de calor, e aparelhos mais eficientes utilizam menos energia. Os custos mais altos de uma edificação verde podem ser compensados nas contas de água e eletricidade. Um exemplo de projeto verde é o Hammarby Sjöstad, o novo bairro ambientalmente inteligente de Estocolmo. As residências são construídas em um padrão de blocos densos, e os principais eixos são parques públicos sem acesso para automóveis. As técnicas para edificações verdes e o uso de fontes renováveis de energia ajudam a reduzir a pegada de carbono em um bairro urbano, pois as edificações consomem muita energia.

- Calha para água de chuva
- Vidros com isolamento solar extremo
- Passeios para pedestres e bicicletas
- Sistemas de coleta de água de chuva
- Áreas verdes
- Áreas de recreação sem trânsito
- Fontes/espelhos d'água

As cidades verdes também se preocupam com a forma como os prédios são construídos e como a energia é utilizada pelo ambiente construído. A arquitetura verde utiliza materiais sustentáveis e produtos ecologicamente corretos, como madeira ou pedra, sem substâncias químicas ou outros contaminantes. As novas normas construtivas garantem economia de energia e até mesmo geração de energia. Freiburg, por exemplo, dá muita importância à utilização da tecnologia solar. Para atingir seu objetivo de reduzir as emissões de carbono, a cidade apoia o uso de todos os tipos de projetos que utilizem a luz solar. Há mais de quatrocentos sistemas fotovoltaicos já instalados, o aquecimento de água é solar, e muitas residências estão utilizando projetos de aquecimento solar passivo.

Embora o uso de energia nas edificações seja um componente fundamental para que uma cidade verde reduza sua pegada de carbono, um outro elemento importante é a gestão da mobilidade. Cidades verdes como Freiburg, Estocolmo, Copenhague, Portland, bem como as cidades do mundo em desenvolvimento, como Curitiba, desenvolvem um portfólio de alternativas de transporte que vão desde o transporte de baixa velocidade, como caminhada ou bicicleta, até o uso de diferentes formas de transporte coletivo, como ônibus, veículo leve sobre trilhos e bondes.

As cidades verdes são pioneiras no uso de energias renováveis, como a luz solar, a madeira e a água. Frequentemente, elas implementam soluções integradas e descentralizadas. No bairro de Hammarby Sjöstad em Estocolmo, por exemplo, há um sistema de extração de calor do esgoto, e na pequena cidade de Waldkirch, vizinha a Freiburg, pequenos sistemas descentralizados de aquecimento movidos a cavaco de madeira geram aquecimento não somente para uma escola de ensino médio como também para uma vizinhança toda.

Cidade verde

Turbinas eólicas nas coberturas

Telhado com painéis solares

Paredes com isolamento extremo

Proporção das viagens em transporte público, bicicleta e caminhada em Freiburg

	Veículos	Veículos compartilhados	Transporte público	Pedestres	Bicicletas
1982	29%	9%	11%	35%	15%
1999	26%	6%	18%	23%	27%
Projeção para 2020	24%	5%	20%	24%	27%

Fonte: Cidade de Freiburg.

Transporte alternativo

Cidades verdes como Freiburg estão trabalhando para mudar o transporte da modalidade individual motorizada para formas alternativas, como transporte público, bicicletas ou caminhada. Embora a cidade tenha crescido nos últimos trinta anos, com aumento da mobilidade de seus moradores de forma geral, Freiburg conseguiu ampliar a utilização de transporte alternativo entre 1982 e 1999. O principal fator para isso consistiu na integração do uso da terra com o planejamento do transporte para criar uma cidade compacta na qual as formas alternativas de transporte são confortáveis e fáceis de usar.

Estilos de vida sustentáveis

Cidade verde

A sustentabilidade de uma cidade verde depende do estilo de vida de seus moradores. Os estilos e os hábitos de consumo constituem um elemento fundamental na forma como os humanos causam impacto sobre o meio ambiente. O projeto Sustainable Lifestyles 2050, da União Europeia, define a pegada material de um estilo de vida sustentável em oito toneladas por ano para cada pessoa. Essa pegada material mede todos os recursos que uma pessoa consome, como habitação, comida, transporte, etc. A média atual do estilo de vida europeu varia de 27 a 40 toneladas anuais. Para conseguir essa redução dramática e atingir o objetivo de estilo de vida sustentável, os hábitos de consumo precisam mudar. Já existem algumas tendências promissoras, como padrões mais locais de produção e consumo e a formação dos chamados ciclos de recursos locais.

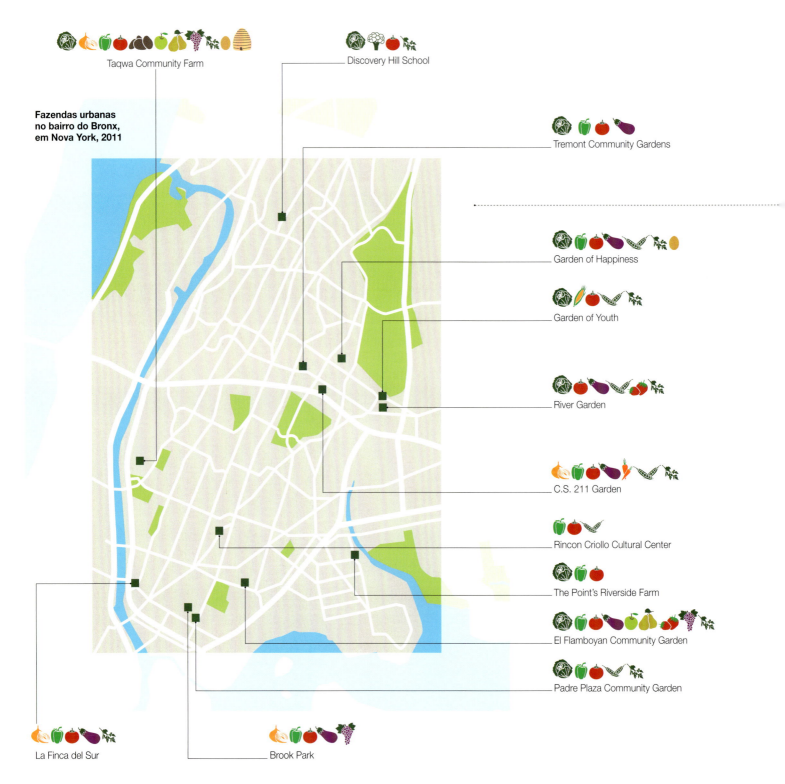

Fazendas urbanas no bairro do Bronx, em Nova York, 2011

Uma tendência em franco crescimento nas cidades é a criação de hortas urbanas, também chamada de agricultura urbana. A ideia é utilizar áreas verdes abertas na cidade para o cultivo de frutas, legumes e hortaliças. Os produtos plantados na cidade podem ser consumidos por aqueles que os cultivam ou vendidos nas feiras locais. A premissa é a de que os alimentos produzidos localmente são mais frescos, geralmente mais saudáveis, e estão facilmente disponíveis para muitos moradores urbanos que normalmente não teriam acesso a comida de qualidade. Terrenos baldios em cidades que estão encolhendo, como Detroit e Cleveland, foram transformados para produzir alimentos como alface, ruibarbo e batata, e a maior fazenda urbana do mundo fica em Detroit. A agricultura urbana é um exemplo de como os moradores das cidades podem criar ciclos de recursos para reduzir sua pegada material.

Outra maneira de mudar os estilos de vida para formas mais sustentáveis é abrindo mão do carro individual e participando de um programa de posse compartilhada de automóveis. Essa modalidade vem crescendo desde meados da década de 1990, até mesmo nos Estados Unidos, onde possuir um carro ainda é muito importante. Muitas cidades iniciaram programas locais de compartilhamento de bicicletas, que oferecem aos moradores, visitantes e turistas a oportunidade de alugar uma. Milão, por exemplo, começou a oferecer bicicletas compartilhadas em 2008, e o programa já conta com mais de 3 mil bicicletas em 173 estações na cidade toda. Esses programas de compartilhamento de automóveis e bicicletas possuem uma coisa em comum: são inovações sociais que buscam mudar os estilos de vida e os hábitos de consumo locais.

O compartilhamento de transporte e a agricultura urbana são apenas duas das inúmeras alternativas que estão mudando os estilos de vida. Os valores e objetivos ambientais começam a modificar os comportamentos de diversas formas. As tendências como a moda verde, a cerveja livre de carbono, os alimentos locais sustentáveis e as casas de show que utilizam painéis solares ilustram que os estilos de vida mais verdes estão se consolidando.

Legenda das fazendas urbanas

 Verduras, alface, repolho

 Brócolis

 Cebola, alho

 Pimentão

 Milho

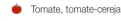 Tomate, tomate-cereja

Berinjela, abóbora, pepino

 Ervilha, feijão, vagem

 Cenoura

 Batata

 Maçã

 Pera, pêssego, ameixa

 Morango

Uva, figo

 Ervas

Ovos

 Mel

Fazendas urbanas no bairro do Bronx, em Nova York
Fazendas urbanas vêm surgindo em diversas cidades. Há, por exemplo, mais de 150 fazendas e hortas comunitárias no Bronx, em Nova York. De acordo com o programa Bronx Green-Up, coordenado pelo Jardim Botânico de Nova York, 80% desses locais produzem alimentos, e todo ano é possível visitá-los em uma excursão guiada. Como mostrado pelo exemplo do Bronx, os bairros de Nova York estão verdejando: o Brooklyn tem cerca de 290 hortas e fazendas comunitárias e escolares, e Manhattan tem cerca de 165 locais. Canteiros nas coberturas e pequenas hortas no quintal também são bem comuns.

Compartilhamento de veículos no mundo
Está se tornando cada vez mais comum abrir mão do carro individual e participar de um programa de compartilhamento de veículos. De acordo com o Centro de Pesquisa sobre a Sustentabilidade nos Transportes da Universidade da Califórnia em Berkeley, mais de 1,7 milhão de pessoas participam desses programas no mundo todo compartilhando mais de 43.550 veículos. A América do Norte é responsável pela maior proporção de participantes de compartilhamento de automóveis, especialmente entre os jovens das grandes cidades, como Nova York, Washington e São Francisco. Os programas na Europa geralmente utilizam frotas de veículos localizadas na região central das cidades que podem ser usados de forma flexível.

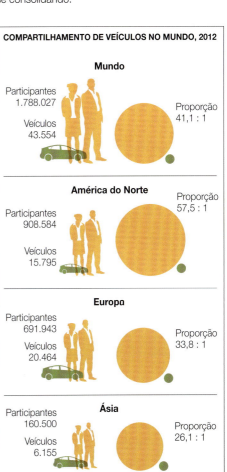

Fonte: Berkeley Transportation Sustainability Research Center.

Cidade verde

Caminhando para uma economia verde

As cidades verdes podem criar benefícios econômicos para que suas economias se desenvolvam alternativamente. Uma economia verde tem baixo nível de carbono, apresenta eficiência no consumo de recursos e é socialmente inclusiva. Em vez de sempre criar quantitativamente mais, uma economia verde enfatiza o desenvolvimento econômico qualitativo, que é sustentável.

Por meio de investimentos em urbanismo e infraestrutura, as cidades verdes podem gerar inúmeros benefícios econômicos, e com isso surgem segmentos da indústria que desenvolvem e produzem tecnologias sustentáveis. Como consequência, novos empregos são criados e os moradores se beneficiam economicamente. Em Freiburg, por exemplo, a economia verde consiste em aproximadamente 2 mil empresas que empregam cerca de 12 mil pessoas. Como resultado de suas políticas proativas, o segmento solar é responsável por mais de cem empresas e 2 mil empregos – três a quatro vezes a média nacional. A economia verde de Freiburg se beneficia de diversas organizações de pesquisa e universidades que desenvolvem novas tecnologias.

Caso semelhante é Portland, nos Estados Unidos. Como resultado de políticas de apoio à

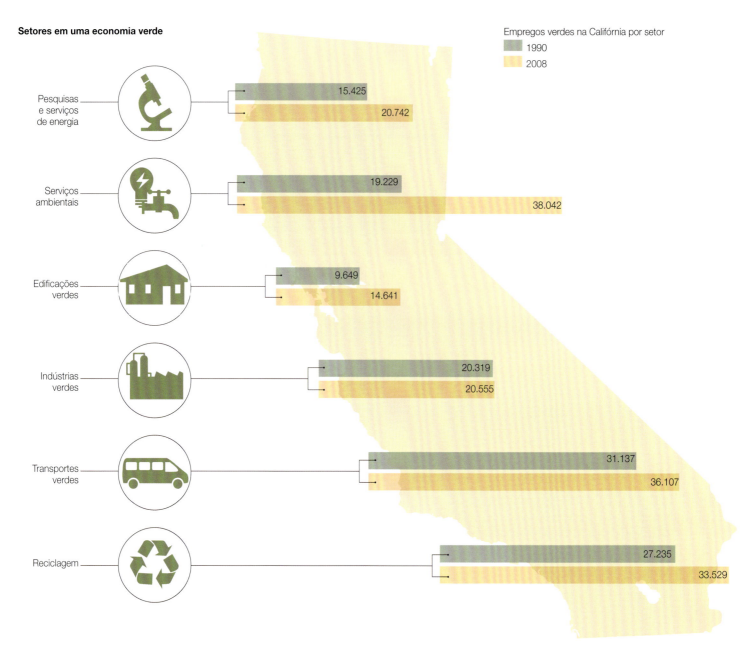

Setores em uma economia verde

Empregos verdes na Califórnia por setor
- 1990
- 2008

Setor	1990	2008
Pesquisas e serviços de energia	15.425	20.742
Serviços ambientais	19.229	38.042
Edificações verdes	9.649	14.641
Indústrias verdes	20.319	20.555
Transportes verdes	31.137	36.107
Reciclagem	27.235	33.529

Fonte: UCB Center for Community Innovation, Berkeley.

arquitetura sustentável, a cidade abriga uma concentração vibrante e em forte crescimento de empresas do segmento da construção verde. Um importante aspecto para tal foi a criação de um programa de assistência técnica para prédios verdes, que iniciou com um grupo de cidadãos voluntários. Atualmente, o programa Green Building se dedica a assistência técnica, incentivos financeiros, educação e criação de novas políticas públicas. O programa ajudou a criar competitividade local nas técnicas de construção verde e proporcionou vantagem competitiva aos empreendedores locais.

A economia verde não apenas produz inovações para produtos e serviços mais sustentáveis, como também constitui um fator de geração de empregos considerável. Os pesquisadores da Universidade da Califórnia em Berkeley analisaram o tamanho da economia verde e descobriram que havia 163.616 trabalhadores empregados nesse setor. Embora a economia verde tenha uma participação relativamente pequena na economia californiana como um todo, ela está em rápido crescimento. Além disso, está concentrada nas maiores regiões metropolitanas, como Los Angeles. Em termos de produção de inovações para a economia verde, as regiões tradicionalmente de alta tecnologia, como o Vale do Silício, estão se voltando às oportunidades sustentáveis.

Há inúmeras maneiras de estabelecer uma economia verde. Os esforços variam de formas alternativas e radicais para criar valor, como moedas locais, e chegam às abordagens mais convencionais, como o planejamento e a construção de parques ecoindustriais. O que tais esforços possuem em comum é seu foco no estímulo à demanda por produtos e serviços ambientalmente corretos e por inovações ecologicamente desenvolvidas.

Cidade verde

Setores em uma economia verde (à esquerda)

Pode ser muito difícil definir uma economia verde e identificar os setores industriais que fazem parte dessa economia, que consiste em novas indústrias e também em indústrias tradicionais. As novas indústrias ou em surgimento são aquelas que produzem tecnologias voltadas ao meio ambiente ou de baixa energia, como produtos fotovoltaicos ou biocombustíveis. Entretanto, as indústrias tradicionais que estão mudando sua forma de fabricar produtos ou prestar serviços também podem fazer parte dessa economia verde. Além disso, os segmentos industriais voltados à energia e aos serviços públicos, à construção verde, à gestão de resíduos e reciclagem e ao transporte são essenciais para a transformação da nossa economia na direção de um futuro mais sustentável.

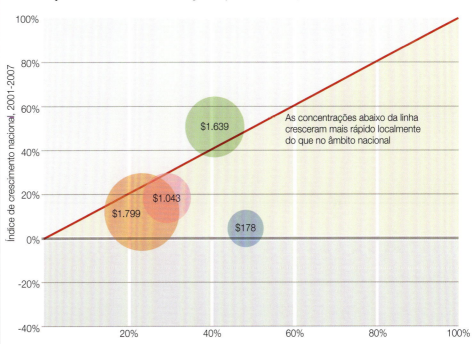

Índice de crescimento de Portland, 2001-2007. O tamanho dos círculos é proporcional ao valor agregado em 2007

Fonte: Portland Development Commission.

Economia verde de Portland

Portland é a maior cidade no estado de Oregon, nos Estados Unidos, e é conhecida por suas inúmeras empresas famosas, como Nike e Intel. Essas empresas são fundamentais para as concentrações industriais especializadas em vestuário e equipamento esportivo ou manufatura avançada. Nos últimos anos, a cidade também recebeu diversas outras empresas da economia verde, processo que os estudiosos do desenvolvimento econômico da cidade chamam de concentração de indústrias de tecnologias limpas. O gráfico acima compara quatro concentrações de indústrias localizadas em Portland. Embora essa indústria de tecnologia limpa em Portland cresça mais lentamente que a média nacional, ela apresenta um valor agregado considerável e se tornou uma importante indústria-alvo para os pesquisadores.

Cidade verde

Cidades verdes em países emergentes

Cidades como Freiburg e Portland ficam em países industrializados. O grande desafio será desenvolver cidades verdes sustentáveis em países emergentes, onde há pressões urbanísticas e também desafios relacionados aos níveis de pobreza, limitações em termos de governança municipal e falta de recursos para implementar ideias verdes. No entanto, há numerosos exemplos de como as cidades nesses países estão se voltando para um desenvolvimento mais sustentável.

Sistema de ônibus de Curitiba

Curitiba é famosa por seu sistema inovador de BRT (Bus Rapid Transit), a Rede Integrada de Transporte, implementada em 1974. Mais de 1,3 milhão de passageiros utilizam diariamente o sistema, que oferece transporte confortável, barato e rápido por toda a cidade. Os tubos elevados utilizados como paradas de ônibus têm um design exclusivo que torna os ônibus mais acessíveis para pessoas com deficiência. Os ônibus são longos e correm por corredores exclusivos, com tempos de espera de 90 segundos nos horários de pico. Associado a uma estrutura tarifária simples e barata (há apenas uma tarifa), o sistema é eficiente e popular em todas as classes da sociedade.

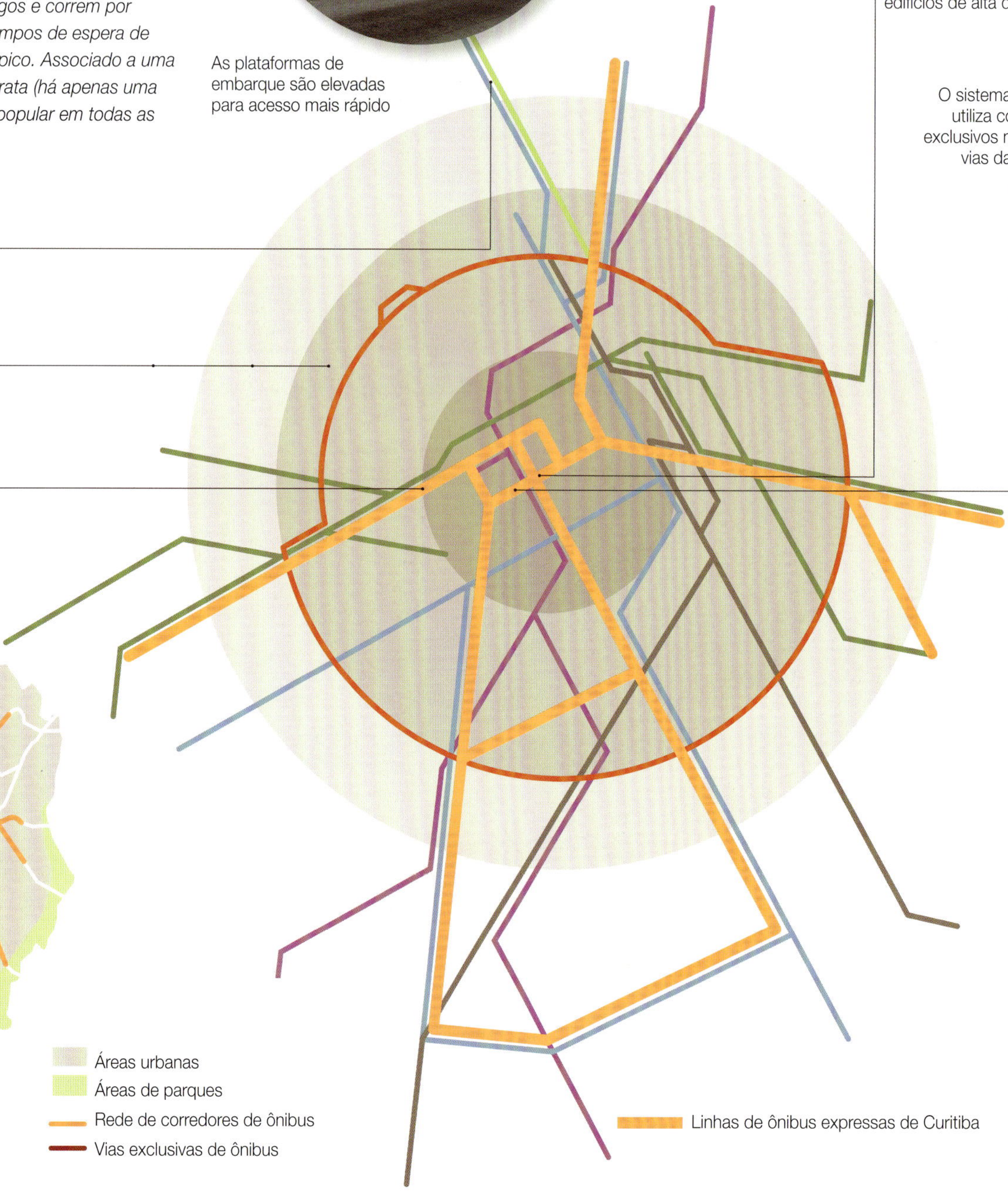

As plataformas de embarque são elevadas para acesso mais rápido

Linhas rápidas e com maior frequência movem grandes quantidades de passageiros eficientemente, permitindo edifícios de alta densidade

O sistema de ônibus utiliza corredores exclusivos nas principais vias da cidade

As linhas e os ônibus são organizados por cor para facilitar sua identificação

As linhas de ônibus funcionam em anéis concêntricos, com cada anel se expandindo para uma região mais afastada do subúrbio

Linhas expressas são integradas ao sistema de transporte intermunicipal

Áreas urbanas

Áreas de parques

Rede de corredores de ônibus

Vias exclusivas de ônibus

Linhas de ônibus expressas de Curitiba

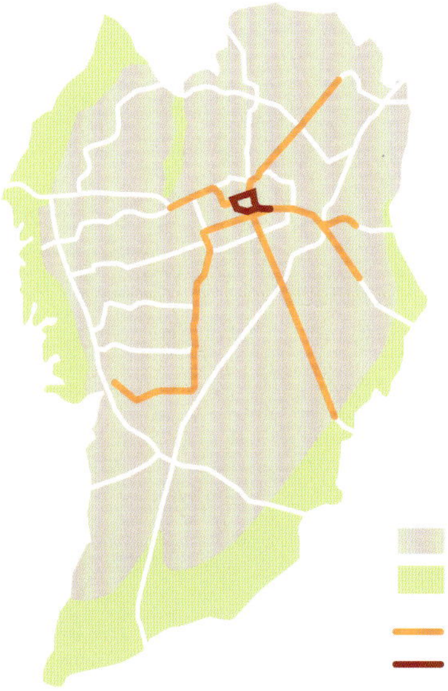

Curitiba ganhou diversos prêmios por seu sistema de transporte, baseado em uma vasta rede de BRT. Os ônibus correm paralelamente ao sistema viário comum, o que minimiza os custos com infraestrutura, e as paradas ocorrem em estações-tubo elevadas. Como o sistema é flexível e não necessita de investimentos fixos e maciços (em comparação ao sistema ferroviário, por exemplo), os custos são os menores possíveis e a tarifa também permanece baixa, o que a torna acessível para a maior parte dos habitantes. O sistema inspirou diversas outras cidades, como Cidade do México, Jacarta e Kuala Lumpur. Como resultado da introdução do sistema de BRT, Curitiba conseguiu mudar seu padrão de mobilidade do automóvel para o ônibus. Atualmente, o sistema de ônibus oferece cerca de 12.500 trajetos diários e atende a mais de 1,3 milhão de passageiros. Além disso, ele visa à sustentabilidade social, dado que os moradores de Curitiba gastam apenas cerca de 10% de sua renda com transporte.

No Oriente Médio, um projeto promissor busca construir uma cidade verde no meio do deserto a partir do zero. Abu Dhabi está planejando Masdar, uma ecocidade para cerca de 47.500 habitantes: quando construída, a cidade promete utilizar apenas recursos naturais renováveis (energia solar) para produzir sua energia. O projeto também inclui uma usina de dessalinização movida a energia solar. O ambiente construído é inspirado na cidade árabe tradicional, que é organizada e construída de forma a minimizar a exposição ao sol. Masdar está sendo projetada pelo *starchitect* britânico Norman Foster e tem conclusão prevista para 2025. No entanto, os críticos alegam que a sua construção é apenas um experimento, e que seu caráter de comunidade murada não contribui para a generalização desse tipo de modelo de cidade verde.

O desenvolvimento de cidades verdes nos países emergentes e em desenvolvimento será um dos grandes desafios do futuro. À medida que cada vez mais pessoas se mudarem para as áreas urbanas nesses países, elas enfrentarão maior vulnerabilidade como resultado das mudanças climáticas. A comunidade internacional reconhece que tornar tais cidades resilientes aos riscos ambientais está dentre os maiores desafios do futuro.

Masdar

Masdar está localizada em Abu Dhabi, nos Emirados Árabes Unidos. Ela será projetada como uma ecocidade pela Masdar, uma subsidiária da Mubadala Development Company, que é financiada principalmente pelo governo de Abu Dhabi. A cidade utilizará energia solar, tendo como meta não gerar nenhum desperdício. Ela irá abrigar a Agência Internacional de Energia Renovável, e seus construtores acreditam que se tornará um centro de conexão para diversos investidores da economia verde. Será interessante observar se a ideia de uma cidade verde pode ser implementada em um ambiente desértico.

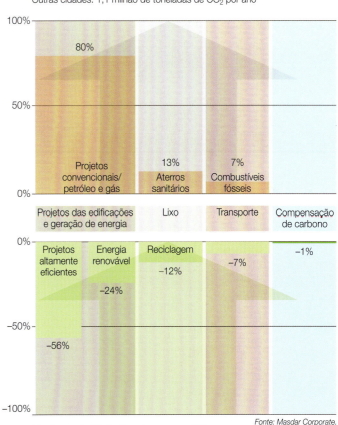

Emissões de CO$_2$ em Masdar em comparação a outras cidades
Outras cidades: 1,1 milhão de toneladas de CO$_2$ por ano

Masdar: neutralidade de carbono – zero CO$_2$

Fonte: Masdar Corporate.

Localização de Masdar

Cidade verde

Sustentabilidade das pequenas cidades

O "verdejamento" de uma grande cidade precisa ser tratado no âmbito dos bairros. Já se demonstrou como isso pode funcionar em diversas pequenas cidades no mundo. Essas localidades menores têm um papel muito importante nos sistemas urbanos nacionais. Em alguns países da Europa, ao menos metade da população mora em cidades de até 50 mil habitantes. Em países como Estados Unidos ou China, as pequenas cidades possuem um papel fundamental de ancoragem das regiões mais periféricas. Diferentemente das grandes cidades, que se integram às redes globais com frequência, as pequenas cidades lutam para enfrentar diversos desafios.

Pequenas cidades em crescimento próximas a grandes aglomerações urbanas têm diante de si os desafios de conter a expansão da mancha urbana e manter a identidade e a herança cultural. Essas cidades estão encolhendo, precisam lutar para manter seus habitantes, e os legisladores municipais buscam criar uma comunidade viável, com empregos e serviços para eles. Há muitos exemplos de como pequenas cidades vêm desenvolvendo estratégias para fomentar uma economia mais sustentável e estável como resposta aos desafios que surgem das mudanças climáticas e de outros problemas ambientais, e para criar uma sociedade com maior igualdade. Diversas pequenas cidades na Itália, na Alemanha, na Suíça, nos Estados Unidos, na China e na Coreia do Sul entraram para redes internacionais

Cidades lentas no mundo, 2013

Fonte: Cittaslow International (2013).

Movimento Slow City

O movimento Slow City começou ao final da década de 1990, quando os prefeitos de três pequenas cidades italianas se reuniram para definir o que caracterizava uma cidade lenta. As cidades lentas valorizam a qualidade de vida, a sustentabilidade, o uso de recursos locais e a promoção de produtos locais. Elas têm noção da importância de sua própria história e cultura e questionam o ritmo acelerado com o qual a dinâmica da globalização e das mudanças econômicas está afetando as cidades grandes e pequenas. Cada vez mais locais no mundo todo estão desenvolvendo ideias e programas que focam tais objetivos.

CIDADES LENTAS NA COREIA DO SUL

- Condado de Cheongsong (Pacheon-myeon)
- Condado de Damyang (Changpyeong-myeon)
- Condado de Hadong (Akyang-myeon)
- Condado de Jangheung (Yuchi-myeon)
- Cidade de Jecheon (Susan-myeon & Bakdaljae)
- Cidade de Jeonju (Vilarejo de Jeonju Hanok)
- Cidade de Namyangju (Joan-myeon)
- Cidade de Sangju (Hamchang-eup, Gonggeom-myeon, Ian-myeon)
- Condado de Shinan (Ilha de Jeung-do)
- Condado de Wando (Ilha de Cheongsando)
- Condado de Yeongwol (Kimsatgat-myeon)
- Condado de Yesan (Daeheung & Eungbong-myeon)

que buscam o desenvolvimento sustentável. Exemplos dessas redes incluem o movimento internacional Slow City, o movimento Eco City, a rede das cidades montanhesas Alliance in the Alps ou o movimento Fairtrade Town. As cidades que se unem a esses movimentos se comprometem com objetivos específicos de sustentabilidade. Por meio de sua afiliação a uma rede internacional, elas podem aprender umas com as outras e trocar ideias sobre o que fazer e o que não fazer.

O Slow City inclui localidades com até 50 mil habitantes. Mais de 166 cidades em 25 países já participam e estão implementando uma carta com 54 itens que definem os esforços para produzir um ambiente mais calmo e menos poluído, conservar o patrimônio histórico local, promover o artesanato e a gastronomia locais, criar economias mais sustentáveis e fomentar um estilo de vida menos caótico. A cidade italiana de Orvieto, por exemplo, criou um sistema mais sustentável de transporte público com ônibus elétricos; a cidade alemã de Waldkirch, próxima à Floresta Negra, é conhecida por seus programas sociais que ajudam famílias, jovens, migrantes e desempregados; a primeira cidade lenta chinesa, Yaxi, está buscando o turismo sustentável. Enquanto o movimento Slow City se beneficia de sua marca conhecida, cada vez mais cidades adotam essa filosofia e implementam diversas iniciativas que vão ao encontro dela.

As pequenas cidades podem ser pioneiras no desenvolvimento de soluções relativas à sustentabilidade. Wildpoldsried, no sul da Alemanha, possui apenas cerca de 2.500 habitantes e produz 320% da energia que consome. O excedente é enviado para a rede nacional e gera uma renda estimada em 4 milhões de euros. A iniciativa começou em 1999, quando a cidade decidiu que teria independência energética, apoiando diversas fontes de energia alternativa, como biogás, turbinas eólicas e painéis solares. Além disso, Wildpoldsried utiliza a água como fonte de energia renovável e construiu uma estrutura de estacionamento com madeira obtida localmente. A cidade recebeu o European Energy Award em 2009 por seus esforços integrados de proteção do clima.

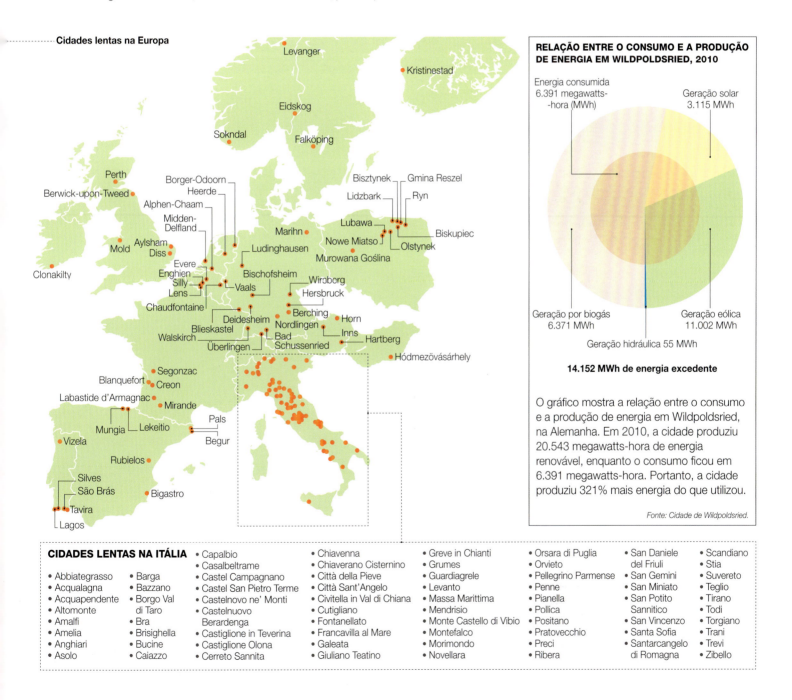

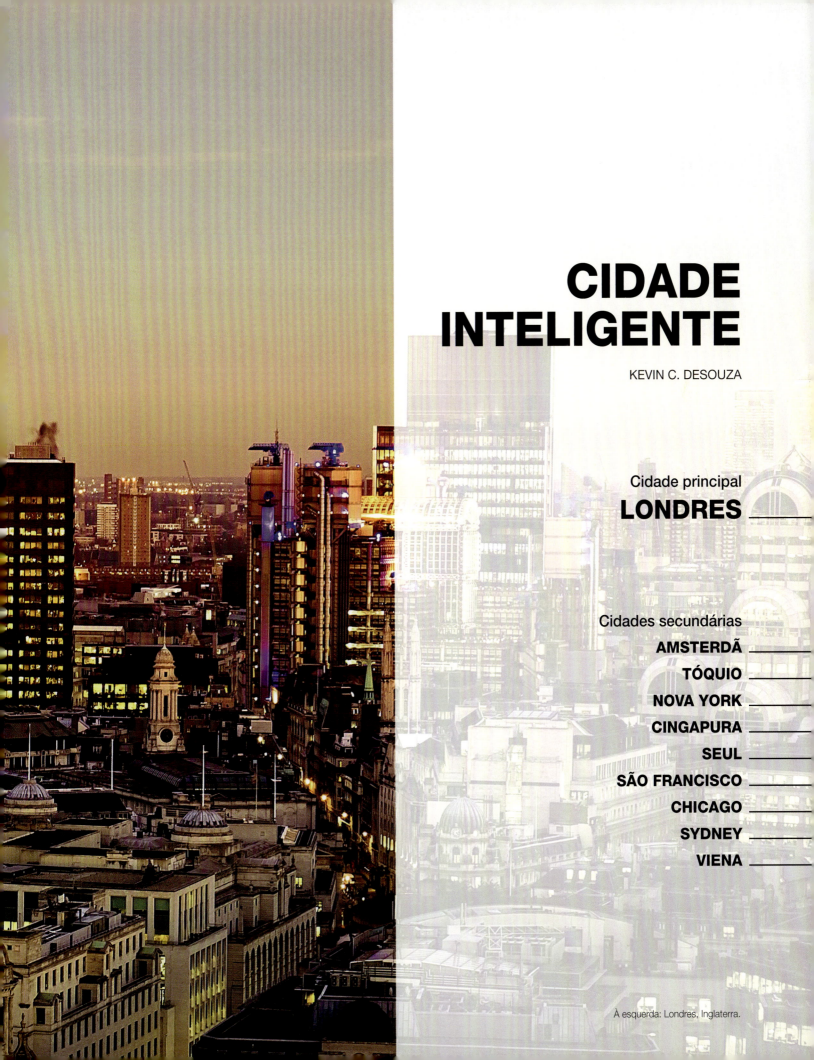

CIDADE INTELIGENTE

KEVIN C. DESOUZA

Cidade principal
LONDRES

Cidades secundárias
AMSTERDÃ
TÓQUIO
NOVA YORK
CINGAPURA
SEUL
SÃO FRANCISCO
CHICAGO
SYDNEY
VIENA

À esquerda: Londres, Inglaterra.

Cidade inteligente: Introdução

"Cidades inteligentes empoderam seus habitantes com informações e recursos que melhoram sua qualidade de vida."

Como qualquer outra organização, uma cidade obtém sucesso (ou não) conforme a capacidade que apresenta de processar os sinais do seu ambiente. A gestão da infraestrutura, dos processos e dos eventos em uma cidade é tradicionalmente ineficiente, na medida em que se observa uma inabilidade para interpretar os dados e tomar decisões em tempo real. Tal fato leva a uma perda de recursos consideráveis e desperdício de oportunidades. Além disso, até recentemente, muitos dos cidadãos se resumiam a receptores passivos dos programas desenvolvidos pelos políticos eleitos. Historicamente, os urbanistas costumam focar a inovação *para* os cidadãos em vez de fazê-lo *com* os cidadãos – ou melhor, em vez de fornecer os recursos e habilidades para que eles mesmos possam inovar.

Atualmente, os avanços nas tecnologias da informação e da comunicação têm permitido às cidades interpretar melhor os dados para que se tornem mais "inteligentes". Os dispositivos móveis e a difusão do acesso à internet possibilitam que ainda mais informações estejam ao alcance de mais pessoas. Uma grande quantidade de tecnologia vem sendo incluída nas esferas social e física das cidades, possibilitando o processamento em tempo real de dados e aprimorando o processo de tomada de decisão. Além disso, dados que anteriormente eram ocultados da população estão sendo divulgados. Os cidadãos, por sua vez, exercem um papel mais ativo na definição do futuro de seus ambientes: criam aplicativos para promover boas práticas sobre temas diversos e constroem plataformas *on-line* para compartilhar problemas e soluções com seus vizinhos.

1. São Francisco
São Francisco implementou um sistema inteligente de estacionamento, o SF Park, que permite que a cidade redistribua a demanda. Aplicativos e redes móveis possibilitam aos cidadãos localizarem vagas por local e por preço. (Estacionamento Inteligente)

2. Chicago
Chicago desenvolveu o Virtual Shield, um dos maiores sistemas de segurança por vídeo do mundo. A rede unificada de fibra pretende utilizar uma infraestrutura de estratégia de vigilância sem fio para capturar e monitorar imagens em tempo real e aplicações forenses de segurança. (Segurança Inteligente)

3. Nova York
Nova York firmou parcerias para expandir a conectividade de banda larga e sem fio gratuita e aberta à população para estimular o crescimento e o empreendedorismo. (Conectividade Inteligente)

Um exemplo é Amsterdã, onde foi firmada parceria com a empresa de informática e redes Cisco, que resultou no Urban EcoMap. Trata-se de uma ferramenta on-line que permite que os cidadãos vejam o impacto de suas atividades na cidade em termos de emissões de carbono. Os dados são apresentados visualmente no âmbito de cada bairro e são feitas sugestões para diminuir as emissões por meio de atividades executadas de formas mais sustentáveis. Cidades como Londres utilizam um circuito fechado e tecnologias sofisticadas de processamento de vídeo e de imagens para monitorar as atividades dentro de suas fronteiras. Sensores em carros, ruas e até em crachás portados pelos cidadãos possibilitam à cidade unir os dados das mais diversas fontes para orientar suas decisões em tempo real. Com a utilização das tecnologias da informação, como as redes *mesh* urbanas, as cidades atingem a interconectividade sem fio via internet entre dispositivos e pessoas. Cidades como Seul utilizam as redes sem fio *mesh* para monitorar sua infraestrutura crítica e promover a segurança pública.

A aplicação mais comum das tecnologias para tornar uma cidade mais inteligente se dá em termos energéticos, para embasar decisões judiciosas sobre recursos escassos. Cingapura lançou um plano diretor de dez anos e 3,2 bilhões de dólares em 2006 para se transformar em uma nação inteligente. Sistemas inteligentes de medição fornecem informações em tempo real para os consumidores de energia elétrica e permitem que eles modifiquem seus hábitos. Além disso, esses sistemas possibilitam que os clientes vendam a energia não utilizada para o provedor de energia a fim de que ela seja redirecionada.

Cidades inteligentes renovam suas estruturas, automatizam seus processos e empoderam seus habitantes com informações e recursos que melhoram sua qualidade de vida. Algumas estão a caminho de se tornarem mais inteligentes pela implementação inovadora de tecnologias. Também estamos vendo o desenvolvimento de novas cidades inteligentes, construídas do zero. É o caso de Fujisawa, a cerca de 40 quilômetros de Tóquio, um projeto liderado pela gigante dos eletrônicos Panasonic. A cidade terá mais de mil residências inteligentes, cada uma delas com tecnologia da informação e sensores para otimizar o consumo de recursos e dar aos residentes informações em tempo real sobre os eventos na cidade. As residências serão construídas de forma sustentável e utilizarão as redes de informação para promover o uso inteligente dos eletrodomésticos, visando garantir eficiência energética.

As cidades inteligentes são os berços da inovação, especialmente em termos de criação de tecnologias para tratar dos desafios urbanos. Este capítulo analisa os diversos desafios que podem ser abordados com o uso das tecnologias inteligentes.

4. Londres
Londres disponibilizou dados gratuitamente para seus cidadãos na London Datastore. Grande parte consiste em dados do funcionalismo público, informações sobre trânsito e operações do sistema metroviário. (Acesso Inteligente)

5. Amsterdã
A Utrechtsestraat Climate Street de Amsterdã é uma iniciativa para transformar a Utrechtsestraat, uma rua popular de comércio e restaurantes, em uma área de economia de energia, com coleta sustentável de lixo, dispositivos inteligentes como paradas de bonde, medidores e iluminação pública. (Ruas Inteligentes)

6. Seul
O Governo Metropolitano de Seul desenvolveu um programa que permite que os funcionários públicos trabalhem a partir de dez escritórios localizados mais próximos às suas residências com acesso a sofisticados sistemas de trabalho em grupo e teleconferência. (Trabalho Inteligente)

7. Tóquio
Tóquio está se transformando em uma cidade com energia inteligente, que aprimora sua capacidade de baixa emissão de carbono e sua resistência a desastres por meio de medidas sustentáveis de economia de energia que eliminam lixo e são de fácil implementação. (Economia Inteligente)

8. Cingapura
As informações do trânsito em tempo real nos táxis, o sistema integrado de transporte com GPS e o sistema Electronic Road Pricing (ERP) melhoraram os transportes na região metropolitana. (Transporte Inteligente)

9. Sydney
Sydney implementou o programa Smart Grid, Smart City para testar uma série de tecnologias de redes inteligentes e para coletar informações sobre os custos e benefícios associados à implementação da tecnologia. (Medição Inteligente)

Mapa-múndi das cidades inteligentes
A cidade inteligente obtém seus dados a partir de objetos, atores e eventos dentro e fora de seu ambiente para construir conhecimento conclusivo, que é então utilizado para a gestão do seu espaço urbano, dos seus processos e práticas, dos cidadãos e organizações, bem como do presente e do futuro. Programas de dados abertos existem em diversas grandes cidades, onde podem ser obtidas informações sobre as mais diversas operações e mecanismos governamentais para maximizar o potencial de aplicação dessas informações no projeto, no planejamento e na governança dos recursos e do meio ambiente.

Cidade inteligente

Liberação dos dados

Cidades inteligentes buscam aprimorar seu modo de vida pelo uso multifacetado da tecnologia. Os cidadãos são ativos criadores de soluções inovadoras, trabalhando em parceria com os órgãos públicos e também com outros cidadãos para potencializar sua criatividade, sua competência e suas ideias. Para facilitar esse processo, as cidades estão liberando informações que ficavam ocultas nos sistemas administrativos, urbanos, de infraestrutura e serviços. A divulgação dos dados mobiliza a classe criativa rumo à criação de espaços urbanos inteligentes e leva ao cidadão a oportunidade de contribuir com soluções que vão de aplicativos móveis a plataformas de *crowdsourcing*.

Londres está na liderança da utilização dos recursos com tecnologia para aproveitamento máximo. Em 2010, a cidade disponibilizou seus dados governamentais para a população por meio da London Datastore. Sob gestão da Greater London Authority, a London Datastore oferece aos cidadãos a oportunidade de visualizar e utilizar dados brutos fornecidos pelos órgãos e funcionários municipais. As informações distribuídas incluem dados sobre criminalidade, economia, orçamento e prioridades de recursos, além de informações em tempo real dos sistemas de transporte. A disponibilização dessas informações para os cidadãos aumenta a transparência entre os funcionários públicos e também estimula o empreendedorismo, que pode beneficiar a cidade com a redução de custos. Uma das mais importantes formas do

Aplicativo para locação de bicicletas em Londres

Este é um aplicativo rápido e de fácil utilização para o programa Barclays Cycle Hire de Londres. Os cidadãos podem utilizar qualquer uma das quatrocentas estações de aluguel de bicicletas na região central de Londres, obter instruções para pedalar até outra estação e utilizar mapas que ficam disponíveis no aplicativo mesmo quando off-line.

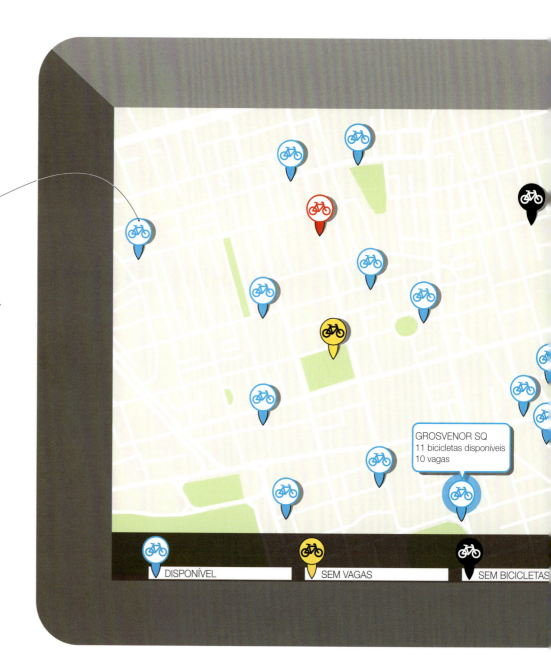

empreendedorismo que surgiu do sistema de dados abertos de Londres consistiu no desenvolvimento de aplicativos que funcionam em diversos dispositivos. Matthew Somerville, um desenvolvedor *web*, criou um mapa *on-line* do metrô de Londres que teve 250 mil *hits* em poucos dias. Da mesma forma, Ben Barker, engenheiro eletrônico e ciclista, criou um mapa para ciclistas com informações da London Datastore. Aplicativos como esses fomentam o uso da informação de forma útil e compreensível para o público em geral.

A cidade de Nova York não só disponibilizou à população os dados de diversos serviços urbanos como também incentivou a criação de aplicativos móveis para tornar os dados utilizáveis. Os concursos NYC Big Apps (http://nycbigapps.com) trouxeram diversas soluções criativas, como ferramentas para localizar vagas de estacionamento, para dar novas finalidades a propriedades abandonadas e para promover um melhor uso do transporte público. Além disso, a administração pública conta com uma equipe de *geeks* que trabalha buscando soluções criativas para os problemas urbanos por meio da mineração dos dados sobre a cidade. Essa equipe é composta de especialistas em tecnologia com habilidades sólidas para abordagens quantitativas e analíticas dos dados. Eles mergulham nas vastas quantidades de dados que a cidade coleta diariamente para tentar dar sentido às informações. Os cidadãos utilizam essas informações para criar tecnologias que fazem avançar a governança urbana. Eles inventaram aplicativos que aumentam a quantidade de viagens no transporte público, ampliam a divulgação de atividades criminosas de forma localizada, facilitam a identificação dos problemas em tempo real e os encaminham para as autoridades, otimizam a coleta de lixo e reduzem as ineficiências e a corrupção no governo local, entre outros. Por meio dos aplicativos móveis, os cidadãos podem se conectar diretamente ao tecido urbano e interagir com a cidade de forma mais profunda e construtiva em suas atividades diárias.

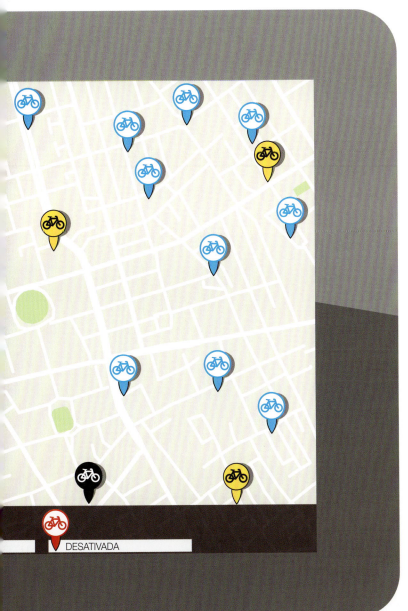

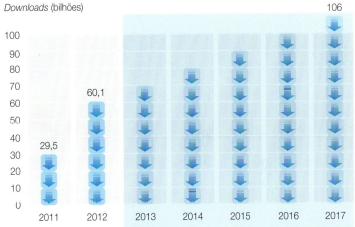

Downloads anuais de aplicativos

Estimativas até 2017

Fonte: Berg Insight.

Aumento do uso de aplicativos

As pessoas usam cada vez mais aplicativos no cotidiano por sua portabilidade, conveniência e ágil produção de informações. Um dos aspectos mais atraentes dos aplicativos é a possibilidade de personalização para atender às necessidades diárias de cada um. Isso significa que os sacrifícios para viver uma vida mais inteligente e sustentável são mais simples de manter e coordenar.

Infraestrutura

Inovações inteligentes para a infraestrutura podem melhorar o modo como as cidades atendem às demandas da população. Exemplos de infraestrutura inteligente incluem vias que monitoram o grau de congestionamento e os locais de maior probabilidade de acidentes, com ajuste da velocidade recomendada de tráfego conforme necessário; sistemas de ônibus que utilizam veículos com diferentes tamanhos em diferentes horários de acordo a demanda; redes de energia que possuem melhor capacidade de indicar a demanda em tempo real. Por exemplo, o estacionamento com essa capacidade de indicar a demanda em tempo real reduz a frustração dos moradores e melhora a qualidade de vida. Sensores colocados no pavimento

identificam se uma vaga está livre ou ocupada, e os motoristas podem acessar essa informação por um aplicativo em seus smartphones. Esse recurso abre a cidade para muitas pessoas que evitariam visitá-la por medo de não encontrar vagas de estacionamento e melhora a acessibilidade ao comércio local, o que pode fomentar a economia urbana. A redução do efeito "dar a volta no quarteirão" para encontrar uma vaga reduz as emissões de CO_2, melhora o trânsito e diminui a quilometragem dos carros.

Equipamentos de infraestrutura mais inteligentes possuem dispositivos de informações internos que os cidadãos podem utilizar para realizar suas atividades cotidianas. Um exemplo de um dispositivo de informações que está inserindo

Ruas mais inteligentes

Redes de sensores sem fio nas vias ou próximas a elas podem ajudar na manutenção e no desenvolvimento da infraestrutura de transporte das cidades. Esses sensores podem monitorar o estado da superfície das vias, a qualidade do ar nos túneis e as condições meteorológicas para maior segurança dos motoristas e melhor eficiência econômica.

Lâmpadas de LED de alta potência parcialmente alimentadas por turbinas eólicas

Superfície da via sensível à temperatura exibe condições perigosas de derrapagem

Turbina eólica compacta, embutida e de alta eficiência

Sensores detectam veículos para ativar a iluminação

Rede de indução abaixo da superfície para uso de veículos elétricos

Faixas de indução prioritárias com pintura indicativa para veículos elétricos

inteligência na cidade é a próxima geração de cabines telefônicas criada pela Telecom Italia. O protótipo foi instalado em Turim, próximo à Universidade Politécnica de Turim. A cabine telefônica pode ser utilizada para fazer ligações convencionais, mas também permite que o usuário obtenha informações sobre atrações locais, comércio, serviços públicos e até mesmo redes sociais. Visitantes em Turim não precisarão de mapas estáticos para se locomover e poderão utilizar esses quiosques para acessar informações dinâmicas, específicas de cada local e em tempo real.

As instituições financeiras em Tóquio estão desenvolvendo caixas eletrônicos que permitem aos clientes fazerem transações utilizando suas digitais em vez do cartão. A tecnologia combina três digitais com os dados das veias da mão para filtrar as milhões de possíveis identidades para apenas algumas milhares em questão de segundos, quando acontece um reconhecimento detalhado do padrão por meio de processamento paralelo utilizando múltiplos servidores. Devido ao fato de que Tóquio está sujeita a diversos desastres naturais nos quais os indivíduos podem perder todos os seus objetos pessoais ou ter dificuldade para acessar seus documentos, o uso das digitais é uma forma mais fácil e flexível de acessar a conta bancária.

Um aspecto fundamental para a criação de uma infraestrutura inteligente é a necessidade de promover projetos e planos que venham de baixo, que surjam dos cidadãos, dado que o desenvolvimento urbano afeta muitos aspectos das vidas cotidianas das pessoas e tem impacto sobre as vidas das gerações futuras. Helsinque escolheu investir em um processo que estimula a colaboração e uma ideia de desenvolvimento para opções futuras mais inovadoras e sustentáveis. Em 2009, em parceria com o Fundo de Inovação Finlandês (Sitra), Helsinque lançou o concurso Low2No para projetos de desenvolvimento sustentável. O concurso solicitava que as equipes projetassem edificações utilizando quatro princípios fundamentais: eficiência energética, emissões de carbono baixas ou igual a zero, alto valor arquitetônico, espacial e social, e materiais e métodos sustentáveis. Não era um concurso de arquitetura ou sobre ideias, mas para encontrar a equipe com o melhor plano de sustentabilidade com base nos quatro princípios fundamentais para projetar um enorme complexo de edifícios em Jätkäsaari, um bairro da cidade.

Cidade inteligente

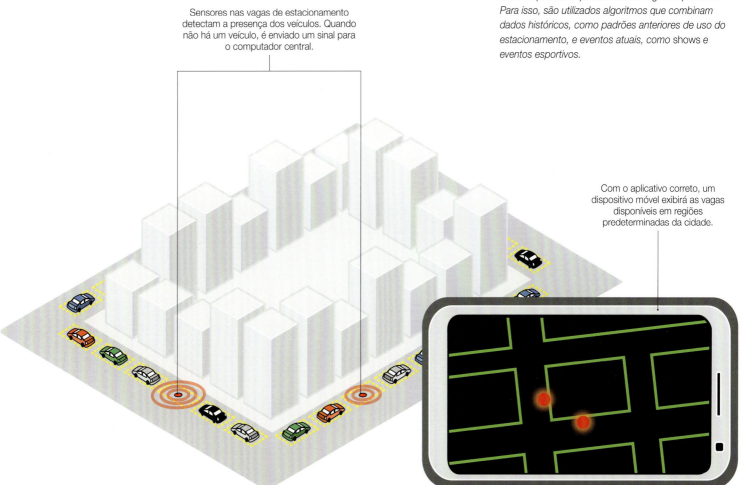

Sensores nas vagas de estacionamento detectam a presença dos veículos. Quando não há um veículo, é enviado um sinal para o computador central.

Estacionamento inteligente
Estacionamentos equipados com sistemas de indicação de demanda contam as vagas livres e também preveem quando haverá vagas disponíveis. Para isso, são utilizados algoritmos que combinam dados históricos, como padrões anteriores de uso do estacionamento, e eventos atuais, como shows e eventos esportivos.

Com o aplicativo correto, um dispositivo móvel exibirá as vagas disponíveis em regiões predeterminadas da cidade.

Cidade inteligente

Sustentabilidade

Cidades inteligentes estão empregando diversas inovações tecnológicas e políticas para serem mais sustentáveis. Essas tecnologias ajudam pessoas e organizações a monitorar como suas ações individuais impactam localmente o meio ambiente. Pelas informações em tempo real, as cidades conseguem estimular que cidadãos e organizações modifiquem seus comportamentos para reduzir seu impacto negativo sobre o meio ambiente. As intervenções políticas são focadas na modificação dos aspectos econômicos do consumo e do acesso aos recursos.

A promoção da sustentabilidade por meio das inovações tecnológicas é fundamental nos esforços de Amsterdã para se tornar uma cidade sustentável internacionalmente reconhecida até 2040. Uma importante iniciativa teve como foco uma rua popular e movimentada do centro da cidade, a Utrechtsestraat. O projeto Utrechtsestraat Climate Street foi uma iniciativa piloto de dois anos que incluía veículos elétricos de coleta de lixo, medição inteligente, painéis de consumo de energia, pontos de carregamento de veículos elétricos, diminuição da iluminação pública em determinados horários noturnos e acesso remoto para controle dos equipamentos elétricos nas lojas, a fim de reduzir a pegada de carbono em uma das regiões mais movimentadas da cidade. Os objetivos principais da iniciativa Utrechtsestraat Climate Street eram criar um ambiente sustentável no centro da cidade, educar os cidadãos a respeito do consumo de energia e estimular o empreendedorismo e a colaboração para adoção em larga escala de tecnologias sustentáveis.

Como solução inovadora para os tradicionais caminhões de coleta de lixo, os veículos elétricos possuem diversos benefícios em termos de sustentabilidade. Eles não poluem ou emitem CO_2 na atmosfera e foram projetados para serem eficientes, com características como sistema de frenagem com recuperação de energia que reduz o consumo em 30%, o que é algo muito

Microrrede inteligente
Microrredes inteligentes são um subcomponente da rede inteligente. Elas geram, distribuem e regulam o fluxo de energia localmente para os consumidores. Isso acontece com o uso de fontes renováveis, armazenamento de energia e um sistema de distribuição controlado por um dispositivo energético inteligente que equilibra a carga e a fonte de energia. Tais medidas permitem melhor confiabilidade, redução das emissões de carbono, diversificação da matriz energética e redução de custos para a comunidade atendida.

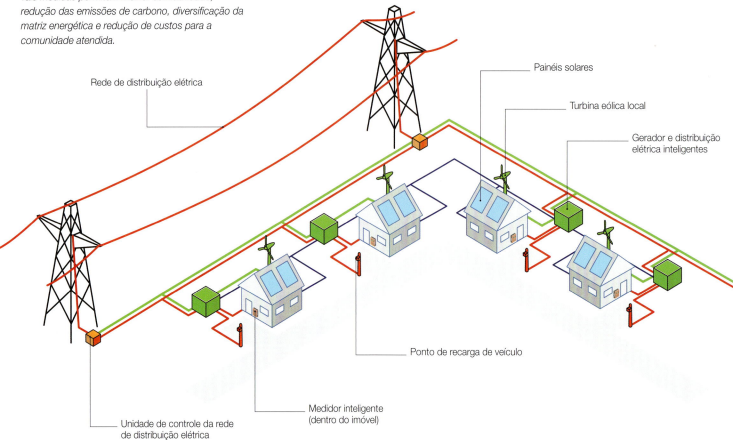

considerável para as constantes arrancadas e paradas de um caminhão de coleta de lixo. Esses veículos também são equipados com sistemas especiais de arrefecimento para que operem em altas temperaturas e em terreno difícil. Eles conseguem levantar os latões de lixo e de reciclagem e despejar seu conteúdo diretamente no maquinário de compactação de lixo. Todas essas características fazem com que menos energia seja utilizada e que haja um menor impacto ambiental. Ao final do projeto piloto, em 2011, as autoridades de Amsterdã anunciaram que as emissões de CO_2 haviam sido reduzidas em 8% pela economia de energia, e mais 10% foram economizados com o uso de energia verde.

Na Austrália, Sydney está caminhando para se tornar uma cidade inteligente. Para economizar energia e criar uma fonte doméstica e renovável de energia, o governo australiano implementou um programa de rede inteligente em escala comercial em Newcastle e Sydney. As redes inteligentes geralmente oferecem aos consumidores e cidades a possibilidade de acessar informações em tempo real sobre a utilização da energia. Essas informações permitem que os usuários modifiquem seu padrão de consumo de energia. Se as soluções de redes inteligentes fossem adotadas em toda a Austrália, o governo estima que os australianos cortariam as emissões de carbono em 3,5 megatoneladas por ano. Em Newcastle e Scone, no estado de Nova Gales do Sul, sessenta residências foram escolhidas para serem conectadas em uma microrrede de teste. Essa microrrede é por si autossuficiente e possui fontes de energia locais interconectadas. Cada imóvel possui uma bateria de brometo de zinco de 5 kW com o tamanho aproximado de um refrigerador instalada do lado de fora. A microrrede pode extrair energia da rede elétrica principal fora dos horários de pico e armazená-la para uso posterior, de forma que as casas na rede ficam protegidas das quedas de energia e podem utilizar independentemente outras fontes de energia, como a energia solar. Como forma de se manter atualizada na tendência da eficiência energética, Sydney se tornou a primeira cidade da Austrália a utilizar as novas lâmpadas de LED em sua iluminação pública. Testes durante 18 meses em diversos bairros de Sydney sugeriram que as lâmpadas de LED reduziram as emissões e a utilização de energia em 50%. Como parte de um projeto de três anos e 7 milhões de dólares australianos, as empresas de energia GE e UGL Ltd. começaram a instalar novas lâmpadas de LED na George Street, em frente à prefeitura de Sydney. Esse projeto indica que as pequenas mudanças podem fazer uma grande diferença quando as cidades estão comprometidas com escolhas de vida mais inteligentes.

Utrechtsestraat Climate Street, em Amsterdã

Tecnologias inovadoras, como iluminação pública sustentável com lâmpadas econômicas, lixeiras com compactadores de lixo embutidos movidos a energia solar e painéis de consumo de energia apresentando feedback *sobre o consumo elétrico são apenas algumas das formas que os empresários e membros da comunidade da Utrechtsestraat encontraram para utilizar menos energia.*

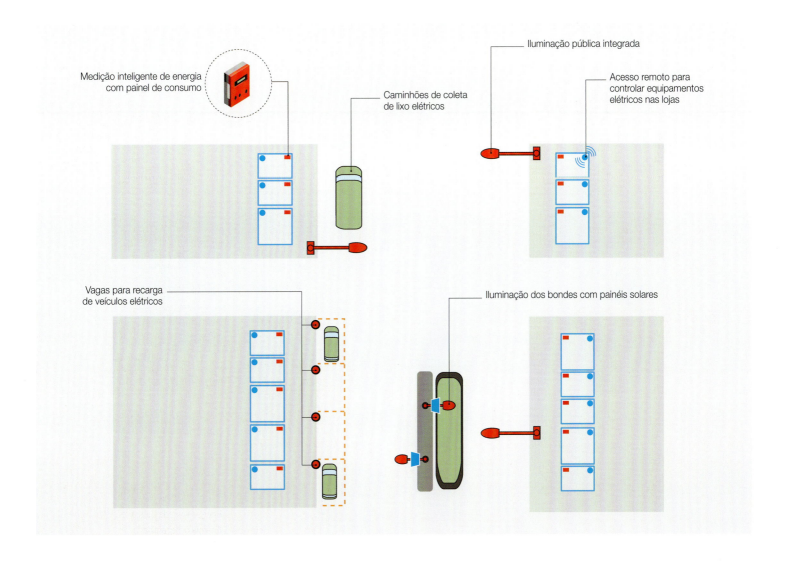

Cidade inteligente

Mobilidade

O trajeto para o trabalho não é um assunto qualquer. Segundo o Texas Transportation Institute, nos Estados Unidos uma pessoa gastava em média 900 dólares em combustível e tempo em 2015 em decorrência dos congestionamentos (eram 750 dólares em 2010). O combustível queimado nos congestionamentos chegou a quase 9,5 bilhões de litros (eram 7 bilhões em 2010). A pressão para lidar com esse problema é ainda maior quando consideramos que o número de carros dobrará até 2020 no mundo todo, indo de 1 bilhão para 2 bilhões de veículos. De acordo com a Organização Mundial da Saúde (OMS), mais de 100 mil pessoas são mortas mensalmente no trânsito em todo o mundo, e 90% desses acidentes acontecem por erro humano. Portanto, não é nenhuma surpresa que atualmente haja pesquisa e desenvolvimento para criar veículos sem condutor.

Tais tecnologias possuem benefícios além da diminuição no número de acidentes, como menores congestionamentos e redução da poluição por meio de rotas mais eficientes. Muitos dos fabricantes de automóveis já desenvolveram tecnologias que nos deixam mais próximos dos carros sem condutor, incluindo o controle adaptativo de cruzeiro, sistemas para se manter na faixa, sistemas de autoestacionamento e frenagem automática com base em detecção de obstáculos por laser ou câmeras. A BMW e a Audi, entre outras montadoras, já testaram carros sem condutores na Europa e nos Estados Unidos. Esses veículos utilizam inúmeras tecnologias, como a LIDAR (que mede a distância atingindo um alvo com laser e analisando a luz refletida), câmeras de vídeo, GPS, sensores ultrassônicos, sensores por radar, sistemas de comunicação de veículo para veículo, acelerômetros e giroscópios, entre outros. O Google está investindo em

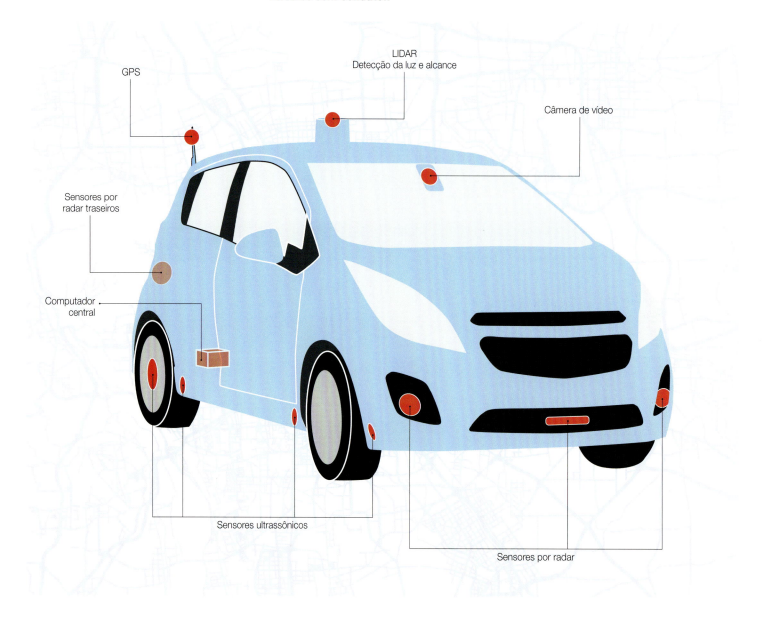

soluções de *software* para processar informações dos diversos sensores no carro e tornar os veículos sem condutor uma realidade. Os avanços no reconhecimento de imagens e padrões são fundamentais para o desenvolvimento dos veículos sem motorista.

Londres adota diversas medidas para abordar o desafio da mobilidade urbana. A cidade implementou uma taxa de congestionamento em 2003 utilizando leitores automáticos de placas para cobrar uma taxa padrão de 10 libras por dia de veículos que entram na zona de congestionamento. Isso estimula um menor uso do veículo particular e menos emissões de CO_2 – além de levantar fundos para o sistema de transporte público local. O uso dos veículos particulares caiu para níveis semelhantes aos de meados da década de 1980. Em 2003, Londres também introduziu um sistema de pagamentos válido para todas as formas de transporte na cidade utilizando um cartão pré-pago, o cartão Oyster, para facilitar o acesso de passageiros a trens, bondes e ônibus. Atualmente, 5,7 milhões de pessoas utilizam esse cartão semanalmente, e mais de 80% das viagens de ônibus e metrô são pagas com ele. Outra iniciativa para melhorar a acessibilidade e reduzir o trânsito consistiu na criação do Barclays Cycle Hire, em 2010. Esse programa permite que membros ou usuários casuais se registrem *on-line* para alugar uma bicicleta, que pode ser retirada a qualquer hora do dia ou da noite, sete dias por semana. Até abril de 2013, haviam sido feitos mais de 21,2 milhões de locações de bicicletas. Durante as Olimpíadas de 2012 na cidade, o programa registrou 47.105 aluguéis em um só dia. O sucesso do programa de locação de bicicletas é um exemplo do uso inovador de tecnologias para responder a uma necessidade de uma mobilidade melhor e mais sustentável.

Cingapura utiliza variadas ferramentas financeiras para desestimular que seus cidadãos possuam veículos na cidade. Eles precisam entrar em um leilão para ter direito a comprar um veículo, e as taxas de cada certificado variam de 50 mil a 75 mil dólares por ano. Além disso, o governo impõe pesados impostos que chegam a até 100% sobre o preço de venda dos veículos. Cingapura também utiliza tecnologias como o sistema de pedágio eletrônico para controlar o trânsito na cidade com tarifas diferenciadas com base na utilização das vias.

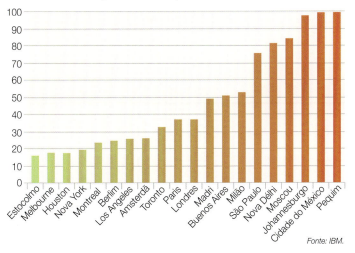

Fonte: IBM.

Problemas para dirigir nas cidades e soluções inteligentes

A pesquisa Global Commuter Pain Survey, da IBM, lista o custo emocional e econômico da locomoção em algumas das cidades mais economicamente importantes do mundo em uma escala de 1 a 100, onde 100 é muito caro. Embora o índice de insatisfação no trânsito seja alto em algumas regiões, especialmente nas cidades em desenvolvimento do Sul Global, ele diminuiu no Ocidente de um modo geral, pois as cidades aumentaram seus investimentos em mobilidade, incluindo a redução dos congestionamentos e os aprimoramentos nas redes de transporte público.

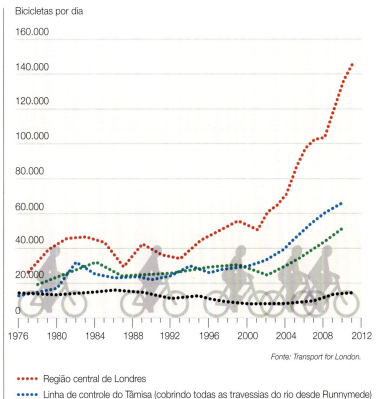

Fonte: Transport for London.

••••• Região central de Londres
••••• Linha de controle do Tâmisa (cobrindo todas as travessias do rio desde Runnymede)
••••• Cidade de Londres
••••• Limites da Grande Londres

Explosão do uso de bicicletas em Londres

Londres empreendeu enormes esforços para melhorar a acessibilidade de bicicletas e a segurança para ciclistas. Além do programa de aluguel de bicicletas, o Barclays patrocinou as ciclovias Cycle Superhighways, desenvolvidas para conectar as regiões centrais e periféricas, além de servirem de zonas seguras para bicicletas nos centros urbanos.

Empreendedorismo

As cidades inteligentes estão unindo profissionais de áreas diversas para fomentar o desenvolvimento de tecnologias inovadoras. São representantes de ciências e engenharia, *design*, educação, artes e entretenimento, cuja função econômica é gerar novos conteúdos criativos. Dentro de uma cidade, a classe criativa tem um papel fundamental para projetar a cidade, organizar atividades e eventos que estimulam a inovação e promover uma cultura empreendedora que funcione como catalisadora do desenvolvimento econômico.

Em Londres, a East London Tech City, inspirada no Vale do Silício da Califórnia, uniu gigantes da tecnologia, como Cisco, Facebook, Intel, Google e Vodafone. Próximas ao antigo cruzamento da Old Street, o número de *startups* de tecnologia e também de investidores já consolidados cresceu de 15, em 2008, para 200, em 2011. Com origens únicas por ser uma *startup* desenvolvida pelo governo, a Tech City recebeu 50 milhões de libras em investimentos públicos para contribuir com o seu perfil crescente de tecnologia global e seu reconhecimento como um importante centro tecnológico internacional. Muitas inovações já surgiram da Tech City: o fabricante de equipamentos da Cisco, a Telecom, criou um centro de pesquisa de "infraestrutura inteligente" com o Imperial College London e com a University College London, enquanto a Intel desenvolveu um *cluster* de computação de alta performance para dar às empresas locais a oportunidade de experimentar novas tecnologias. A Tech City permite que empresas e profissionais se reúnam

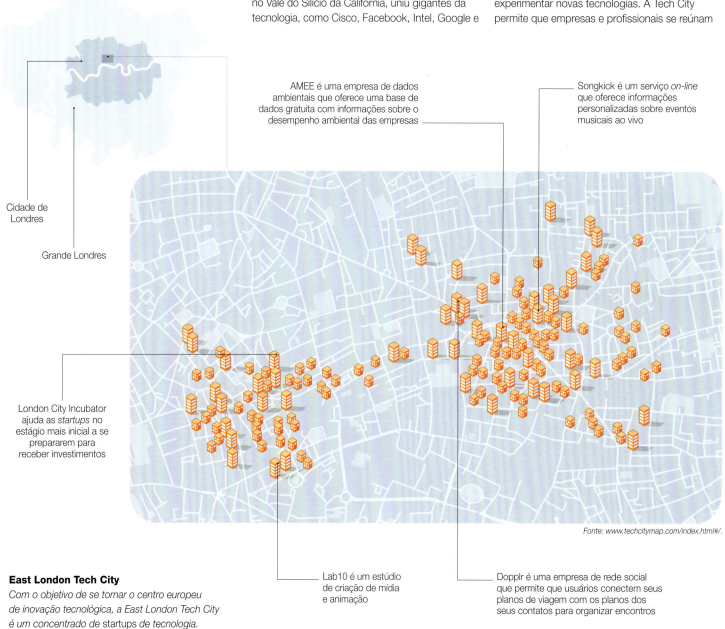

Cidade de Londres

Grande Londres

London City Incubator ajuda as *startups* no estágio mais inicial a se prepararem para receber investimentos

AMEE é uma empresa de dados ambientais que oferece uma base de dados gratuita com informações sobre o desempenho ambiental das empresas

Songkick é um serviço *on-line* que oferece informações personalizadas sobre eventos musicais ao vivo

Lab10 é um estúdio de criação de mídia e animação

Dopplr é uma empresa de rede social que permite que usuários conectem seus planos de viagem com os planos dos seus contatos para organizar encontros

Fonte: www.techcitymap.com/index.html#/.

East London Tech City
Com o objetivo de se tornar o centro europeu de inovação tecnológica, a East London Tech City é um concentrado de startups de tecnologia.

para melhor colaboração e inovação, o que atrairá mais talentos profissionais e inovações tecnológicas no futuro.

As próprias cidades devem ser empreendedoras para que não sejam vítimas da decadência. À medida que o ambiente socioeconômico de uma cidade muda, a cidade deve tomar medidas proativas para reconhecer tais sinais, entender suas consequências e fazer as inovações necessárias. Turim, que já esteve em decadência, hoje é uma das principais cidades inteligentes. Sendo a capital italiana do automóvel e abrigando os principais fabricantes, como a Fiat, Turim sofreu fortemente durante o declínio do setor automotivo na Itália. Na ocasião, as autoridades se viram obrigadas a diversificar a produção e a apresentação para as empresas externas à indústria primária. Em vez de utilizar "A capital italiana do automóvel" em seu *marketing*, Turim redirecionou seus esforços para o *marketing* internacional, para o planejamento urbano e para investimentos em inovação. As autoridades locais também apoiaram o desenvolvimento dos setores da gastronomia e do turismo.

Durante a fase de redirecionamento de Turim, a cidade se transformou em uma das mais dinâmicas metrópoles italianas: com um aumento de mais de 10% acima da média nacional no PIB *per capita* em 2012, Turim está em ascensão. Muitos dos antigos complexos industriais foram transformados em modernas áreas comerciais, *shopping centers*, hotéis, galerias de arte e restaurantes. Turim usou *marketing* de forma criativa e se apresenta como "um pacote completo" de empresas que oferece uma experiência completa de compras atendendo a múltiplas necessidades. Essa abordagem fomentou a força dos diversos segmentos na cidade, em vez de apenas promover um grande segmento – e isso se mostrou extremamente positivo. A Universidade Politécnica de Turim teve um papel fundamental ao garantir que seus diplomados tivessem habilidades relevantes para contribuir com a economia local, e também abrigou a incubadora I3P – um consórcio sem fins lucrativos de instituições educacionais, comerciais e governamentais que fomenta o empreendedorismo apoiando as *startups* com um conjunto de recursos em rede que incluem investidores, especialistas e consultores.

Dez maiores cidades de *startups* de tecnologia nos Estados Unidos, 2012
Nos Estados Unidos estão muitas das capitais que concentram as startups de tecnologia no mundo. Elas são uma combinação de educação, talento, financiamento e ambientes que induzem à produção. Todas essas cidades possuem atributos que são atraentes para empreendedores iniciantes que buscam sucesso.

Seattle
441 *startups*

Boulder
395 *startups*

Chicago
556 *startups*

Boston
700 *startups*

Nova York
1.844 *startups*

Washington
261 *startups*

Austin
487 *startups*

San Diego
329 *startups*

Los Angeles
1.507 *startups*

São Francisco
3.442 *startups*

Fonte: National Venture Capital Association/Angel List.

239

Cidade inteligente

Qualidade de vida

Cidades inteligentes trabalham criativamente para garantir que seus cidadãos tenham um alto padrão de vida. O uso de tecnologias é fundamental para atingir esse objetivo e manter a infraestrutura da cidade atualizada. Isso requer que a cidade considere não só seu presente mas também aonde ela quer chegar no futuro. Estados transicionais – cidades que estão passando por períodos de mudança – são vistos como experimentos nos quais se obtém *feedback* dos cidadãos.

Considere o caso de Viena, listada consistentemente como uma das cidades com o melhor padrão de vida do mundo. Até 2050, a cidade terá sofrido uma enorme mudança demográfica, passando de uma das mais envelhecidas regiões da Áustria para uma das mais jovens (atualmente, mais de 20% dos vienenses têm mais de 60 anos). Para lidar com essa mudança demográfica, Viena já está se tornando mais acessível e favorável às novas gerações. O projeto Smart City Wien se dedica

Cidade inteligente de Viena
As autoridades locais vêm aprimorando o design, o desenvolvimento e a percepção da cidade. Viena está tentando melhorar a qualidade de vida de seus cidadãos fazendo melhorias de longo prazo em sua infraestrutura, seu sistema de energia e sua mobilidade.

Zonas residenciais sem carro
Os moradores se comprometem a não possuírem ou utilizarem automóveis próprios. Em vez disso, caminham ou utilizam transporte público ou bicicletas.

Cidade das bicicletas
A região da antiga Nordbahnhof (estação do norte) se tornará um bairro completamente novo até 2025.

CLUE
Climate Neutral Urban Districts in Europe (isto é, Bairros Urbanos com Clima Neutro na Europa) melhoram sua pegada de carbono utilizando tecnologias e métodos construtivos novos e inovadores.

Usinas solares
Os cidadãos vienenses têm a oportunidade de investir em usinas solares custeadas pela comunidade. As ações das Usinas Solares dos Cidadãos de Viena podem ser compradas por qualquer pessoa que more na Áustria.

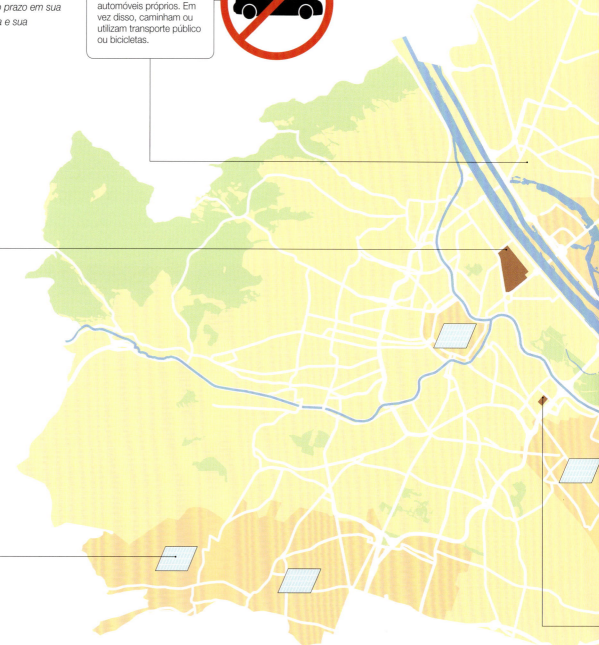

principalmente ao desenvolvimento de modelos que promovam a urbanidade inteligente com foco na redução do impacto da cidade em seu meio ambiente e no planejamento para a mudança acelerada da demografia de sua população. Um dos maiores esforços é o de tornar a cidade mais amigável para os ciclistas. O governo municipal se comprometeu a duplicar a participação geral do transporte com bicicletas de 5,5% para 10% até 2015. Viena está focando a criação de ruas próprias para ciclistas, no avanço das principais rotas, como a Ring-Rund-Radweg (que possui picos de mais de 7 mil ciclistas por dia), na expansão das estruturas de estacionamento de bicicletas (há mais de 30 mil vagas atualmente) e em novas soluções para combinar transporte público e bicicletas. Os investimentos nas estruturas de estacionamento de bicicletas vêm sendo feitos principalmente nas estações ferroviárias.

Um aspecto fundamental da manutenção de uma boa qualidade de vida é garantir que a cidade permaneça acessível para seus moradores e visitantes. Tóquio está na liderança entre todas as cidades em soluções criativas para combater os altos valores imobiliários. Como acontece na maior parte das cidades, os imóveis são caros na capital japonesa, o que a torna inacessível para o cidadão ou turista médio. Assim, os hotéis estão testando quartos-cápsula. Um quarto tradicional na cidade custa em torno de 250 dólares por noite. Em comparação, com cerca de 35 dólares por noite é possível alugar uma cápsula com cama, TV pequena, *wi-fi*, despertador e luzes programáveis coordenadas com o biorritmo do hóspede. Um quarto de hotel tradicional tem capacidade para aproximadamente oito cápsulas. As estruturas de banheiro e armazenamento de bagagens são comunitárias e compartilhadas. Essas cápsulas vêm ganhando popularidade, pois constituem uma forma de melhorar o acesso à cidade.

Cidade inteligente

Aspern
Um dos maiores projetos urbanos da Europa, a Orla Urbana do Lago de Viena será uma cidade dentro da cidade. Prevista para estar pronta em 2028, a região terá 8.500 unidades residenciais que acomodarão 20 mil pessoas e se espera que gere 20 mil empregos.

SMILE
Sigla de Smart Mobility Info and Ticketing System Leading the Way for Effective E-Mobility Services, trata-se de uma plataforma de mobilidade multimodal para toda a Áustria que traz informações completas para serviços de mobilidade pública ou individual.

Marxbox
O primeiro Edifício Laboratório "Verde" da Áustria com certificação LEED Gold (isto é, Leadership in Energy and Environmental Design) emitida pelo U.S. Green Building Council.

Fonte: https://smartcity.wien.at/site/.

AS 50 MELHORES CIDADES PARA VIVER, 2012
De acordo com a Pesquisa de Qualidade de Vida da Mercer

1	**Viena**	Áustria
2	Zurique	Suíça
3	Auckland	Nova Zelândia
4	Munique	Alemanha
5	Vancouver	Canadá
6	Düsseldorf	Alemanha
7	Frankfurt	Alemanha
8	Geneva	Suíça
9	Copenhague	Dinamarca
10	Berna	Suíça
10	**Sydney**	Austrália
12	**Amsterdã**	Holanda
13	Wellington	Nova Zelândia
14	Ottawa	Canadá
15	Toronto	Canadá
16	Berlim	Alemanha
17	Hamburgo	Alemanha
17	Melbourne	Austrália
19	Luxemburgo	Luxemburgo
19	Estocolmo	Suécia
21	Perth	Austrália
22	Bruxelas	Bélgica
23	Montreal	Canadá
24	Nurnberg	Alemanha
25	**Cingapura**	Cingapura
26	Camberra	Austrália
27	Stuttgart	Alemanha
28	Honolulu	Estados Unidos
29	Adelaide	Austrália
29	Paris	França
29	**São Francisco**	Estados Unidos
32	Calgary	Canadá
32	Helsinque	Finlândia
32	Oslo	Noruega
35	Boston	Estados Unidos
35	Dublin	Irlanda
37	Brisbane	Austrália
38	**Londres**	Reino Unido
39	Lyon	França
40	Barcelona	Espanha
41	Milan	Itália
42	**Chicago**	Estados Unidos
43	Washington	Estados Unidos
44	Lisboa	Portugal
44	**Nova York**	Estados Unidos
44	Seattle	Estados Unidos
44	**Tóquio**	Japão
48	Kobe	Japão
49	Madri	Espanha
49	Pittsburgh	Estados Unidos
49	Yokohama	Japão

Laboratórios vivos

As cidades inteligentes estão se transformando em laboratórios vivos onde a experimentação com as novas tecnologias pode acontecer facilmente. Os laboratórios vivos veem a cidade como o ambiente no qual indivíduos e organizações podem executar experimentos de campo, a fim de testar novas tecnologias e gerar conhecimento para avançar o planejamento e o projeto de cidades, sistemas administrativos, processos e infraestruturas.

Um laboratório vivo é um ambiente de testes e experimentações na vida real no qual as novidades são cocriadas para as inovações voltadas ao usuário. Esses laboratórios utilizam cocriação, exploração, experimentação e avaliação para o desenvolvimento de soluções. Cada uma dessas atividades pode ser executada em diversos cenários e com diferentes resultados: os laboratórios vivos aumentam a possibilidade de sucesso de uma ideia, pois ela é testada e analisada pelos usuários, pelos produtores e pela população. Amsterdã criou um dos primeiros laboratórios vivos da Europa, o Amsterdam Living Lab (ALL), que se dedica ao desenvolvimento de ideias sustentáveis que contribuem para a provisão de serviços mais efetivos, como gestão de mobilidade em larga escala para reduzir os congestionamentos no trânsito, melhor eficiência energética por meio de entornos inteligentes e *feedback* e facilitação da criação da mudança entre os moradores de uma mesma cidade com suporte

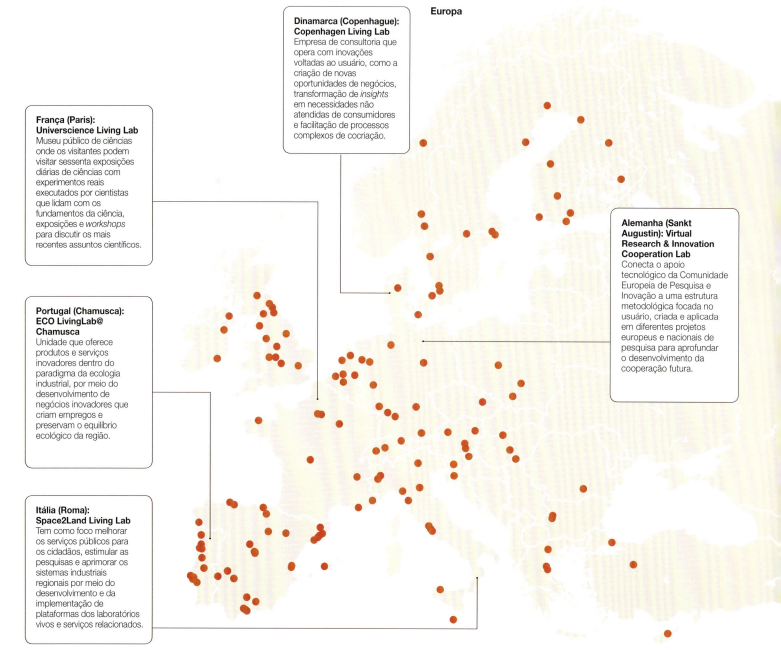

Europa

Dinamarca (Copenhague): Copenhagen Living Lab
Empresa de consultoria que opera com inovações voltadas ao usuário, como a criação de novas oportunidades de negócios, transformação de *insights* em necessidades não atendidas de consumidores e facilitação de processos complexos de cocriação.

França (Paris): Universcience Living Lab
Museu público de ciências onde os visitantes podem visitar sessenta exposições diárias de ciências com experimentos reais executados por cientistas que lidam com os fundamentos da ciência, exposições e *workshops* para discutir os mais recentes assuntos científicos.

Portugal (Chamusca): ECO LivingLab@Chamusca
Unidade que oferece produtos e serviços inovadores dentro do paradigma da ecologia industrial, por meio do desenvolvimento de negócios inovadores que criam empregos e preservam o equilíbrio ecológico da região.

Itália (Roma): Space2Land Living Lab
Tem como foco melhorar os serviços públicos para os cidadãos, estimular as pesquisas e aprimorar os sistemas industriais regionais por meio do desenvolvimento e da implementação de plataformas dos laboratórios vivos e serviços relacionados.

Alemanha (Sankt Augustin): Virtual Research & Innovation Cooperation Lab
Conecta o apoio tecnológico da Comunidade Europeia de Pesquisa e Inovação a uma estrutura metodológica focada no usuário, criada e aplicada em diferentes projetos europeus e nacionais de pesquisa para aprofundar o desenvolvimento da cooperação futura.

Fonte: www.openlivinglabs.eu.

da mídia. Amsterdã dedicou seu laboratório vivo para entender a intersecção entre o *design* de qualidade e o comportamento na vida real dos usuários. Tal importância dedicada a encontrar a utilidade das ideias é o que torna os laboratórios vivos importantes na busca do sucesso por meio da colaboração, da inovação e da tecnologia.

Os laboratórios vivos incluem levantamento de *crowdsourcing* para ideias e o envolvimento ativo de cidadãos nos processos de experimentação e desenvolvimento de soluções. À medida que Amsterdã continua a enfrentar os desafios que complicam a vida dos cidadãos, os líderes comunitários desenvolvem novas formas de envolver os diversos *stakeholders* na busca de soluções para melhorar a qualidade de vida. A busca de Amsterdã para se tornar uma cidade inteligente depende de seu desejo e do comprometimento para encontrar formas inovadoras de confrontar problemas atuais da comunidade por meio da colaboração e da tecnologia. Em um piloto de *crowdsourcing* de 2010, a cidade apresentou à comunidade três desafios para mudança de políticas locais que precisavam de atenção: 1) o problema de armazenamento de bicicletas em Amsterdã; 2) uma reforma e mudança de fins do Red Light District para atrair novas empresas; 3) uma forma de convencer proprietários de imóveis a produzir energia. A prefeitura recebeu cem ideias que foram consideradas soluções válidas para os desafios da comunidade e como experimento da viabilidade do *crowdsourcing* como ferramenta de políticas públicas.

Em decorrência da necessidade de gerar novos conhecimentos e testar conceitos de ponta, muitos dos quais ficam dentro dos laboratórios de pesquisa e desenvolvimento, as cidades frequentemente firmam parcerias com instituições acadêmicas. Alguns dos laboratórios vivos começaram dentro de universidades, enquanto outros são patrocinados por indústrias que querem explorar novas ideias. Cingapura se associou ao MIT para criar a Singapore-MIT Alliance for Research and Technology (SMART), e o projeto, custeado pela Fundação Nacional de Pesquisa de Cingapura, já atraiu mais de quinhentos pesquisadores dedicados às tecnologias que resolvem inúmeros desafios urbanos.

Cidade inteligente

América do Norte

África

Ásia

América do Sul

África do Sul (Grahamstown): Siyakhula Living Lab
Oferece serviços gerais de telecomunicações (internet, GSM, etc.) para áreas rurais da África do Sul com base na instalação de TI em escolas.

Canadá (Québec): The Living Lab Quebec
Este centro de pesquisa e experimentação investiga cultura, tecnocultura e cibercultura, corpo em movimento e suas inter-relações com saúde e bem-estar.

China (Pequim): Lab for User Behavior
Dedica-se à melhoria da experiência do usuário dos produtos e serviços da China Mobile Communications Corporation por meio da pesquisa nas áreas de comportamento do usuário, psicologia, mineração de dados, análise de redes sociais, fatores humanos, interação humano-máquina e *design* gráfico e de interação.

Brasil (Amazonas): Amazonas Living Lab
Rede de plataformas tecnológicas inovadoras focadas na gestão e nos processos de produção da biomassa na floresta tropical do estado do Amazonas. Ajuda a promover inovações abertas voltadas ao usuário para melhorar o desenvolvimento na vida real de produtos e serviços.

Taiwan (Taipé): Living Labs Taiwan
Este laboratório criou plataformas experimentais na comunidade de Minsheng, em Taipé, a fim de trabalhar com os moradores locais e grupos comunitários para testar as aplicações do laboratório vivo e promover atividades abertas de inovação.

Laboratórios vivos no mundo, 2013
Com sua origem nas cidades "antigas" da Europa, o movimento dos laboratórios vivos atualmente é representado em todos os continentes. Esses laboratórios, algumas vezes criados dentro de departamentos de universidades e, em outros casos, desenvolvidos por organizações comerciais em parceria com instituições acadêmicas, oferecem um ambiente real para explorar uma série de questões que afetam a vida urbana moderna, incluindo a cibernética, o desenvolvimento de pequenos negócios e até a degradação ecológica.

Glossário

acrópole: do grego "cidade alta", cidadela fortificada construída sobre uma colina, característica importante de muitas das antigas cidades mediterrâneas, e que servia de refúgio para os cidadãos em tempos de guerra. A mais famosa acrópole fica em Atenas.

ágora: nas antigas cidades mediterrâneas, a ágora era um espaço aberto onde os cidadãos se reuniam para ouvir pronunciamentos das autoridades e onde se reportavam para o serviço militar. Também era o mercado central, e as praças abertas continuam sendo características das cidades mediterrâneas.

agronegócio: negócio relacionado à produção e distribuição de produtos agrícolas. Termo especialmente empregado nas operações mecanizadas de larga escala com base no uso intensivo da terra e com ampla aplicação de fertilizantes e pesticidas químicos.

agrupamento: processo pelo qual empresas que oferecem produtos ou serviços em um setor específico se reúnem em determinados locais por razões mutuamente benéficas; um processo que é autossustentável e que, ao longo do tempo, acaba por impedir que outras localidades acessem esses segmentos de atividades. Também chamado de "aglomeração".

ambiente construído: a totalidade dos espaços construídos, os locais onde as pessoas vivem e trabalham. Isso inclui não apenas edificações e vias como também parques e áreas livres, infraestruturas e serviços como entretenimento ou áreas comerciais.

biomassa: matéria orgânica derivada de plantas que pode ser utilizada como combustível; a madeira é um exemplo óbvio, mas o bagaço da cana-de-açúcar, cascas de arroz e algas também são combustíveis atuais ou potenciais.

burguesificação: também chamado de "gentrificação", processo pelo qual áreas urbanas das classes trabalhadoras que perderam suas funções originais (como resultado da desindustrialização, por exemplo) recebem uma nova finalidade para atender a necessidades residenciais ou comerciais de novos moradores de classe média.

centro: um dos pontos de uma rede onde duas ou mais conexões se encontram e que tem a capacidade de receber, enviar ou encaminhar informações.

cercamento: processo pelo qual terras comunitárias ou pastagens abertas na Inglaterra foram cercadas e destinadas a proprietários específicos a partir do século XVI. Tal processo consolidou a terra em grandes propriedades e restringiu os direitos comunitários dos trabalhadores rurais, contribuindo para a migração das populações rurais para os novos centros industriais em busca de trabalho.

ciclos de recursos locais: projetos cooperativos voltados ao desenvolvimento de certo grau de autossuficiência em itens-chave, como recursos, produtos e serviços. Por exemplo, fazendas urbanas que abastecem seu entorno imediato ou moedas locais que podem ser trocadas por bens e serviços dentro de determinada comunidade.

cidade-dormitório: comunidade que serve unicamente como local de moradia de seus habitantes, que trabalham em outra conurbação, geralmente maior. Cidades-dormitório possuem poucas (ou nenhuma) fontes de empregabilidade além do comércio local, e as rendas dos habitantes vêm de outra localidade.

cidade-estado: na Era Clássica e nos períodos seguintes, muitas cidades comandavam e controlavam o seu entorno formando miniestados, por exemplo, as cidades-estado gregas da Ásia Menor ou Milão e Veneza, na Renascença.

classe criativa: segmento da população identificado pelo urbanista teórico Richard Florida que consiste nos trabalhadores das áreas de ciência e engenharia, arquitetura e *design*, educação, artes, música e entretenimento, cuja função econômica é criar novas ideias, novas tecnologias e novos conteúdos criativos.

conteinerização: processo de embalagem de produtos em caixas de aço de tamanho padrão (contêineres) para transporte e distribuição, o que permitiu a mecanização das atividades portuárias e resultou em mudanças em larga escala nos padrões de empregabilidade de cidades como Liverpool e Roterdã na década de 1960.

custo transacional: custo para executar algum tipo de atividade econômica ou dela participar – por exemplo, a busca de oportunidades de um negócio específico que se deseja realizar, uma comissão ou taxa paga para um corretor ou o custo de fazer um contrato que especifica os detalhes das atividades que serão executadas.

demografia: índices estatisticamente quantificáveis que podem classificar populações, por exemplo, em termos de idade, gênero, renda, origem étnica, nível educacional, mobilidade, etc.

deseconomias de escala: efeito adverso resultante do tamanho cada vez maior de uma organização. O oposto de economias de escala.

***designscape* ou horizonte projetado:** resultado do esforço planejado para moldar o ambiente construído com projetos de edificações icônicas ou altamente integradas para criar determinada imagem – por exemplo, um projeto com uma identidade criativa, com um forte apelo comercial ou com excelência cultural.

distópico: o oposto de utópico, ou seja, um local onde as condições de vida são as opostas das ideais. Utilizado para descrever cidades especialmente em termos de criminalidade, superpopulação, degradação ambiental, desigualdade econômica ou falta de moradia.

Escola de Chicago: grupo de sociólogos predominantemente da Universidade de Chicago nas décadas de 1920 e 1930 que estudaram e teorizaram os efeitos do ambiente urbano sobre a cultura e o comportamento daqueles que nele viviam. Membros de destaque da Escola de Chicago foram Louis Wirth, Frederic E. Clements e Robert E. Park.

estado transicional: período durante o qual uma cidade está se adaptando às mudanças em seu perfil demográfico ou seu bem-estar econômico, por exemplo. É um processo que apresenta oportunidades, mas também muitos desafios.

externalidade: custo ou benefício resultante de uma atividade que afeta terceiros que não participaram dela. Um exemplo óbvio é a poluição ambiental das atividades industriais ou agrícolas, que geram custos sociais ou econômicos para terceiros além dos produtores ou consumidores de tais atividades.

fatores de pressão: circunstâncias que fazem as pessoas se mudarem de determinado local. Por exemplo, superpopulação ou falta de terras férteis.

fatores impulsionadores: circunstâncias que atraem pessoas para determinado local. Por exemplo, oportunidades de emprego ou melhores condições de moradia.

gases do efeito estufa: gases na atmosfera terrestre que absorvem e emitem radiação térmica, sobretudo dióxido de carbono e metano. Sem tais gases, a superfície da Terra seria consideravelmente mais fria, dado que a radiação térmica do Sol não seria reciclada na atmosfera e novamente irradiada para a Terra. A queima de combustíveis fósseis aumentou a quantidade de dióxido de carbono na atmosfera e, portanto, contribuiu para o processo de aquecimento global.

geopolítica: estudo dos efeitos das questões geográficas sobre as relações políticas entre os Estados, que pode incluir fatores como localização, acesso às rotas de comunicação, recursos naturais e demografia.

guilda: associação de artesãos ou trabalhadores especializados que controlava as práticas de determinada profissão, definindo suas normas de qualificações e protegendo seus interesses comuns. Na Europa medieval, as guildas tinham privilégios exclusivos sobre suas áreas de atuação, o que as tornavam poderosas na política municipal.

Glossário

indústria de transformação: setor da indústria manufatureira que envolve o processamento de matérias-primas para que se tornem produtos intermediários, que então podem ser transformados em produtos finais.

infraestrutura: estruturas básicas que são necessárias para o funcionamento de uma organização ou sociedade. Nos espaços urbanos, isso geralmente inclui o abastecimento de água, a coleta de lixo, o fornecimento de energia, as vias de transporte e os sistemas de comunicação, elementos necessários para que as atividades econômicas produtivas aconteçam.

interior: área do entorno de uma conurbação que está sob sua influência em termos de comércio, cultura ou política.

letra de câmbio: contrato vinculante que obriga uma parte a pagar uma quantia determinada para outra parte em uma data futura específica. A introdução de tais instrumentos na Europa durante a Idade Média, possibilitada por serviços confiáveis de correio, facilitou o comércio, dado que eles eliminavam a necessidade de interações presenciais e do transporte de dinheiro em espécie.

ludistas: movimento de trabalhadores qualificados da indústria da tecelagem na Inglaterra do século XIX que protestaram contra a introdução de maquinário que poderia ser operado por trabalhadores não qualificados, ameaçando seu meio de sustento.

megalópole: geralmente definida como uma cidade com população de 10 milhões ou mais de habitantes. A maioria das megalópoles fica no mundo em desenvolvimento.

metrópole: do grego "cidade-mãe", uma metrópole originalmente era uma cidade da qual os colonizadores partiam para criar novas colônias. No uso contemporâneo, uma metrópole é uma grande cidade que tem considerável influência política, econômica e cultural sobre uma região. Diversos países possuem uma definição específica de metrópole que traz consequências administrativas.

modo de produção escravista: de acordo com a teoria marxista, são diversos modos de produção (uma combinação dos meios de produção e das estruturas jurídicas e sociais de determinada sociedade) que caracterizaram diferentes períodos da história da humanidade. Na Antiguidade, o modo de produção escravista fazia certas classes de pessoas, frequentemente estrangeiros capturados em guerra, serem reconhecidas como propriedade e fornecerem mão de obra produtiva.

monocêntrica: descreve uma cidade que se desenvolveu a partir de uma única ocupação inicial, em oposição ao tipo de cidade formada da conurbação de diversos centros urbanos originalmente separados, chamada de policêntrica. Geralmente, as cidades do mundo em desenvolvimento tendem a ser mais monocêntricas.

movimento das cidades-jardins: conceito de urbanismo iniciado por Ebenezer Howard no final do século XIX e que buscava cidades altamente planejadas – com aproximadamente 30 mil habitantes, espaços abertos e um cinturão verde em seu entorno. Tais comunidades deveriam ser autossuficientes, com atividades agrícolas e industriais incorporadas em seu planejamento.

neoliberalismo: em sua forma mais recente, refere-se ao capitalismo do *laissez-faire*, que promove o livre-comércio, a desregulamentação e intervenções governamentais na economia extremamente limitadas.

novo urbanismo: movimento do urbanismo que promove bairros passíveis de serem explorados a pé, que não privilegiam o automóvel, com espaços abertos livremente acessíveis, tipologia residencial mista, instituições comunitárias e empresas e serviços locais. O objetivo é reduzir o tamanho da mancha urbana e criar comunidades que são autogovernadas e auto-organizadas.

oligarquia: forma de estrutura de governo na qual um pequeno grupo de pessoas exerce o poder geralmente (mas nem sempre) por causa de seu poder econômico.

pegada ecológica: impacto ambiental total das atividades humanas individuais ou coletivas, incluindo o consumo de energia e a destinação do lixo. O cálculo da pegada ecológica de uma população é uma forma de avaliar se seu estilo de vida é sustentável em termos de recursos disponíveis/potenciais na biosfera.

promoção: processo de falar positivamente sobre os méritos de determinada cidade, que pode envolver simples gestos retóricos, como discursos do prefeito ou campanhas publicitárias, ou investimentos municipais de larga escala, como eventos esportivos internacionais ou um edifício mundialmente icônico.

rede inteligente: rede de fornecimento elétrico que utiliza sistemas de TI para obter dados sobre a utilização da energia e que faz ajustes automaticamente conforme as circunstâncias, por exemplo, redistribuindo a energia em toda a rede, permitindo a tomada de energia de outras fontes ou alertando usuários ou dispositivos conectados à rede quanto aos custos variáveis do uso da energia nos diversos horários, de forma a estimular um uso mais eficiente da energia.

rede *mesh*: rede de comunicações sem fio que consiste em uma malha de nós de rádio que transferem informações entre si. Dentro da rede, os nós (por exemplo, computadores portáteis ou *smartphones*) podem compartilhar informações em enormes distâncias por meio de inúmeras pequenas conexões. Se um nó falha ou é desativado, uma outra rota pode ser traçada para superar aquele com problema.

setor de serviços: de forma geral, é o setor da economia que envolve os prestadores de serviços de todos os tipos. Isso inclui a administração pública, a saúde e a educação, os serviços financeiros e jurídicos, o comércio, a mídia e a hotelaria. Também chamado de setor terciário, em oposição aos setores primário (agricultura, pesca e mineração) e secundário (manufatura).

snowbird: pessoa do norte dos Estados Unidos ou do Canadá que passa os meses de inverno em locais mais quentes ao sul, geralmente na Flórida, no Arizona, na Califórnia ou no Caribe.

suburbanização: processo pelo qual os setores mais ricos da população se mudam do centro para regiões mais afastadas da área urbana, frequentemente para escapar da superpopulação, da poluição ou de outras desvantagens percebidas para a qualidade de vida. Entre as consequências estão a estratificação das classes sociais (com os pobres permanecendo na região central de população parca), o aumento da mancha urbana e a piora do trânsito (como consequência da locomoção até o centro para trabalhar).

tecnologias limpas: expressão que descreve o desenvolvimento de tecnologias que utilizam fontes renováveis de energia, que são eficientes e produtivas e que reduzem os resíduos processuais ou a poluição gerada.

urbanização: de forma geral, é o processo pelo qual uma população se muda de uma localidade e estilo de vida rurais para uma localidade e estilo de vida urbanos, por exemplo, em decorrência de oportunidades econômicas e educacionais. No mundo em desenvolvimento, esse processo está acontecendo em um ritmo sem precedentes.

vereador: membro eleito do Poder Legislativo municipal. Em outros países, algumas cidades são administradas por um único vereador eleito pela Câmara Municipal (Reino Unido) ou pela própria câmara como um todo (Estados Unidos).

Fontes

CIDADE FUNDACIONAL

Referências das imagens

p. 18: TOYNBEE, A. (org.). *Cities of Destiny*. Londres: Thames & Hudson, 1967; LEONTIDOU, L. *Ageographitos Chora [Geographically illiterate land]: Hellenic idols in the Epistemological Reflections of European Geography*. Atenas: Propobos, 2011; DIMITRAKOS, D. & KAROLIDES, P. *Historical Atlas*. Vol. 1. D.&V. Atenas: Loukopoulos Editions, década de 1950.

p. 19: BENEVOLO, L. *The European City*. Oxford: Blackwell, 1993; POUNDS, N. J. G. *A Historical Geography of Europe*. Cambridge: Cambridge University Press, 1990.

p. 20: PAPACHATZIS, N. D. (org.). *Pavsanias' Hellenic Tour: Attica*. Atenas: Ekdotiki, 1974; TRAVLOS, I. *Urban Development of Athens*. Atenas: Konstantinides-Michalas, 1960.

pp. 21-23: TRAVLOS, I. *Urban Development of Athens*. Atenas: Konstantinides-Michalas, 1960; BIRIS, C. *Athens – From the 19th to the 20th Century*. Atenas: Foundation of Town Planning and History of Athens, 1966.

pp. 24-25: Baseado em LEONTIDOU-EMMANUEL, L. *Working Class and Land Allocation: the Urban History of Athens, 1880-1980*. Tese de doutorado, London School of Economics, 1981, pp. 66, 290; LEONTIDOU, L. *The Mediterranean City in Transition: Social Change and Urban Development*. 2ª ed., Cambridge: Cambridge University Press, 2006, pp. 25, 55, 150; COUCH, C., LEONTIDOU, L., PETSCHEL-HELD, G. (orgs.). *Urban Sprawl in Europe: Landscapes, Land-use Change and Policy*. Oxford: Blackwell, 2007.

p. 30: Baseado em BENEVOLO, L. *The European City*. Oxford: Blackwell, 1993; POUNDS, N. J. G. *A Historical Geography of Europe*. Cambridge University Press, 1990; WIKIMEDIA COMMONS: Andrei Nacu.

pp. 32-33: Adaptado de LEONTIDOU, L. *Ageographitos Chora [Geographically Illiterate land]: Hellenic Idols in the Epistemological Reflections of European Geography*. Atenas: Propobos, 2011; DEMAND, N. H. *Urban Relocation in Archaic and Classical Greece: Flight and Consolidation*. Norman: University of Oklahoma Press, 1990; DIMITRAKOS, D. & KAROLIDES, P. *Historical Atlas*. Vol. 1. D.&V. Atenas: Loukopoulos Editions, década de 1950.

Referências de textos e leitura adicional

BASTEA, E. *The Creation of Modern Athens: Planning the Myth*. Nova York: Cambridge University Press, 2000.

COUCH, C.; Leontidou, L.; PETSCHEL-HELD, G. (orgs.). *Urban Sprawl in Europe: Landscapes, Land-use Change and Policy*. Oxford: Blackwell, 2007.

DEMAND, N. H. *Urban Relocation in Archaic and Classical Greece: Flight and Consolidation*. Norman: University of Oklahoma Press, 1990.

DIAMANTINI, D. & MARTINOTTI, G. (orgs.). *Urban Civilizations from Yesterday to the Next Day*. Nápoles: Scriptaweb, 2009.

LEFEBVRE, H. *The Production of Space*. Oxford: Blackwell, 1991.

LEONTIDOU, L. *Ageographitos Chora [Geographically illiterate land]: Hellenic Idols in the Epistemological Reflections of European Geography*. Atenas: Propobos, 2011.

_____. "Athens in the Mediterranean 'Movement of the Piazzas': Spontaneity in Material and Virtual Public Spaces". Em *City: Analysis of Urban Trends, Culture, Theory, Policy, Action*, 16 (3), 2012, pp. 299-312.

_____. "Mediterranean Cultural Identities Seen through the 'Western' Gaze: Shifting Geographical Imaginations of Athens". Em *New Geographies*. Harvard University Press, vol. 5, 14-3-2013, pp. 27-28, 46-47, 111-122.

_____. "Mediterranean Spatialities of Urbanism and Public Spaces as Agoras in European Cities". Em DIAMANTINI, D. & MARTINOTTI, G. (orgs.). *Urban Civilizations from Yesterday to the Next Day*. Nápoles: Scriptaweb, 2009, pp. 107-126.

_____. *The Mediterranean City in Transition: Social Change and Urban Development*. Cambridge: Cambridge University Press, 1990-2006.

LEONTIDOU-EMMANUEL, L. *Working Class and Land Allocation: The Urban History of Athens, 1880-1980*. Tese de doutorado, University of London, 1981.

LOUKAKI, A. *Living Ruins, Value Conflicts*. Aldershot: Ashgate, 2008.

MARTINOTTI, G. "La fabbrica delle città, Postfazione". Em HANSEN, M. H. *Polis. Introduzione alla città-stato dell'antica Grecia*. Milão: UBE/Egea, 2012, pp. 221-259.

_____. *Metropoli: la nuova morfologia sociale della citta*. Bolonha: Il Mulino, 1993.

MARTINOTTI, G. & DIAMANTINI, D. "Prefácio". Em DIAMANTINI, D. & MARTINOTTI, G. (orgs.). *Urban Civilizations from Yesterday to the Next Day*. Nápoles: Scriptaweb, 2009, pp. 5-22.

CIDADE EM REDE

Referências das imagens

p. 36: ABU-LUGHOD, J. L. *Before European Hegemony. The World System A.D. 1250-1350*. Nova York: Oxford University Press, 1989, p. 34.

p. 38: SEIBOLD, G. *Die Manlich. Geschichte einer Augsburger Kaufmannsfamilie*. Sigmaringen: Jan Thorbecke Verlag, 1995.

p. 39: Hanham, A. (org.) *The Cely Letters 1472-1488*. Londres: Oxford University Press, 1975.

p. 40: BAIROCH, P.; BATOU, J.; CHÈVRE, P. *La population des villes européennes: banque de données et analyse sommaire des résultats, 800-1850*. Genebra: Librairie Droz, 1988.

p. 41: LANE, F. C. *Venice, a Maritime Republic*. Baltimore/Londres: Johns Hopkins University Press, 1973, pp. 339-341.

p. 42: MELIS, F. "Intensità e regolarità nella diffusione dell' informazione economica generale nel Mediterraneo e in Occidente alla fine del Medioevo". Em *Mélanges en l'honneur de Fernand Braudel. Histoire économique du monde méditerranéen 1450-1650*. Toulouse: Edouard Privat, 1973, pp. 389-424/b.

p. 43: LAVEAU, G. *Een Europese post ten tijde van de Grootmeesters van de familie de la Tour et Tassis (Turn en Taxis)*. Bruxelas: Museum van Posterijen en van Telecommunicatie, 1978, p. 54: "Wegenkaart van de Internationale Post Georganiseerd door de Iassis (1490-1920)."

p. 44: DOLLINGER, Ph. *The German Hansa*. Londres: Macmillan, 1970.

p. 45: VERLINDEN, Ch. "La Place de la Catalogne dans l'histoire commerciale du monde méditerranéen médiéval". Em *Revue des Cours et Conférences*, primeira série, 39 (8), 1938, pp. 737-754.

p. 46: RYCKAERT, M. *Historische stedenatlas van België. Brugge*. Bruxelas: Gemeentekrediet, 1991, p. 172.

p. 47: MACK, M. "The Italian Quarters of Frankish Tyre: Mapping a Medieval City". Em *Journal of Medieval History*, nº 33, 2007, pp. 147-165.

p. 48: EPSTEIN, S. R. *Freedom and Growth. the Rise of States and Markets in Europe, 1300-1750*. Londres: Routledge, 2000, pp. 120-121.

p. 49: SPUFFORD, P. *Power and Profit. The Merchant in Medieval Europe*. Londres: Thames & Hudson, 2002, p. 75: "Princis and theis Paris palaces c. 1400."

p. 50: McNEILL, W. H. *De pest in de geschiedenis*. Amsterdã: De Arbeiderspers, 1976, p. 6. Traduzido de McNEILL, W. H. *Plagues and Peoples*. Nova York: Doubleday, 1976.

p. 51: REITH, R. "Circulation of Skilled Labour in Late Medieval and Early Modern Central Europe". Em EPSTEIN, S. R. & PRAK, M. (orgs.). *Guilds, Innovation, and the European Economy, 1400-1800*. Nova York: Cambridge University Press, 2008, p. 120.

Leitura adicional

GRAFE, R. & GELDERBLOM, O. "The Rise and Fall of Merchant Guilds: Re-thinking the Comparative Study of Commercial Institutions in Premodern Europe". Em *Journal of Interdisciplinary History*, 40 (4), 2010, pp. 477-511.

HUNT, E. S. & MURRAY, J. M. *A History of Business in Medieval Europe (1200-1550)*. Cambridge: Cambridge University Press, 1999.

JACOBS, J. *The Economy of Cities*. Nova York/Toronto: Random House, 1969.

LANE, F. C. *Venice, a Maritime Republic*. Baltimore/Londres: Johns Hopkins University Press, 1973.

LAPEYRE, H. *Une Famille de marchands: Les Ruiz. Contribution à l'étude du commerce entre la France et l'Espagne au temps de Philippe II*. Paris: Librairie Armand Colin, 1955.

SPUFFORD, P. *Power and Profit. The Merchant in Medieval Europe*. Londres: Thames & Hudson, 2002.

TAYLOR, P. J. *Extraordinary Cities: Millennia of Moral Syndromes, World-systems and City/State Relations*. Cheltenham: Edward Elgar, 2013.

TAYLOR, P. J.; HOYLER, M.; VERBRUGGEN, R. "External Urban Relational Process: Introducing

Fontes

Central Flow Theory to Complement Central Place Theory". Em *Urban Studies*, 47 (13), 2010, pp. 2.803-2.818.

VAN DER WEE, H. *The Growth of the Antwerp Market and the European Economy (Fourteenth-Sixteenth Centuries). II. Interpretation*. Louvain: Université de Louvain, 1963.

VERBRUGGEN, R. "World Cities before Globalisation: the European City Network, A.D. 1300-1600". Tese de doutorado, Universidade de Loughborough, 2011.

CIDADE IMPERIAL

Referências das imagens

p. 65: KARA, M. "The Analysis of the Distribution of the Non-Muslim Population and their Socio-Cultural Properties in Istanbul (Greeks, Armenians and Jews), in the Frame of 'Istanbul: European Capital of Culture 2010'". Dissertação de mestrado, 2009.

p. 66: jornal Vatan, 17-10-2010. Disponível em http://ekonomi.haber7.com/ekonomi/haber/624733-istanbuldaki-kentsel-donusumprojeleril. Acesso em julho de 2015.

p. 67: ONU, Departamento de Assuntos Econômicos e Sociais.

Leitura adicional

DRIVER, F. & GILBERT, D. "Imperial Cities: Overlapping Territories, Intertwined Histories". Em DRIVER, F. & GILBERT, D. (orgs.). *Imperial Cities: Landscape, Display and Identity*. Manchester: Manchester University Press, 1999, pp. 1-17.

FREELY, J. *Istanbul: the Imperial City*. Londres: Penguin Books, 1998.

HALL, P. *Cities in Civilization*. Nova York: Pantheon Books, 1998.

HARRIS, J. *Constantinople: Capital of Byzantium*. Londres: Continuum Books, 2007.

KIRECCI, M. A. "Celebrating and Neglecting Istanbul: Its Past vs. Its Present". Em KIRECCI, M. A. & FOSTER, E (org.). *Istanbul: Metamorphoses in an Imperial City*. Greenfield: Talisman House Publishers, 2011, pp. 1-17.

KUBAN, D. "From Byzantium to Istanbul: The Growth of a City". Em *Biannual Istanbul*, 1996, pp. 10-42.

MANSEL, P. *Constantinople: City of the World's Desire 1453-1924*. Nova York: St. Martin's Press, 1996.

MUMFORD, L. *The City in History*. Nova York: Harcourt, 1961.

SEGER, M. "Istanbul's Backbone – a Chain of Central Business Districts (CBDs)". Em S. Polyzos (org.). *Urban Development*. S/l.: InTech, 2012, pp. 201-216.

Outras fontes

Constantinopla Bizantina. Disponível em http://en.wikipedia.org/wiki/Constantinople. Acesso em julho de 2015.

A Rota da Seda. Disponível em http://en.wikipedia.org/wiki/Silk_Road. Acesso em julho de 2015.

Via Egnácia. Disponível em http://en.wikipedia.org/wiki/Via_Egnatia. Acesso em julho de 2015.

CIDADE INDUSTRIAL

Referências das imagens

p. 75: (canto inferior direito) *Spinning the Web – the Story of the Cotton Industry*. Disponível em http://www.spinningtheweb.org.uk/m_display.

?irn=5&sub=cottonopolis&theme =places&crumb =City+Centre. Acesso em julho de 2015.

p. 76: Lancashire County Council: Environment Directorate: Historic Highways.

p. 77: Chicago Urban Transport Network, coleções especiais da Lake Forest College Library. Disponível em http://www.lakeforest.edu/library/archives/railroad/railmaps.php/. Acesso em julho de 2015.

p. 84: mapa do censo de Chicago. Disponível em http://www.lib.uchicago.edu/e/collections/maps/ssrc/. Acesso em julho de 2015.

p. 85: Marr Map of Manchester Housing, 1904, Historical Maps of Manchester. Disponível em http://manchester.publicprofiler.org/. Acesso em julho de 2015.

p. 87: (gráfico na parte superior) *Spinning the Web – the Story of the Cotton Industry*, "UK imports of cotton piece goods 1937-64"; "Exports of cotton and manmade fibre piece goods 1851-64". Disponível em http://www.spinningtheweb.org.uk/web/objects/common/webmedia.php?irn=2001062. Acesso em julho de 2015.

p. 87: (gráfico na parte inferior) "Manufacturing Output as Share of World Total". Disponível em http://fullfact.org/factchecks/Growth_Labour_manufacturing-28817. Acesso em julho de 2015. Fonte original: UN National Accounts Database.

Outras fontes

Historical Maps of Manchester. Disponível em http://manchester.publicprofiler.org/. Acesso em julho de 2015.

Coleção de mapas *on-line* da Biblioteca da Universidade de Manchester.

CIDADE RACIONAL

Referências das imagens

p. 94: Pequeno gráfico, baseado em HARVEY, D. *Paris: Capital of Modernity*. Nova York/Londres: Routledge, 2003.

p. 97: Mapas dos esgotos. GANDY, M. "The Paris Sewers and the Rationalization of Urban Space". Em *Transactions of the Institute of British Geographers*, New Series, 24 (1), 1999, pp. 23-44.

p. 99: Mapas de crescimento da rede ferroviária. CLOUT, H. D. *Themes in the Historical Geography of France*. Nova York: Academic Press, 1977.

Outras fontes

Site oficial da cidade de Paris. Disponível em www.paris.fr. Acesso em julho de 2015.

Mapa Turgot de Paris, 1739. Disponível em http://edb.kulib.kyoto-u.ac.jp/exhibit-e/f28/f28cont.html. Acesso em julho de 2015. (O mapa Turgot é um mapa altamente detalhado das ruas da Paris de meados do século XVIII, antes das mudanças iniciadas pelos revolucionários franceses e por Napoleão III.)

Site da Biblioteca da Universidade de Chicago, "Paris in the 19th Century", com muitos mapas da cidade. Disponível em www.lib.uchicago.edu/e/collections/maps/paris. Acesso em julho de 2015.

"Paris Marville *ca*. 1870 & Today", site que mostra fotos tiradas por Charles Marville, fotógrafo dedicado ao registro de cenas de Paris antes da reforma da cidade liderada por Haussmann, com a aparência atual dos lugares. Disponível em http://parismarville.blogspot.com/p/map.html. Acesso em julho de 2015.

Leitura adicional

FERGUSON, P. P. *Paris as Revolution: Writing the 19th Century City*. Berkeley: University of California Press, 1994.

GLUCK, M. *Popular Bohemia: Modernism and Urban Culture in Nineteenth-Century Paris*. Cambridge: Harvard University Press, 2005.

HARVEY, D. *Paris, Capital of Modernity*. Nova York/Londres: Routledge, 2003.

KENNEL, S. *Charles Marville: Photographer of Paris*. Chicago: University of Chicago Press, 2013.

SRAMEK, P. *Piercing Time: Paris after Marville and Atget, 1865-2012*. Bristol: Intellect, 2013.

TRUESDELL, M. *Spectacular Politics: Louis-Napoleon Bonaparte and the Fête Impériale, 1849-70*. Oxford: Oxford University Press, 1997.

WEEKS, W. *The Man Who Made Paris Paris: the Illustrated Biography of Georges-Eugene Haussmann*. Londres: London House, 1999.

CIDADE GLOBAL

Referências das imagens

p. 110: Disponível em http://www.gsma.com/latinamerica/aicent-ipxs-vision. Acesso em julho de 2015.

p. 111: CAPA Centre for Aviation. Disponível em http://centreforaviation.com/data/. Acesso em julho de 2015.

p. 112: WALL, R. S. & KNAAP, G. A. "Sectoral Differentiation and Network Structure within Contemporary Worldwide Corporate Networks". Em Economic Geography, (87) 3, 2011, pp. 266-308.

p. 114: Emporis Skyline Ranking. Disponível em http://www.emporis.com/statistics/skyline-ranking. Acesso em julho de 2015.

p. 115: LIZIERI, C. & KUTSCH, N. *Who Owns the City 2006: Office Ownership in the City of London*. Palestra: University of Reading Business School and Development Securities, 2006, p. 27 + iii.

p. 116: WALKER, D. R. F. & TAYLOR, P. J. "Atlas of Economic Clusters in London". Globalization and World Cities Research Network, 2003. Disponível em http://www.lboro.ac.uk/gawc/visual/lonatlas.html. Acesso em julho de 2015.

p. 117: PAIN, K. "Policy Challenges of Functional Polycentricity in a Global Mega-City Region: South East England". Em *Built Environment*, 32 (2), 2006, pp. 194-205.

p. 118: Fiscal Policy Institute. "Pulling Apart in New York: an Analysis of Income Trends in New York

Fontes

State", 2008. Disponível em http://www.fiscalpolicy. org/FPI_PullingApartInNewYork.pdf. Acesso em julho de 2015.

p. 119: Disponível em http://www. globalpropertyguide.com/Europe/United-Kingdom/ Price-History. Acesso em julho de 2015.

pp. 120-121: Disponível em http://www. plutobooks.com/display.asp?K=9780745327983. Acesso em julho de 2015.

p. 123: Office of Travel and Tourism Industries, U.S. Department of Commerce. Disponível em http:// travel.trade.gov. Acesso em julho de 2015.

Leitura adicional

BURN, G. "The State, the City and the Euromarkets". Em *Review of International Political Economy*, nº 6, 2000, pp. 225-261.

LAI, K. "Differentiated Markets: Shanghai, Beijing and Hong Kong in China's Financial Centre Network". Em *Urban Studies*, 49 (6), 2012, pp. 1.275-1.296.

SASSEN, S. "Global Financial Centers". Em *Foreign Affairs*, nº 78, 1999, pp. 75-87.

WÓJCIK, D. "The Dark Side of NY-LON: Financial Centres and the Global Financial Crisis". Em *Urban Studies*, 2013, doi:10.1177/0042098012474513.

CIDADE DAS CELEBRIDADES

Referências das imagens

pp. 128-129: County Business Pattern Industry Data, BLS 2008/County Business Pattern Industry Data, BLS 2007 (empresas) e 2008 (folha de pagamento); CURRID-HALKETT, E. *Starstruck: the Business of Celebrity*. Nova York: Faber & Faber, 2010.

p. 130: CURRID-HALKETT, E. & RAVID, G. "'Stars' and the Connectivity of Cultural Industry World Cities: an Empirical Social Network Analysis of Human Capital Mobility and its Implications for Economic Development". Em *Environment and Planning A*, 44 (11), 2012, pp. 2.646-2.663.

p. 131: LORENZEN, M. & TÄUBE, F. A. "Breakout from Bollywood? The Roles of Social Networks and Regulation in the Evolution of Indian Film Industry". Em *Journal of International Management*, 14 (3), 2008, pp. 286-299; LORENZEN, M. & MUDAMBI, R. "Clusters, Connectivity and Catch-up: Bollywood and Bangalore in the Global Economy". Em *Journal of Economic Geography*, 13 (3), 2013, pp. 501-534.

pp. 132-133: RAVID, G. & CURRID-HALKETT, E. "The Social Structure of Celebrity: An Empirical Network Analysis of an Elite Population". Em *Celebrity Studies*, 4 (1), 2013, pp. 182-201.

pp. 135-137: CURRID-HALKETT, E. & RAVID, G. "'Stars' and the Connectivity of Cultural Industry World Cities: an Empirical Social Network Analysis of Human Capital Mobility and its Implications for Economic Development". Em *Environment and Planning A*, 44 (11), 2012, pp. 2.646-2.663.

pp. 138-139: CURRID, E. & WILLIAMS, S. "The Geography of Buzz: Art, Culture and the Social Milieu in Los Angeles and New York". Em *Journal of Economic Geography*, 10 (3), 2010, pp. 423-451.

Leitura adicional

ADLER, M. "Stardom and Talent". *The American Economic Review*, 74 (1), 1985, pp. 208-212.

BOORSTIN, D. *The Image*. Nova York: Atheneum, 1962.

BRAUDY, L. *The Frenzy of Renown: Fame and its History*. Oxford: Oxford University Press, 1986.

CURRID, E. *The Warhol Economy: How Fashion, Art and Music Drive New York City*. Princeton: Princeton University Press, 2008.

CURRID-HALKETT, E. "How Kim Kardashian Turns the Reality Business into an Art". Em *Wall Street Journal*, 2-11-2011.

_____. "Networking Lessons from the Hollywood A-list". Em *Harvard Business Review*, 25-10-2010.

_____. "The Secret Science of Stardom". Salon.com, 24-2-2012.

_____. "Where Do Bohemians Come From?". Em *New York Times*, Sunday Review, 16-10-2011.

CURRID-HALKETT, E. & SCOTT, A. "The Geography of Celebrity and Glamour: Economy, Culture and Desire in the City". Em *City, Culture and Society*, 4 (1), 2013, pp. 2-11.

GAMSON, J. *Claims to Fame: Celebrity in Contemporary America*. Berkeley: University of California Press, 1994.

McLUHAN, M. "The Medium is the Message". Em *Understanding Media: Extensions of Man*. Nova York: Signet, 1964.

MILLS, C. W. *The Power Elite*. Oxford: Oxford University Press, 1956.

ROSEN, S. "The Economics of Superstars". Em *American Economic Review*, 71 (5), 1981, pp. 845-858.

MEGALÓPOLE

Referências das imagens

p. 147: Demographia, 2013. Disponível em http:// www.demographia.com. Acesso em julho de 2015.

pp. 150-151: fontes diversas, incluindo dados do U.S. Census Bureau. Número total de habitantes das favelas estimado a partir de várias publicações da ONG Cities Alliances; densidade populacional para Dharavi baseada em Nijman, J. "A Study of Space in Mumbai's Slums", em *Tijdschrift voor Economische en Sociale Geografie*, nº 101, 2010, pp. 4-17.

p. 153: fontes diversas, incluindo GlobeScan & MRC McLean Hazell. "Megacity Challenges: a Stakeholder Perspective". Munique, 2012.

p. 154: Indira Ghandi Institute of Development Research, 2013. Disponível em http://www.igidr. ac.in. Acesso em julho de 2015.

p. 155: Banco Mundial. Disponível em http://www. worldbank.org. Acesso em julho de 2015.

CIDADE INSTANTÂNEA

Referências das imagens

pp. 164-165: *Brasil, estradas pavimentadas (1964)*, professor Csaba Deák, Universidade de São Paulo.

Disponível em http://www.usp.br/fau/docentes/ depprojeto/c_deak/CD/5bd/2br/1maps/m02rd64-/ index.html. Acesso em julho de 2015; evolução da rede rodoviária (1973, 1980, 1991, 1997 e 2007), Instituto Brasileiro de Geografia e Estatística. Atlas Nacional do Brasil, 2010. Disponível em ftp:// geoftp.ibge.gov.br/atlas/atlas_nacional_do_ brasil_2010/4_redes_geograficas/atlas_nacional_ do_brasil_2010_pagina_282_evolucao_da_rede_ rodoviaria.pdf. Acesso em julho de 2015.

p. 166: População do eixo Brasília-Anápolis-Goiânia como percentual do Brasil, 1970-2010, Instituto Brasileiro de Geografia e Estatística. Censo – 2010; dados brutos para 1970-2000: Marcos Bittar Haddad, "Eixo Goiânia-Anápolis-Brasília: estruturação, ruptura e retomada das políticas públicas", Seminário Nacional Governança Urbana e Desenvolvimento Metropolitano, 1 a 3 de setembro de 2010, UFRN, Natal. Disponível em http://www. cchla.ufrn.br/seminariogovernanca/cdrom/ST1_ Marcos_Haddad.pdf. Acesso em julho de 2015.

p. 167: Dados para 1959/1960 e 1969/1970: BONATO, E. R. & BONATO, A. L. V., *A soja no Brasil: história e estatística*. Londrina: Embrapa/ CNPSo, 1987. Disponível em http://www.infoteca. cnptia.embrapa.br/handle/doc/446431. Acesso em julho de 2015; dados para 1989/1990: Brasil. Ministério da Agricultura, Pecuária e Abastecimento. Companhia Nacional de Abastecimento. Sistema de Informações Geográficas da Agricultura Brasileira; dados para 1999/2000: Brasil. Ministério da Agricultura, Pecuária e Abastecimento. Companhia Nacional de Abastecimento. Sistema de Informações Geográficas da Agricultura Brasileira. Disponível em http://www.conab.gov.br/OlalaCMS/uploads/ arquivos/d73c1ab59b310194ebfba21dc8407175.. jpg. Acesso em julho de 2015; dados para 2009/2010: Brasil. Ministério da Agricultura, Pecuária e Abastecimento. Companhia Nacional de Abastecimento. Sistema de Informações Geográficas da Agricultura Brasileira. Disponível em http://www.conab.gov.br/OlalaCMS/uploads/ arquivos/13_08_19_17_37_07_brsoja2010.png. Acesso em julho de 2015.

p. 171: Governo do Distrito Federal. Secretaria de Desenvolvimento Urbano e Meio Ambiente; Greentec Tecnologia Ambiental. Zoneamento Ecológico-Econômico do DF. Subproduto 3.5 – Relatório de potencialidades e vulnerabilidades, p. 77.

Distrito Federal, densidade demográfica: Governo do Distrito Federal. Secretaria de Desenvolvimento Urbano e Meio Ambiente. Plano Diretor de Ordenamento Territorial do Distrito Federal; Documento técnico. Brasília, novembro de 2009. Mapa 5 – Densidade Demográfica (densidade bruta ocupação). Disponível em http://www.sedhab.df. gov.br/images/pdot/mapas/mapa5_densida_bruta_ ocupacao.jpg. Acesso em julho de 2015.

p. 172: Pesquisa de emprego e desemprego no Distrito Federal. Brasil. Ministério do Trabalho/FAT; GDF/Setrab; SP/Seade; Dieese, maio de 2010, p. 4. Disponível em http://portal.mte.gov.br/data/ files/FF8080812BA5F2C9012BA5F3890A05D1/ PED_DF_ma_2010.pdf. Acesso em julho de 2015.

Fontes

p. 173: Governo do Distrito Federal. Secretaria do Planejamento, Orçamento e Gestão. Companhia de Planejamento do Distrito Federal. Delimitação das Regiões Administrativas. PDAD/DF – 2011: Nota metodológica. Brasília: 2012, p. 17. Disponível em http://www.codeplan.df.gov.br/images/ CODEPLAN/PDF/ Pesquisas%20Socioecon%C3%B4micas/ PDAD/2012/Nota%20Metodologica_ delimitacao2013.pdf. Acesso em julho de 2015.

p. 174: Governo do Distrito Federal. Instituto Brasília Ambiental. Plano de manejo da APA do Lago Paranoá. Produto 3. Versão resumida revisada. Março de 2011. Technum Consultoria. Mapa de Zoneamento Ambiental da APA do Lago Paranoá, p. 6. Disponível em http://www.ibram. df.gov.br/images/Unidades%20de%20 Conserva%C3%A7%C3%A3o/ APA%20do%20Lago%20Parano%C3%A1/ PLANO%20DE%20MANEJO%20 PARANO%C3%81.pdf. Acesso em julho de 2015.

p. 175: Governo do Distrito Federal. Secretaria de Desenvolvimento Urbano e Meio Ambiente; Greentec Tecnologia Ambiental. Zoneamento Ecológico-Econômico do DF. Subproduto 3.5 – Relatório de potencialidades e vulnerabilidades. Brasília: 2012, p. 46, Padrões de uso predominante do território com o limite das 19 Regiões Administrativas que possuem limites oficialmente definidos. Disponível em http://www.zee-df.com.br/ Arquivos%20e%20mapas/Subproduto%203.5%20 -%20Relat%C3%B3rio%20de%20 Potencialidades%20e%20Vulnerabilidades.pdf. Acesso em julho de 2015.

CIDADE TRANSNACIONAL

Referências das imagens

p. 179: Brochura dos Serviços de Passageiros do Aeroporto Internacional de Miami. Disponível em http://www.miami-airport.com/pdfdoc/MIA_ Passenger_Services_brochure.pdf. Acesso em julho de 2015.

p. 180: Média dos valores agregados para 1995-2000 e 2004-2009, U.S. Census.

p. 181: Origem nacional da população estrangeira nos condados de Miami-Dade e Broward, 2010, U.S. Census.

p. 182: Trading Economics. Disponível em http:// www.tradingeconomics.com. Acesso em julho de 2015.

p. 183: Nijman, J. *Miami: Mistress of the Americas*. University of Pennsylvania Press, 2011.

p. 184: U.S. Census Bureau, Pesquisa da Comunidade Americana, 2007-2011, Estimativas de 5 Anos da Pesquisa da Comunidade Americana. Disponível em http://www.census.gov/geo/ maps-data/data/tiger-data.html. Acesso em julho de 2015.

p. 188: 2010 Cruise Lines International Association Destination Summary Report. Disponível em http:// cruising.org/regulatory/clia-statistical-reports. Acesso em julho de 2015.

p. 189: Mastercard Global Destination Cities Index. Disponível em http://insights.mastercard.com/

wp-content/uploads/2013/05/Mastercard_GDCI_ Final_V4.pdf. Acesso em julho de 2015.

pp. 190-191: NIJMAN, J. *Miami: Mistress of the Americas*. University of Pennsylvania Press, 2011.

p. 192: American Airlines. Disponível em https:// aacargo.com/learn/humanremains.html. Acesso em julho de 2015.

p. 193: Aer Lingus, 2013. Disponível em http:// www.aerlingus.com/help/help/specialassistance/. Acesso em julho de 2015.

CIDADE CRIATIVA

Referências das imagens

p. 206: Global Language Monitor.

Leitura adicional

FOOT, J. *Milan Since the Miracle*. Oxford: Berg, 2001.

KNOX, P. *Cities and Design*. Londres: Routledge, 2010.

CIDADE VERDE

Referências das imagens

p. 212: OCDE/VIEA, 2006; Panorama da Energia Mundial, 2008; ver também p. 25.

p. 213: p. 25 no relatório Habitat da ONU.

pp. 214-215: Cidade de Freiburg.

p. 217: Cidade de Freiburg.

p. 218: Disponível em http://online.wsj.com/article/ SB100014240531119048883045764763027753 74320.html#. Acesso em julho de 2015.

p. 219: Transportation Sustainability Research Center, Universidade da Califórnia em Berkeley.

p. 220: Chapple, K. *Defining the Green Economy: a Primer on Green Economic Development*. Center for Community Innovation, Universidade da Califórnia em Berkeley, 2008.

p. 221: Portland Development Commission.

p. 223: Masdar Corporate. Disponível em http:// masdar.ae/en/energy/about-masdar-clean-energy. Acesso em julho de 2015.

pp. 224-225: Cittaslow International. Disponível em http://www.cittaslow.org. Acesso em julho de 2015.

p. 225: Cidade de Wipoldsried. Disponível em http://www.wildpoldsried.de/index.shtml?Energie. Acesso em julho de 2015.

Leitura adicional

BEATLEY, T. *Green Cities of Europe*. Washington: Island Press, 2012.

BIRCH, E. L. & WACHTER, S. M. *Growing Greener Cities: Urban Sustainability in the Twenty-first Century*. Filadélfia: University of Pennsylvania Press, 2008.

KAHN, M. E. *Green Cities: Urban Growth and the Environment*. Washington: Brookings Institution Press, 2006.

KNOX, P. L. & MAYER, H. *Small Town Sustainability: Economic, Social, and Environmental Innovation*. 2ª ed. Basileia: Birkhäuser, 2013.

CIDADE INTELIGENTE

Referências das imagens

p. 231: EWeek/Berg Insight. Disponível em http:// www.eweek.com/mobile/mobile-app-downloads-to- hit-108-billion-in-2017/. Acesso em julho de 2015.

p. 237 (à esquerda): Insatisfação no trânsito. Disponível em http://www-03.ibm.com/press/us/ en/pressrelease/32017.wss#resource. Acesso em julho de 2015.

p. 237 (à direita): Transporte em Londres. Disponível em http://www.tfl.gov.uk/assets/downloads/ corporate/tfl-health-safety-and-environment- report-2011.pdf. Acesso em julho de 2015.

p. 238: Tech City. Disponível em http://www. techcitymap.com/index.html#/. Acesso em julho de 2015.

p. 239: Dez maiores cidades de *startups* de tecnologia nos Estados Unidos. Disponível em http://usatoday30.usatoday.com/tech/columnist/ talkingtech/story/2012-08-22/top-tech-startupcities /57220670/1. Acesso em julho de 2015.

pp. 240-241: Smart City Vienna. Disponível em https://smartcity.wien.at/site/en/. Acesso em julho de 2015.

pp. 242-243: Living Labs. Disponível em http:// www.openlivinglabs.eu/livinglabs. Acesso em julho de 2015.

Leitura adicional

DESOUZA, K. C. *Intrapreneurship: Managing Ideas within Your Organization*. Toronto: University of Toronto Press, 2011.

DESOUZA, K. C. (org.). *Agile Information Systems: Conceptualization, Construction, and Management*. Boston: Butterworth-Heinemann, 2006.

DESOUZA, K. C. & BHAGWATWAR, A. "Citizen Apps to Solve Complex Urban Problems". Em *Journal of Urban Technology*, 19 (3), 2012, pp. 107-136.

DESOUZA, K. C. & FLANERY, T. "Designing, Planning, and Managing Resilient Cities: a Conceptual Framework". Em *Cities*, nº 35 (dez.), 89-99.1, 2013.

DESOUZA, K. C. & PAQUETTE, S. *Knowledge Management: an Introduction*. Nova York: Neal-Schuman Publishers, Inc., 2011.

Sobre os autores

ASLI CEYLAN ONER é professora assistente na Escola de Planejamento Urbano e Regional da Universidade Atlântica da Flórida. Leciona nos cursos de graduação e pós-graduação sobre urbanização e desenvolvimento histórico e planejamento de cidades. Seus interesses de pesquisa incluem globalização, planejamento e governança das cidades globais, urbanização comparativa, ambiente construído e crescimento da área metropolitana. É autora de artigos científicos e de capítulos de livros e participou de diversas conferências na Europa e nos Estados Unidos. Membro da rede de pesquisas Globalization and World Cities (GaWC).

ANDREW HEROD é professor honorário de pesquisa do departamento de geografia na Universidade da Geórgia. Seus estudos se concentram nas questões de globalização e trabalho, mas também abordam as interseções entre a práxis política e a forma espacial. Herod administra um programa de estudos em Paris, tendo se apaixonado pela cidade na primeira vez em que a visitou, há quase quatro décadas.

BEN DERUDDER é professor de geografia humana na Universidade de Ghent e diretor associado da rede de pesquisas Globalization and World Cities (GaWC). Como membro do Conselho de Pesquisa Marie Curie, do 7º Programa de Estrutura da União Europeia, também é filiado à Escola de Geografia e Ciências Ambientais da Universidade Monash. Sua pesquisa se dedica à conceituação e à análise empírica das redes urbanas transnacionais em geral, e em seus componentes de transporte e produção em particular. Colabora com diversas publicações acadêmicas e é co-organizador de livros, incluindo *Cities in Globalization* (Routledge, 2006, com P. J. Taylor, P. Saey e F. Witlox) e um volume intitulado *International Handbook of Globalization and World Cities* (Edward Elgar, 2012, com P. J. Taylor, F. Witlox e M. Hoyler).

ELIZABETH CURRID-HALKETT é professora associada da Escola de Políticas Públicas Price da University of Southern California (USC). É autora de *The Warhol Economy: How Fashion, Art and Music Drive New York City* (Princeton University Press, 2007) e *Starstruck: the Business of Celebrity* (Faber & Faber, 2010). Colabora com frequência para veículos de comunicação como *The New York Times, Wall Street Journal, Washington Post, Salon, The Economist, Elle, New Yorker, Times Literary Supplement, Financial Times, Los Angeles Times, Harvard Business Review* e *BBC*, entre outros. Também ministra palestras, como convidada, em locais como o Google, a Universidade de Harvard e o 92nd Street Y/Tribeca. Seu próximo projeto consiste em uma publicação pela Princeton University Press sobre os padrões de consumo dos Estados Unidos e a evolução do consumo conspícuo. Currid-Halkett mora em Los Angeles com seu marido, Richard, e o filho, Oliver.

FRANK WITLOX é Ph.D. em planejamento urbano pela Universidade de Tecnologia Eindhoven e professor de geografia econômica na Universidade de Ghent. Também é professor visitante no Institute of Transport and Maritime Management Antwerp (ITMMA) e diretor associado da Globalization and World Cities (GaWC). Atua desde 2010 como diretor da Escola Doutoral de Ciências Naturais na UGent e, desde agosto de 2013, como professor honorário na Escola de Geografia da Universidade de Nottingham. Witlox é palestrante convidado da Universidade Lund-Campus Helsingborg, na Suécia, da Universidade de Tartu, na Estônia, e da Universidade Chongqing, na China. Sua pesquisa tem como foco a análise e modelagem do comportamento de viagem, viagens e uso da terra, questões de mobilidade sustentável, viagem a negócios, mobilidade transfronteiriça, logística das cidades, cadeias globais de *commodities*, globalização e formação das cidades mundiais, desenvolvimento urbano policêntrico, desafios contemporâneos no uso agrícola da terra e análise locacional das corporações.

GUIDO MARTINOTTI, um dos últimos acadêmicos a serem chamados de *maestro* – na medida em que trouxe novas abordagens teóricas e metodológicas à sociologia e ao estudo das cidades – faleceu repentinamente em Paris em 5 de novembro de 2012. Este sociólogo italiano que fez carreira internacional presidiu o Comitê Permanente para as Ciências Sociais da European Science Foundation (ESF) e lecionou na Universidade de Michigan, na New York University (NYU) e na Universidade da Califórnia. Também lecionou em diversas universidades na Itália e na França. Foi membro fundador da Universidade de Milão-Bicocca e do Consórcio Europeu para a Pesquisa Sociológica. Autor de livros diversos, entre eles *Metropolis: the New Social Morphology of the City* (Il Mulino, 1993; traduzido pela Princeton, 1993), organizador de obras como *The Metropolitan Dimension and Development of the New City Government* (Il Mulino, 1999) e *Atlas of the Needs of the Milanese Suburbs* (Municipality of Milan, 2001) e co-organizador de *Education in a Changing Society* (Sage Publications, 1977).

HEIKE MAYER é professora de geografia econômica no Instituto de Geografia e codiretora do Centro para o Desenvolvimento Econômico Regional na Universidade de Berna, na Suíça. Sua principal área de pesquisa é o desenvolvimento econômico local e regional com foco em dinâmica de inovação e empreendedorismo, *place making* e sustentabilidade. Ela iniciou sua carreira nos Estados Unidos, onde completou doutorado em estudos urbanos na Universidade Estadual de Portland e foi professora na Universidade Virginia Tech. É autora de *Entrepreneurship and Innovation in Second Tier Regions* (Edward Elgar, 2012) e coautora de *Small Town Sustainability* (Birkhäuser, 2009, com Paul Knox).

JAN NIJMAN é diretor do Centro para Estudos Urbanos na Universidade de Amsterdã, na Holanda. Seus interesses de pesquisa envolvem geografia urbana, cidades em globalização e planejamento/desenvolvimento urbano com foco regional na América do Norte, no sul da Ásia e na Europa Ocidental. Possui quase vinte anos de experiência de campo na Índia urbana, especialmente em Mumbai. Na América do Norte, a maior parte do seu trabalho se concentra em Miami. É autor de *Miami: Mistress of the Americas* (University of Penn Press, 2011). Ex-Guggenheim Fellow, atualmente preside o Fundo de Exploração Global da National Geographic na Europa.

JANE CLOSSICK estudou arquitetura na Universidade de Sheffield e na Universidade de East London e trabalhou em escritórios de Londres e Manchester. Completou o mestrado em planejamento urbano e iniciou seus estudos de doutorado com Peter Carl na Escola de Arquitetura Cass. Sua pesquisa investiga a estrutura da comunicação, unindo as escalas macro e micro do envolvimento social, espacial e político em Londres. Clossick também leciona estudos críticos e contextuais na graduação de arquitetura da Universidade Metropolitana de Londres. Mora e trabalha no leste de Londres com seu marido, Colin O'Sullivan, e seu pequeno filho, Tomás.

Sobre os autores

KEVIN C. DESOUZA é reitor associado para pesquisa na Faculdade de Programas Públicos e professor associado na Escola de Questões Públicas na Universidade Estadual do Arizona. Atua também como professor e pesquisador na Universidade de Washington, na Escola de Economia e Ciências Políticas de Londres, na Universidade de Witwatersrand, na Virginia Tech e na Universidade de Ljubljana. É autor, coautor e co-organizador de livros diversos, incluindo *Intrapreneurship: Managing Ideas within Your Organization* (University of Toronto Press, 2011). Publicou mais de 150 artigos em publicações científicas nos temas engenharia de *software*, ciência da informação, administração pública, ciências políticas, gestão de tecnologia e questões urbanas. http://www.kevindesouza.net. Acesso em julho de 2015.

LILA LEONTIDOU é professora de geografia e cultura europeia na Universidade Aberta Helênica (EAΠ), além de diretora de estudos sobre cultura europeia e diretora da Unidade de Pesquisa GEM da EAΠ. É membro sênior da London School of Economics and Political Science (LSE) e da Jonhs Hopkins University (JHU). Também atuou em universidades na Grécia e no Reino Unido e foi membro fundadora do primeiro departamento grego de geografia na Universidade de Egeia. Foi duas vezes reitora da Faculdade de Humanas da Universidade Aberta Helênica. Publicou mais de 180 trabalhos de pesquisa e é autora e co-organizadora de livros, incluindo *The Mediterranean City in Transition* (Cambridge University Press, 1990/2006), *Cities of Silence* (1989/2001/2013), *Geographically Illiterate Land* (2005/2011), *Mediterranean Tourism* (Routledge, 2001) e *Urban Sprawl in Europe* (Blackwell, 2007). Atua como membro dos conselhos consultivos editoriais de quatro publicações acadêmicas internacionais e diversas publicações gregas.

LUCIA CONY-CIDADE é professora associada da Universidade de Brasília. Como membro do departamento de geografia, leciona cursos de geografia urbana e formação territorial brasileira, assim como um seminário doutoral na preparação de projetos de pesquisa. Foi pesquisadora visitante e conferencista na Universidade Cornell, no departamento de planejamento urbano e regional. É co-organizadora de *Brasília 50 anos: da capital à metrópole* (UnB, 2010) e autora de diversos capítulos de livros e artigos em publicações acadêmicas. Foi pesquisadora no Conselho Nacional de Desenvolvimento Científico e Tecnológico (CNPq). Também atuou como membro do conselho na Associação Nacional de Pós-Graduação e Pesquisa em Planejamento Urbano e Regional (Anpur) (2009-2011).

MICHAEL HOYLER é conferencista sênior em geografia humana na Universidade de Loughborough, no Reino Unido, e diretor associado da rede de pesquisas Globalization and World Cities (GaWC). Geógrafo urbano interessado na transformação das cidades e regiões metropolitanas em processo de globalização, Hoyler tem pesquisado mais recentemente a formação de redes de cidades mundiais e regionais. É co-organizador de obras como *Global Urban Analysis: a Survey of Cities in Globalization* (Earthscan, 2011), *The International Handbook of Globalization and World Cities* (Edward Elgar, 2012), *Cities in Globalization* (Routledge, 2013) e *Megaregions: Globalization's New Urban Form?* (Edward Elgar, 2014).

MICHAEL SHIN é professor associado de geografia na Universidade da Califórnia em Los Angeles (UCLA). Seu trabalho aplica tecnologia da informação geoespacial e técnicas de geovisualização a questões e conjuntos de dados sobre geografia econômica, política e da saúde. É também diretor do programa sobre Sistemas de Informação e Tecnologia Geoespacial da UCLA e publicou amplamente sobre a Itália e a política italiana.

PAUL KNOX é professor honorário e codiretor do Fórum Global sobre Resiliência Urbana e Regional no Instituto Politécnico e Universidade Estadual da Virgínia. Como membro do departamento de questões urbanas e planejamento, leciona em cursos sobre a urbanização europeia e sobre cidades e planejamento. É autor e co-organizador de livros diversos, incluindo *Palimpsests: Biographies of 50 City Districts* (Birkhäuser, 2012), *Cities and Design* (Routledge, 2011) e *Urban Social Geography* (com Stephen Pinch, Longman, 2010). Knox é membro do conselho editorial de sete publicações internacionais e trabalhou como coeditor do *Environment and Planning A* e do *Journal of Urban Affairs*. Recebeu prêmios e honrarias, entre eles o Distinguished Scholarship Award, em 2008, da Associação de Geógrafos Americanos.

PETER TAYLOR é professor de Geografia Humana na Universidade de Northumbria (Reino Unido) e diretor fundador da Globalization and World Cities (GaWC). Autor e organizador de mais de trinta livros, entre eles *Extraordinary Cities* (Edward Elgar, 2013), *Cities in Globalization* (Routledge, 2012), *Seats, Votes and the Spatial Organization of Elections* (European Consortium of Political Research, reimpresso em 2012), *International Handbook of Globalization and World Cities* (Edward Elgar, 2011), *Political Geography: World-Economy, Nation-State, Locality* (Longman, 2011, 6ª ed.) e *Global Urban Analysis: a Survey of Cities in Globalization* (Earthscan, 2011). Foi editor fundador da *Political Geography* e da *Review of International Political Economy*. Taylor é membro da Academia Britânica, recebeu o prêmio Distinguished Scholarship Honors da Associação de Geógrafos Americanos e possui doutorados honorários das universidades de Oulu (Finlândia) e Ghent (Bélgica).

RAF VERBRUGGEN é doutor em geografia urbana histórica. Seu estudo abordou as conexões das últimas cidades medievais e das primeiras cidades europeias modernas na rede de pesquisas sobre globalização e cidades mundiais no departamento de geografia da Universidade de Loughborough, no Reino Unido. Verbruggen é coautor de diversos trabalhos acadêmicos sobre globalização histórica e atua como consultor de políticas sobre planejamento espacial para o Conselho Flamengo da Juventude, na Bélgica.

Índice remissivo

A

Abu Dhabi, Masdar 223
Abuja 160-161
acesso aos dados públicos
Londres 229, 230-231
Nova York 231
açúcar, Brasil 166
África, laboratórios vivos 243
agronegócio, Brasília e 166-167
Alemanha, mercadores medievais 38-39
Alexandria 33
algodão, importações e exportações no Reino Unido 87
"Algodonópolis" (Manchester) 73-75
Alliance in the Alps, rede das cidades montanhesas 225
Alphand, Adolphe, parques de Paris 96
ambiente construído
Brasília 170-171
e a Era da Razão 92-93
Roma antiga 28-29
secularização do 93
ver também arquitetura
América do Norte, laboratórios vivos 243
América do Sul, laboratórios vivos 243
América Latina e Miami 179, 185
Amsterdã 54, 101
laboratórios vivos 242-243
Urban EcoMap 228-229
Utrechtsestraat 229, 234-235
Ancara 63
Ando, Tadao (arquiteto) 203
Antuérpia, redes de comércio 39, 46
aplicativos, acesso público aos dados 230-231
aplicativos móveis, cidades inteligentes 228
aprendizes, mobilidade dos 51
aquecimento global 213
aquedutos, romanos 28, 29
Arata Isozaki (arquiteto) 201
Área da Baía de São Francisco, TI do Vale do Silício 117
Armani, Giorgio 203, 207
armênios, Istambul 65
arqueologia, Istambul 68-69
arquitetura
Atenas antiga 22-23
Brasília 169
Manchester 82-83
Milão 200-201

Paris 91, 98, 100-101
reformas de Istambul 62-63
Roma antiga 27
starchitecture 200-201
ver também ambiente construído
arquitetura imperial, Paris 100-101
art nouveau, estações do Métro (Paris) 99
artistas e escritores, Paris 102-103
Ásia
laboratórios vivo 12
megalópoles 143
sistemas de linha de montagem 75
Atenas (cidade contemporânea)
Capital da Cultura Europeia (1985) 204
crescimento por construção e demolição 24-25
ver também Atenas (cidade da Antiguidade)
Atenas (cidade da Antiguidade) 19
arquitetura e infraestrutura 22-23
crescimento e paisagem de urbanização 24-25 (verificar tradução)
e Roma 19
política e história 19, 20-21
religião e mitos 22-23
ver também Atenas (cidade contemporânea)
atividades culturais, Brasília 169
Augusto (imperador romano) 31

B

Babilônia 33
bairro de Rieselfeld (Freiburg) 214-215
bairro de Vauban (Freiburg) 215
bairros de *design* 202-203
Baltic Exchange (Londres) 115
Bangcoc 213
Barillet-Deschamps, Jean-Pierre, parques de Paris 96
Barker, Ben, aplicativo de locação de bicicletas de Londres 231
Baudelaire, Charles 102
Beirute 178, 179
Béla Rerrich, parques de Budapeste 97

Belgrand, Eugène, parques de Paris 96
Berkeley, Universidade da Califórnia 219, 221
Berlim 72, 84, 101, 134
Bienvenüe, Fulgence, Métro de Paris 99
Bilbao, Museu Guggenheim 201
Birmingham 72, 78, 79
Bizâncio 33, 56-61
Bollywood 127, 131
ver também Mumbai
Bombaim *ver* Mumbai
Boorstin, Daniel, *The Image* 127
Brasília 159-175
ambiente construído 170-171
atividades culturais 169
densidade demográfica 171
desenvolvimento no interior 166-167
desenvolvimento político e administrativo 168-169
desigualdade social 171, 173
Eixo Brasília-Anápolis-Goiânia 166-167
lógica construtiva 164
migração e emprego 172-173
planejamento 162-163
preservação ambiental 174-175
desenvolvimento da rede 164-165
sustentabilidade 174-175
Bruges, casas dos mercadores estrangeiros 46-47
Budapeste 54, 97
Burj Khalifa (Dubai) 115

C

cabines telefônicas, quiosques de informações 232-233
café, Brasil 166
Cairo 147, 150, 155
Calcutá 147, 213
calendário revolucionário na França 92
Califórnia, economia verde 220-221
Camberra 160-161
Campanha Europeia das Cidades e Vilas Sustentáveis 213
canais 76-77
Cannes, festival 131
Capitais da Cultura da União

Europeia 204
Capital Europeia da Cultura (2010), Istambul 67
Caracala (imperador romano) 58
carros sem condutor 236-237
Carta de Atenas, e cidades modernistas 161
Castells, Manuel, cidades em rede 108
católicos romanos, Istambul 65
celebridade
complexo industrial 128-129
estrelas 131, 134-137
"famosos apenas por serem famosos" 136-137
máquina midiática e 128,129,131
paixão do público por 126-127
redes de criatividade 138-139
redes sociais 132-133
cemitérios, Paris 92-93
Centro de Pesquisa sobre a Sustentabilidade nos Transportes da Universidade da Califórnia em Berkeley 219
centros comerciais 86
centros da Idade Média, comércio 49
centros financeiros
comunicações globais 111
Istambul 66
Londres 116-117, 120-121
Chandigarh 160-161
Charles de Gaulle, Aeroporto (Paris) 105
Chengdu 156
Chicago 72, 78
distribuição da população migrante 84
distribuição da população por nível de riqueza 84
rede de transporte 77
segurança por vídeo 228
China, megalópoles 156-157
Chinatowns, em diversas cidades 186
chineses transnacionais 186
Chipperfield, David (arquiteto) 203
cidade criativa 194-209
marketing da cidade 204-205
cidade das celebridades 124-139
associadas ao talento 134-137

economia das 129
redes 130-131
redes de criatividade 138-139
Cidade do México 54, 62, 66, 143
densidade demográfica 147
meios de transporte 153
poluição do ar 155
sistema de ônibus 223
cidade em rede 36-51
cidades das celebridades 130-131
Oriente Próximo na Antiguidade 37
ver também redes de comércio
cidade fundacional 16-33
cidade global 106-123
celebridade e 127
conexões corporativas 112-113, 182-183
desigualdade social 118-119, 171, 173
diferentes capacidades/funções 109
empreendedorismo 238-239
Istambul 66-67
panoramas urbanos 114-115
populações multiculturais 120-121
relações internacionais 108,185
Roma antiga 30-31
starchitecture 200-201
turismo 122-123
cidade imperial 52-69
composição da população 55, 63, 64-65
planejamento/infraestrutura 54, 58
rotas comerciais e 56
cidade industrial 70-87
arquitetura 82-83
condições de vida dos trabalhadores 78-79
desindustrialização 86-87, 203
governança municipal 80-81
regeneração 87, 200-201
cidade instantânea 158-175
capitais 160-161
ver também Brasília
cidade inteligente 226-243
aplicativos móveis 228
laboratórios vivos 242-243
mapa-múndi 228-229
"novas" cidades 229
sustentabilidade 234-235

Índice remissivo

cidade modernista 161
cidade racional 88-105
cidade transnacional 176-193
  economia 190-191
  interações culturais 178-179
  percentual da população nascida no exterior 181
  turismo 188-189
cidade verde 210-225
  em países emergentes
  ver também pequenas cidades, sustentabilidade
cidades, circuitos de comércio no velho mundo 36-37
cidades da Hansa, rede mercantil 44-45
cidades minoicas 32-33
cidades soviéticas, traçados das ruas 93
ciência, Atenas 21
Cingapura 111, 187
  consumidores de energia elétrica 229
  custo da locomoção 237
  laboratórios vivos 243
  sistema integrado, Transporte Inteligente 229
  turismo 188
circuito fechado, Londres 229
cisternas antigas, Istambul 68-69
Civilizações mediterrâneas, origens 32-33
Cleveland (Ohio), fazendas urbanas 219
clima, e movimentação da população industrial 87
comércio
  bairro central de comércio 208-209
  turismo e 188-189
comércio catalão 45
comércio de lã 39, 44
comércio de produtos têxteis, Flandres 48-49
comércio mediterrâneo 41, 45, 47-48
Companhia Holandesa das Índias Orientais 39
Companhia Inglesa das Índias Orientais 39
compartilhamento (e locação) de bicicletas 219, 230-231
complexos esportivos e de entretenimento 115
conexões comerciais
  cidades transnacionais 182-183
  entre cidades 112-113
conexões corporativas com Miami 182-183

Constantino I (imperador romano) 55, 59
Constantinopla 33, 59-62
  Quarta Cruzada (1204) 61
  ver também Istambul
Copenhague, portfólio de alternativas de transporte 217
Costa, Lúcio (arquiteto), Brasília 163
Cracóvia 54, 62, 101
crescimento populacional
  Chicago 84
  cidades da Idade média 49
  cidades industriais 72-73, 78-79, 84
  Istambul 58, 62, 66-67
  Manchester 73, 78-79, 84-85
  Paris 91
Creta 32-33
cristãos ortodoxos, Istambul 64-65
cultura
  Capital Europeia da Cultura 67, 204
  cidade de Paris 102-103
Curitiba 213, 217, 222-223

D

Daca 147, 150, 213
Davioud, Jean-Antoine-Gabriel, parques de Paris 96
declínio industrial 87
  e desigualdade social 118
Délhi, poluição 155
democracia na Grécia e em Roma 19, 23
desenvolvimento industrial, Brasília e 166-167
desenvolvimento urbano
  Istambul 66-67
  ver também planejamento urbano
design sustentável
  Freiburg 216-217
  Hammarby Sjöstad 216-217
desigualdade social
  cidades instantâneas 161
  nas cidades globais 118-119, 172, 173
  o declínio industrial 118
Detroit 72, 73, 75, 86, 87
  fazendas urbanas 219
Dharavi (Mumbai) 151
docas, reformas 87
drogas (cocaína), comércio entre Miami e Colômbia 190
Dubai
  lei da Sharia e morte 193

  trabalhadores estrangeiros 181
  turismo 188
Dublin
  conexões comerciais 182-183
  conexões corporativas 182, 183
Düsseldorf 72, 73

E

East London Tech City (Londres) 238
economia
  e população 172-173
  transnacional 190-191
  ver também economia verde
economia verde 220-221
  ver também economia
emissões de carbono (CO_2)
  coleta de lixo, veículos elétricos 234
  Freiburg 214-215
emissões de gases do efeito estufa 212, 213
empreendedorismo 238-239
Engels, Friedrich, *A situação da classe trabalhadora na Inglaterra* 78,79
engenharia dos espaços, engenharia social e 90-91
epidemia 79
Era da Razão, e ambiente construído 92-93
esgoto, Mumbai 155
esgotos, Paris 96-97
estacionamento inteligente 228, 233
estações do Métro, Paris 99, 104
Estados Unidos
  efeitos econômicos do clima 87
  indústrias criativas 197
estilos de vida sustentáveis 218-219
Estocolmo, urbanismo verde 216-217
Europa
  centros de produção e consumo 48-49
  comércio marítimo 41
  disseminação da praga (décadas de 1340 e 1350) 50-51
  heranças da Atenas antiga 24-25
  laboratórios vivos 242-243
  mercadores hanseáticos 44
  redes medievais de comércio 36-45

  redes medievais de transporte 40-41
  redes postais medievais 42-43
Exposição Universal 204-205
Exposições Internacionais em Paris 99, 101

F

família Cely (mercadores londrinos), comércio de lã 39
família Tassis (Taxis), rede postal 43
fazendas/hortas urbanas, Nova York 218-219
Ferri, Fabrizio (fotógrafo) 203
ferrovias
  Brasil 165
  Manchester 77
  Mumbai 152-153
  Paris 98-99, 105
festivais de arte e cultura, Brasília 169
filosofia, Atenas antiga 21
Florença, produtora de artigos têxteis 48
Flórida, urbanização 144
fontes renováveis de energia
  Freiburg 215, 216-217
  Hammarby Sjöstad (Estocolmo) 216-217
  sustentabilidade 234-235
  Wildpoldsried 225
Ford, Henry 73
Fortune 500, Paris e 91
Foster, Norman (arquiteto) 223
França, importância de Paris 91
Francisco José I, imperador da Áustria, plano para Viena 95
Freiburg
  cidade verde 210-225
  design sustentável e transporte 216-217
  economia verde 220
  implementação dos conceitos de desenvolvimento urbano sustentável 214-215
  resolução de proteção climática 215
Fugger, de Augsburgo, rede postal *Fuggerzeitungen* 43
Fuksas, Massimiliano (arquiteto) 201
furacão Sandy (2012) 212

G

Gehry, Frank (arquiteto) 201
Gênova 48

  mercadores em Tiro 47
  peste negra (praga) 50
Getty Images, análise de fotografias 127, 130, 133, 134-135, 139
Glasgow 72, 73, 79
globalização 108-109
governos, medo de revolução 80-81
Grã-Bretanha
  mercado imobiliário 119
  reforma urbana e social 80-81
Grécia
  e a urbanização helênica 18-19
  domínio otomano 24
Guangzhou 86, 156, 213
guildas de mercadores 44

H

Hadid, Zaha (arquiteta) 201
Hai Phong 213
Haussmann, Georges-Eugène
  esgotos e saúde pública 96-97
  plano para Paris 54, 94-95, 170
Helsinque, concurso Low2No 233
Ho Chi Minh City 213
Hong Kong 110-111, 178
  conexões corporativas 183

I

idioma espanhol em Miami 184-185
iluminação pública, lâmpadas de LED 235
Iluminismo na França 92
imigrantes
  destinos 180-181
  mortes de ilegais 192-193
Império Bizantino, extensão 55
Império Otomano 55, 63-64
  movimento de reformas Tanzimat 63
Império Romano 19, 26-27, 29, 31, 55
  Constantinopla e 59
  planejamento urbano 26-27
  rede de comunicações 30-31
  sistema legal 31
indústria automotiva, linha de montagem 75
indústria cultural, e celebridade 127
indústria da moda
  cidades globais 199, 205, 206-207

253

Índice remissivo

infraestrutura do consumo 208-209
indústrias criativas 196-197
inovações, disseminação 50-51
inovações e a construção, Manchester 82-83
internet, redes 110
Isozaki, Arata (arquiteto) 201
Istambul 33, 54, 55
  Capital Europeia da Cultura (2010) 67
  cidade global 66-67
  composição da população 64-65
  diversidade religiosa 64-65
  história 56-69
  semelhança topográfica com Roma 58-59
  ver também Constantinopla, Itália, comerciais medievais 38-39

J
Jacarta
  populações em favelas 150
  sistema de ônibus 223
judeus, Istambul 65
Justiniano (imperador romano) 60-61, 68-69

K
Kobe 187
Kuala Lumpur, sistema de ônibus 223
Kubitschek, Juscelino (presidente do Brasil) 168
külliye 63

L
L'Enfant, Pierre, plano para Washington 93
La Voie Triomphale (Paris) 104-105
laboratórios vivos 242-243
  ver também qualidade de vida
Lago Paranoá (Brasília), área de proteção ambiental 174
Lagos 147, 150
Las Vegas 126, 134, 135, 137
Le Corbusier (arquiteto), Chandigarh 161
Lefebvre, Henri, sobre a Grécia Antiga 19
lençol freático, megalópoles 155
Leonardo da Vinci, em Milão 198
Les Halles (Paris) 90, 92
Libeskind, Daniel (arquiteto) 201
Liverpool 78, 79, 86, 87

lixo
  Mumbai 155
  veículos elétricos de coleta de lixo 234
Lombardia, indústrias têxteis 48
Londres 54, 101, 142, 143
  acessibilidade no trânsito 237
  acesso aos dados públicos 229, 230-231
  aglomeração local e regional 116-117
  aluguel de bicicletas 230, 237
  celebridades e 126, 127, 130, 134, 135, 136
  Chinatown 186
  circuito fechado 229
  conexões corporativas 183
  criatividade 196
  desregulamentação da Bolsa de Valores 119
  empreendedorismo 238-239
  Exposição Universal (1851) 204-205
  favelas 150
  indústria da moda 206-207
  mercado imobiliário 119
  padrões de atividade econômica 116-117
  propriedade de conjuntos comerciais 114-115
  redes de infraestrutura 110-111
  startups de tecnologia 238
  trabalhadores imigrantes 120-121
Londres e Reino Unido 120-121
Los Angeles 143, 144, 197, 221
  cidade das celebridades 126, 127, 128-129, 134-135, 136
  densidade populacional 147
  redes de criatividade 138
Lucchini, Flavio, Superstudio (Milão) 203

M
Madri 54, 62
Magna Grécia 32-33
Manchester 72-87
  "Algodonópolis" 73-75
  condições de habitação (1904) 85
  condições de moradia dos trabalhadores 78-79, 84-85

crescimento populacional e urbanização 73, 78-79
  governança e reforma social 80-81
  pobreza urbana 78-79, 84-85
  recuperação industrial 87
  reforma urbana 80-81
Manchester Ship Canal 77
Manhattan *ver* Nova York
Manila 150
Manlich, Matthias (1499--1559), mercador de Augsburgo 39
Maomé (sultão otomano) 62-63
máquina midiática e celebridades 127, 128, 129, 130, 131, 134, 139
Masdar (Abu Dhabi) 223
massacre de Peterloo (Manchester, 1819) 81
Mayer, Albert (urbanista), Chandigarh 161
mecanização industrial
  linha do tempo 74-75
  Manchester 74-75
megalópoles 140-157
  áreas de favela 150-151
  China 87, 156-157
  crescimento 144-145
  densidades demográficas 146-147
  geografias 148-149
  lençol freático 155
  localização das 142-143
  metabolismo 154-155
  poluição 155
  produção industrial e 86
  transporte 152-153
mercado de eurodólares 113
mercado imobiliário, gentrificação 119, 203
mercado imobiliário, Miami 190-191
Mercouri, Melina, programa Capitais da Cultura 204
Miami 176-185, 213
  Art Basel 131
  conexões corporativas 182-183
  diversidade da população 184-185
  economia transnacional 190-191
  enclaves étnicos 186-187
  mercado imobiliário 190-191
  migração 180-181
  mortes de imigrantes ilegais 192-193
  navios de cruzeiro 188

turismo 188-189
micênicos 32, 33
microrredes, fontes de energia inteligentes e renováveis 234-235
migração
  cidades globais 66, 104-105, 173
  cidades industriais 72-73, 78-79
  cidades transnacionais 178-181
  e sofrimento humano 78-79
Milão
  comércio de alto luxo 208-209
  compartilhamento de bicicletas 219
  criatividade na cidade--região 198-199, 202-203
  Exposição Universal 205
  indústria da moda 199, 205, 207
  regeneração 200-201
  Zona Tortona 202-203
Mitterrand, François, *grands projets* 104-105
mobilidade 236-237
Montmartre (Paris) 103
Montparnasse (Paris) 102
monumentos otomanos 63
morte, custos de repatriação de restos mortais 192-193
Moscou 54, 58, 62
movimento Eco City 225
movimento Fairtrade Town 225
movimento sindical, Manchester 81
movimento Slow City 224-225
mudanças climáticas 212-213
mulheres, na Atenas antiga 23
Mumbai 144-145, 147, 148-149
  áreas de favela 150-151
  esgoto e lixo 155
  metabolismo 154-155
  poluição 154-155
  ver também Bollywood
muralhas
  Constantinopla 60-61
  Paris 91
  Viena 60

N
nações mercantes, redes de comércio 44-47
Napoleão Bonaparte, imperador, planos para Paris 93, 94, 96
Napoleão III, imperador da França 94, 97, 100

navios de cruzeiro 188
Nova York
  acesso aos dados para o público 231
  Central Park 97
  Chinatown 186
  cidade das celebridades 126, 127, 128-129, 134, 136, 137
  concursos NYC Big Apps 231
  conectividade inteligente 228
  densidade demográfica 146, 147, 151
  destinos turísticos 122-123
  favelas 150
  fazendas urbanas 218-219
  furacão Sandy (2012) 212
  indústria da moda 206, 207
  megalópole 143, 144
  mercados financeiros 111
  poluição 155
  redes de criatividade 138-139
  sistema de ruas 93

O
Olimpíadas (2004), Atenas e 25
Olmsted, Frederick Law 97
Ópera Garnier (Paris) 100-101
óperas 100-101
Orvieto (Itália), ônibus elétricos 225

P
padrão de atividade econômica
  local e regional (Londres) 116-117
  turismo 123
panoramas urbanos, cidades globais 114-115
Paris 88-105, 143, 147
  arquitetura feita para o império 100-101
  bairros artísticos 102-103
  bairros de imigrantes 104-105
  centros consumidores 49
  cidade das celebridades 126
  cidade dos séculos XX e XXI 104-105
  comércio de alto luxo 208
  criatividade 196
  esgotos e saúde pública 96-97
  "haussmannização" 54, 94-97, 170
  indústria da moda 206
  Introdução 90-91

Índice remissivo

organizações internacionais 91
parques 96, 97
racionalização após a Revolução Francesa 92-93
redes ferrovias 98-99
Universidade 91
Park City (Utah), Sundance Film Festival 131
parques
Budapeste 97
Nova York 97
Paris 96, 97
pequenas cidades, sustentabilidade das 224-225
Pequim 54, 58, 156, 157
perigo de enchentes costeiras 213
Peste negra, efeitos 50
Pireu 21
porto de Atenas 21
Pisa, mercadores em Tiro 47
planejamento/infraestrutura
Amsterdã 54
Atenas antiga 24
Brasília 162-163
Budapeste 54
China 156-157
Istambul 58-59
linha do tempo de Manchester 83
Paris 54, 93, 104-105
Roma antiga 26-27
Viena 54
ver também redes de infraestrutura; planejamento urbano; sistemas de transporte
planejamento urbano
Império Romano 26-27
ver também planejamento/ infraestrutura; desenvolvimento urbano
poluição, megalópoles 155
população
efeito da peste negra (praga) 50-51
encolhimento das cidades 86-87
megalópoles 142, 146-147
população multicultural, Londres 120-121
Portland (Oregon) 213, 217
economia verde 220-221
praga, efeitos 50
prisão da Bastilha (Paris) 93
problemas no trânsito 236-237
megalópoles 152-153
produção manufatureira,

economias concorrentes no mundo 87
produtos de alto luxo, infraestrutura de consumo 208-209
projeto do túnel Marmaray, Istambul 68-69
projeto Sustainable Lifestyles 2050 218
projetos de construção, China 157
propriedade de conjuntos comerciais, Londres 114-115
proteção ambiental, Brasília 174-175
Protocolo de Quioto 213

Q

Quadrilatero d'Oro (Milão) 209
qualidade de vida
melhores cidades para se viver 241
ver também laboratórios vivos
Quioto 54

R

Rangoon 213
Ravena 59
rede de comunicação, Império Romano 30-31
redes comerciais 112-113
redes de comércio
cidades da Hansa 44-45
Europeia do final da Idade Média 36-45
na história 36-37
nações mercantes 44-47
praga e 50-51
ver também cidade em rede
redes de infraestrutura 110-111
Brasília 164-165
inovações de infraestrutura inteligente 232-233
ver também planejamento/ infraestrutura; sistemas de transporte
redes mesh sem fio, Seul 229
redes postais, Europa Idade Média 42-43
reforma social 80-81
reforma urbana, linha do tempo de Manchester 80
reformas de orlas (docas) 115
Reino Unido
declínio da indústria pesada 86-87
indústrias criativas 197
mercado imobiliário 119
trabalhadores imigrantes 120-121

ver também Grã-Bretanha
residências ecológicas 215
restos mortais humanos, envio de 192-193
Revolução Francesa (1789) 92
Revolução Industrial, efeitos sociais 72-73
Rio de Janeiro 150
riqueza, "suburbanização" da 84-87
Roma (cidade da Antiguidade) 19, 54
ambiente construído 28-29
bem-estar social 29
composição da sociedade 26
e Bizâncio 57, 58-61
planejamento da cidade 26-27
relações com Atenas 19
semelhanças topográficas com Istambul 58-59
sistema legal 31
superpotência 31
ver também Roma (período moderno)
Roma (período moderno) 142

S

Salzburgo 54
Sanitary and Ship Canal (Chicago) 77
São Francisco 110-111, 144
Chinatown 186
estacionamento inteligente 228
São Paulo
produção industrial 86
sistema de transporte 153
São Petersburgo 54, 58
Sarkozy, Nicolas, projeto Grand Paris 105
Septímio Severo (imperador romano) 58
serviços bancários
cidades transnacionais 190
Europa Idade média 49
serviços financeiros, cidades transnacionais 190
Sheffield 72, 79
Shenzhen 156-157
Sinan (arquiteto) 63
sistemas de transporte
Brasil 164-166
Chicago 77
China 157
cidades verdes 217
compartilhamento de automóveis e bicicletas 219, 230-231, 237
Europa ao final da Idade Média 40-41

Lancashire (Inglaterra) 76
Mumbai 152-153
Paris 98-99, 104-105
sistema de ônibus de Curitiba 222-223
Viena 240-241
ver também planejamento/ infraestrutura
soja, Brasil 167
Solimão, o Magnífico (imperador otomano) 63
startups de tecnologia
Estados Unidos 239
Londres 238
"suburbanização", cidades industriais 73, 84
sustentabilidade
Brasília 174-175
pequenas cidades 224-225
Sydney
aparições de celebridades 135
Chinatown 186-187
LED em sua iluminação pública 235
Smart Grid, Smart City 229, 234-235
Sydney Opera House 200

T

teatro, Atenas Antiga 21
tecnologias de baixa energia 221
tecnologias de comunicação, final da Idade Média 42-43
telecomunicações, redes globais 110-111
Teodósio, o Grande (imperador romano) 59
termas romanas 29
the Gherkin (Londres) 115
Tianjin 156
Tiro, comunidades de mercadores 47
Tóquio 54, 111
caixas eletrônicos por impressão digital 233
celebridades e 135,137
cidade de tecnologia inteligente 229
criatividade 197
indústria da moda 207
poluição 155
Tóquio-Yokohama 143, 146
Torre Eiffel 101
town-ness e city-ness 37
trens Eurostar, Paris 105
Tréveris (cidade romana) 27
Turim
cabines telefônicas 232-233
empreendedorismo 239

turismo 122-123
cidades transnacionais 188-189

U

Unesco, Rede de Cidades Criativas 204-205
Urban EcoMap, Amsterdã 229
urbanismo, culturas mediterrâneas da Antiguidade 32-33
urbanização
cidades industriais 73
megalópoles 142-145
usinas elétricas solares, Viena 240
Utzon, Jørn (arquiteto) 200

V

Vale do Silício (Califórnia) 117, 221
Vancouver 178, 186
Varsóvia 101
Veneza, comércio da Idade Média 41, 47, 48
viagens aéreas
Miami 179
Paris 104-105
redes globais 110-111
turismo 122
vias
Brasil 164-165
Lancashire (Inglaterra) 76
romanas 28, 30
ruas mais inteligentes 232-233
Viena 54, 58, 60
cidade inteligente 240-241
criatividade 196
reforma 95

W

Waldkirch (Alemanha) 225
Washington
Biblioteca do Congresso 101
sistema de ruas 93
Wildpoldsried (Alemanha), produção de energia 225
Wirth, Louis (urbanista) 146
Worth, Charles Frederick (designer de moda) 206

X

Xangai 156, 213
Xian 142

Y

Yaxi (China), turismo 225
Yokohama ver Tóquio- -Yokohama

Agradecimentos

A Editora Ivy Press gostaria de agradecer às seguintes pessoas e organizações por sua gentil permissão para reproduzir as imagens neste livro. Foram feitos todos os esforços para dar os créditos das imagens e pedimos desculpas caso tenha havido alguma omissão não intencional.

Todas as imagens são da Shutterstock, Inc./ www.shutterstock.com e do Clipart Images/ www.clipart.com, exceto quando indicado diferentemente.

Alp Baray: 61, 62 esq. inf., 63 sup., 63 esq. inf., 63 dir. inf., 64, 65.
Adam Hook: 26 sup. esq.
Lyana Lanaway: 105.
Lila Leontidou: 23 centro dir.
Biblioteca do Congresso, Washington: 73 inf., 77 dir. inf., 95, 101, 103.
Sergio Nascimento: 167 dir. inf.
Jan Nijman: 149 sup., 149 dir. inf., 151 dir. inf.
Bernd Untiedt: 2, 256.
Wikipedia/Ignis: 99; Morio: 222 sup.;
Sudameris: 165 centro dir.; Blazer: 165 dir. inf.
Zachary Woodward (copyright Jan Nijman): 140-141.

Dados Internacionais de Catalogação na Publicação (CIP)
(Jeane Passos de Souza – CRB 8ª/6189)

Atlas das cidades / organização de Paul Knox; prefácio de Richard Florida; tradução de André Botelho. — São Paulo: Editora Senac São Paulo, 2016.

Glossário.
ISBN 978-85-396-0901-7

1.Cidades e vilas – Mapas 2. Urbanização: Mapas 3. Áreas Metropolitanas: Mapas I. Florida, Richard. II. Botelho, André.

15-346s
CDD-307.76022
BISAC TRV027000
REF002000

Índice para catálogo sistemático:
1. Cidades e vilas: Mapas   307.76022

Administração Regional do Senac no Estado de São Paulo
Presidente do Conselho Regional: Abram Szajman
Diretor do Departamento Regional: Luiz Francisco de A. Salgado
Superintendente Universitário e de Desenvolvimento: Luiz Carlos Dourado

Editora Senac São Paulo
Conselho Editorial: Luiz Francisco de A. Salgado
Luiz Carlos Dourado
Darcio Sayad Maia
Lucila Mara Sbrana Sciotti
Jeane Passos de Souza

Gerente/Publisher: Jeane Passos de Souza (jpassos@sp.senac.br)

Coordenação Editorial: Márcia Cavalheiro Rodrigues de Almeida (mcavalhe@sp.senac.br)
Comercial: Marcelo Nogueira da Silva (marcelo.msilva@sp.senac.br)
Administrativo: Luís Américo Tousi Botelho (luis.tbotelho@sp.senac.br)

Edição de Texto: Vanessa Rodrigues
Tradução: André Botelho
Preparação de Texto: Bianca Rocha
Revisão de Texto: Carolina Hildalgo, Gabriela L. Adami (coord.)
Projeto gráfico: JC Lanaway
Capa: Jason Alejandro
Ilustração: Nick Rowland
Editoração Eletrônica: Manuela Ribeiro

Título original: *Atlas of cities*
Publicado originalmente nos Estados Unidos da América e no Canadá em 2014 por Princeton University Press
Copyright © 2014 Ivy Press Limited
210 High Street
Lewes, East Sussex
BN7 2NS, UK

Todos os direitos desta edição reservados à
Editora Senac São Paulo
Rua 24 de maio, 208 – 3º andar – Centro – CEP 01041-000
Caixa Postal 1120 – CEP 01032-970 – São Paulo – SP
Tel. (11) 2187-4450 – Fax (11) 2187-4486
E-mail: editora@sp.senac.br
Home page: http://www.editorasenacsp.com.br

© Editora Senac São Paulo, 2016

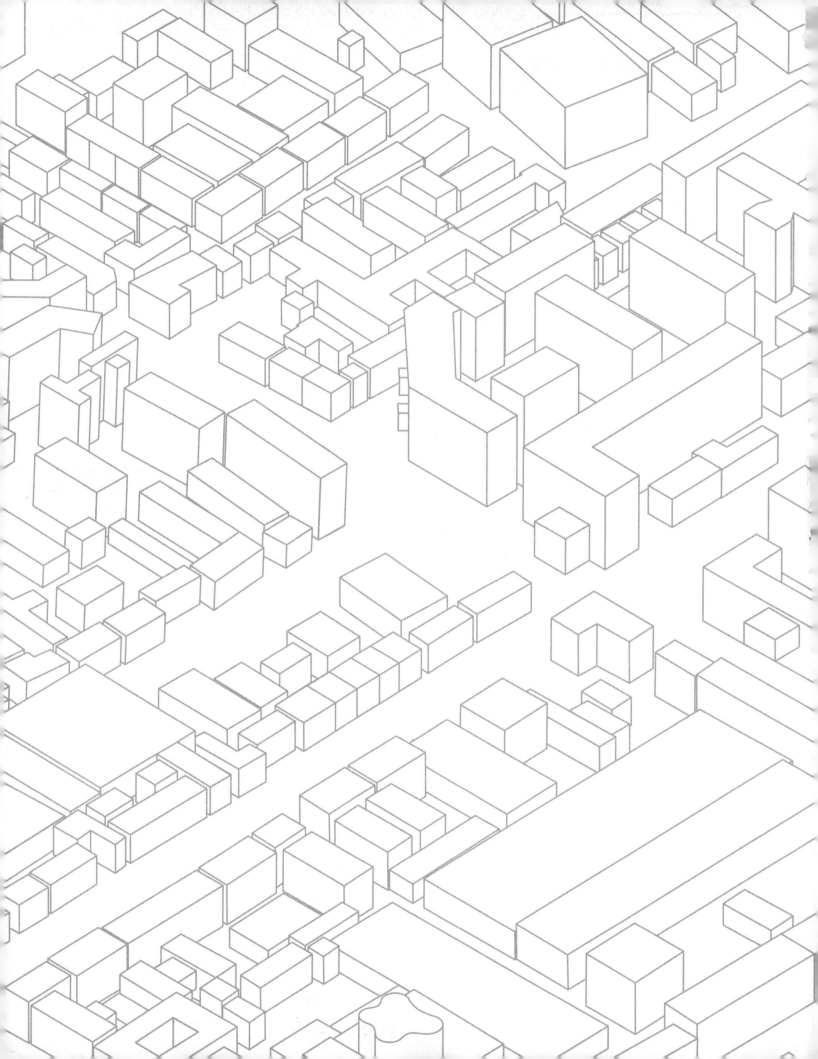